ANDREE HESSE Der Judaslohn

LESEEXEMPLAR

416 Seiten – gebunden
Euro 19,90 (D)
Erstverkaufstag 18. März 2005

Wir bitten Sie, die Rezensionen
nicht vor dem Erstverkaufstag
zu veröffentlichen.

ANDREE HESSE

Der Judaslohn Roman

Wunderlich

1. Auflage März 2005

Satz Adobe Garamond PostScript InDesign
bei Pinkuin Satz und Datentechnik, Berlin
Druck und Bindung Clausen & Bosse, Leck
Printed in Germany
ISBN 3 8052 0800 6

I've walked in a lot of places I never should have been.
Roy Buchanan

PROLOG

April 1936

Sie hatten bis zur Nacht des Neumondes gewartet.

Schweigend schritten die Männer durch die finstere Heide. Für Ludger Owerhaide, der die kleine Gruppe anführte, hatten sie schon viel zu lange ausgeharrt. Seit bekannt geworden war, daß die Enteignung ihrer Höfe und die Vertreibung von ihrem Grund und Boden längst beschlossene Sache war, hatte er nach einer günstigen Gelegenheit gesucht, es der Obrigkeit zu zeigen. Ganz egal, wieviel man ihnen anbot, welchen neuen Boden man ihnen irgendwo anders versprach. Und die Zeit drängte. Manche hatten die Angebote mittlerweile angenommen und waren schon fortgezogen.

Großbauer von Mackenroth, auf dessen Hof Ludger als Knecht arbeitete, wußte von dieser nächtlichen Aktion. Persönlich beteiligte er sich natürlich nicht daran, aber er unterstützte sie wie die meisten derer, die noch hiergeblieben waren. Mit diesem Widerstand und Zusammenhalt der Bevölkerung hatte die Partei nicht gerechnet. Doch wirklich zu handeln bleibt am Ende immer an uns kleinen Leuten hängen, dachte Ludger. Seine drei Begleiter waren Knechte benachbarter Höfe, unterwegs wollten sich weitere anschließen. Nur Wilhelm, Knecht auf dem Falkenhof wie er und einst sein Freund, war zu Hause geblieben. Und das machte ihn etwas unruhig.

Aber er schob den Gedanken beiseite. Die Axt wippte bei jedem Schritt auf Ludgers breiter Schulter. Um den rechten Oberarm trug er wie seine Begleiter einen seidenen schwarzen Trauerflor. Nordwestwind wehte über das Land. Er roch den nahenden Regen in der Luft, der sich mit dem würzigen

Rauch der Köhlerei vermischte, die sie passierten. Er kannte diese Gegend wie seine Westentasche, er wußte jede Regung der Witterung zu deuten, und er wußte, daß es noch vor Ende der Nacht zu regnen beginnen würde. Ein Regen, den das Getreide bis zur Blüte dringend nötig hatte. Er wollte die Ernte hier erleben, niemals würde er sich von hier vertreiben lassen, und erst recht nicht von dem braunen Gesocks, in dem die meisten Heidjer lange Zeit die neuen Heilsbringer gesehen hatten. Bis ihre eigene Existenz bedroht war.

Das kleine Dorf Nordbostel lag wie ausgestorben da, hier hatte die Umsiedlung bereits begonnen. In keinem Haus brannte Licht, kein Laut war zu hören. Die seidenen Trauerflore, die die Vertriebenen an ihren Türen zurückgelassen hatten, flatterten im Wind. Von manchen Gehöften jedoch, deren Bewohner noch ausharrten, näherten sich wie Schlafwandler dunkle Gestalten und schlossen sich wortlos der Gruppe an. Vom verlassenen Wirtshaus aus führte ein sandiger, von Hängebirken gesäumter Weg nach Süden. Dahinter breitete sich eine dunkle, undurchdringliche Fläche aus: die Grasheide, die in wenigen Wochen in violetter Blüte stehen würde. Obwohl er kaum die Hand vor Augen erkennen konnte, sah Ludger die vertraute Landschaft genau vor sich. So dunkel die Umgebung war, so leuchtend waren die Bilder in seinem Kopf. Ein Leuchten, das ihn antrieb.

Ein Stück weiter zur Linken zeichnete sich der abgelegene Hof von Homann gespenstisch unter mächtigen Eichen ab. Auch von dort traten zwei Männer aus der Dunkelheit und folgten ihnen. Der Weg führte nun durch einen Tannenwald, dann gelangten sie auf die mit Feuersteinen übersäte, sandige, hügelige Heide. Die vereinzelten knorrigen Kiefern und Wacholderbüsche sahen in der Finsternis aus wie verstreute Wachposten, die der immer größer gewordenen, mit Äxten und Hakken bewaffneten Gruppe auflauerten. Jedem Fremden hätten sie einen Todesschrecken eingejagt. Für Ludger aber standen sie auf seiner Seite, die stummen Wächter des Heimatbodens.

An dem alten Schienenstrang entlang, der die Heide durchschnitt und einmal zur Abfuhr von Grubenhölzern angelegt worden war, näherten sie sich ihrem Ziel. Der Weg führte in ein Föhrenwäldchen, in dem die Grabstätten alter Häuptlinge lagen, die Sieben Steinhäuser. Sieben bedeutete im Volksmund mehrere, denn tatsächlich waren es nur fünf Grabkammern aus grauer Vorzeit. Jahrhundertelang hatten die Heidjer in respektvoller Distanz zu diesen Zeugen ihrer Vergangenheit gelebt; seit einiger Zeit lockte der Ort Besucher von außerhalb an, die ihren Unrat achtlos liegenließen und ihre Namen auf die alten Steinplatten kritzelten.

Und auf dem Vorplatz war vor wenigen Jahren in einer großen Zeremonie eine Eiche geweiht und nach Adolf Hitler benannt worden. Damals hatte die Bevölkerung geschlossen daran teilgenommen, begeistert noch von der neuen Regierung. Gleich dahinter lag der Hitler-Stein, ein Findling, in den der Name des Führers eingemeißelt war. Das Regime verherrlichte das germanische Erbe der Region, während gleichzeitig die eingesessenen Bewohner vertrieben wurden, um einen Übungsplatz für die Wehrmacht einzurichten. Erst vor wenigen Tagen hatte der Reichswehrminister in Celle eine flammende Rede gehalten und sich dafür bedankt, daß die Bauern freudig und gerne ihre Höfe bereitstellten. Fluchtartig hatte er den Saal durch den Hinterausgang verlassen müssen.

Nun war die Wut nicht mehr zu bändigen.

Nachdem sich die anderen im Kreis um den Baum aufgestellt hatten, nahm Ludger die Axt von seiner Schulter und holte mit dem schweren Gerät aus. Dumpf drang die Schneide in die Rinde der mächtigen Eiche. Der Baum rührte sich nicht, doch er schien aufzustöhnen unter Ludgers schweren Schlägen. Jeder Hieb schmerzte den Knecht geradezu körperlich. Bald sah er aber keinen Baum mehr vor sich, auf den er einschlug. Seine Axt traf das Gesicht der Überheblichkeit, jeder Schlag zertrümmerte die Fratze der Heuchelei. Und so groß seine Wut auch war, er wußte genau, was er tat. Nach einer Weile hielt er inne, wischte sich den Schweiß von der Stirn und begutachtete sein Werk. Er hatte die Rinde auf seiner Kopfhöhe einmal um den gesamten Umfang des Stammes durchtrennt und einen Schnitt von dort senkrecht bis hinab zum Wurzelwerk getrieben. Er nickte den anderen zu, die nun begannen, die Rinde großflächig vom Baum zu stemmen. Am Ende leuchtete das helle Holz des Stammes entblößt in der dunklen Nacht auf.

Das Todesurteil für die Eiche. Sie würde langsam absterben, und wer ihr den Gnadenstoß versetzen wollte, mußte den Baum fällen. Und am besten sollten sie diejenigen fällen, dachte Ludger, die ihr den Namen gegeben und sie damit zum Ziel seines Angriffes gemacht hatten. Erhitzt wollten sich seine Mitstreiter nun auch über den Stein hermachen, doch Ludger hielt sie zurück. Die Zeit des Steines würde noch kommen. Die Eiche war nur der Anfang. Sie mußten sich auf einen langen Kampf einstellen.

Es war noch immer gespenstisch finster, als sich die Gruppe auf den Rückweg machte. Die Männer wurden gelassener, heiter fast, und es entwickelten sich leise Gespräche, doch Ludger beteiligte sich nicht daran. Schweigend, mit seiner Axt auf der Schulter, marschierte er durch die kühle Nachtluft nach Hause. Nach und nach verabschiedeten sich seine Begleiter und entschwanden in die Dunkelheit, bis er am Ende wieder ganz allein durch die Heide schritt. Als er über die mit Maulbeerbäumen gesäumte Auffahrtsallee zum Falkenhof zurückkehrte, kam der Regen. Ludger Owerhaide blieb einen

Moment auf dem Hof stehen und ließ die kühlen Tropfen auf sein Gesicht fallen. Der Falkenhof war einer der größten und ehrwürdigsten Höfe der Gegend. Ludger liebte die alten Gebäude, und er liebte den frischen Regen im Frühling und den erdigen Duft der Nacht. Den Berg hinter dem Hof konnte er nicht erkennen. Alles war ruhig und dunkel. Nur aus dem Stall drangen das gedämpfte Scharren der Hufe und der Geruch nach Vieh. Auch bei Wilhelm brannte kein Licht, aber er meinte, die Gardine hinter dem Fenster wackeln zu sehen. Er schaute genauer hin. Nun rührte sich nichts. Vielleicht hatte er sich auch getäuscht. Er wandte sich ab und schlenderte zu seiner Kate auf der anderen Seite des Hofes.

Als er in die Schlafstube kam, trat er vor das Kinderbettchen und strich der Kleinen über den Kopf. Er mußte lächeln, weil seine Tochter, genau wie er früher, mit dem Daumen im Mund schlief. Auf Zehenspitzen ging er weiter. Er konnte den Regen sehen, der lautlos über die Scheibe tropfte, doch kein Geräusch war zu hören, kein Wind, nichts. Er zog sich aus und legte sich ins Bett. Sofort schmiegte sich Sophies warmer Körper an ihn, und als sie ihren Kopf hob, schob er seinen Arm unter ihren Nacken. Wie zerbrechlich und verletzlich ihr Hals erscheint, dachte er. Er spürte ihren Herzschlag, er roch den süßen Duft ihres dunklen Haars und mußte wieder an den Sommertag denken, an dem Sophie auf den Falkenhof gekommen war und er sie zum ersten Mal gesehen hatte. Er war vom Feld zurückgekehrt, und sie hatte mit Wilhelm vor der Scheune gestanden. Schon von weitem hatte er den Glanz ihres dunklen Haares gesehen, und sobald sie sich, als hätte sie seine Blicke gespürt, zu ihm umgedreht hatte, hatte er nicht nur sein Herz verloren, sondern auch seinen besten Freund. Eine Zeitlang hatte Wilhelm noch um Sophie gebuhlt, seit dem Tag aber, am dem sich Sophie endgültig für Ludger entschieden hatte, hatte Wilhelm, wenn es die gemeinsame Arbeit nicht notwendig machte, kein Wort mehr mit ihm gesprochen.

Plötzlich ging ein Beben durch ihren Körper, vom Hals abwärts bis zu den Füßen, und er hörte, daß sie weinte. Ein leises Schluchzen erst, das sie versuchte zu unterdrücken. Mit seiner schwieligen Hand strich er zärtlich durch ihr Haar.

«Laß uns nicht allein», sagte sie leise.

«Ich lasse euch nicht allein», sagte er.

«Ich habe Angst.»

Er spürte, wie sie zitterte. «Hab keine Angst», flüsterte er, küßte sanft ihren Hals und drückte sie fester an sich.

«Es ist schon wieder vorbei», sagte sie.

Engumschlungen lagen die beiden da, nur der Regen war nun zu hören, und es dauerte lange, bis sie fast gleichzeitig in einen unruhigen Schlaf fielen.

Als er am nächsten Morgen erwachte, lag sie nicht mehr neben ihm. Er stand auf und zog sich Hemd und Hose an. Durch die geöffnete Haustür drangen die warmen Strahlen der Morgensonne hinter den hohen Eichen in die Diele und blendeten ihn. Es hatte aufgehört zu regnen, die Pfützen auf dem Hof trockneten schon aus, und die Luft war klar und rein. Er schaute ins Kinderbett. Die Kleine schlief noch friedlich. Während er Sophie in der Küche hantieren hörte, trat er barfuß an die Tür, um die frische Morgenluft einzuatmen. Erschrocken blieb er stehen. Auf dem Hof hielt eine dunkle, mit Schlammspritzern verdreckte Limousine, aus der zwei Männer in langen schwarzen Ledermänteln stiegen. Sie schienen genau zu wissen, wohin sie wollten. Ohne sich umzuschauen, kamen sie mit großen Schritten heran. Und als Sophie aus der Küche kam, schloß er sie in die Arme und wußte, daß er zum letzten Mal ihr geliebtes Herz schlagen hörte und den Duft ihres Haares roch.

ERSTER TEIL

1

Im ersten Moment wußte Arno Hennings nicht, wo er war. Es war totenstill und stockdunkel. Auf dem Nachttisch neben ihm leuchteten die eckigen roten Zahlen der Digitaluhr. Vier Uhr zweiunddreißig. Die Erkenntnis, wo er sich befand, überfiel ihn, und er spürte ein flaues Gefühl im Magen. Und während er überlegte, warum er aufgewacht war, merkte er, daß er pinkeln mußte. Einen Augenblick blieb er noch liegen, alles in ihm sträubte sich aufzustehen. Er schloß die Augen, und die Bilder des Traumes kehrten zurück; der Film in seinem Kopf lief weiter, als hätte er nur einmal für einen kurzen Augenblick den Blick von der Leinwand gewendet. Doch dann wurde der Blasendruck zu stark. Er warf die Decke zurück, stand auf und tastete sich um das Bett herum zur Toilette. An dem niedrigen Türrahmen stieß er sich den Kopf und fluchte. Sich die Stirn reibend, setzte er sich aufs Klo. Sein Harndrang kam ihm endlos vor, gleichzeitig hatte er einen ausgetrockneten Mund und einen pelzigen Belag auf der Zunge. Als er endlich fertig gepinkelt hatte, trank er Wasser aus dem Hahn am Waschbekken. Dann ging er vorsichtig zurück ins Bett.

Er kam sich vor wie in einem Hotelzimmer, das Zimmer war ihm fremd, die Abmessungen waren ihm unbekannt, und er wußte im Dunkeln nicht, wo die Möbel standen. Die Wege waren ihm noch nicht in Fleisch und Blut übergegangen. Oder besser gesagt, er hatte sie vergessen. Denn er hatte einen großen Teil seiner Jugend in diesem alten Fachwerkhaus am Stadtrand verbracht. Richtig heimisch hatte er sich in diesem Haus eigentlich nie gefühlt, und dennoch war es, bis er seine Heimatstadt verlassen hatte, einmal sein Zuhause gewesen

Jetzt fiel ihm auch der Geruch im Haus auf, der nicht sein eigener war. Es roch nicht nur nach Holz und altem Gemäuer, in den niedrigen Zimmern hingen noch Spuren des Geruchs seiner Eltern, der vertraute Geruch eines Waschmittels, des Rasierwassers seines Vaters und der Handcreme, die seine Mutter immer benutzt hatte. Arno sah seine Mutter vor sich, wie sie nach dem Abwasch aus der Küche kam, ihren goldenen Ehering zwischen die Zähne nahm und sich die trockenen Hände eincremte. Seltsam, dachte er, wie lange sich so ein Geruch hält. Seine Eltern waren nun seit fast einem halben Jahr tot, und obwohl das Haus seitdem unbewohnt gewesen war, roch es immer noch nach ihnen. Unsere Gerüche überdauern uns, dachte er traurig, sie leben länger als wir und schweben noch in der Luft, wenn wir schon längst nicht mehr atmen.

Draußen dämmerte es langsam, durch das schmale Fenster drang bläuliches Licht. Die ersten Vögel begannen zu zwitschern, ein anderes Geräusch war aber immer noch nicht zu hören. Diese Stille war er nicht mehr gewöhnt, sie machte ihn nervös und hinderte ihn am Einschlafen. Er schaute auf die Uhr. Die Zeit verging nicht. Als wollten die roten Leuchtziffern nicht weiter, als verzögerten sie den Augenblick. Erst vier Uhr sechsundvierzig. Keine Zeit, zu der man ins Grübeln kommen sollte. Er starrte die massiven Deckenbalken an und hatte das Gefühl, sie würden jeden Moment über ihm zusammenstürzen und ihn unter sich begraben. Schnell drehte er sich auf die Seite und schloß die Augen. Sofort driftete er wieder in seinen Traum und sah Aglajas trauriges Gesicht vor sich. Ihren fassungslosen Blick an ihrem letzten Abend, als sie gemeinsam bei ihrem Stammitaliener gegessen hatten und er erst am Ende gewagt hatte zu sagen, daß er weggehen würde aus Berlin. Und wie sie später weinte und es ihr unangenehm war und sie sagte, daß sie nichts dagegen tun könne, daß die Tränen von ganz allein kämen.

Arno öffnete die Augen und rieb sich das Gesicht. Er fühlte sich erbärmlich, und wie zur Strafe plagte ihn ein hämmernder Schmerz hinter seiner Stirn. Dabei hatte er gar nicht zuviel getrunken. Und das, obwohl er am Vorabend zum ersten Mal, seit er wieder in Celle war, im Restaurant seines Cousins in der Innenstadt vorbeigeschaut hatte. Als er in das kleine Lokal gekommen war, in dem nur zwei Tische besetzt waren, hatte ihn Jutta, die Frau seines Cousins, überschwenglich begrüßt. Zum letzten Mal hatten sie sich bei der Beerdigung von Arnos Eltern vor einem halben Jahr gesehen, und nachdem sie sich gegenseitig nach ihrem Befinden erkundigt hatten, war er in die Küche weitergegangen, wo ihn der bekannte Geruch nach Soßen und Bratenfett empfing, von dem er jedesmal sofort Appetit bekam. Sein Cousin Hans, scheinbar noch größer und breiter als vor sechs Monaten und mit seiner mittlerweile etwas schütteren Elvis-Tolle über dem pausbäckigen Gesicht, schaute nur kurz von einer Pfanne auf, in der drei dicke Koteletts brutzelten.

«Ach, der neue Sheriff», sagte Hans, gab ihm brummend den kleinen Finger seiner rechten Hand und wendete die Koteletts. Eine Weile standen die beiden wortlos in der Küche, und während Arno Hans bei der Arbeit zusah, mußte er daran denken, wie sehr sein zehn Jahre älterer Cousin ihn früher mit seiner Wortkargheit verunsichert hatte. Als Kind hatte er die Stille nicht ausgehalten und sich immer bemüßigt gefühlt, sie mit Worten zu füllen, die ihm schon in dem Moment, in dem er sie aussprach, idiotisch vorgekommen waren. Erst mit den Jahren hatte er Hans' Zurückhaltung nicht mehr als unangenehme Stille empfunden, die er durchbrechen mußte, sondern sie hatte eine Ruhe ausgestrahlt, die, so spürte er, von einer tiefen Vertrautheit zeugte. Und heute sagte ihm Aglaja, daß er sie manchmal auf dieselbe Weise verunsichere wie Hans damals ihn. Dann riß ihn Jutta aus seinen Gedanken, sie war mit neuen Bestellungen in die Küche gekommen.

«Die ganze Zeit ist nichts los, und kaum bist du da, wird es voll», sagte sie und legte ihm lächelnd eine Hand auf die Schulter.

Arno lächelte zurück. Er wußte, daß die ‹Heidestube› nicht mehr so gut lief wie früher und der leidenschaftliche Koch Hans bereits überlegte, das Restaurant zu verkaufen und etwas anderes zu machen. Die Mieten in der Innenstadt waren immer höher geworden, und die Touristen strömten nicht mehr wie noch vor wenigen Jahren in Massen durch die historische Altstadt.

«Was macht die Liebe?» fragte Jutta, eine Frage, die sie jedesmal beinahe als erstes stellte, wenn sie sich sahen.

Arno seufzte. «Sie fehlt mir.»

«Will deine Freundin nicht nach Celle kommen?»

«Was soll sie hier denn tun?» entgegnete Arno. «Außerdem wird sie mich wahrscheinlich sowieso zum Teufel wünschen, weil ich aus Berlin weggezogen bin, ohne sie zu fragen.»

«Bereust du es schon?» fragte Jutta.

Arno zuckte mit den Achseln.

«Wir sind hier nicht in einer Talkshow, sondern in der Küche», mischte sich Hans ein. Er schaute sich die Bons an, die Jutta auf dem Regal aufgereiht hatte, trank einen Schluck Bier und deutete mit einer Kopfbewegung zu einem Topf auf der

Anrichte. «Kümmer dich mal um die Kartoffeln», sagte er zu Arno und trat wieder vor den Herd.

Schmunzelnd nahm Arno ein Messer und eine Schüssel und schnitt die Pellkartoffeln in Scheiben. Er fühlte sich um Jahre zurückversetzt. Arno war vierzehn gewesen, als Hans gemeinsam mit seiner Frau Jutta die ‹Heidestube› in der Innenstadt Celles eröffnet hatte, und damals hatte er in den Sommerferien oft hinter der Theke und in der Küche des kleinen, dunklen Restaurants gearbeitet. Trotz des Altersunterschiedes hatte Hans Arno nie von oben herab behandelt, er hatte Vertrauen in seine Arbeit gehabt und sich nach dem ersten Arbeitstag mit ihm hingesetzt und Lohnverhandlungen geführt wie mit einem erwachsenen Mitarbeiter.

Nachdem Arno die Kartoffeln geschnitten und die Schüssel neben den Herd gestellt hatte, lächelte ihn Hans an.

«Hunger?» fragte er.

«Gibt es Sülze?» entgegnete Arno.

«Sülze gibt es immer», meinte Hans, nahm eine riesige Pfanne für die Bratkartoffeln vom Herd, schwenkte sie, um das Fett zu verteilen, und stellte sie wieder auf das Feuer.

Obwohl man Hans am Anfang immer jedes Wort aus der Nase ziehen mußte, fand eine Begegnung mit ihm nur schwer ein Ende, da Hans, einmal in Fahrt gekommen, nicht mehr zu bremsen war. Nachdem Arno Sülze mit selbstgemachter Remoulade und Bratkartoffeln gegessen hatte und die letzten Gäste gegangen waren, setzte Hans sich zu ihm an den Tisch. Hans regte sich darüber auf, daß die Stadt Celle auf Druck der großen Kaufhäuser einige Straßen der Fußgängerzone in der Innenstadt wieder für den Verkehr öffnen wollte. Er und andere kleinere Geschäftsleute wehrten sich dagegen, denn wenn diese Idee in die Tat umgesetzt werden würde, könnte er im Sommer nicht mehr seine Tische auf die Straße stellen.

Dann könne er den Laden gleich dichtmachen, sagte Hans. Lange saßen sie zusammen und redeten, bis Jutta dann zum Aufbruch mahnte, weil die beiden nicht in Celle wohnten und noch gut zwanzig Kilometer über Land fahren mußten. Sie wohnten auf einem alten Hof in Eichendorf, dem kleinen Heidedorf, in dem Arno aufgewachsen war, bevor er mit seinen Eltern nach Celle gezogen war. Im Grunde hatte er ihnen diesen Umzug nie verziehen, und jedesmal, wenn er mit Hans und Jutta zusammentraf, fühlte er sich auch ein bißchen an das verlorene Paradies seiner Kindheit erinnert.

Arno schaute erneut auf die Uhr. Fünf Uhr zwölf. Obwohl heute Sonntag war, wollte um halb acht ein Makler vorbeikommen, um das Haus zu besichtigen. Arno hatte zwar Dienst, aber der Inspektionsleiter wußte Bescheid, daß er später kommen würde, und dringende Fälle hatte es in seinen ersten zwei Wochen sowieso noch nicht gegeben.

Schon bald nach der Beerdigung der Eltern war sich Arno mit seinen Geschwistern einig gewesen, das Elternhaus zu verkaufen, und sein Entschluß, nach Celle zurückzukehren, hatte nichts daran geändert. In diesem Haus konnte er auf Dauer nicht wohnen. Und seine Geschwister hatten gar nicht erst vor, wieder in die Heimatstadt zu ziehen. Seine Schwester, die als Molekularbiologin in Hamburg arbeitete, hatte zwar kurz mit dem Gedanken gespielt, ihn dann aber wieder verworfen, weil der tägliche Weg ins Labor zu aufwendig gewesen wäre. Außerdem wollte sie ihren beiden Kindern, der älteste war gerade aufs Gymnasium gekommen, keinen Schulwechsel zumuten. Und sein jüngerer Bruder lebte als anscheinend erfolgreicher Studiomusiker in Los Angeles und machte nicht den Eindruck, in absehbarer Zeit überhaupt wieder deutschen Boden betreten zu wollen. Natürlich bedeutete das auch, daß die gesamte Abwicklung des Hausverkaufes an Arno hängenblieb. Selbst schuld, daß du nach Celle zurückgezogen bist, würde sein Bruder sagen.

Obwohl er noch müde war, konnte Arno nicht wieder einschlafen. Er wurde so unruhig, daß ihm alle Glieder kribbelten. Und sein Kopf hörte nicht auf zu brummen. Er stand auf und ging steif die steile Holztreppe hinunter in die Küche, wo er zuerst ein großes Glas Wasser trank. Dann nahm er seine Espressokanne und schraubte sie auseinander. Sein gesamtes Hab und Gut lagerte noch in der Garage, aber die Espressokanne hatte er schon aus dem Karton geholt und in die Küche gestellt. Von dem Filterkaffee, den seine Eltern zu fast allen Mahlzeiten getrunken hatten, bekam er Magenschmerzen. Während er Wasser in die Kanne füllte, stieg ihm von irgendwo unter den dunklen Dielenbrettern ein modriger Geruch in die Nase. Er stellte die Kanne ab und bückte sich. In den vergangenen Tagen, die noch kälter gewesen waren, war ihm der Geruch nicht aufgefallen. Jetzt hörte er unter dem Herd auch ein Fiepen, das ihn im ersten Moment an hungrige Küken in einem Vogelnest erinnerte. Aber es waren Mäuse. Nach dem Auszug ihrer Kinder hatten die Eltern sich keine Katze und keinen Hund mehr angeschafft, und unter den alten Dielen konnten sich die Nagetiere breitmachen.

Na, prost Mahlzeit, dachte Arno und richtete sich wieder auf. Wenn der Makler den Gestank riecht oder das Fiepen hört, hat er bestimmt kein Interesse mehr an dem Haus. Er löffelte Kaffee in das Sieb, schraubte die Kanne zusammen und stellte sie auf den Herd. Dann setzte er sich an den Tisch und schaute sich in der Küche um, in der es langsam heller wurde. Als sie noch lebten, war ihm nie so sehr aufgefallen, daß seine Eltern eine ausgeprägte Vorliebe für das Niedliche hatten. Aber wahrscheinlich war er einfach nicht oft und lange genug hiergewesen, um die bestickten Gardinen und Tischdecken und die Bildchen an den Wänden und die Porzellanfiguren auf den Regalen zu bemerken, die fast ausnahmslos Tiere darstellten. Je mehr solche Nippesgegenstände er nun entdeckte, desto mehr bedrückten sie ihn. Anscheinend hatten seine Eltern in den letzten Jahren vor ihrem Unfall keinen anderen Ausdruck mehr für ihre Gefühle gefunden. Warum hatten sie sich nicht wieder an einem lebendigen Haustier erfreut? Und warum, zum Teufel, hatten sie nichts gegen die Mäuse unternommen, deren Fiepen jetzt ganz deutlich zu hören war? Ob es sich lohnte, einen Kammerjäger zu rufen? Wahrscheinlich sollte ich lieber das ganze Haus abreißen lassen, dachte Arno.

In der Espressokanne zischte es, Dampf stieg unter die niedrige Holzdecke. Schwerfällig stand Arno auf, nahm die Kanne von der Platte und schenkte sich eine Tasse ein. Ein wenig fror er jetzt, nur mit seiner Unterhose bekleidet, aber er war zu faul, hochzugehen und sich einen Pullover anzuziehen. Er setzte sich wieder hin, schloß seine langen Finger um die kleine Espressotasse und pustete über die Oberfläche des duftenden Kaffees. Als er an seinem nackten Oberkörper hinabschaute und den Speckring um seine Hüften sah, seufzte er auf. Er mußte unbedingt wieder anfangen zu laufen, wie er es noch in Berlin wenigstens ab und zu getan hatte. Da hatte sein Leben noch eine klare Struktur gehabt, die ihm jetzt, in der neuen Umgebung, verlorengegangen war. Doch dann fiel ihm wieder ein, daß er ja unter anderem deshalb aus Berlin weggegangen war, weil die Struktur seines Lebens derartig klar gewesen war, daß man am Horizont schon gestochen scharf das Ende erkennen konnte.

Gerade als er den ersten Schluck Espresso getrunken hatte, zuckte er zusammen. Sein Handy klingelte. Es lag direkt neben ihm auf dem Küchentisch. Er mußte es gestern nacht dort abgelegt haben, ohne es auszuschalten. Die Uhr auf dem Display zeigte sechs Uhr achtundzwanzig an. So spät schon? War er über seinen Gedanken noch einmal eingeschlafen?

«Ja?»

«Hauptkommissar Hennings?» fragte eine zackige Männerstimme.

«Am Apparat.»

«Morgen. Hier ist Kommissar Witte. Von der Bereitschaft. Habe ich Sie geweckt?»

Arno wurde etwas sauer. Jeder, der ihn anrief, egal, zu welcher Tageszeit, stellte ihm hier diese Frage. «Nein. Ist was passiert?»

«Sie sollen sofort zum Ersten kommen.»

Der «Erste» war der Erste Kriminalhauptkommissar Pries, der Leiter des Fachkommissariats I für Tötungs- Sexual- und Branddelikte. Da nach der Reform bei der Polizei heutzutage fast jeder Kommissar war, hatte man sich etwas einfallen lassen müssen, um die Verantwortungsbereiche voneinander zu unterscheiden. Der Polizeikommissar von der Bereitschaft, der Erste und so weiter. Kriminalhauptkommissar Pries war allerdings auch davon unterrichtet, daß Arno heute morgen einen Termin hatte.

«Sofort? Kein Spielraum?»

«Hörte sich nicht so an. Wiederhören.»

«Wiederhören», sagte Arno, doch Witte hatte schon aufgelegt.

Na egal, dachte er und hoffte nur, daß es nicht wieder Probleme mit einem der kurdischen Familienclans gab, mit denen er sich bisher in Celle herumschlagen mußte. Er legte das Handy auf den Tisch und stellte die Tasse auf der Anrichte ab. Bevor sich der Makler das Haus anschaute, sollte er sowieso besser erst die Mäuse loswerden. Als er die Treppe hochlief, um schnell unter die Dusche zu springen, stieß er sich am niedrigen Deckenbalken erneut den Kopf. Oder ich lasse die verdammte Hütte doch abreißen, fluchte er.

2

Kaum war Arno auf der Straße, zuckte er zusammen und hielt sich die Ohren zu. Zwei Kampfjets jagten im Tiefflug über Celles nordwestlichen Stadtrand und durchbrachen die Schallmauer. Ein rauhes Wecksignal am frühen Morgen. Er schaute zum Himmel, aber die Flugzeuge waren schon außer Sicht, langsam schwoll der Lärm wieder ab. Er rieb sich die Ohren. Mit dröhnendem Kopf stieg er in seinen Wagen und fuhr los. Als er den Bremer Weg hinunter auf die rote Ampel vor der Allerbrücke zurollte, ging der Motor des Volvos wieder aus. Den alten Kombi hatte er sich erst vor wenigen Tagen recht günstig bei einem Gebrauchtwagenhändler gekauft. In Berlin hatte er kein eigenes Auto gebraucht. Dort, wo er gewohnt hatte, wäre es sogar lästig gewesen, weil man nie einen Parkplatz fand. Auf dem Land aber war man ohne fahrbaren Untersatz aufgeschmissen. Er drehte den Zündschlüssel herum und trat im Leerlauf aufs Gaspedal. Erst nach mehreren Versuchen sprang der Motor wieder an. Irgend etwas stimmte mit der Karre nicht, und leider hatte Arno zuwenig Ahnung von Autos, um zu wissen, woran es lag. Manchmal ärgerte es ihn, von fast allen Dingen keine Ahnung zu haben, und er fragte sich, ob es daran lag, daß er Polizist war. Oder ob er gerade deswegen Polizist geworden war?

Die Ampel sprang auf Grün, er fuhr über die Brücke und schaute nach rechts zum alten Wehr, wo sich die aufgehende Sonne auf dem dunklen, gestauten Wasser der Aller spiegelte. Arnos Vater war Wasserbauingenieur gewesen, und da bei einem Hochwasser die gesamte Altstadt in den Fluten des jetzt so ruhigen, kleinen Flusses versinken würde, hatte er seit

Jahren an Plänen für eine neue Wehranlage gearbeitet, deren Umsetzung er nun nicht mehr erleben würde.

Nachdem der Mai bisher kühl und verregnet gewesen war, schien er nun zum Ende hin endlich warm und klar zu werden. Hinter der Brücke stoppte ihn die nächste rote Ampel, obwohl an diesem Sonntagmorgen kaum Verkehr war. An den Wochentagen hatte Arno dagegen den Eindruck gehabt, daß der Verkehr in Celle nicht viel besser war als der in Berlin; er hatte ganz vergessen, daß die Stadt ständig verstopft war. Morgens und abends vom Berufsverkehr, welcher in der von Gerichten und einem Zuchthaus geprägten Kleinstadt hauptsächlich aus Juristen und Justizbeamten bestand, und tagsüber vom schleppenden Durchgangsverkehr. Seit ewigen Zeiten wurde über eine Umgehungsstraße diskutiert, aber egal, ob man eine Ost- oder eine Westtrasse plante, immer würde sie Naturschutzgebiete zerstören, was jedesmal zu Protesten führte. Proteste, die Arno, obwohl er es haßte, im Stau zu stehen, berechtigt fand. Während er mit pumpenden Tritten aufs Gaspedal den Motor in Gang hielt, schaute er über den Neumarkt nach links in die schmale Hehlentorstraße, wo die Altstadt noch im Tiefschlaf lag. Rechts, direkt vor dem Allerwehr, wo bis vor wenigen Jahren die völlig aus dem Stadtbild fallende Baracke der NAAFI gestanden hatte, der Handelsgesellschaft der britischen Truppen, war nun einer dieser ebenso unpassenden Neubauten aus Glas und Metall mit überflüssigen Erkern und nutzlosen Vordächern errichtet worden, in dem sich Arztpraxen befanden. Während die englischen Soldaten größtenteils aus Celle abgezogen waren, hatte die Anzahl der Ärztehäuser rapide zugenommen, und man konnte nur mutmaßen, ob es zwischen beiden Vorgängen einen Zusammenhang gab. Wenn die vielen Ärztehäuser tatsächlich einen Bedarf deckten, dann mußte man sich wohl ernste Sorgen um die Bevölkerung machen.

«Und ich leide schon an Alzheimer», rief er plötzlich und schlug mit der Faust auf das Lenkrad. Er hatte vergessen, dem Makler eine Nachricht an die Tür zu hängen. Die Visitenkarte hatte er auch nicht dabei, so konnte er ihn jetzt nicht einmal anrufen. Na ja, was soll's, dachte er, er könnte sich später entschuldigen und dem Mann erklären, daß ihm ein wichtiger Einsatz dazwischengekommen war. Ein Vorteil, Polizist zu sein, war, immer gute Entschuldigungen zu haben.

Nachdem die Ampel umsprang, fuhr er die Mühlenstraße entlang, links das Schloß, dessen weiße Fassade, von den Sonnenstrahlen erleuchtet, hinter noch etwas kahlen Bäumen hervorblitzte, und rechts das graue Amtsgericht, in dem früher die Landesfrauenklinik beherbergt gewesen war. Wo heute das Gericht tagte und Richter im Namen des Volkes ihre Urteile sprachen, hatte er das Licht der Welt erblickt – und war Teil dieses Volkes geworden, in dem es auch Individuen gab, die er fassen mußte, um sie vor Gericht zu stellen. Und zum größten Teil war die Justiz, wie Arno aus Erfahrung wußte, beschäftigt mit der Regulierung des Liebestriebes, der unter Umständen zu einer Geburt führen konnte. Ein absurder Kreislauf, wenn man darüber nachdachte.

Er kam auf den Thaerplatz, wo er Glück hatte und die Ampel grün war. Natürlich gab es erhebliche Unterschiede zu Berlin, dachte er jetzt, in Berlin war er ständig angespannt gewesen, die innere Unruhe hatte ihn selbst im Schlaf nicht verlassen. Wenn er nicht im Einsatz gewesen war und das Glück gehabt hatte, in seinen Träumen einmal nicht von dem Erlebten verfolgt zu werden, dann hatten ihn die unaufhörlich mit Sirenen durch die Stadt jagenden Polizei- oder Rettungswagen auch nach Feierabend in eine permanente Alarmbereitschaft versetzt, die ihn nicht wachsamer gemacht hatte, sondern nur hilflos und letztlich aggressiv.

Gegenüber der Redaktion der ‹Celleschen Zeitung› warf er einen Blick auf die Standuhr inmitten der Verkehrsinsel. Fünf nach sieben, der Makler war bestimmt unterwegs. Vor dem pompös renovierten Bau der ‹Congress-Union› bog er rechts ab und sah nach einer Weile die Polizeiinspektion vor sich, ein graues, rechteckiges Waschbetongebäude, für Celler Verhältnisse fast schon ein Hochhaus, an der Kreuzung von Hannoverscher und Jägerstraße.

Er fuhr auf den Hof, parkte den Volvo und stieg aus. Irgend etwas lag in der warmen Luft, das in seiner Nase kitzelte und den Kopfschmerz verursachte. Hinter ihm hörte er ein wütendes Wiehern aus den Stallungen des niedersächsischen Landgestütes. Von seinem Büro im sechsten Stock hatte er einen herrlichen Blick auf den dazugehörigen Turnierplatz, und jedesmal, wenn er beobachtete, wie die Gestütsmitarbeiter, die übrigens Beamte waren wie er, in ihren altmodischen Uniformen die Hengste trainierten, hatte er den Eindruck, in eine längst vergangene Zeit zu blicken. Als Kind hatte er mit seinen Eltern und Geschwistern einmal die jährlich stattfindende Hengstparade besucht, wobei ihm am stärksten die römischen Streitwagen in Erinnerung geblieben waren, die von vier Pferden gezogen auf ihren Runden durch die Arena so viel Tempo aufgenommen hatten, daß in der letzten Kurve jeweils ein Rad in der Luft hing und die kräftigen Fahrer kaum noch die Leinen der wie entfesselt galoppierenden Hengste halten konnten.

Arno öffnete die Tür und grüßte Kommissar Witte an der Anmeldung, der sich gerade die Uniformhose hochzog und anstatt zurückzugrüßen mit einer Kopfbewegung nach oben deutete. Tja, dachte Arno, man hat es nicht leicht als Neuling, nirgendwo, und auf einen neuen Kollegen aus der Hauptstadt hatte hier sowieso niemand gewartet. Er hatte den Eindruck, daß jemand, der sich aus Berlin nach Celle versetzen ließ, entweder für einen zwangsversetzten Versager oder für einen Klugscheißer gehalten wurde und die neuen Kollegen der Inspektion sich nur noch überlegten, in welche Kategorie sie ihn einordnen sollten.

Beim Gedanken an seinen Hüftring nahm er nicht den Fahrstuhl, sondern lief die Treppe hinauf in die sechste Etage, wo sich die Büros des Fachkommissariats I befanden und wo der Erste Hauptkommissar Heiner Pries auf ihn wartete. Pries war mit seinen vierzig Jahren nur ein Jahr älter als Arno, allerdings auf der Karriereleiter schon etwas weiter gekommen. Und obwohl der bullige und kompakte, aber fast zwei Köpfe kleinere Erste Hauptkommissar am ehesten fürchten mußte, daß da einer aus Berlin kam, der ihm den Posten des Kommissariatsleiters streitig machen könnte, war Arno mit ihm bisher bestens ausgekommen. Einmal hatten sie sogar schon ein Bier miteinander getrunken, wobei ihm Pries das Du praktisch aufgenötigt hatte.

Wie die Altstadt Celles machten auch die Räumlichkeiten des Fachkommissariats I den Eindruck, sich noch im Tiefschlaf zu befinden. Auf dem Gang herrschte eine Ruhe, die Arno in all seinen Dienstjahren in Berlin nie erlebt hatte. Die Tür von Pries' Büro war angelehnt, Arno blieb stehen und rang nach seinem Spurt die Stufen hinauf nach Luft. Sein Schädel brummte noch mehr.

«Ja!» rief Pries' hohe Stimme, nachdem er angeklopft hatte.

Als Arno eintrat, legte Pries gerade eine schwere Hantel hinter den Schreibtisch. «Guten Morgen», grüßte Arno. In unserem Alter hat wohl jeder seine Probleme mit der Figur, dachte er.

Pries lächelte ihn an. «Morgen, Arno.» Es schien ihm keineswegs etwas auszumachen, bei seinem Frühsport überrascht worden zu sein, im Gegenteil, er schien es sogar zu genießen. «Setz dich.» Er musterte Arno. «Gestern abend versackt?»

«Nein, nein», sagte Arno schnell und setzte sich, «nur etwas Kopfschmerzen. Der Wetterumschwung.»

Pries grinste. «Na klar. Kaffee?»

«Gerne», sagte Arno und bereute es im selben Moment. Aber Pries hatte bereits die Kanne der Kaffeemaschine in der Hand, und schon bei dem Anblick zog sich Arnos Magen zusammen.

Pries reichte Arno einen Becher und setzte sich hinter seinen Schreibtisch. «Ich weiß, daß du heute morgen einen Termin hattest», sagte er und verschränkte seine kurzen, muskulösen Arme, «aber den mußt du leider verschieben. Auf dem Truppenübungsplatz ist eine Leiche gefunden worden.»

«In Bergen?» fragte Arno. Bei Bergen befand sich der größte NATO-Truppenübungsplatz Europas, es gab in der Gegend allerdings noch weitere Manöverplätze.

Pries nickte.

«Mord?» Arno holte sein Notizbuch aus der Innentasche seines Jacketts und zog den Kugelschreiber vom Deckel.

«Sieht so aus», sagte Pries und streichelte seine Muskeln. «Die Leiche ist bereits vor zwei Tagen gefunden worden. Ein britischer Soldat. Die Army macht da anscheinend gerade ein Manöver für Auslandseinsätze.»

«Nachschub für den Irak?»

«Kann sein.» Pries winkte ab, als würde die Weltpolitik nicht in seinen Zuständigkeitsbereich fallen und ihn deshalb auch nicht besonders interessieren. «Laut NATO-Truppenstatut ist die britische Heereskriminalpolizei für solche Dinge zuständig, und der SIB ermittelt auch schon, aber jetzt wollen sie uns dazuholen. Es gibt Spuren, die auf eine Einwirkung von außen hindeuten.»

«Von außen?»

«Ja. Es deutet wohl nichts darauf hin, daß er durch andere Militärs getötet wurde», sagte Pries. «Und die Leiche ist auf dem Kreisgebiet Celles gefunden worden, sonst würden die sich nicht an uns wenden.»

«Ist so etwas schon öfter vorgekommen?»

«Was?» Pries ließ seine Hände mit einem lauten Klatschen auf den Schreibtisch fallen. «Daß die sich an uns wenden?»

«Ich meine, daß Soldaten auf dem Truppenübungsplatz getötet werden», sagte Arno und hielt im Schreiben inne.

«Wenn, dann bei Manöverunfällen, und die Army hat das allein geregelt», sagte Pries und klopfte unruhig auf den Schreibtisch. «Wahrscheinlich steckt diesmal am Ende auch nicht mehr dahinter, aber wir müssen uns darum kümmern.»

«Und was ist die Todesursache?»

Pries stöhnte auf und blätterte ein paar Papiere auf seinem Schreibtisch durch. «Erstickt. Aber die Details wird dir der SIB erzählen. Auf jeden Fall habe ich gedacht, daß du das übernehmen könntest. Sörensen ist der gleichen Meinung.»

Jan-Peter Sörensen war der Leiter der Polizeiinspektion Celle. Arno hatte noch nicht viel mit ihm zu tun gehabt, der Polizeidirektor schien sich weitgehend aus der Ermittlungsarbeit herauszuhalten. Arno rieb sich die Schläfen.

«Willst du eine Tablette?» fragte Pries.

«Nein danke. Soll Müller mitkommen?» Mit Oberkommissar Müller hatte Arno bisher gearbeitet, und normalerweise blieben die Teams immer zusammen. Leider war Müller eine ziemliche Nervensäge, der sich auch im Dienst vor allem mit dem Bau seines Einfamilienhauses beschäftigte und an keinem Baumarkt vorbeifahren konnte.

«Nein, der bleibt hier.» Pries schaute auf seine Uhr. «In Bergen wartet ein Detective Sergeant Fuller vom SIB auf dich.

Um acht Uhr. Die müssen sich nach dem Manöverbetrieb richten, deswegen kommt die Sache so plötzlich.»

«Eine letzte Frage», sagte Arno und lächelte. «Was bedeutet eigentlich SIB?»

«Special irgendwas. Eine Art Kriminalpolizei der Militärpolizei. Kannst du ein bißchen Englisch?»

«Ein bißchen.»

«Gut. Dieser Sergeant wartet um acht gegenüber dem Truppenlager Hörsten. Du mußt dich also etwas beeilen. Moment.» Er stand auf und holte eine Karte hervor.

«Schon gut, ich kenne den Weg», sagte Arno und steckte sein Notizbuch ein.

Pries sah ihn kurz irritiert an. «Ach so, stimmt ja.» Er ließ die Karte auf den Schreibtisch fallen.

Die meisten Beamten der Polizeiinspektion Celle stammten nicht aus der direkten Umgebung, besonders die zivilen Ermittler nicht, und die mutete es nun komisch an, plötzlich einen neuen Kollegen zu haben, der zwar aus Berlin kam, aber eigentlich einer von hier war.

«Tut mir leid, daß ich nicht mehr Informationen habe», sagte Pries, «aber ich denke, du kommst schon zurecht, oder?»

Arno ersparte sich eine Antwort, verabschiedete sich und verließ das Büro. Als er sich noch einmal umschaute, sah er, daß Pries seinen Kaffee, den er nicht angerührt hatte, wieder zurück in die Kanne schüttete.

Unten an der Anmeldung lehnte Müller über dem Tresen und redete mit Witte. Als sie Arno kommen sahen, verstummten sie. Er blieb stehen und begrüßte seinen Partner. In den engen Jeans, der ausgewaschenen und ausgeleierten Jeansjacke und mit den im Nacken zu langen Haaren wirkte der recht kleine und dünne Mann auf Arno wie ein etwas in die Jahre gekommener Vorstadtrebell und zudem wie ein Relikt der achtziger Jahre.

«Meinen Sie, die Kurden stecken dahinter?» fragte Müller und fuhr sich über den flaumigen Bartwuchs.

«Was bringt Sie denn auf die Idee?»

«Na, die kommen doch von da unten, wo die Tommys jetzt sitzen», sagte Müller und wedelte mit seiner Hand in eine Richtung, die wohl nach «da unten» zeigen sollte.

«Quatsch», rutschte es Arno barsch heraus. Dann senkte er seine Stimme. «Wenn sich jemand freut, daß Saddam vertrieben worden ist», setzte er bemüht freundlich hinzu, «dann doch die Kurden. Außerdem stammen die Celler Kurden größtenteils aus der Türkei.»

«Was weiß denn ich», sagte Müller und tauschte einen vielsagenden Blick mit Witte. «Ist doch alles dieselbe Mischpoke.»

Witte nickte mit spitzen Lippen und zog schon wieder seine Hose hoch.

«Na egal», meinte Müller und schlug den Kragen seiner Jeansjacke hoch, «fahren wir los?»

Arno seufzte. «Pries meint, ich soll allein fahren.»

Müller starrte ihn mit offenem Mund an.

Arno verabschiedete sich schnell, und als er die Stufen der Polizeiinspektion hinunterlief, war ihm klar, daß er nun, ob er etwas dafür konnte oder nicht, einen Punkt mehr auf seinem Klugscheißerkonto hatte.

3

Von Celle führten zwei Wege zum Truppenübungsplatz Bergen. Entweder verließ man die Stadt Richtung Norden und nahm die Bundesstraße nach Bergen, oder man fuhr westlich über eine Landstraße durch dichten Kiefernwald nach Eichendorf, wo man direkt auf die Panzerringstraße gelangte, die in diesem Bereich für den öffentlichen Verkehr zugänglich war. Beide Strecken waren ungefähr gleich lang, und so entschied sich Arno automatisch für die Route über Eichendorf. Er hielt an einer der vielen Tankstellen stadtauswärts, tankte und kaufte sich ein belegtes Brötchen und eine Flasche Wasser. Dann bog er auf den Wilhelm-Heinichen-Ring, eine innerstädtische Umgehung, die in den siebziger Jahren gebaut worden war. Während er das Brötchen aß und seinen Schoß vollkrümelte, kam er an den Bäumen des Wietzenbrucher Forstes vorbei, hinter denen versteckt das Gymnasium lag, das er und seine Geschwister besucht hatten und von dem er nach der elften Klasse unrühmlich verwiesen worden war. Wer weiß, ob er auch zur Polizei gegangen wäre, wenn er auf geradlinigem Weg sein Abitur gemacht hätte, dachte er nicht zum ersten Mal. Er klemmte sich die Flasche zwischen die Beine, öffnete sie und trank einen großen Schluck Wasser. In dem Moment ging der Volvo wieder aus. Er fluchte, eine Ampel sprang auf Grün, und hinter ihm hupte es schon. Beim zweiten Versuch jaulte der Motor wieder auf, Arno passierte ruckelnd die Kreuzung und ließ Celle und seine ehemalige Schule hinter sich.

Kurz bevor der Ring in die Landstraße nach Eichendorf mündete, zog er eine Kassette aus dem Handschuhfach und schob sie in den Schlitz des Autoradios. Im Haus seiner Eltern gab es nur einen CD-Spieler, und seine ganzen Schallplatten standen noch gut verpackt in der Garage, so daß er allein beim Autofahren die Möglichkeit hatte, Musik zu hören. Da er die Kassetten, die er immer wieder mit neuen Songs auf der Suche nach der perfekten Zusammenstellung aufnahm, nie beschriftete, war er angenehm überrascht, die ersten Akkorde des Gitarrenduettes *Little Martha* von den Allman Brothers zu hören. Welche Songs folgen würden, konnte er nicht mehr genau erinnern, er wußte lediglich, daß er bei der Aufnahme nur Balladen der frühen Siebziger ausgewählt hatte. Das gemächliche Tempo und der warme Klang dieser Stücke paßten gut zu seiner Stimmung und einer frühmorgendlichen Fahrt über Land. Seit einigen Jahren hörte er nur noch Musik der frühen Siebziger, Musik, die sonst niemand mehr hörte, aus einer längst vergangenen Zeit, in der er zwar schon eine Weile auf der Welt gewesen war, aber natürlich noch nicht bewußt Musik gehört hatte. Er konnte es nicht genau erklären, doch diese alte Musik verbreitete eine Atmosphäre, in der er sich aufgehoben fühlte. Früher hatte ihn die Liebe zur Musik mit seinem Bruder Philip verbunden, heute hatten sie sich unter anderem wegen ihrer verschiedenen Vorlieben voneinander entfernt. Philip hatte die Musik zum Beruf gemacht und konnte nicht verstehen, daß sein großer Bruder nur noch an den alten Sachen interessiert war. Und obwohl Arno den Bruder für dessen musikalische Fähigkeiten bewunderte, schien Philip Arnos private Abkehr von der zeitgenössischen Musik persönlich zu nehmen.

Arno kurbelte das Fenster herunter und atmete den Geruch der vorbeirauschenden Kiefern ein. Allein dieser Duft war ein Grund, warum er sich in den letzten Jahren immer mehr in seine Heimat zurückgesehnt hatte. Niemand, der nicht damit aufgewachsen war, kann diese Sehnsucht verstehen, dachte er, die meisten Menschen nahmen diesen Duft vielleicht nicht einmal wahr. Eine Ewigkeit hatte er sich gefragt, was eigentlich dieses diffuse Heimatgefühl ausmachte, das in ihm steckte, und erst im letzten Jahr, als er eine Woche mit Aglaja auf der Frischen Nehrung in dem kleinen Fischerort Piaski verbracht hatte, war es ihm aufgegangen. Während Aglaja, die aus Danzig stammte, vom Duft der Ostsee schwärmte, hatte er den Geruch nach Kiefern, Heide und Sandboden auf der schmalen Landzunge eingesogen und dort in der Fremde, kurz vor der russischen Grenze, plötzlich geglaubt zu wissen, was Heimat für ihn bedeutete.

Auf der Straße war kaum Verkehr, nur ein paar Landwirte waren zu ihren Feldern unterwegs. Als Arno kurz vor der Örtzebrücke einen Trecker überholte, mußte er niesen. Irgend etwas kitzelte in seiner Nase, und seine Augen begannen ein wenig zu brennen. Diese Symptome kamen ihm dunkel bekannt vor, und er fragte sich, wann er zum letzten Mal unter Heuschnupfen gelitten hatte. Während der Jahre in Berlin auf jeden Fall nicht. Er wischte sich die Nase mit dem Handrükken ab und kurbelte das Fenster ein Stückchen hoch. Dann trank er noch einen Schluck Wasser und schaute auf die Uhr am Armaturenbrett. Viertel vor acht.

Er erreichte Winsen, wo er die Grundschule besucht hatte und ihm nun alles so bekannt vorkam, als wäre er nie weggewesen. Selbst die Eisdiele gab es noch und schräg gegenüber die Autowerkstatt und den Omnibusbetrieb, mit dessen Bussen er immer zur Schule gefahren war. Einige Kilometer hinter Winsen hörte der Wald plötzlich auf, und hinter den Feldern lag Eichendorf vor ihm. Wie jedesmal, wenn er sich dem Dorf seiner Kindheit näherte, lief ihm ein Schauer der Erregung über den Rücken. Und in diesem Moment ertönten aus den Lautsprechern auch noch die ersten Takte von Roy Buchanans Song *Caruso*. Ein langsamer Blues mit genau dem richtigen

Schuß Country, der Musik für ihn unwiderstehlich machte. Ihm war es unerklärlich, daß der Mann völlig in Vergessenheit geraten war. Dieser Song von Buchanans Platte *A Street Called Straight*, eine Reflexion über seinen Kampf gegen den Alkohol, war einer der wenigen, den der Gitarrist selbst sang, und die Bescheidenheit, die in der Stimme lag, ging Arno immer wieder an die Nieren.

Eichendorf war ein für diese Heideregion typisches Dorf, das keinen richtigen Kern hatte, sondern nur aus verstreuten, großen Höfen bestand, die unter mächtigen Eichenhainen versteckt waren. Es lag direkt am Truppenübungsplatz, die einzige Zufahrtsstraße, die Landstraße, auf der Arno ins Dorf kam, führte durch den Ort hindurch auf die Panzerringstraße; alle anderen Wege endeten an der Grenze der Sperrzone. In seiner Kindheit hatte man in regelmäßigen Abständen Detonationen gehört, die so eine Wucht hatten, daß die Fenster klirrten und das Geschirr in den Schränken klapperte. Außer an den Wochenenden wurden ständig Manöver und Schießübungen abgehalten. Es gab sogar Gefechtsstellungen außerhalb des Übungsplatzes, von denen die Artillerie ins Zentrum der Sperrzone schoß. Einmal war dabei der Schulhof in einem der anderen, am Platz liegenden Dörfer getroffen worden. Zum Glück waren Ferien gewesen, und niemand war zu Schaden gekommen.

Obwohl es Sonntagmorgen war, hörte er bereits das entfernte Grollen. Kurz vor der einzigen Kreuzung des Dorfes sah er links eine Neubausiedlung auf dem freien Feld, die es früher nicht gegeben hatte und deren Anblick seinen Augen weh tat. Nun will man Eichendorf also doch einen Dorfkern verpassen, dachte er. Mit rotem Klinker und sogar Fachwerk hatte man versucht, die Architektur der regionalen Bauweise anzupassen, und doch sah die Traube der dicht aneinanderstehenden, winzigen Einfamilienhäuser aus, als wäre sie vom Himmel gefallen und nur zufällig hier gelandet.

An der Kreuzung ging es links zu einem Naherholungsgebiet. Kurz vor dieser Seen- und Moorlandschaft lag der alte Hof von Hans und Jutta, und dort hatte auch Arnos Familie einmal gewohnt. Rechts führte ein schmaler Weg zum Sportplatz und zum Friedhof. Arno folgte der Hauptstraße, die eine S-Kurve machte, unter der ein kleiner Bach hindurchfloß. Hinter der Brücke stand auf der linken Seite die Dorfkneipe, die, wie er feststellte, nicht mehr einfach nach den damaligen Besitzern ‹Bauermeister› genannt wurde, sondern nun ‹Zur schönen Aussicht› hieß. Instinktiv drehte er sich nach rechts, als wollte er überprüfen, ob die Aussicht wirklich schön war, und schaute direkt in die starren Augen einer Frau, die auf der anderen Straßenseite entlangging und die ihm sofort bekannt vorkam. Verwirrt wandte sich Arno ab, drehte sich aber neugierig erneut um und sah, daß die Frau einen Rollstuhl schob, in dem ein kleines, mageres Kind saß, das einen großen, blauen Hut trug, unter dem ein altes, faltiges Gesicht hervorlugte. Und lachte. Ausdruckslos dagegen die Augen der Frau, die ihn immer noch anblickte. Dann verschwand sie aus seinem Sichtfeld. Als Arno wieder nach vorn schaute, sah er einen Trecker auf sich zukommen. Er riß das Lenkrad herum, für einen Moment kam der Volvo ins Schlingern, der Motor bockte, und erst nach einigen Metern bekam er den Wagen wieder unter Kontrolle. Arno atmete tief durch. Das hätte ja gerade noch gefehlt.

Zaghaft schaute er in den Rückspiegel. Der Trecker war hinter der Kurve verschwunden. Die Frau sah er auch nicht mehr, sie mußte auf irgendeinen Hof abgebogen sein. Als wäre nichts gewesen, war wieder alles ruhig, nur Arnos Hände zitterten. Obwohl er sie seit fast dreißig Jahren nicht gesehen hatte, zweifelte er keinen Moment daran, daß die Frau Heike gewesen war, seine frühere Nachbarin und Schulfreundin. Heike schien sich kein bißchen verändert zu haben in all den Jahren. Aber der Anblick dieses kleinen Kindes im Rollstuhl, das wie ein Greis ausgesehen hatte, ließ ihn nicht los.

Mittlerweile hatte er Eichendorf bereits verlassen, zu seiner Linken lag noch ein vereinzelter Hof am Waldesrand, dann begann schon der Truppenübungsplatz, vor dem er auf der Panzerringstraße nach rechts Richtung Bergen abzweigen mußte. Seine Hände beruhigten sich, er atmete wieder durch und spulte die Kassette zurück, um ein weiteres Mal *Caruso* zu hören. Nach wenigen Kilometern, auf denen ihm ein schleichender, aber ohrenbetäubend lauter Militärkonvoi begegnete, kam er am Friedhof der sowjetischen Kriegsgefangenen vorbei, hinter dem sich die Gedenkstätte des Konzentrationslagers Bergen-Belsen befand. Als er schließlich die Gebäude des Truppenlagers Hörsten sah, hielt er Ausschau nach einem Fahrzeug der britischen Militärpolizei, konnte jedoch keines entdecken. Er schaute auf die Uhr und stellte fest, daß er nur wenige Minuten zu spät war. Nachdem er den Volvo am Straßenrand geparkt hatte, lehnte er sich zurück und schloß für einen Moment die juckenden Augen. Und während er Roy Buchanans tiefer und beruhigender Stimme lauschte und leise den Text mitsang, sah er noch einmal wie in Zeitlupe Heikes befremdend starre Augen und dieses seltsam verzerrte Gesicht unter dem großen, blauen Kinderhut an sich vorbeiziehen. War das wirklich ein Lachen, konnte das ein Kind gewesen sein? Er schüttelte sich und öffnete die Augen. Sein Mund war wie ausgetrocknet, er hatte einen unstillbaren Durst und trank hastig ein paar Schlucke Wasser. Dabei überfiel ihn ein so heftiger Niesanfall, daß er sich nach vorn krümmte, husten mußte und das ganze Wasser in seinem Mund auf die Hose spuckte.

In dem Augenblick klopfte jemand an die halbgeöffnete Scheibe. «Kommissar Hennicks?»

Erschrocken fuhr Arno herum.

Eine blasse junge Frau mit schwarzem, kurzem Haar und schmaler rechteckiger Brille schaute ihn an. «Detective Sergeant Fuller. SIB.»

Als Arno etwas sagen wollte, mußte er erneut husten.

«Hey, that's Roy Buchanan, isn't it? Sure, this bloody seventies stuff is all the rage now.»

4

Hinter dem Lager Hörsten mußte der zivile Verkehr nach rechts abbiegen, die Straße führte an einem Munitionslager vorbei, dessen sonderbare, mit Grasnarben bewachsene Hangars aus der Ferne wie Hügelgräber aussahen. Dahinter begannen die Kasernen im Bergener Ortsteil Belsen. Nachdem die Briten das Konzentrationslager befreit und später die ehemaligen Kasernen der Wehrmacht übernommen hatten, benannten sie den Standort in Bergen/Hohne um, nach einem anderen Ortsteil, der einmal auf dem Truppenübungsplatz gelegen hatte und den es nicht mehr gab. Geradeaus führte die Panzerringstraße in die Sperrzone.

Mit einem dunklen Fleck auf dem Schoß saß Arno in einem ungekennzeichneten Land Rover neben Sergeant Fuller und betrachtete sie von der Seite. Wie er selbst trug sie keine Uniform, aber sie war völlig in Schwarz gekleidet. Die schwarzen Haare schienen gefärbt zu sein. Sie war eine zierliche Frau, die überhaupt keinen zerbrechlichen Eindruck machte, und war wohl kaum dreißig.

«Sie kennen Roy Buchanan?»

«Certainly», sagte sie nickend und lachte. Anscheinend lachte sie häufig, denn hinter ihrer Brille konnte man feine Lachfältchen ausmachen. «Aber diese sentimentalen Sachen sind nicht so mein Ding. *I grew up in the eighties.*»

«Ich auch», sagte Arno. Sergeant Fuller war wohl doch älter, als er geglaubt hatte. Sie steuerte den Land Rover mit einem Affenzahn über die breite und holprige Betonstraße. Er schaute aus dem Seitenfenster. Sie fuhren Richtung Norden auf der Rückseite an endlosen Kasernen vorbei. Der Maschendrahtzaun war mit grünen Planen bespannt, so daß man nicht sehen konnte, was dahinter vor sich ging. «Out Of Bounds» stand auf großen Schildern. Das gleiche hatte früher auch an manchen Celler Kneipen gestanden, in denen britische Soldaten nicht einkehren durften, weil die Wirte Angst vor Randale hatten.

Jetzt betrachtete Sergeant Fuller Arno von der Seite. «Sagen wir du, okay», sagte sie und schaute über den Rand ihrer schmalen Brille. Das klang nicht wie eine Frage, sondern eher wie ein Befehl. Sie nahm eine Hand vom Lenkrad und streckte sie aus. «Emma.»

«Okay.» Arno hielt sich mit der Linken am Sitz fest und gab ihr die Rechte. «Arno.»

«What?»

«Arno.»

Emma Fuller lachte wieder. «Anno, okay.» Dann langte sie auf den Rücksitz und ließ eine Akte auf Arnos Schoß fallen.

Als Arno die Akte aufschlug, bekam er wieder einen Niesanfall. Das Kribbeln in seiner Nase hörte nicht auf.

«Hay fever?» fragte Emma und überholte einen Panzer, der anscheinend mit einem Kettenschaden am Straßenrand liegen geblieben war.

Arno wischte sich die Nase. «*Hay fever*? Ach so. Heuschnupfen. Kann eigentlich nicht sein.»

Emma tippte sich auf die Brust. «Ich auch», sagte sie, kramte mit einer Hand in ihrer Hosentasche herum und reichte ihm ein Tablettenröhrchen.

Arno hob eine Hand. «Sehr nett, aber ich brauche nichts, danke.»

Emma zuckte mit den Achseln und steckte das Röhrchen zurück in die Hosentasche.

In der Akte fand Arno mehrere Fotografien der Leiche am Fundort. Der Mann lag in einem Tarnanzug mit dem Gesicht nach unten auf sandigem Boden, neben ihm sein Gewehr. Auf seinem Hinterkopf erkannte Arno nicht nur die Riemen einer Gasmaske, er entdeckte zwischen den rotblonden Haarbüscheln auch eine klaffende Wunde. Ein ähnliches Bild hatte er schon einmal gesehen, allerdings hatte die Leiche damals keine Uniform unter dem Schutzanzug getragen, und sie hatte auch nicht unter einem Gebüsch auf dem Truppenübungsplatz gelegen, sondern auf einem Billardtisch in einem Berliner Schwulenklub, wo Latexliebhaber Orgien feierten und irgend jemand alte NVA-Schutzanzüge als neues Erregungsmittel eingeführt hatte.

Mittlerweile hatten sie die Kasernen hinter sich gelassen und es ging leicht bergan. Sie kamen durch einen Wald, bald verlief ein schmiedeeiserner Zaun parallel zur Straße, und hinter den Bäumen entdeckte Arno eine großzügige Parkanlage, in der ein prachtvolles altes Gebäude stand. Arno zeigte nach draußen. «Was ist das?»

«Das Gästehaus der Army», sagte Emma, ohne seinem Blick zu folgen. «Das war früher ein *manor house*, ein Gutshof. *You know, landowners.* Sogar Lady Diana hat schon dort geschlafen.» Dann begann sie lauthals mit tiefer Stimme zu singen. *«And it seems to me you've lived your life like a candle in the wind ...»*

Arno starrte sie irritiert an.

«Kennst du nicht?» fragte Emma lachend.

«Ich wundere mich nur.»

«Elton John. *Very sentimental.*» Emma zwinkerte und schlug ihm mit einer Hand auf den Schenkel.

Als Arno hinab auf ihre Hand schaute, sah er, daß der Fleck auf seiner Jeans einigermaßen getrocknet war. «Ach, deshalb hat es mir so gefallen», sagte er.

«Sorry?»

«I like it.»

Emma musterte ihn mit zusammengekniffenen Augen über den Rand ihrer Brille, sagte aber nichts mehr. Sie fuhren jetzt an einem gepflegten Golfplatz vorbei, auf dem zu Arnos Erstaunen im Moment tatsächlich gespielt wurde. Ein Stück weiter folgte ein Areal mit Stallungen, über dessen Hof Pferde geführt wurden, dahinter erstreckte sich eine riesige Rasenarena.

«Und was ist das jetzt?»

«Polo», sagte Emma. «Für *officer corps.*»

Abgeschottet von der Außenwelt, scheinen die Offiziere hier kein schlechtes Leben zu führen, dachte Arno erstaunt. Und die Manöver halten sie offensichtlich nicht davon ab. Er schüttelte den Kopf und widmete sich wieder der Akte. Weitere Fotos zeigten den Tatort und das Opfer in anderen Positionen. Ein junger Mann mit einem irgendwie genervten Gesichtsausdruck. Arno las die Daten. *Private Peter Grafton, 1st Batallion, King's Regiment, Catterick Garrison, North Yorkshire.* Geboren vor zwanzig Jahren in York im gleichen Sternzeichen wie Arno. Die Lektüre des weiteren englischen Textes, wahrscheinlich der Obduktionsbericht, hätte ihm bei der rasanten Fahrt Übelkeit verursacht.

Nach einigen Kilometern schaute Emma plötzlich über ihre Schulter, riß das Lenkrad herum und steuerte den Land Rover nach links auf einen ausgefahrenen Feldweg. Dann lichtete sich der Wald, und auf einem sandigen Platz standen ungefähr zehn Panzer mit laufenden Motoren, mächtige Kampfpanzer mit langen Kanonenrohren. Aus den Luken schauten die Helme und Mikrophone der Fahrer hervor, hinter aufgepflanzten Maschinengewehren standen Schützen, andere Soldaten lehnten rauchend an den Ketten und unterhielten sich. Britische Soldaten, das erkannte Arno an den Uniformen. In seiner

Kindheit hatte es noch die alljährlichen Herbstmanöver gegeben, bei denen die Soldaten auch außerhalb von Übungsplätzen Krieg spielten und mit ihren Panzern die Dorfstraßen kaputtfuhren. Als sie nun an ihnen vorbeifuhren, wurden sie von den Soldaten mißtrauisch beäugt.

«*This is a tank fire range*», brüllte Emma über den Motorenlärm hinweg. «Gleich beginnt eine Übung. Sie warten, bis wir wieder weg sind.»

«Hoffentlich», sagte Arno. Die Welt ist gespalten in Menschen, die den Krieg kennen und die ihn nicht kennen, hatte er vor kurzem gelesen. Er kannte ihn nicht, aber in diesem Moment hatte er das beklemmende Gefühl, sich mitten in einem Kriegsgebiet zu befinden.

Hinter den Panzern öffnete sich ein hügeliges und kahles Tal, das im Norden von einem bewaldeten Berg eingegrenzt war und im Süden in eine weite, braune Ebene auslief. Bei dem klaren und sonnigen Wetter konnte man kilometerweit in die Ferne schauen. Weit und breit kein Mensch und kein Anzeichen einer Zivilisation. Der Anblick machte Arno sprachlos. Er kam sich vor wie auf einer Exkursion durch eine fremde Welt. Die von den Panzern ausgefahrene Schießbahn sah aus wie eine Mondlandschaft, jenseits davon konnte man jedoch den Eindruck gewinnen, die Welt sei erst vor wenigen Augenblicken erschaffen worden.

Sie folgten einem schmalen Sandweg, der sich hinab ins Tal schlängelte. Hier und dort standen rostige Panzerwracks zwischen den mit Heide und dürftigen Kiefern bewachsenen Hügeln. Emma fuhr in unvermindertem Tempo weiter, und Arno mußte sich festhalten, um nicht mit dem Kopf an die Decke zu stoßen.

«Diesen Weg haben auch die 1 Kings genommen in der Nacht des Mordes», sagte Emma. «Graftons Platoon.»

«Platoon ist die Einheit, oder?»

Emma schwenkte eine Hand. «Kleiner. Drei Schützenpanzer. Sieben Männer pro Panzer. Ich glaube, in Deutsch man sagt Zug. Du warst nicht in der Army?»

«Nein», sagte Arno. «Aber ich glaube, ich verstehe.» Sein Vater war bei der Bundeswehr gewesen, und was er über das Heer wußte, hatte er von ihm erfahren.

Sie überquerten eine Schienenanlage, die sich, wie Arno sah, etwa hundert Meter durchs Gelände erstreckte und auf der Metallplatten auf kleinen Rädern angebracht waren.

«Moving targets», erklärte Emma, die Arno auch zu beobachten schien, wenn sie ihn nicht ansah. «Ziele für Panzer.»

Arno nickte. Sie hatten die Ebene erreicht, und nach einer Weile führte der Weg um einen bewaldeten Hügel herum, hinter dem eine Gruppe kleiner Hütten stand, die den Eindruck eines abgelegenen, ärmlichen Dorfes machten. Schon von weitem sah Arno das Absperrband. Vor einer der Hütten hielt Emma den Land Rover an, würgte den Motor ab und sprang aus dem Wagen.

«Dahinten wurde die Leiche gefunden», sagte Emma und zeigte auf einen Kiefernhain in der Absperrung. Dann beugte sie sich wieder in den Wagen.

Mit wackeligen Beinen stieg Arno aus. «Was sind das für Hütten?» fragte er und schaute durch das Fenster der Hütte, vor der sie parkten. Im Dunkeln des Innenraumes konnte er nichts erkennen.

«Für Manöver», sagte Emma. «Die Soldaten lernen hier für Auslandseinsätze.»

«Und wir sind noch im Landkreis Celle?» erkundigte sich Arno.

«Ja», antwortete Emma, «die Grenze liegt ungefähr einen Kilometer weiter im Westen.»

Arno schaute sich um. Im Norden ragte der Berg in den Himmel, der diese hügelige Ebene eingrenzte. Er war zwar nicht viel mehr als hundert Meter hoch, aber eine solche Erhebung kannte Arno aus seiner Heimat eigentlich nicht. Außer dem leichten Sausen des Windes war es ganz still. Nicht einmal das Motorengeräusch der am Schießstand wartenden Panzer drang bis hier unten vor.

«Ich hätte nicht gedacht, daß es hier so hügelig ist», sagte Arno und rieb sich die Nase, die schon wieder kribbelte.

«Der Falkenberg. *The remains of an ancient glacier*», erklärte Emma. «Wie sagt man? Gletscher? Bei gutem Wetter du kannst schauen bis nach Hannover von da oben.»

«Du kennst dich ja gut hier aus», sagte Arno.

«Das ist der Job», sagte sie und ging mit einer Landkarte und der Akte Richtung Absperrung.

«Wer hat die Leiche gefunden?» fragte Arno und hielt das Absperrband für sie hoch, auf dem mit schwarzen Buchstaben RMP stand, *Royal Military Police*.

«Andere Soldaten», sagte Emma und schlüpfte unter das Band hindurch. Vor dem Kiefernhain blieb sie stehen. «Private Grafton war eine *post*.»

«Wachposten?»

Sie nickte. «So ähnlich. Sein Platoon ist weitergefahren, und er mußte warten auf die anderen. Am Morgen wurde er gefunden. Dort.» Sie zeigte unter die Bäume.

Arno ging in die Hocke und schaute unter die Kiefern. Nichts zu sehen. Gebeugt machte er eine paar Schritte nach vorn. Sofort klammerten sich Spinnweben an sein Gesicht. Nachdem er sie weggewischt hatte, sah er, wo die Leiche gelegen hatte. Weit war Private Grafton nicht ins Dickicht vorgedrungen. Arno blieb gebückt stehen, um keine Spuren zu zerstören. Neben den Umrissen der Leiche bemerkte er einen

Fußabdruck im Sand, in dem Gipsreste davon zeugten, daß der SIB ein Modell angefertigt hatte. Rückwärts krabbelte er wieder unter den Bäumen hervor.

«Und das ist auch der Tatort?» fragte Arno.

«So glauben wir. Wir haben Blutspuren im Sand gefunden», sagte Emma.

«Was hat er unter den Bäumen gesucht?» dachte Arno laut nach, während er sein Jackett auszog. Die Sonne hatte schon richtig Kraft, ihm war warm geworden, und er hatte schon wieder Durst. «Er war doch als Posten hier abgestellt worden.»

Emma zuckte mit den Achseln. «Gute Frage. Vielleicht mußte er mal. Oder er hat etwas gehört. Hier es gibt viele Wildschweine.»

«Was war das für ein Manöver in der Nacht?» Arno zog sein Notizbuch aus der Jackentasche.

«Nicht wichtig.»

Arno hielt inne und sah sie an.

«Einfach ein Manöver», sagte Emma. «Mit ABC-Alarm.»

«Und?»

Emma seufzte auf. «Die 1 Kings gehen nach Basra, Irak.» Sie faltete die Landkarte auseinander. Es war eine Militärkarte, auf der alle Wege und Schießstände eingezeichnet waren. Auf allen handelsüblichen Karten befand sich an der Stelle des Truppenübungsplatzes nur ein großer weißer Fleck. «Hier sind wir. Graftons Platoon war hier im Norden, ungefähr fünf Kilometer weiter. Die anderen kamen aus Osten, so wie wir.»

«Na gut.» Arno tippte auf die Akte. «Ist darin ein Obduktionsbericht?»

«Nein, nur unser *report*. Wir müssen warten auf die Obduktion im Krankenhaus in Celle. Aber wir wissen, daß er einen Schlag mit einem dicken Ast auf den Hinterkopf bekommen hat. Einen starken Schlag. Dann ist er nach vorne gefallen, und der Filter seiner ABC-Maske hat sich in den Sand gebohrt. Die Todesursache ist wahrscheinlich Ersticking.»

«Erstickung», verbesserte Arno, dann wandte er sich ab und mußte niesen. In seinem Kopf dröhnte es.

«Hay fever, certainly», sagte Emma und reichte ihm ein Taschentuch. «Das kannst du aber nehmen.»

«Danke», sagte Arno, nahm das Taschentuch, putzte sich die Nase und schaute sie dann an. «Also gut, und weiter?»

«Die Tatzeit ist ungefähr Mitternacht. Später in der Nacht hat es leicht geregnet, so daß wir kaum Spuren gefunden haben. Aber im Kiefernhain neben der Leiche haben wir einen Fußabdruck entdeckt. Hast du gesehen?»

Arno nickte.

«Die Sohlen werden nicht in der Army verwendet.»

«Und die anderen Armeen, die hier im Manöver sind? Die Bundeswehr zum Beispiel?»

«Die benutzen auch nicht solche Schuhe», sagte Emma und schüttelte vehement ihren Kopf. «Nein. Das ist die Sohle von einfachen Gummistiefeln. Schuhgröße 14. Das ist ungewöhnlich.»

«14?» Arno überlegte. «Das entspricht bei uns ungefähr Größe 48, 49. So ungewöhnlich ist das nicht.» Er schaute hinab auf seine Turnschuhe. «Ich glaube, meine Schuhe sind auch Größe 14.»

«Ihr Deutschen habt alle große Füße», sagte Emma.

«Woher weißt du, daß der Täter ein Deutscher war?»

Emma zuckte mit den Achseln. «Es muß auf jeden Fall ein großer Mann gewesen sein. So groß wie du. Aber stärker.»

«Verstehe.»

«Du bist nicht so …» Sie blies die Backen auf und spannte ihre Armmuskeln an.

Arno fühlte ihren Bizeps unter der schwarzen Jeansjacke. Emma war kräftiger, als er ihr zugetraut hätte. «Alle Achtung», sagte er. «Wer hat eigentlich alles Zugang zum Truppenübungsplatz?»

Emma lockerte ihre Arme. «Außer den Militärs gibt es ein paar zivile Angestellte, Förster und Waldarbeiter. Aber hierher kommen sie nicht. Erst recht nicht jetzt, wenn ein Manöver ist. Wir haben alle verhört.» Sie schaute auf die Uhr. «Und wir müssen auch weg von hier.»

Arno schaute sich um. Noch hörte er keine Panzer, noch war alles ganz still. «Okay, was denkst du? Warum sollte jemand hierherkommen und diesen einfachen Soldaten töten?»

«Die Army hat viele Feinde. Besonders in diesen Zeiten und vor allem in Deutschland.»

«Ist das dein Ernst?»

«Die Army ist nicht besonders beliebt in Deutschland.»

Skeptisch zog Arno die Augenbrauen zusammen. «Die Menschen hier leben von der Army.»

«Die Zeiten sind vorüber», sagte Emma und schaute an ihm vorbei zum Falkenberg. «Jetzt sie haben Mitleid mit Irakern.»

«Du glaubst also an einen Anschlag?» fragte Arno, der keine Lust auf eine Grundsatzdiskussion hatte.

Emma zuckte mit den Achseln.

«Das hieße, der Mord wäre geplant gewesen.» Arno schüttelte den Kopf. Für ihn sah alles nach einer zufälligen Tat aus.

«Was wollte der Mörder sonst auf dem Truppenübungsplatz?» fragte Emma.

«Das ist die entscheidende Frage. Was hat er wirklich hier gewollt?»

Emma nickte nachdenklich, dann schaute sie wieder auf die Uhr. «Komm, Anno», sagte sie, «wir müssen jetzt wirklich weg.» Und schon marschierte sie zurück zum Land Rover.

Arno machte ein paar Notizen, steckte dann sein Notizbuch ein und folgte ihr zögernd. Vor der Hütte blieb er stehen. An der Sperrholzwand fiel ihm eine archaisch anmutende Zeichnung auf, die er vorhin nicht gesehen hatte und die, so meinte er, einen Vogel im Flug darstellte. Einen Greifvogel. Oder aber ein Flugzeug. Es sah aus wie eine primitive Höhlenmalerei. Er fuhr mit dem Zeigefinger über den dunklen Strich.

«Was ist da?» rief Emma, die schon im Land Rover saß.

Arno stieg ein, legte sich das Jackett über die Knie und hielt ihr den Finger hin.

Erst schaute sie ihn fragend an, dann roch sie an seinem Finger. «Ruß», sagte sie, «von einer Kerze.»

Arno nickte und übertrug die Zeichnung in sein Notizbuch. Dann sah er sie an. *«Your candle's burned out long before your legend ever will.»* Die Zeile zu singen, hatte er sich allerdings nicht zugetraut. Das sparte er sich für Momente auf, in denen er allein war.

5

Arno stand am Fenster von Sergeant Fullers spartanischem Büro in Bergen und schaute hinaus auf den Innenhof des flachen, U-förmigen Gebäudes. Es war spät geworden. Da sie den Schießübungen der wartenden britischen Panzer ausweichen mußten, waren sie gezwungen gewesen, quer über den Truppenübungsplatz nach Westen zu fahren. Solange kein Militär in der Nähe war, machte das Gelände einen völlig verlassenen, trügerisch friedlichen Eindruck. Arno war erstaunt, daß viele Wege noch aus der Zeit vor der Inbesitznahme dieser Gegend durch das Militär stammen mußten. An einigen Stellen standen verblaßte gelbe Ortsschilder, die an verschwundene Dörfer und Gehöfte erinnerten, von denen, anders als der Gutshof, der jetzt als Gästehaus für britische Staatsgäste benutzt wurde, kein Stein mehr vorhanden war und die man nur noch an den schattigen Auffahrtsalleen und den verstreuten Eichenhainen erkennen konnte. Mit den Detonationen des Manövers im Ohr diese Namen zu lesen und die Überreste von Orten zu sehen, an denen einmal Menschen zu Hause gewesen waren, hatte Arno bedrückt.

Für ihn war der Truppenübungsplatz immer nur eine mysteriöse, militärische Sperrzone gewesen, in der Dinge passierten, die man nur erahnen konnte. Daß inmitten dieser, wie er jetzt erlebt hatte, unglaublich schönen Landschaft einst Menschen gewohnt hatten, war ihm nie in den Sinn gekommen. Und die Besiedlungsgeschichte reichte Jahrtausende zurück, wie die alten Gräber bezeugten, an denen sie auf ihrem Weg vorbeigekommen waren und die die Sieben Steinhäuser genannt wurden. Diese Grabstätte unbekannter Häuptlinge aus grauen Vorzeiten war der einzige Ort im Sperrgebiet, der zumindest an manöverfreien Wochenenden besichtigt werden konnte. Zum Schutz vor Granateinschlägen waren Ende der fünfziger Jahre hohe Erdwälle um die Steingräber gezogen worden, wodurch die Mühe der alten Baumeister, die Beinhäuser ihrer Toten an rituellen Plätzen nach Nordosten auszurichten, schließlich sinnlos geworden war. So kann innerhalb kürzester Zeit ein ganzes Zeitalter unsichtbar werden, dachte Arno melancholisch.

Nach einigen Kilometern waren sie in den kleinen Ort Ostenholz gelangt, der zwar auf dem Gebiet des Übungsplatzes, aber so nah an seiner Grenze lag, daß er bewohnt war. Von hier aus erreichte man die Autobahn nach Hamburg, die gleichzeitig in den dreißiger Jahren gebaut worden war, und die dessen Westgrenze markierte.

Sie hatten in dem kleinen Imbiß unterhalb der Kirche zu Mittag gegessen, und Emma hatte ihm das wenige erzählt, was sie von der Geschichte des Ortes wußte. In einen schweren Findling neben der alten Holzkirche hatte die Kommandantur des Truppenübungsplatzes 1938 eine Inschrift im Andenken an die «opferwilligen Heidjer aus den ehemaligen Ortschaften» des damals geräumten Gebietes meißeln lassen. Arno hatte lange vor diesem dunklen Stein gestanden, und während er die endlose Aufzählung der Ortsnamen las, beschlich ihn das Gefühl, vor einem Grabstein zu stehen. Dann waren sie über die Panzerringstraße an der Südgrenze das Platzes entlang zurück nach Bergen gefahren und hatten unterwegs den Volvo abgeholt.

Emma kam ins Büro und riß ihn aus seinen Gedanken. «Wirklich keinen Kaffee?» fragte sie und stellte ihre Tasse auf den Schreibtisch.

«Nein danke», winkte Arno ab. «Aber wenn du ein Wasser dahättest.»

«Moment», sagte Emma und verschwand wieder.

Arno schaute erneut aus dem Fenster. Draußen, am Ende des trostlosen Innenhofes, sah er einen eingezäunten Fußballplatz. Das Spielfeld hatte keine Rasenfläche, sondern eine Asphaltdecke, die in der Sonne glitzerte. Er mußte lächeln, als ihm wieder einfiel, wie er in der Kindheit beim TuS Eichendorf Fußball gespielt hatte und er und seine Mitspieler es gehaßt hatten, gegen die englische Jugendmannschaft von Red White Bergen zu spielen. Die Engländer waren im ganzen Landkreis für ihre Härte bekannt, und wenn man bedachte, daß sie nur auf Asphaltplätzen spielten, wußte man auch, woher diese Härte kam. Arno und seine Mitspieler hatten bei jedem Spiel gegen die Engländer ängstlich darauf geachtet, nicht hinzufallen und sich auf dem harten Boden kein Knie aufzuschlagen. Und auf diese Weise war natürlich jedes Spiel in Bergen haushoch verlorengegangen.

Emma kehrte mit einer Flasche Wasser und einem Glas zurück. Dann setzte sie sich hinter ihren Schreibtisch, häufte drei Löffel Zucker in ihren Kaffee und rührte ihn gewissenhaft um.

Arno nahm die Flasche, ignorierte das Glas und trank sie halb aus. «Sorry», sagte Arno, als er sah, daß Emma ihn beobachtete, «aber ich habe heute einen tierischen Durst.»

«Kein Problem», sagte sie und nippte an ihrem Kaffee. «*By the way*, das Ruß einer Kerze ist für *camouflage* von Soldaten.» Sie legte ihre Hände vor ihr schmales Gesicht. «Tarnung.»

«Das habe ich auch schon einmal gehört», sagte Arno. «Aber was bedeutet dieses Zeichen, und wer hat es dort hingemalt? Ist es ein militärisches Zeichen? Irgendein Manöverzeichen?»

Emma zuckte mit den Achseln. «Ich weiß nicht, aber ich werde fragen.» Sie sah ihn an. «Anno, *sit down, please*! Du machst mich ganz *nervous*.»

Arno seufzte, nahm vor dem Schreibtisch Platz und trank noch einen Schluck Wasser. «Erzähl mir etwas über diesen Private Grafton», sagte er dann. «Was weißt du über ihn?»

«Er war erst seit einem halben Jahr in der Army. Grundausbildung in Catterick Garrison beim King's Regiment. Vor zwei Wochen ist er zum *training* nach Hohne gekommen. Steht alles in der Akte», sagte sie gelangweilt. «Seine Eltern haben einen Pub in North Yorkshire. *A countryboy.* Harmlos.»

«Hatte er Feinde in der Army?»

«Feinde? Nein», sagte Emma. «Ein bißchen Ärger mit dem Sergeant, aber das ist normal.»

«Tja, wer hat keinen Ärger mit seinem Sergeant, nicht wahr, Sergeant?»

Sie deutete ein Lachen an, zog eine Prospekthülle unter dem Aktenstapel hervor und schob sie über den Tisch. «Das haben wir in seinen Taschen gefunden.»

Arno nahm die Hülle. Zigaretten, Einwegfeuerzeug, ein Brief, ein Foto von einem jungen Mädchen. Sie hatte dünnes, blondiertes Haar, schmale Lippen, eine lange Nase, für ihr Alter einen seltsam müden Blick. Langweilig, nicht gerade eine Augenweide. Ob er es seinen Kameraden gezeigt hatte, wie es die Soldaten in Filmen taten? «Seine Freundin?» fragte er.

Emma sah ihn an und nickte.

Arno fühlte sich ertappt. Das arme Mädchen mochte langweilig aussehen, aber sie hatte gerade ihren Freund verloren. Er zog den Brief heraus. «Darf ich?»

«Kannst du Englisch lesen?»

«Besser als sprechen.» Arno faltete den Brief auseinander. Er war in einer geschwungenen Schulmädchenschrift verfaßt, deswegen hatte Arno im ersten Moment geglaubt, er wäre von der Freundin. Beim Lesen merkte er dann aber, daß die Mutter des Opfers die Verfasserin war.

Stell Dir vor, schrieb Private Graftons Mutter, letzte Woche kam ein Gast in den Pub, der Dad eine Weile komisch anstarrte, dann an die Bar trat und fragte, ob er Larry Grafton sei, DER Larry Grafton, und als Dad bejahte, mit einem Satz über die Theke sprang, Dad anfiel wie ein wildes Tier *(like a beast)* und ihm das rechte Ohr abbiß. Immerhin, er aß es nicht auf, sondern spuckte es aus und flüsterte dann das Wort «Plymouth» in Dads linkes Ohr. Mit fünfzig Stichen mußte das Ohr wieder angenäht werden. Wie Du Dir denken kannst, schrieb die Mutter weiter, war das Ganze nicht gerade angenehm für Dad, und trotzdem nahm er es ziemlich gelassen. Der Angreifer war ein alter Fan von Plymouth, der nie über dieses 1:0 hinweggekommen ist, und dabei ist es schon fast zwanzig Jahre her. Kannst Du Dir vorstellen, daß zwanzig Jahre die Wut in einem Menschen gärt und sich dann plötzlich entlädt? Dein heldenhafter Vater *(your heroic father)*, schloß die Mutter ihren Brief, war jedenfalls sichtlich stolz, daß da ein Verrückter *(a maniac)* selbst nach zwanzig Jahren sein glorreiches Tor nicht vergessen hatte, auch wenn diese Erinnerung mit ziemlich schmerzhaften Konsequenzen verbunden war.

Der beinahe kühle Berichtston der Mutter hatte Arno das Verständnis des Textes erleichtert, trotzdem hatte er keine Ahnung, was er von dieser merkwürdigen Geschichte halten sollte. Irgendwie ging es um Fußball, und noch vor wenigen Augenblicken hatte er selbst an seine Zeit als Fußballer denken müssen. Verwirrt sah er Emma an.

«Hast du nicht verstanden?» fragte sie.

«Die Worte habe ich verstanden», entgegnete Arno. «Aber ansonsten bin ich ratlos.»

Emma lächelte. *«A funny story»*, sagte sie. «Larry Grafton, der Vater von Private Grafton, war *striker* bei FC Watford früher.»

«Stürmer?»

«Ja. Keine große Mannschaft. Aber 1985 sie spielten das Cup *semi-final* gegen Plymouth, und Grafton war *scorer* für das 1:0. Das *final* hat Watford dann aber verloren.»

«Verstehe», sagte Arno. «Und deswegen beißt ihm heute jemand ein Ohr ab?»

Emma zuckte mit den Achseln. «*Human nature.* Die *story* war sogar in den Zeitungen.»

«Die spinnen, die Briten», sagte er, legte den Brief zurück und zog die anderen Unterlagen heran.

«Excuse me?»

«Ihr seid schon komisch, ihr Engländer.»

«Ich habe schon gelacht», sagte Emma.

Arno breitete die Fotos des Opfers und vom Tatort vor sich aus. «Aber bringt es uns weiter?»

«Nein. Der *attacker* war in England zur Zeit des Mordes. Er kann nicht sein der Mörder von Larry Graftons Sohn.» Emma setzte ihre Kaffeetasse ab und sprang auf. «Okay. Was wissen wir über den Täter? Er hat Schuhgröße 14 und trägt Gummistiefel. Aber sonst?» Sie breitete ihre Arme aus und sah ihn fragend an.

Arno schaute die Fotos an. «Er ist Linkshänder», sagte er.

«What?»

«Er ist Linkshänder», wiederholte er und tippte auf ein Foto. «Schau dir das Foto von der Leiche an.»

Es dauerte eine Weile, bis Emma sich rührte und verwirrt das Bild betrachtete.

«Hier, sieh mal genau hin», sagte Arno und beugte sich über den Schreibtisch. «Die Wunde auf dem Hinterkopf verläuft von links unten nach rechts oben. Man kann die Linie genau erkennen. Das kommt daher, daß der Täter die Tatwaffe in der linken Hand hatte. Paß auf!» Er griff die Wasserflasche mit der linken Hand und holte aus. «Siehst du?!» Mit der freien Hand fuhr er an der Unterkante der Flasche entlang. «Von links unten nach rechts oben. Wenn ich die Flasche in die rechte Hand nehme …», er nahm die Flasche in die rechte Hand, «… verläuft sie von rechts unten nach links oben.»

Emma setzte sich wieder hin. *«Respect»*, sagte sie leise. «Das habe ich nicht gesehen.»

Arno winkte ab. «Ich bin auch Linkshänder», sagte er, trank die Wasserflasche aus und stellte sie auf den Tisch. «Warte auf den Obduktionsbericht. Der wird das bestätigen.»

«Du hast Schuhgröße 14, und du bist Lickshänder», sagte Emma schmunzelnd. «Was sagt uns das?»

«Hey, Respekt, Sergeant!»

«Okay, er hat Schuhgröße 14, Gummistiefel und ist Lickshänder …»

«Linkshänder.» Arno erhob sich. «Zuerst einmal müssen wir die Tatwaffe finden. Das wird schwer in dem Gelände.»

«Ich lasse suchen», sagte Emma.

Arno nickte und ging zu der Landkarte, die an der sonst kahlen Wand hing. «Und wir müssen feststellen, von wo er eingedrungen ist. Im Grunde kann er von überall gekommen sein. Bewacht sind die Grenzen des Sperrgebietes ja nicht, oder?»

«Nein. Aber immer wird geschossen. Man muß verrückt sein.» Emma stand auf und folgte ihm.

«A maniac?» meinte Arno.

«Genau. Und es fahren Patrouillen. Von wo ist er gekommen?» Sie studierte die Karte. «Hier, im Osten ist Bergen, und da sind die Kasernen und das Belsen-Memorial.»

«Also eher nicht von dort», schloß Arno.

Emma nickte. «Im Westen ist die Autobahn, und hier sind auch alles Kasernen.»

«Also Norden oder Süden.»

Emma fuhr mit dem Finger über den nördlichen Bereich, wo es hügelig war und die Berge mit exakten Höhenmetern eingezeichnet waren. Der Falkenberg, sah Arno, war genau hundertfünfzig Meter hoch. In dieser Region schon ein Aussichtspunkt. «Hier im Norden war in der Nacht das Camp von Graftons Platoon beim Manöver.»

«Verstehe», sagte Arno. «Möglich wäre es trotzdem. Und im Süden?»

«*Nothing*. Da ist die Panzerringstraße, *public traffic*. Und hier nur Moor. Die Army tut dort nichts. Keine Manöver.»

«Da sind wir vorhin langgefahren, oder?»

Emma nickte.

«Also Süden. Dort liegt nur Eichendorf.» Arno tippte auf die Karte.

«Man muß verrückt sein», wiederholte Emma. Dann wandte sie sich ab, ging zum Fenster und schaute hinaus. «Du willst es nicht hören, aber wir haben Information über *terrorist groups*. Die Army ist im Irak, und viele Leute mögen das nicht. Besonders in Deutschland.»

«Ich glaube nicht ...»

«No, listen!» sagte Emma und starrte ihn mit funkelnden Augen an. «Das ist mein Job. Es gibt Gefahr von lick ... links, von rechts und von Kurden. PKK. In Celle leben viele Kurden.»

Sein Kollege Müller kam ihm ins Gedächtnis. Müller, der bestimmt gerade auf dem Gerüst seines Hauses stand. «Die Kurden sind doch froh, daß die Briten und die Amerikaner Saddam verjagt haben», sagte er lustlos. Wie schon oft kam ihm eine Aussage immer zweifelhafter vor, je häufiger er sie wiederholte.

«Aber wenn die *Turkish army* nach Irak geht, dann kommt

auch PKK zurück. Wir haben Informationen.» Sie trat wieder vor die Karte und tippte auf Eichendorf. «Und *this* Eichendorf ist bekannt für Nazi*groups*.»

«Stimmt, diese Wehrsportgruppen», sagte Arno. «Aber ich dachte, die wären nicht mehr aktiv.»

«Sie haben sich nur zurückgehalten. Und Nazis sind *anti-american*, *anti-british*. 1990 haben Nazis für Irak gekämpft. *Mercenary forces.*»

«Mercen– was?»

«Wie sagt man? Soldner.»

«Ach, Söldner.»

«Ja. Du siehst, viele Menschen sind gegen die Army. Und es gibt manche, die töten auch.»

«Aber warum Grafton? Du hast selbst gesagt, er war harmlos. Ein einfacher Soldat.»

«Ein Teil der Army», beharrte Emma.

«Für mich sieht der Mord nicht nach einem terroristischen Akt aus. Alles deutet auf eine zufällige, nicht geplante Tat hin.» Arno hielt inne. «Fast so, als sei Private Grafton zur falschen Zeit am falschen Ort gewesen und hat jemanden überrascht.»

«Genau. Vielleicht eine *terrorist group*.»

Arno seufzte. «Vielleicht. Aber bisher deutet nichts darauf hin. Ich glaube nur das, was ich sehe. Alles andere ist reine Spekulation.»

«*What?*»

«Du hast zuviel Phantasie.»

«Und du hast keine Phantasie», fauchte Emma und verschränkte die Arme.

«Terroristen hinterlassen Bekennerschreiben», entgegnete Arno. «Sie wollen, daß die Öffentlichkeit von ihren Taten erfährt. Habt ihr ein Bekennerschreiben gefunden? Ein Zeichen?»

«Kein Schreiben.» Emma schüttelte den Kopf. «Noch nicht. Aber vielleicht diese Bild auf der Hütte.»

«Das müssen wir überprüfen.»

«Ich werde prüfen.»

Arno lehnte an der Wand und sah Emma an. Sie hatte sich so in Rage geredet, daß sie Farbe im Gesicht bekommen hatte. Ihre Halsschlagader pochte. Die Muskeln ihrer angespannten Arme stachen hervor. Sie war stolz, sie war stur. Und eigentlich gefiel ihm das. «Also gut», sagte er und scheuchte diesen Gedanken fort, «kein Grund, sich aufzuregen. Egal, wer der Täter ist, wir sind uns doch einig, daß wir herausfinden müssen, wie und wo er auf den Truppenübungsplatz gekommen ist, oder?»

Emma nickte. Sie riß sich zusammen.

«Gut», sagte Arno, «wir sind uns auch einig, daß es im Süden am wahrscheinlichsten ist, oder?»

Emma nickte wieder. Sie entspannte sich langsam.

«Wunderbar. Dann beginnen wir doch morgen mit der Spurensuche.» Er tippte wieder auf die Karte. «Ich weiß nicht genau, was wir suchen sollen, aber ich will ein Gefühl dafür kriegen, wie jemand in die Sperrzone gelangt.»

«Okay», sagte Emma. «Sehen wir uns wieder am Lager Hörsten?»

«Gut. Acht Uhr?»

«Ja.»

«Okay.» Arno nahm sein Jackett vom Stuhl und zog es an. Dann ging er zur Tür.

«Anno.»

Arno drehte sich um.

Emma kam auf ihn zu, blieb vor ihm stehen, sah ihn einen Moment an und streckte ihre Hand aus. «Danke.»

Er nahm ihre Hand. «Das ist mein Job», sagte er, öffnete die

Tür und ging mit großen Schritten hinaus. Draußen schlug er sich mit der flachen Hand vor die Stirn. Zwei britische Militärpolizisten, die ihm entgegenkamen, sahen ihn verdutzt an. Arno bemerkte sie nicht. Das ist mein Job, wiederholte er leise. Warum benahm er sich plötzlich wie ein verunsicherter Teenager?

Wie zur Strafe sprang der Volvo erst nach einigen Versuchen an. Auf dem Rückweg nahm Arno die Bundesstraße nach Celle, auf der nur ein paar Sonntagsausflügler unterwegs waren. Er tastete unter dem Jackett nach seinem Handy, das den ganzen Tag nicht geklingelt hatte. So etwas war in Berlin nie vorgekommen. Er hatte den ganzen Tag auch noch keine Zigarette geraucht, nun steckte er sich eine an. Seine Kopfschmerzen waren abgeklungen, aber seine Nase kribbelte noch immer. Er schob die Kassette ein und lauschte beim Fahren Stephen Stills, der *Johnny's Garden* besang, einen Ort, wo er sich sicher fühlt vom *city blues*, wo es so grün und ruhig ist, daß er alles tun würde, um für immer bleiben zu können. *Very sentimental*, dachte Arno und drückte die Zigarette aus, die ihm überhaupt nicht schmeckte.

Kurz hinter der Örtzebrücke fiel ihm auf, daß er sich der Unfallstelle seiner Eltern näherte. Schon von weitem sah er die helle Stelle im unteren Bereich der Eiche, dort, wo großflächig die Rinde abgerissen war. Als er an dem Baum vorbeifuhr, gegen den seine Eltern mitten in der Nacht, von einer Weihnachtsfeier bei Freunden kommend, ohne Fremdeinwirkung geprallt waren, bemerkte er einen leuchtenden Blumenstrauß am Fuß des Stammes, und während der restlichen Kilometer nach Celle fragte er sich, wer ihn wohl dort abgelegt haben mochte.

6

Obwohl er früh ins Bett gegangen war und lange geschlafen hatte, fühlte sich Arno am nächsten Morgen wie gerädert. Er hatte immer noch Kopfschmerzen, und seine Nase war so verschleimt, daß er kaum Luft bekam.

Abends hatte seine Schwester Simone angerufen und sich nach dem Besuch des Maklers erkundigt. Als er ihr sagte, daß der Termin geplatzt war, war sie ärgerlich geworden, und die beiden hätten sich fast gestritten. Simone war vier Jahre älter als Arno. In der Kindheit hatten sie kein besonders enges Verhältnis gehabt. Wahrscheinlich lag es daran, daß Arno und sein nur ein Jahr jüngerer Bruder Philip eine Einheit gebildet hatten, gegen die sie als Mädchen und noch dazu als Älteste nicht ankam. Aus diesem Grund hatten sie sich aber auch so gut wie nie gestritten, ein Konflikt mit ihr war so ungewohnt, daß Arno gar nicht wußte, wie er damit umgehen sollte. Er hatte Simone schon auffahrend erlebt, aber es war noch nie gegen ihn gerichtet gewesen. In der Aufregung hatte er ganz vergessen, Simone nach den Blumen an der Unfallstelle zu fragen.

Nach dem Telefonat hatte er sich so elend und einsam gefühlt, daß er mit dem Gedanken spielte, Aglaja anzurufen. Doch da er aus Erfahrung wußte, daß ein solches Telefonat das Gefühl der Einsamkeit nur verstärken würde, ließ er es. Außerdem hatte er eine Entscheidung getroffen, und wenn er Aglaja nun anriefe, würde alles nur noch schlimmer; schlimmer für ihn und für sie, die allein in Berlin war. Bei dem Gedanken hielt er inne. Obwohl er ja gegangen war, hoffte er, daß sie allein war. Was für eine absurde Situation, dachte er, hier sitze ich und bin einsam und hoffe, daß auch sie einsam ist.

Unter den Dielen hatten die Mäuse gefiept, und in der Stille des Hauses war ihm dieser fordernde und klagende Ton auf die Nerven gegangen. Arno fragte sich, wie lange es wohl dauerte, bis die jungen Mäuse das Nest verließen. Oder wie oft sich Mäuse vermehrten. Er schaute in dem fünfundzwanzigbändigen Lexikon seiner Eltern nach und wußte danach zwar, wie viele Mäusearten es gab und wie sie sich voneinander unterschieden, erfuhr jedoch nichts über ihr Fortpflanzungsverhalten.

Am liebsten hätte er noch in derselben Nacht die Dielenbretter herausgerissen und kurzen Prozeß gemacht. Aber einerseits war er zu müde für eine solche Gewaltaktion, andererseits fürchtete er den Anblick, der sich ihm da unten bieten würde. So hatte er sich, um einschlafen zu können, eine Flasche Wein aus dem Keller seiner Eltern geholt. Eigentlich trank er viel lieber Bier, aber Bier war nicht im Haus, und die zwei Gläser Wein hatten ihn immerhin müde gemacht. Also hatte er wieder nur etwas für seinen Hüftring getan und nichts für seine Fitneß. Ein Fall in Berlin kam ihm in den Sinn, der ihn, zumindest kurzzeitig, zu körperlicher Ertüchtigung gezwungen hatte. Damals hatte es mehrere Mordfälle innerhalb der vietnamesischen Zigarettenmafia gegeben, in einer Szene also, der nur schwer beizukommen war. Die Vietnamesen standen vor Supermärkten und warteten auf potentielle Kundschaft, wobei sie die Ware natürlich niemals bei sich führten und Polizisten schon auf zehn Kilometer Abstand rochen. Deshalb war Arno eine Woche lang um einige Supermärkte herumgejoggt und hatte versucht, sich ein Bild von den Abläufen und den verschiedenen Gruppierungen zu machen. Letztlich erwies sich die ganze Aktion als ziemlich sinnlos, aber er war wenigstens eine Weile in guter Form gewesen.

Arno trank einen Espresso und versuchte wach zu werden. Seine Nase blieb verstopft, sein Kopf schwer und seine Augen verschwollen. Dann rief er den Makler an. Er konnte ihn zwar nicht erreichen, aber immerhin der Sekretärin seine Handynummer durchgeben. Als er sich draußen in den Volvo setzte, machte die Kiste erneut so viel Zicken, daß Arno fürchtete, mit dem wiederholten Aufheulen des Motors die gesamte Nachbarschaft aufzuwecken. So konnte das nicht weitergehen, er mußte einen Termin bei einer Autowerkstatt machen.

Durch den schleppenden Berufsverkehr fuhr er in die Polizeiinspektion, um den Ersten Kriminalhauptkommissar kurz über den Stand der Ermittlungen zu informieren, doch Pries wirkte zerstreut und schien nicht sonderlich an dem Fall interessiert zu sein. Die Beamten des zentralen Kriminaldienstes waren zur Zeit mit Bagatelldelikten befaßt, und Arno hatte den seltsamen Eindruck, daß Pries froh war, ihn irgendwie beschäftigt zu wissen.

An diesem Morgen fuhr Arno über Bergen zum Truppenübungsplatz, und auf dem Weg gingen ihm die Ereignisse des gestrigen Tages durch den Kopf. Er hatte in der Vergangenheit schon weitaus spektakulärere Fälle bearbeitet und in Berlin mit wesentlich grausameren Morden zu tun gehabt, die ihn bis in den Schlaf verfolgt hatten, doch irgend etwas an dieser Sache wühlte ihn auf. Wenn er ehrlich war, lag das nicht so sehr am Schicksal des Soldaten Peter Grafton, sondern viel mehr an dem Ort, an dem dieser zu Tode gekommen war. Während sich Tony Joe Whites sehnsüchtige Mundharmonika in *The Train I'm On* mit dem Fahrtwind vermischte, sah er noch einmal die Bilder der geheimnisvollen Landschaft des Truppenübungsplatzes vor sich. Und er hatte auch schon mit weitaus langweiligeren Kollegen zusammenarbeiten müssen als mit Detective Sergeant Emma Fuller, die, als er auf das

Truppenlager Hörsten zufuhr, bereits mit den Händen in den Taschen ihrer schwarzen Jeans am Land Rover lehnte und mit den Schuhen im Sand scharrte. Arno hielt an und ließ den Volvo vorsichtshalber laufen.

«Party last night?» fragte sie kühl, nachdem er sie begrüßt hatte. «Deine Augen sind rot wie eine Ampel», sagte sie.

Arno mußte lachen. «Ich glaube, ich habe mich ein bißchen erkältet.»

«Hay fever», sagte sie und zog wieder ihr Röhrchen aus der Tasche.

«Danke», sagte Arno, «aber es geht schon.»

Emma zuckte mit den Achseln. «Wenn du leiden willst.» Sie machte eine Kopfbewegung zum Volvo. «Was ist?»

«Er springt schlecht an.»

«Ein alter Wagen», sagte sie. «Vielleicht mußt du schmeißen.»

In dem Moment näherte sich dröhnend ein Panzerkonvoi. Der Lärm der schweren Ketten wurde ohrenbetäubend, die Erde begann zu beben, und Tony Joe Whites tiefe Stimme ging darin unter. Arno machte den Kassettenrecorder aus, Emma hielt sich die Ohren zu. In hohem Tempo und mit wippenden Kanonenrohren fuhren die Panzer an ihnen vorbei und bogen dann mit eckigen Bewegungen in die Sperrzone ein. Arno hatte sich immer gefragt, wie der Fahrer, der nur knapp aus der vorderen Luke herausschaute, so ein Ungetüm überhaupt lenken konnte.

«Also, wo fangen wir an?» fragte Arno, nachdem der Konvoi vorbei war.

Emma schaute sich um. «Hier sind Kasernen.» Sie zeigte nach Süden. «Dort ist das Belsen-Memorial. Beginnen wir dort.»

Die Gedenkstätte des Konzentrationslagers Bergen-Belsen

lag direkt am Übungsplatz. Während des Urlaubes auf der Frischen Nehrung hatte Aglaja auch unbedingt das ehemalige KZ Stutthof besuchen wollen, das, zu Arnos Verwunderung, noch fast vollständig erhalten war. Trotzdem hatte ihn die Atmosphäre zwischen den gepflegten und intakten Gebäuden merkwürdig kaltgelassen. Bergen-Belsen hatte er schon als Schüler besucht. Obwohl die Baracken nach der Befreiung durch die Engländer wegen Seuchengefahr abgebrannt worden waren und man von dem KZ nichts mehr sehen konnte, hatten sich seit diesen Kindertagen die fürchterlichsten Bilder in sein Gedächtnis eingebrannt. Die Phantasie war oft nachhaltiger als die Realität.

Ein Reisebus aus den Niederlanden hielt gerade auf dem großen Parkplatz, als Arno und Emma dort ankamen. Arno schloß den Volvo ab, und Emma holte ihre Karte hervor und breitete sie auf der Kühlerhaube des Land Rovers aus. Die Sonne stieg über den dichten Kiefernwald empor und kitzelte in Arnos Nase. Er mußte niesen und hatte wieder kein Taschentuch dabei.

Emma schüttelte nur den Kopf. «Das ist eine symbolische Ort», sagte sie dann.

«Und was meinst du damit?» fragte Arno und wischte sich die Nase mit der Hand ab.

«Ich weiß nicht.» Sie schaute sich um. «Aber hier ist eine gute Stelle.»

Arno betrachtete die Karte. «Hinter der Gedenkstätte ist der Kriegsgefangenenfriedhof. Dann kommt die Panzerringstraße. Und dahinter gleich eine Straße, an der drei Schießstände liegen. Hier.»

«Trotzdem», meinte Emma. «Schauen wir.»

Sie gingen an dem Ausstellungsgebäude vorbei, in dem gerade die lärmende niederländische Schulklasse verschwand, und gelangten durch eine mächtige Stahlpforte auf das Freigelände: das frühere Lager. Heute gab es hier nur braune Heide, ein paar verstreute Kiefern und klägliche Wacholderbüsche. Links vom Weg lagen zwei Massengräber, rechts ein weiteres. Arno wußte, daß es im Ausstellungsgebäude ein Bild gab, auf dem man unzählige ausgedörrte, teilweise mit grauen Decken verhüllte Leichen liegen sieht in einem von der Sonne durchfluteten Kiefernwald, der zwischen den Baracken einmal gestanden haben mußte.

Die beklemmende Stille auf diesem Totenfeld wurde nur von gelegentlichen Detonationen durchbrochen. Schon von weitem sah man den Obelisken und die lange, graue Mauer mit den Inschriften. Vor dem Grabstein von Margret und Anne Frank lagen frische Blumen und zahlreiche Fotos von Anne. Als Arno als Schüler hier gewesen war, hatte er es als äußerst ungerecht empfunden, daß man nur Anne Franks gedachte, während ihre ältere Schwester anscheinend vergessen wurde, von der es kein Bild gab, sondern nur einen verwitterten Namenszug auf dem schmalen Grabstein, auf dem, nach jüdischer Sitte, kleine Kieselsteine lagen.

«Warum hat man dich aus Berlin nach Celle versetzt?» wollte Emma unvermittelt wissen.

Arno blieb stehen. «Hast du dich über mich informiert?»

«Das ist normal», sagte Emma und ging weiter.

Arno folgte ihr. «Dann solltest du es auch richtig tun.» Er überholte sie, ging rechts an dem Obelisken vorbei und verließ die Gedenkstätte durch eine Pforte im Zaun. Dahinter führte ein ausgefahrener Sandweg wieder durch dichten Wald. Rechts und links vom Wegesrand standen in regelmäßigen Abständen Schilder, die vor dem Verlassen des Weges warnten: Blindgänger! Lebensgefahr! Nach einigen Metern überquerte er auf einer Holzbrücke den kleinen Bach, der auch durch sein Heimatdorf Eichendorf floß und das dortige Moor speiste.

Was machen wir hier eigentlich? fragte sich Arno. Nun stand er am sowjetischen Friedhof. Zwischen den geradlinig angelegten Massengräbern gab es nur ein einziges individuelles Grab, mit einer russischen und einer deutschen Inschrift – Im Angedenken an meinen Vater. Ein seidener Trauerflor hing an diesem Stein, auf dem, zu Arnos Verwunderung, ein leeres Schnapsglas stand. Schnell ging er durch die Reihen der Gräber und blieb an der Panzerringstraße stehen. Er kam sich vor wie ein Tourist, der nicht weiß, was er mit seinem Urlaubstag anfangen soll.

Emma hatte ihn eingeholt. «Sorry», sagte sie und versuchte ein Lächeln. «Wenn du böse bist, dann brennen deine Augen wie Feuer. Man kann Angst kriegen.»

«Das soll man auch», entgegnete Arno.

«Ich habe nur ein bißchen gefragt in Celle», sagte Emma.

«Was sollen die Spielchen? Auch wenn man es nicht glauben mag, aber ich bin freiwillig nach Celle gekommen.» Er hatte sogar einen Beamten aus Niedersachsen suchen müssen, der mit ihm tauschte. Die Polizei ist Ländersache, und Versetzungen von einem Bundesland in ein anderes sind mit einem ziemlichen Aufwand verbunden. Allerdings war die Hauptstadt für junge Polizisten immer noch ein attraktiver Ort, so daß Arno recht schnell einen Tauschpartner gefunden hatte. Er schaute sich um und sah dann Emma an. «Und nun? Was erfahren wir hier? Oder wolltest du mir nur eine Geschichtsstunde geben?»

«*Rubbish.*» Sie überquerte die Straße. Ein Auto fuhr vorbei, kein Militärfahrzeug, sondern ein alter Golf aus der Gegend, deren beiden Insassen, anscheinend ein älteres Ehepaar, Arno ein wenig ängstlich anschauten. Ansonsten herrschte im

Moment kein Verkehr, nur von weitem hörte man ein leises Grollen. Durch den Wald wehte ein angenehmer Wind, und durch die schwankenden Äste tanzten einzelne Sonnenstrahlen. Emma verschwand zwischen den Bäumen, und Arno folgte ihr widerwillig. Vereinzelt schwirrten schon Mücken durch die noch recht kühle Luft des Unterholzes. Am Waldrand standen Schilder, die darauf hinwiesen, daß hier ein militärischer Sicherheitsbereich begann, der Durchgang verboten war und strafrechtlich verfolgt wurde. Auch wenn niemand kam und ihn aufforderte, das Gelände zu verlassen, hatte er ein komisches Gefühl, als er querbeet durch den Wald stakste. Ob es nur daran lag, daß er wußte, sich auf einem Sperrgebiet zu befinden, oder an der Nähe des KZ, konnte er nicht entscheiden. Der Wald unterschied sich in nichts vom Wald außerhalb des Übungsplatzes. Die schmalen Kiefern standen dicht, der Boden war mit Nadeln und trockenen Ästen übersät. Selbst wenn es hier regnete, blieb der Untergrund trocken. Er mußte an den Soldaten Grafton denken. Was hatte ihn dazu getrieben, seinen Posten zu verlassen und in so einen Kiefernhain zu krabbeln? Was hatte er gehört? Was hatte er gesehen?

Mit diesen Gedanken erreichte er nach einer Weile die Straße, die er auf der Karte eingezeichnet gesehen hatte. Dort parkten ein paar schwere Kampfpanzer und zwei Jeeps. Arno sah, daß Emma mit einem der Soldaten sprach. Hinter den Fahrzeugen ragte eine auf Palisaden stehende Holzhütte auf. Als Arno über die Straße und an den Panzern vorbeiging, kam ein Soldat auf ihn zugelaufen, wurde aber von einem anderen zurückgerufen. Jenseits der Hütte ging es leicht bergab, und man konnte einige Kilometer weit in das kahle Innere des Übungsplatzes schauen. Im Norden erkannte Arno ein paar Hügel, von denen wohl einer der Falkenberg war. Kurz davor mußte die Stelle sein, an der Grafton ermordet worden war.

Aus den Fenstern des Schießstandes überblickten Soldaten mit Ferngläsern die Schießbahn. Es geht nur nachts, dachte Arno. Bei Tageslicht schien es ihm unmöglich, unbemerkt auf den Platz zu gelangen. Und wenn man es schaffte, dann erwischte einen wahrscheinlich eine Granate.

Emma trat neben ihn und reichte ihm einen Lärmschutz. Dann wies sie die Straße hinunter Richtung Westen. «Da sind noch zwei Schießbahnen», sagte sie.

Arno nickte und starrte die Ohrenklappen an.

Emma setzte ihre auf und bedeutete ihm, das gleiche zu tun.

Nachdem er seine Ohren bedeckt hatte, setzte sich der erste Panzer schwerfällig in Bewegung. Aus der Luke ragten ein Helm, eine Sonnenbrille und ein Mikrophon hervor, mehr war von dem Fahrer nicht zu sehen, der sein mächtiges Gefährt auf einem schmalen Feldweg den Abhang hinunterlenkte, beschleunigte und plötzlich behende querfeldein durch das Gelände raste. Jetzt ging es nicht mehr um gut oder böse, dachte Arno, jetzt gab es nur noch das Ziel, jetzt ging es nur noch darum, welcher Knopf zu drücken, welches Rädchen zu drehen war; und wenn der Fahrer und sein unsichtbares Team die Technik beherrschten, dann spürten sie vielleicht kollektiv eine Art Kraft und Herrlichkeit.

Nach ungefähr einem halben Kilometer begann der Panzer zu feuern. Rauch driftete wie eine Fahne aus der Kanone. Irgendwo in weiter Ferne wirbelten Staub und Erde auf. Trotz des Lärmschutzes klingelte es in Arnos Ohren. Er schaute hinauf zum Schießstand. Ein Beobachter setzte sein Fernglas ab und hob lächelnd den Daumen. Treffer. Nach und nach fuhren auch die anderen Panzer auf die Schießbahn und verschossen ihre Munition. Gebannt verfolgte Arno die Übung, der nicht enden wollende Lärm versetzte ihn in Unruhe, sein ganzer Körper war angespannt. In den Häusern in Eichendorf klappert jetzt das Geschirr, dachte er. Nach einer Ewigkeit war das Spektakel vorbei, und Arno nahm den Lärmschutz ab.

«*The beauty of military life.*»

Emma warf ihm einen mißbilligenden Blick zu.

«Wenn man außer Schußweite ist.»

«*Yes*», sagte Emma. «Ich glaube nicht, daß hier jemand kommt.»

«Mit welcher Munition schießen die hier?» fragte er Emma und rieb sich die Ohren.

«*Nuclear missiles*», sagte sie, und als sie Arnos verdutzte Miene sah, begann sie zu lachen. «Nein, Übungsgranaten. *No full metal jackets.* Aber auch die sind gefährlich.»

Ein Handy klingelte. Automatisch griff Arno in seine Jakkentasche, aber sie war leer.

Emma hatte sich bereits mit ihrem Handy am Ohr ein paar Schritte entfernt, hörte wortlos zu und sagte schließlich: «Okay.» Dann wandte sie sich an Arno. «Meine Leute glauben, sie haben neue Spuren gefunden. Und die Pathologie hat angerufen. Ich fahre schnell ins Büro.»

«Das ist mal eine erfreuliche Nachricht», sagte Arno und suchte in den anderen Taschen nach seinem Handy.

«Wo treffen wir uns?»

Er überlegte. «Kennst du die Dorfkneipe in Eichendorf? ‹Bauer–›, nein, ‹Zur schönen Aussicht› heißt die jetzt.»

Emma nickte.

«Ich werde da etwas essen.»

Emma ging los, nach ein paar Metern begann sie zu laufen, und Arno seufzte erleichtert auf. Er war froh, einen Moment allein zu sein.

7

Niemand störte Arno, als er durch den Wald zu seinem Wagen zurückschlenderte. Erst auf dem Freigelände der Gedenkstätte beschleunigte er seinen Schritt. Die Nähe dieses Ortes des Grauens zu dem Dorf, das einmal seine Heimat gewesen war, war ihm immer unvorstellbar geblieben. Gerade verließ die niederländische Schulklasse das Ausstellungsgebäude, nun nicht mehr lärmend, sondern mucksmäuschenstill, und wurde von ihrem langhaarigen Lehrer zu den Massengräbern geführt. Bei dem Anblick des Lehrers mußte Arno daran denken, wie er als Kind auf dem Weg zur Schule zum ersten Mal einen Trupp holländischer Soldaten gesehen hatte. Deren Armee war die einzige, in der man sich nicht die Haare kurz scheren lassen mußte, und damals, in den frühen siebziger Jahren, trugen die meisten ihrer Soldaten eine lange Matte unter den Stahlhelmen, so daß sie aussahen wie eine Horde Wilder. Das war im verregneten Sommer des Jahres 1974 gewesen, die Niederländer hatten gerade das Finale der Fußballweltmeisterschaft gegen Deutschland verloren, und Arno und seine Freunde hatten sich aus dem sicheren Schulbus heraus über die müde am Straßenrand stehenden, langhaarigen Soldaten lustig gemacht.

Er stieg in den Volvo, der zwar sofort ansprang, aber komische Geräusche machte und nur stockend vom Parkplatz rollte. An der Abzweigung nach Eichendorf mußte er anhalten, weil ihm ein Militärkonvoi entgegenkam, und als er weiterfahren wollte, erstarb der Motor und wollte nicht wieder anspringen. Er stieg aus, öffnete die Haube und beugte sich über den Motor. Was mache ich hier eigentlich, dachte er zum zweiten Mal an diesem Tag, auch wenn ich noch stundenlang auf den

Motor starre, ich habe doch sowieso keine Ahnung, was zu tun wäre. Er schaute sich um. Niemand zu sehen. Mittlerweile war es so heiß geworden, daß er zu schwitzen begann. Er zog sein Jackett aus, legte es auf den Beifahrersitz und suchte noch einmal nach seinem Handy, aber er hatte es tatsächlich vergessen. Wahrscheinlich lag es auf dem Küchentisch. Gerade wenn man es einmal brauchte! Da ihm nichts Besseres einfiel, steckte er sich eine Zigarette an. Unruhig versuchte er erneut, den Motor zu starten, aber es tat sich nichts. Wenn er noch länger die Zündung betätigte, befürchtete er, würde wahrscheinlich bald auch die Batterie leer sein. Als er wieder aus dem Wagen stieg, sah er aus Richtung Ostenholz einen Trecker kommen und winkte mit beiden Händen. Langsam kam der Trecker näher und hielt vor dem Volvo an. Der Fahrer ließ den Motor laufen, kletterte aus der Kabine und schlurfte mit schweren Schritten heran.

«Guten Tag», sagte Arno. «Der Motor ist abgesoffen.»

«Tach auch.» Der Bauer musterte ihn schweigend und stampfte den Dreck von seinen Stiefeln. Dann beugte er sich schwerfällig unter die Motorhaube. Arno stellte sich neben ihn und beobachtete, wie der Mann mit seinen schmutzigen Händen an ein paar Kabeln zog.

«Starten», sagte der Bauer, ohne aufzuschauen.

Arno trat seine Zigarette aus, sprang auf den Sitz und drehte den Zündschlüssel herum. Nur die Zündung klapperte.

Der Bauer ließ die Motorhaube zufallen und rieb sich die Hände. «Bringt nichts», sagte er und betrachtete Arno mit müden, dunklen Augen, aber festem Blick.

Arno schaute aus der offenen Tür. «Was?»

«Der kriegt keinen Zündkontakt.»

«Und nun?» fragte Arno und kam sich vor wie ein Vollidiot.

«Man müßte mal die Kontakte reinigen und die Kerzen überprüfen.» Der Bauer zuckte mit den Achseln. «Hier müssen Sie jedenfalls weg.»

«Ist mir klar», sagte Arno und stieg aus. Eine Weile standen die beiden schweigend da und starrten auf den Volvo. Dann betrachtete Arno den Mann von der Seite. Seine gebeugte, massige Gestalt erinnerte ihn an einen Bär, und das volle dunkle Haar und der ungepflegte Vollbart verstärkten diesen Eindruck noch.

«Ich muß nur bis Eichendorf», sagte Arno.

«Ich kann Sie abschleppen», sagte der Bauer.

«Das wäre nett. Ich will zu ‹Bauermeister›.»

Der Bauer nickte, trottete langsam zu seinem Trecker, wendete ihn, so daß er vor dem Volvo stand, und stieg mit einer Kette in der Hand wieder aus. Er kniete sich unter den Wagen, befestigte ein Ende der Kette an der Karosserie und wollte das andere Ende am Trecker einhaken, doch sie war ein paar Zentimeter zu kurz.

«Leerlauf», sagte er.

Arno folgte der Anweisung und sah dann untätig zu, wie der Bauer den Volvo an der Kette das fehlende Stückchen nach vorne zog. Irgend etwas an diesem Mann in seiner grünen Arbeitskleidung kam ihm bekannt vor. Nicht sein Äußeres, sondern eher diese schleppenden, aber sicheren Bewegungen. Und der durchdringende und dennoch traurig wirkende Blick.

«Sind Sie aus Eichendorf?» fragte er, als der Mann fertig war und sich wieder die Hände rieb.

Der Bauer nickte.

«Ich habe als Kind hier gelebt», sagte Arno.

Der Mann betrachtete ihn und nickte. «Dachte ich mir gleich. Arno, stimmt's?»

«Stimmt», sagte Arno überrascht. «Aber ich …»

Der Mann wischte seine Hand an der Hose ab und streckte sie aus. «Volker.»

«Volker Bredeberg», sagte Arno und nahm die Hand. «Das gibt's ja nicht.»

Bredeberg schaute ihn an. «Ist lange her.»

«Das kann man wohl sagen. Ist ja ein Ding, wer alles noch hier ist.»

«Wenn man hier geboren wurde.»

«Kann das sein, daß ich neulich Heike gesehen habe?» fragte Arno und hatte wieder das Bild der Frau mit dem Kind im Rollstuhl vor sich.

«Kann sein», sagte Bredeberg und setzte sich plötzlich in Bewegung. «Fahren wir.» Dann kletterte er in das Führerhaus des Treckers.

Schnell sprang Arno in den Wagen, und kaum saß er, fuhr Bredeberg auch schon los. Die Kette spannte sich, dann rollte der Volvo mit einem kräftigen Ruck an. Langsam bog der Trecker von der Panzerringstraße nach Eichendorf ab.

Diese Begegnung hatte Arno völlig überrascht. Volker Bredeberg. Auch mit ihm war er zur Schule gegangen, eine Weile waren die beiden sogar befreundet gewesen. Bredeberg war ein Außenseiter gewesen, er war nicht besonders beliebt, und manche Eltern sahen es nicht gerne, wenn ihre Kinder mit Volker zu tun hatten. Arno erinnerte sich noch an den kleinen Hof der Bredebergs außerhalb des Dorfes, wo die Welt stehengeblieben zu sein schien. In der Küche wimmelte es von Fliegen, es stank nach Mist, und in einer Ecke saß immer in schmutzigen, langen Röcken Volkers Oma, die runzelig und steinalt aussah, nur Platt sprach und meistens ein Huhn rupfte oder eine Gans ausnahm. Auf jeden Fall kam es ihm im nachhinein so vor. Arnos Eltern hatten nichts gegen Volker, aber als Arno begann, Fußball zu spielen, hatte er den Kontakt zu ihm verloren.

Kurz vor Eichendorf überholte sie ein Land Rover, und als sie auf den Parkplatz vor der ‹Schönen Aussicht› bogen, wartete schon Emma, die mit verschränkten Armen am Kotflügel lehnte.

Nachdem Arno ausgestiegen war, schnalzte sie mit der Zunge und schüttelte den Kopf. «Ich habe ja gesagt, du mußt den Wagen schmeißen», sagte sie.

«Ich gebe jedem eine zweite Chance», erwiderte Arno augenzwinkernd und schaute sich nach Bredeberg um.

Der schien es jetzt eilig zu haben, die Kette war bereits abmontiert, und der bullige Mann kletterte schon wieder ans Steuer seines Treckers.

«Volker», rief Arno winkend. «Einen Moment.»

Aber Bredeberg grüßte nur kurz mit erhobener Hand und fuhr davon. Arno mußte lächeln. Ein bißchen erinnerte ihn Bredeberg jetzt an ein Bild von Roy Buchanan.

«Danke», rief er hinter ihm her. Einen Moment schaute er dem Trecker noch nach, der über die kleine Brücke verschwand. Ein seltsamer Vogel, genau wie damals, dachte er.

«Kennst du den?» fragte Emma.

«Von früher», sagte Arno. «Wollen wir was essen?»

Arno und Emma waren die einzigen Gäste in der ‹Schönen Aussicht›. Den Wirt kannte er nicht, und die Einrichtung war auch neu. Aber an der einen Wand hingen immer noch Regale, auf denen die Pokale des TuS Eichendorf standen. Viele waren es nicht, aber vielleicht gab es sogar noch ein oder zwei Trophäen, die mit seiner Unterstützung gewonnen worden waren, dachte Arno. Er bestellte Senfeier mit Pellkartoffeln und ein großes Wasser, Emma Pommes frites und Cola.

«Und, was hast du erfahren?» wollte Arno wissen.

«Morgen um halb neun wir können kommen in die Pathologie. Der Doktor hat die Obduktion gemacht.»

«Das ist alles?»

Emma schüttelte den Kopf. «Nein. Dieses Zeichen an der Wand ist kein Zeichen der Army.»

«Interessant.»

«Außerdem habe ich zwei Leute der Military Police geschickt, nach der Tatwaffe zu suchen. Sie haben nicht gefunden.»

«In der Wildnis einen Ast zu finden ist wohl auch eher unwahrscheinlich.»

Emma nickte. «Sie suchen weiter. Aber sie haben Spuren gefunden. Das gleiche Profil. Die Gummistiefel.»

«Tatsächlich?» fragte Arno. «Und wo?»

Emmas schmale Augenbrauen hoben sich. «Das ist interessant. Er ist in eine Pfütze getreten, und das Wasser ist jetzt vertrocknet. Warte.» Sie holte die Karte des Übungsplatzes hervor, schob Aschenbecher und Salzstreuer zur Seite und breitete die Karte auf dem Tisch aus. Dann setzte sie ihren Zeigefinger auf die Stelle. «Hier.»

Der Fundort der mutmaßlichen Spuren lag ungefähr einen halben Kilometer vom Tatort entfernt, in südwestlicher Richtung.

«Näher an der Übungsplatzgrenze als die Leiche», stellte Arno fest.

Emma nickte. *«Right»*, sagte sie und zog mit ihrem Finger eine Linie vom Tatort über den Fundort der Spuren bis zur Grenze der Sperrzone.

«Genau», sagte Arno, «das könnte sein Weg gewesen sein, zumindest sein Rückweg.» Er tippte auf die Stelle, wo Emmas Linie auf die Grenze traf. «Das Eichendorfer Moor.»

«Das ist die einsamste Zone des Platzes», sagte Emma. «Keine Manöver.»

Ihr Essen wurde serviert, etwas unfreundlich und wortlos, und sie aßen ebenso schweigend. Die Senfsoße war nicht besonders gut und die Kartoffeln zu mehlig für Arnos Geschmack, aber Senfeier waren genau wie die hausgemachte Sülze seines Cousins Hans eine Mahlzeit, die ihn an seine Kindheit erinnerte und die er seit Jahren nicht mehr gegessen hatte. Wenn er in Berlin nicht den Kantinenfraß der Polizei heruntergeschlungen hatte, hatte er regelmäßig in dem italienischen Restaurant gleich neben seiner Wohnung gegessen. Mit der Zeit waren er und Patrizio, der Wirt und Koch, Freunde geworden, und obwohl er dessen umbrische Küche liebte, sehnte er sich nach den norddeutschen Gerichten von früher. Ironischerweise hatte Patrizio das sogar noch verstärkt, denn da der stolze Italiener nie müde wurde, ihm von seiner Heimat vorzuschwärmen, mußte Arno auch immer häufiger an die eigene denken. «Ist das klar», hatte Patrizio stets gesagt, «unsere Herkunft wir können nie vergessen. Basta»

Emma schob bereits ihren Teller beiseite, den sie nur halb leer gegessen hatte. Arno fragte sich, an was sie wohl die Pommes frites erinnert haben mochten. Dann war auch er fertig, trank das Wasser aus und steckte sich eine Zigarette an.

«Was macht die Nase?» fragte Emma.

«Verstopft.»

Nachdem die Teller abgeräumt worden waren, breitete Emma wieder die Karte aus. «Es gibt viele Wege, die zum Moor führen», sagte sie.

«Die werden wir uns gleich anschauen», sagte Arno und stand auf. «Bin sofort wieder da.»

«Dann zahle ich schon.»

«Laß mal, das übernehme ich», sagte Arno, drückte die Zigarette aus und ging durch das Lokal zu der Toilettentür neben der Theke, durch die es bereits nach Urin stank. Beim Händewaschen bemerkte er dann ein Plakat, das innen an der Tür hing und für ein Rockkonzert warb, das, wie er las, bereits vor zwei Wochen in der ‹Schönen Aussicht› stattgefunden hatte. Abgesehen davon, daß es Arno überraschte, daß in der ehemaligen Dorfwirtschaft nun Konzerte veranstaltet wurden, verwunderte ihn der Name der Band: *Szczerbiec*. Er wußte nicht, was das Wort bedeutete, aber es handelte sich eindeutig um einen polnischen Namen. Soviel hatte er immerhin von Aglajas Sprache gelernt. Polnische Rockmusik in Eichendorf? Arno trocknete sich die Hände ab und zuckte mit den Achseln. Warum nicht. Vielleicht kein schlechter Beitrag zur Verständigung zwischen den beiden Völker, die zwar Nachbarn waren, aber doch sehr weit voneinander entfernt zu liegen schienen. Eine Entfernung, die er nun auch zwischen sich und Aglaja geschaffen hatte.

Als er an die Theke trat, um zu bezahlen, musterte ihn der Wirt unverhohlen. Arno fragte sich, ob dahinter ein jedem Fremden entgegengebrachtes Mißtrauen steckte oder ob der korpulente Mann mit dem schlecht rasierten Kinn und dem etwas zu kurz geschorenen Schädel ihn kannte. Arno war sich jedenfalls sicher, den etwa Fünfzigjährigen nicht von früher zu kennen.

Draußen saß Emma bereits in ihrem Land Rover und deutete auf den Volvo, als er einstieg. «Was willst du machen?»

Arno zuckte mit den Achseln. Darüber wollte er jetzt lieber nicht nachdenken.

Hinter der Gastwirtschaft, parallel zum Bachlauf, führte eine schmale Straße durch die Felder und Wiesen. An der Abzweigung standen in zwei Reihen die langen, gedrungenen Baracken einer Hühnerfarm. Als sie daran vorbeifuhren, drang der saure Gestank der Futtersilos durch die offenen Fenster.

Emma verzog ihr Gesicht. «Und hier bist du aufgewachsen?» meinte sie.

Arno nickte und tippte an seine Nase. «Aber ich rieche kaum was. Wo kommst du eigentlich her?»

«London.»

«Das sagen alle Engländer.»

«Okay, High Wycombe, aber das ist fast London.»

Etwas abseits vom Wegesrand lagen ein paar verstreute Gehöfte. Von einer Auffahrt kam ein struppiger Spitz gelaufen und verfolgte kläffend den Land Rover, bis ihm die Puste ausging und er hechelnd zurücktrottete. Genauso einen räudigen Spitz hatte Heikes Familie früher gehabt, dachte Arno. Einer ihrer fünf Brüder hatte ihn irgendwann aus Versehen mit dem Trecker überfahren. Auf den blühenden Weiden grasten schwarzweiß gefleckte Rinder und ein paar Pferde. Sogar Schweine wurden wieder auf Koppeln gehalten, und etwas weiter in der Ferne sah Arno eine Schafherde. Nach wenigen Kilometern kamen sie an Fischteichen vorbei, die zu einem Gut gehörten, das tief im Wald versteckt lag. In seiner Kindheit war es verlassen gewesen, und im Herbst hatte er dort Eicheln gesammelt, die er als Futter an die Bauern verkaufte. Hans hatte ihm erzählt, daß seit einigen Jahren ein Vogelschutzbund die Gebäude übernommen hatte und dort Tagungen veranstaltete. Hinter den Teichen führte die Straße in einen dunklen Mischwald aus alten und mächtigen Eichen und Buchen, dann machte sie einen Knick nach Norden, wo unmittelbar vor der Grenze des Übungsplatzes noch ein paar Häuser standen. Arno erinnerte sich, daß der Hof der Bredebergs dort hinten lag, und er fragte sich, ob Volker wohl noch immer dort wohnte. Geradeaus führte ein Waldweg ins Moor. Emma bremste den Wagen ab und lenkte ihn auf den holprigen Weg. Arnos Augen begannen zu brennen, seine Nase kitzelte, und dann überfiel ihn ein von ganz tief in seinem Inneren kommender und durch Mark und Bein gehender Niesanfall.

Nach einigen Metern hielt Emma an. Der Wald hatte sich gelichtet, und der Weg war schmal und etwas sumpfig geworden. «Es ist nicht mehr weit bis zum Übungsplatz», sagte sie und machte den Wagen aus.

Auf den Sitz gekrümmt, versuchte Arno zu nicken. Langsam klang das Niesen ab. Sein Kopf fühlte sich an, als wäre damit Fußball gespielt worden. Er öffnete die Augen und sah sie an.

«*Oh my god*, ich kann das nicht mehr ansehen», schimpfte Emma. «Aber du willst dir ja nicht helfen lassen.»

«Dann gib mir die Scheißtabletten!»

Grinsend zog Emma das Röhrchen aus ihrer Hosentasche. Arno riß es ihr aus den Händen und nahm gleich drei Tabletten.

«Vorsicht», warnte Emma. «Die machen müde.»

«Na wunderbar.» Arno gab ihr das Röhrchen zurück und wischte sich die Nase mit der Hand ab. «Gehen wir.»

Die Sonne war warm, sie zogen die Jacken aus und gingen hintereinander auf dem Gras in der Mitte des Weges, der sich nun durch sumpfiges Gebiet schlängelte. Das Gras war seit langem nicht mehr gemäht worden, vor kurzem mußte aber jemand hier entlanggefahren sein, denn Arno sah, daß die Seiten des Weges ausgefahren und die längeren Halme in der Mitte umgeknickt waren. Wahrscheinlich war es ein Trecker gewesen, denn die Bauern der Gegend besaßen am Rande des Übungsplatzes noch Land.

Er blieb stehen und schaute sich um. Rechts vom Weg lagen Wiesen, links führte der Bach entlang. Eine idyllische, verlassene Landschaft. Es war ganz still hier draußen, man hörte nur das entfernte Grollen der Schießübungen und ein paar Vögel zetern. Als er weiterging, rutschte er von der Grasnarbe in eine Pfütze.

«Scheiße», fluchte er. Sein Turnschuh war ganz durchnäßt. «Wer hier nachts langläuft, muß sich gut auskennen.»

«Und Gummistiefel tragen», sagte Emma und schrie plötzlich auf. *«Bloody hell.»* Sie schlug sich mit der Hand auf den Unterarm und fuchtelte mit der anderen durch die Luft. «Mucken. Überall Mucken.»

Die Mücken standen in dicken Wolken über dem Weg und waren hier schon wesentlich aggressiver als im noch kühlen Wald. Verschwitzt und zerstochen erreichten sie nach einer Weile die Grenze des Übungsplatzes. Der Weg war mit einem rot-weißen Schlagbaum versperrt, an dem ein Schild angebracht war: Stopp. Scharfschießen. Übungsbetrieb. Arno untersuchte den Schlagbaum. Er war nicht verschlossen, jeder konnte ihn anheben und hindurchfahren. Nach etwa zweihundert Metern war der Weg mit Schotter befestigt und verlief nun schnurgerade an einer Böschung entlang, hinter der ein riesiger Sumpf lag.

«Hier finden keine Manöver statt?» fragte Arno.

«Nein», sagte Emma. «Was soll man hier machen? Das ist jetzt eine *nature reserve*.»

Nachdem sie gut einen halben Kilometer dem Weg gefolgt waren, kletterte Arno die Böschung hinauf. Was sich dahinter ausbreitete, war kein Sumpf mehr, sondern ein rechteckiges Bassin, ein geradliniger See, der von grüner Grütze überzogen war. Weit draußen erhob sich ein Graureiher von der Wasseroberfläche und stieg mit kräftigen Flügelschlägen in den blauen Himmel auf. Wenige Meter jenseits der Böschung schwamm ein Entenpaar durch das Wasser und hinterließ eine schwarze Spur in dem grünen Flott. Anscheinend war der See dort sehr seicht, denn plötzlich stand der Erpel und pickte an einem Stock, der in der Untiefe steckte. Der Stock schnellte zurück, und der Erpel plusterte sein Gefieder auf und wich erschrocken zur Seite. Irgend etwas unter dem dunklen Wasser glitzerte im Sonnenlicht. Arno kniff die Augen zusammen und sah genau hin. Nun war auch das Entenweibchen auf die funkelnde Fläche gestiegen. Das war kein Stock, das war eine Antenne, die dort aus dem Wasser ragte.

«Komm mal her!» rief Arno.

«Was ist?» fragte Emma und schaute mit einer Hand über den Augen hoch zu ihm.

Arno streckte eine Hand aus und zog Emma auf den schmalen Grat. Er hielt sie fest und zeigte zu den Enten. Etwas weiter den Weg hinauf sah er nun auch eine Lücke in der Böschung.

Emma nahm ihre Brille ab, rieb sich die Augen und hob dann die Brauen. «Da hat jemand sein Auto geschmissen.»

8

Das ehemals staatseigene Eichendorfer Moor hatte eine wechselvolle Geschichte hinter sich. Anfang des zwanzigsten Jahrhunderts waren zwei Siedlungen gegründet worden, von denen aus das einsame, unberührte Moor kultiviert und bewirtschaftet werden sollte. Knapp siebenhundert Arbeiter waren jahrelang damit beschäftigt gewesen, Entwässerungsgräben auszuheben und das Moor trockenzulegen. Doch der feuchte und zum Teil sandige Moorboden hatte nur wenig getaugt, anscheinend waren die Siedlerstellen auch zu klein ausgelegt worden. Mitte der dreißiger Jahre, als der Truppenübungsplatz geplant wurde, lebten nur dreiundsiebzig Menschen in den neuen Siedlungen. Anfangs zeigte die Wehrmacht keinerlei Interesse am Eichendorfer Moor, denn ihre schweren Panzer konnten auf dem weichen Boden nicht eingesetzt werden. Doch der Übungsplatz hätte die Moorbauern von jeglichen Verkehrsverbindungen abgeschnitten. Nach zähen Verhandlungen zwischen den Gemeinden und dem Militär gliederte man das Moor schließlich in den Truppenübungsplatz ein; es war Staatseigentum und belastete deshalb den Etat der Wehrmacht nicht. Die betroffenen Siedler waren letztlich froh um diese Entscheidung gewesen, die für sie bedeutete, daß der Staat ihnen Höfe mit ertragreicheren Böden anbieten mußte. Nach dem Zweiten Weltkrieg waren dann wieder Abtorfrechte im Moor verpachtet worden. Dadurch waren die heutigen Seen entstanden. Erst in den frühen sechziger Jahren, als die britische Armee das Gebiet zum Einschießen von Kanonen nutzte, wurde das Moor erneut Teil des Übungsplatzes. Schon kurze Zeit später aber überließ man diesen Rand der Sperrzone wieder sich selbst.

An diesem Montagabend versank die Sonne blutrot hinter der Landschaft, die so verlassen und leer war, daß jemand, der hier ausgesetzt worden wäre, kaum hätte sagen können, ob es ihn nach Deutschland oder in die Weiten Sibiriens oder gar auf einen fremden Planeten verschlagen hatte. Ein richtiges Idyll. Im sumpfigen Wasser schwammen friedlich die Enten. In der Ferne kreiste ein Greifvogel über dem Teich und zeichnete sich als schwarze Silhouette vor dem flimmernden Horizont ab. Sie erinnerte Arno an die Zeichnung auf der Hütte. Er zog an seiner Zigarette und fragte sich, was für ein Vogel es wohl war. Ein Bussard, ein Falke oder gar ein Adler? Aber mit der Vogelwelt kannte er sich eh zu wenig aus, und zudem kämpfte er, auf der Böschung sitzend, krampfhaft dagegen an, daß ihm die Augen zufielen.

Hinter seinem Rücken war die Idylle vorbei. Der vor wenigen Stunden noch einsame Schotterweg war gesäumt mit Fahrzeugen, auf einem schweren Unimog ackerte eine Seilwinde, gegen deren Lärm die Männer der Spurensicherung anschrien. Im Wasser standen zwei Froschmänner, und nach und nach kam der versenkte Wagen zum Vorschein.

«Hauptkommissar Hennings?»

Arno schreckte auf. Vor ihm stand Oberkommissar Müller, den er nach dem Fund des Wagens mit Emmas Handy angerufen hatte und der die Bergung organisiert hatte. Vorher hatte aber erst in langwierigen Telefonaten geklärt werden müssen, ob für diese Aktion auf dem Gebiet des Truppenübungsplatzes die deutsche Polizei zuständig war. Auch heute noch schien sich das Militär nicht sonderlich für das Moor zu interessieren. Bis das gesamte Team eingetroffen war, hatte Arno mit Emma den Weg und die Umgebung nach möglichen Spuren abgesucht, ohne etwas zu finden. «Ja?»

«Es ist ein dicker Mercedes, mindestens ein 500er, würde

ich sagen», berichtete Müller und scheuchte mit einer ungestümen Handbewegung die Mücken weg. Er war richtig aufgeregt. «Wir haben ihn gleich draußen.»

«Gut», sagte Arno und drückte die Zigarette aus. «Wo ist eigentlich Emma, ich meine Sergeant Fuller?»

Müller zuckte mit den Achseln und zeigte dann den Weg hinab. «Dahinten irgendwo.»

«Alles klar», sagte Arno und konnte ein Gähnen nicht unterdrücken. «Ich komme gleich.» Nachdem Müller weg war, stand er auf und ging an dem Unimog vorbei zur Grenze des Übungsplatzes. Kurz vor dem Schlagbaum sah er Emma, die den Boden absuchte.

«Was ist los?» fragte Arno, als er sie erreicht hatte.

Emma sah ihn an. «Die ganzen Spuren sind kaputt.»

«Aber irgendwie mußten wir den Wagen doch aus dem Wasser ziehen», sagte Arno und sah sich um. «Und einen anderen Weg hierher gibt es nicht.»

Emma schürzte skeptisch ihre Lippen. Arno wußte, daß sie sich die gleiche Frage stellte, die auch ihn beschäftigte: Hatte das Auto etwas mit der Ermordung Private Graftons zu tun?

«Komm», sagte Arno, «der Wagen kann uns wichtige Anhaltspunkte liefern.»

«Ich muß einen Mord klären», sagte Emma.

«Wir beide müssen einen Mord klären.» Arno legte eine Hand vor den Mund und gähnte.

«Müde?» fragte Emma.

Arno nickte. «Aber das Niesen ist vorbei.»

«Man kann nicht alles haben.»

«Wem sagst du das.» Arno drehte sich um und ging zurück. Emma folgte ihm. Die Froschmänner suchten noch das Wasser ab, aber der Wagen stand mittlerweile auf dem Schotterweg. Einige Männer in weißen Overalls untersuchten ihn und öffneten die Türen und die Motorhaube. Müller stand wie ein neugieriger Junge daneben und schaute den Männern der Spurensicherung über die Schulter.

«Die Nummernschilder wurden entfernt», schrie Müller schon von weitem, als Arno und Emma näher kamen.

«Wäre auch ein bißchen zu einfach gewesen», meinte Arno und betrachtete den Wagen. Es war ein großes Auto, und obwohl die Karosserie schlammverschmiert war, konnte man noch die goldene Metallic-Lackierung erkennen.

«Tatsächlich ein 500er Mercedes», sagte Müller. «500 SEL.» Er sagte das, als könnte er alle Typenbezeichnungen auswendig und hätte selbst gerne einen solchen Wagen.

«Wir haben es wohl mit einem Naturschützer zu tun», sagte der Mann der Spurensicherung, der sich über den Motor beugte.

«Gerd Stockmann, Leiter des Fachkommissariats V», stellte Müller vor. «Spurensicherung.»

«Danke, ich weiß», sagte Arno. Er hatte den kleinen, hageren Leiter der Spurensicherung bereits kennengelernt. «Naturschützer?»

Stockmann richtete sich auf und sah Arno an. Unter den Augen hatte er tiefe, dunkle Ringe, und wenn Arno nicht alles täuschte, trug er ein Toupet. «Na ja. Wer den Wagen versenkt hat, wollte jedenfalls umweltmäßig sowenig Schaden wie möglich anrichten. Die Batterie fehlt, und so, wie es aussieht, sind Öl und Benzin abgelassen worden.»

«Kann es ausgelaufen sein?» fragte Arno.

Stockmann schüttelte den Kopf. Unter seinem Toupet hervor floß Schweiß die Stirn hinab und blieb an den buschigen Augenbrauen hängen. «Nee, so schnell geht das nicht. Außerdem gibt es keine Ölspuren im Wasser.»

«Wie lange liegt der Wagen schon in dieser Brühe?»

Stockmann zog seine Handschuhe aus und betrachtete seine Hände. «Kann man noch nicht genau sagen, aber noch nicht lange.» Er zuckte mit den Achseln. «Ein paar Tage.»

«Private Grafton ist vor drei Tagen gefunden worden», sagte Emma.

«Könnte zeitmäßig hinkommen», sagte Stockmann und musterte Emma. Dann verscheuchte er eine Mücke. «Scheißviecher.»

Arno holte seine Zigarettenschachtel hervor und bot sie an. «Vielleicht hilft der Qualm.»

«Danke», sagte Stockmann und nahm eine Zigarette.

Müller nahm auch eine und gab Arno und Stockmann Feuer.

«Der Innenraum ist völlig leer», fuhr Stockmann fort, nachdem er einen tiefen Zug genommen und den Rauch ausgeblasen hatte. «Also, beweismäßig totale Fehlanzeige.»

«Aber hier ist was», rief ein Mitarbeiter Stockmanns, der gerade den Kofferraum untersuchte.

Sie gingen alle um den Wagen herum und schauten in den Kofferraum. Zu einem Bündel verschnürt lag dort ein grauer Nadelstreifenanzug. Stockmann wischte sich vorsichtig den Schweiß von der Stirn, zog dann wieder seine Handschuhe an und löste das Bündel. Ein Hemd, eine Krawatte und Schuhe kamen zum Vorschein.

«Irgendwie zuhältermäßig», sagte Müller.

Arno sah ihn fragend an. Ihm war nicht klar, ob Stockmanns Redeweise auf Müller abgefärbt hatte oder ob Müller Stockmann auf den Arm nehmen wollte.

Müller verschluckte sich an dem Rauch seiner Zigarette und hustete. «Der Anzug und der Wagen», sagte er krächzend. «Ein Bauer ist das nicht gewesen.»

«Und das könnte Blut sein», sagte der Mitarbeiter Stockmanns, ein junger, etwas pummeliger Mann. Er zeigte auf einen dunklen Fleck auf dem schmuddeligen Hemd.

«Stimmt», sagte Emma. «Man muß es vergleichen mit Graftons Blut.»

«Gut», sagte Arno und atmete tief durch. Er hätte auf der Stelle einschlafen können. Es gab zwar keine Beweise, die darauf schließen ließen, daß zwischen dem Mord an dem britischen Soldaten und dem versenkten Wagen eine Verbindung bestand, aber man durfte die Möglichkeit nicht außer acht lassen. Schließlich hatten sie kaum andere Fährten. «Die britische Heereskriminalpolizei hat die Unterlagen», sagte er zu Stockmann. «Wann können Sie das untersuchen?»

«Gleich morgen früh», sagte Stockmann und schaute zum Himmel. Die Sonne war nun untergegangen, und die Lampen der Spurensicherung gaben der Szenerie im letzten Abendlicht eine unheimliche Atmosphäre. Die Froschmänner stiegen aus dem See, ihre Anzüge grün vor Grütze, und schüttelten den Kopf. Sie hatten ihre Suche aufgegeben und nichts weiter gefunden.

Arno rieb seine Augen. Stockmann und Müller sahen ihn an. Er mußte sich zusammenreißen, um die nötigen Schritte zu veranlassen. «Okay», sagte er und wandte sich an Müller. «Als erstes müssen wir den Fahrzeughalter ermitteln. Wir haben keine Nummernschilder, aber möglicherweise finden wir die Karosserienummer. Übernehmen Sie das?»

Müller trat seine Zigarette aus und nickte. Stockmann bückte sich, hob die Kippe auf und sah Müller strafend an. «Karsten, wann lernst du das endlich? Das ist amateurmäßig.»

«Sorry», sagte Müller kleinlaut und fuhr sich verlegen durch seinen Haarschopf im Nacken.

«Sie könnten auch in der Umgebung herumfragen», fuhr Arno fort. «Der Wagen ist ja ziemlich auffällig.» Dann sah

Arno Emma an. «Sergeant Fuller und ich gehen morgen um halb neun in die Pathologie und schauen uns den Obduktionsbericht von Private Grafton an. Außerdem haben deine Kollegen vielleicht inzwischen die Tatwaffe gefunden.» Emma nickte, und Arno mußte wieder gähnen und fuhr sich mit einer Hand durch das kurze Haar.

«Dann lege ich schon mal los», meinte Müller.

«Gut.» Arno nickte, und während Müller davonging, wandte er sich an den Leiter der Spurensicherung. «Und danach melde ich mich bei Ihnen, Herr Stockmann.»

«Alles klar», sagte Stockmann und blies den Rauch des letzten Zuges seiner Zigarette in einen Mückenschwarm, der davon völlig unbeeindruckt blieb. «Können wir den Wagen dann schon untersuchungstechnisch wegschaffen?» fragte er, rieb die Glut seiner Zigarette zwischen Daumen und Zeigefinger aus und steckte die Kippe in die Tasche seines weißen Overalls.

«Ja», sagte Arno und konnte sich ein Lächeln nicht verkneifen. «Aber wie kriegen Sie den denn hier weg?» Für einen Abschleppwagen war die Durchfahrt ins Moor zu eng und der Boden zu tief gewesen. Um den Wagen aus dem Wasser zu ziehen, hatte Müller über das Polizeikommissariat in Winsen den Unimog organisiert.

Stockmanns Augen strahlten. «Einer unserer Leute fährt freizeitmäßig mit alten Kisten Stoppelrennen, und der hat seinen Hänger hergebracht», sagte er stolz und schlug sich dann auf den Unterarm. «Scheißmücken. Wird auch Zeit, daß wir hier wegkommen.»

«Sehr gut», sagte Arno und drehte sich nach Emma um, die sich von den anderen entfernt hatte und vor einem Rad des Mercedes kniete. «Wie komme *ich* jetzt eigentlich hier weg?»

«Haben Sie keinen Wagen?» fragte Stockmann.

Arno seufzte. «Der steht in Eichendorf und gibt keinen Mucks mehr von sich.»

«Ich könnte ihn mir demnächst ja mal anschauen», bot Stockmann an.

«Das ist nett, aber ich glaube, Sie haben im Moment genug zu tun, oder?»

Dann eben nicht, schien die Miene zu sagen, mit der Stockmann sich abwendete und zu seinen Leuten ging.

Emma schaute auf. «Ich kann dich fahren.»

«Wirklich?»

Emma richtete sich auf und zuckte mit den Achseln. «Kein Problem. Vielleicht wir können noch etwas essen.»

«Warum nicht», sagte Arno, obwohl er so müde war, daß er nicht glaubte, sich noch lange auf den Beinen halten zu können. Dann doch lieber eine juckende Nase, dachte er. *«Let's go.»*

Schweigend gingen sie den Schotterweg hinab. Emma schien in Gedanken versunken zu sein, und Arno mußte sich mit seinen matten Beinen auf jeden Schritt konzentrieren. Mit der Dunkelheit senkte sich auch eine kühle Nachtluft auf das Moor, und Arno zog sein Jackett an. Kurz vor dem Schlagbaum kam ihnen der Wagen mit dem Hänger entgegen. Arno grüßte den Mann am Steuer, den er noch nie gesehen hatte und der nur knapp nickte. Sie erreichten den Land Rover, stiegen ein und fuhren durch den Wald zurück ins Dorf. Eichendorf wirkte völlig ausgestorben. Von weitem hörte man Hunde kläffen, auf der Straße war kein Mensch zu sehen. Die meisten Häuser waren dunkel, und nur aus den Fenstern der ‹Schönen Aussicht› drang ein gelbliches Licht, das in Tropfen auf den einsam vor dem Haus stehenden Volvo fiel. Die Neubausiedlung an der Kreuzung aber war mit unzähligen kleinen Lämpchen beleuchtet und sah im Vorbeifahren aus wie eine Puppenstube. Doch vielleicht lag es nur daran, daß vor Arnos Augen bereits alles klein zu werden schien, klein und verschwommen und immer weiter entfernt. Und kurz hinter Eichendorf, dort, wo die Landstraße vom freien Feld in den dunklen Wald stieß, schlief er auf dem unbequemen Sitz des Land Rovers ein.

9

Arno wachte mit dem nagenden Schrecken auf, etwas versäumt zu haben. Warmes Sonnenlicht strömte durch das kleine Fenster und tänzelte über die Decke. Nach einem Blick auf die Uhr sank er erleichtert zurück ins Kissen. Halb acht, der Termin im Krankenhaus war erst in einer Stunde. Er streckte sich und fühlte sich zum ersten Mal seit langem richtig ausgeschlafen. Dann schreckte er wieder hoch. Irgend etwas hatte er vergessen. Er warf die Decke zur Seite und schaute an sich hinab. Überrascht stellte er fest, daß er vollständig angezogen war. Sein Wagen stand in Eichendorf, fiel ihm ein, und dann erinnerte er sich, daß Emma ihn vom Moor nach Hause gefahren hatte. Als er sich aufrichtete, sah er einen Zettel neben der Uhr auf dem Nachttisch liegen, auf dem in einer krakeligen Schrift eine Zeile stand: «*You are German to the bone, anyway*, ich warte in der Pathologie. Emma.»

Merkwürdig, dachte er und legte den Zettel wieder auf den Tisch, auch Aglaja hatte immer dann, wenn sie sich besonders über ihn geärgert hatte, behauptet, er wäre typisch deutsch. Und Patrizio hatte ihm einmal eröffnet, daß er mit ihm nur deshalb befreundet sein könne, weil Arno nicht typisch deutsch wäre. Er fuhr sich durchs Haar und dachte darüber nach, was in der Nacht geschehen war, konnte sich aber an nichts erinnern, was Emma zu ihrem Urteil getrieben hatte. Es konnte ja nichts passiert sein, schließlich war er in seinen Klamotten eingeschlafen. Grübelnd zog er sich aus, ging ins Bad und stieß sich erneut an dem niedrigen Türbalken, wobei ihm der Hausverkauf wieder einfiel. Die Stirn reibend versprach er sich, heute unbedingt den Makler zu kontaktieren. Nach einer kurzen Dusche trank er schnell einen Espresso, lauschte dem seiner Meinung nach lauter gewordenen Fiepen der Mäuse und überlegte dabei, wie er ins Allgemeine Krankenhaus kommen sollte. Weit war der Weg nicht. Er könnte das Fahrrad seines Vaters nehmen, das an einer Wand in der Garage hing. So würde er wenigstens etwas Bewegung kriegen. Er zog ein frisches schwarzes T-Shirt an, stieg in Jeans und Turnschuhe, nahm sein Jackett, steckte Notizbuch, Zigaretten und Handy ein und trat hinaus in den warmen, klaren Tag, wo ihm gleich wieder der Pollenduft in die Nase drang und er niesen mußte. In der Garage zwängte er sich an seinen Habseligkeiten vorbei, schaute sehnsüchtig auf die Kisten, in denen seine Platten lagerten, die er in den Berliner Secondhandläden und auf den Flohmärkten zusammengekauft hatte, und trug das Fahrrad hinaus. Es war ein Colnago-Rennrad, das fast genauso alt war wie Arno und der ganze Stolz seines Vaters gewesen war. Arno sah seinen noch im Alter sehnigen und schlanken Vater im Renndress vor sich, wenn er verschwitzt, aber glücklich von seinen ausgedehnten Touren zurück nach Hause kam und dann fast genauso lang, wie er unterwegs gewesen war, das Rad putzte und regelmäßig auseinander- und wieder zusammenbaute. Die Reifen brauchten Luft, aber sonst war das Rad bestens in Schuß. Nachdem er es aufgepumpt und den Sattel etwas höher gestellt hatte, machte er sich auf den Weg. Arno hatte seit einer Ewigkeit auf keinem Fahrrad mehr gesessen und mußte sich erst an den harten Sattel und die unbequeme Sitzposition gewöhnen. Die Fußschlaufen ließ er nach unten hängen, denn auf den schmalen Reifen war es ihm schon wakkelig genug.

Das Allgemeine Krankenhaus lag genau zwischen Lüneburger und Wittinger Straße, gleich hinter der Allerbrücke. 1979 war der Schriftsteller in diesem Krankenhaus gestorben, dem er seinen Namen zu verdanken hatte: Arno Schmidt. Arnos Mutter war Grundschullehrerin gewesen und hätte zeit ihres Lebens selbst gerne geschrieben. Ihren ersten Sohn hatte sie nach dem Mann benannt, den sie unter den deutschen Literaten der Nachkriegszeit am meisten schätzte, weil sie ihn, obwohl er als ziemlich oberlehrerhaft galt, für den gefühlvollsten hielt. Wahrscheinlich war es das, was Arno bisher immer davon abgehalten hatte, die Bücher seines Namenspatrons zu lesen, eine seltsame Furcht vor Belehrung und vor der Übermacht des Gefühls; eine Furcht, die, was ihm gar nicht ähnlich sah, größer war als seine Neugier.

Als Arno auf das Krankenhaus zufuhr, sah er Emmas Land Rover einsam auf dem weitläufigen Parkplatz stehen. Arno hielt am Eingang an und stellte ärgerlich fest, daß er kein Schloß mitgenommen hatte. In der Kleinstadt wurde zwar nicht wie in Berlin alles gestohlen, was nicht niet- und nagelfest war, aber wenn das Fahrrad seines Vaters verschwinden sollte, könnte er sich das nicht verzeihen. Er schaute sich um, und als er außer einem alten, gebeugten Mann in einem gelben Bademantel, der vor den Bänken am Eingang stand und hastig eine Zigarette rauchte, niemanden sah, der ihn beobachtete, versteckte er das Rad hinter einer kleinen Hecke und lehnte es an einen Zaun.

Im Keller des schmucklosen, im Laufe der Zeit ständig erweiterten Klinikgebäudes befand sich die Pathologie. Da ihn die Atmosphäre in Krankenhäusern jedesmal niederschmetterte, marschierte er eilig durch das frisch gebohnerte, in giftigen Grüntönen gehaltene Foyer, wartete nicht auf den Fahrstuhl und lief die Treppen hinab. Unten auf dem von Neonröhren erleuchteten, um diese Jahreszeit angenehm kühlen Gang stand Emma mit einem älteren Mann in einem weißen Kittel.

Arno gab dem auffällig braun gebrannten Doktor die Hand. «Hauptkommissar Hennings, guten Morgen.»

«Morgen, morgen. Dr. Papenburg.» Trotz seiner athletischen Statur war sein Handgriff unachtsam und schlaff. «Dann können wir ja.» Der Doktor öffnete eine Tür und ging in ein kleines stickiges Büro. Im Flur ließ er eine Wolke herben Aftershaves stehen.

Arno sah Emma fragend an, aber sie reagierte nicht und folgte schnell dem Doktor.

«So, setzen Sie sich», sagte Dr. Papenburg wie ein Lehrer, der ein Klassenzimmer betrat, deutete flüchtig auf zwei Stühle und raffte die Papiere auf seinem Schreibtisch zusammen. «Viel gibt es nicht zu sagen.» Mit einem Blatt Papier in der Hand ließ er sich in den Stuhl hinter dem Schreibtisch fallen. Bei jeder Bewegung verströmte er den atemberaubenden Geruch seines After-shaves. An der Unterseite seines kantigen, glattrasierten Kinns bemerkte Arno einen kleinen, roten Schnitt. «Die Todesursache ist äußeres Ersticken. Die Sauerstoffzufuhr ist durch die Schutzmaske, die sich in den Sand gebohrt hat, sofort abgeschnitten gewesen. Es gab deutliche Anzeichen von blauer Verfärbung der Haut, außerdem waren die Pupillen signifikant erweitert. Der kräftige Schlag auf den Kopf hat ihm wohl kurzzeitig das Bewußtsein genommen. Jedenfalls lange genug, um zu ersticken.» Papenburg sah auf und schaute von Arno zu Emma. «Die Linkshändertheorie, von der mir Sergeant Fuller erzählt hat, kann ich angesichts der Kopfwunde bestätigen. Als Tatzeit dürfte man von Mitternacht ausgehen, worauf unter anderem die livide Verfärbung schließen läßt. Diese Totenflecken belegen außerdem, daß der Fundort tatsächlich der Tatort war. Können Sie mir so weit folgen?»

«Wir bemühen uns», entgegnete Arno.

«Die Leiche wurde auf dem Truppenübungsplatz in einem Kiefernhain gefunden?»

Emma nickte. «Ja, warum?»

«Nun, in einem Kiefernhain würde man vor allem Kiefern vermuten, oder?»

Emma und Arno sahen sich an und zuckten fast gleichzeitig mit den Schultern.

«Ich hatte vor langer Zeit einmal das Vergnügen, den Truppenübungsplatz zu besichtigen», fuhr Papenburg fort und lehnte sich zurück, «und zwar bei einem Manöver im Rahmen meines Wehrdienstes, und soweit ich mich erinnere, kommen dort vor allem Wacholder, Kiefern, Birken und Eichen vor, hin und wieder Buchen und Ahorn.»

Wenn Arno eines haßte, dann waren es Fachleute, die nicht mit der Sprache herausrückten. Dieser Dr. Papenburg erinnerte ihn zudem an seinen Grundschullehrer mit dem schönen Namen Heine-Metzger, der sich ständig darin gefiel, den Schülern ihr Unwissen zu demonstrieren, und sich dann an ihrer Demütigung erfreute. Heini, der Metzger, wie ihn die Schüler nannten, wollte Arno in der ersten Klasse zum Schreiben mit der rechten Hand zwingen. Aber seine Eltern, die zumindest in solchen Dingen für damalige Verhältnisse recht fortschrittlich gewesen waren, intervenierten und konnten das verhindern. Als Arno dann beim Schreiben die Tinte mit der linken Hand immer verschmierte, rächte sich Heine-Metzger, indem er seine Hefte vor der ganzen Klasse hochhielt und sich über ihn lustig machte. Gegen diesen Lehrer hegte Arno noch heute einen so großen Groll, daß er für nichts garantieren könnte, sollte er ihm einmal über den Weg laufen.

«Worauf wollen Sie hinaus?» fragte er und mußte niesen. Diesmal waren aber nicht die Pollen daran schuld, sondern das After-shave des Doktors.

«Heuschnupfen?» fragte Papenburg.

«Das auch», sagte Arno. Emma reichte ihm ungefragt ein

Taschentuch, mit dem er sich die Nase putzte. Allzu sauer schien sie also nicht auf ihn zu sein, dachte er erleichtert.

«Also, ich interessiere mich ein bißchen für Botanik», machte Papenburg unwirsch weiter und zog eine Klarsichtfolie aus den Papieren hervor. «Das ist ein Holzsplitter, den ich in der Kopfwunde der Leiche gefunden habe.»

Arno und Emma beugten sich nach vorn und betrachteten den winzigen, kaum zu erkennenden Splitter.

«Ein sehr hartes Holz», sagte Papenburg.

Arno nickte. «Und weiter?»

«Es ist Holz von einem Maulbeerbaum.»

«Einem Maulbeerbaum?»

«Um korrekt zu sein: von einem Weißen Maulbeerbaum.» Papenburg faltete seine behaarten Hände.

«Wissen Sie den englischen Namen?» fragte Emma verwirrt.

«Da kann ich Ihnen leider nicht helfen, junge Frau», sagte Papenburg, «der lateinische Name aber lautet *Morus alba.*»

«Und wie sieht der Baum aus?» wollte Emma wissen.

«Gehen Sie in die Maulbeerallee am Französischen Garten, dort können Sie sich kundig machen.»

«Verehrter Herr Dr. Papenburg», sagte Arno überfreundlich. Langsam riß ihm der Geduldsfaden. «Teilen Sie Ihr Wissen mit uns, machen Sie uns schlau. Was hat es mit dem Maulbeerbaum auf sich?» Arno holte sein Notizbuch hervor, zog den Stift vom Deckel, schlug es auf und sah den Doktor wie ein gelehriger Schüler fragend an.

Papenburg musterte ihn kritisch. «Mal abgesehen davon, daß sein Holz in diesem Fall zu einer Waffe geworden ist, stammt der Weiße Maulbeerbaum aus China», begann der Doktor dann zu dozieren. «In den Weißen Maulbeerbäumen haust der sogenannte Seidenvogel, *Bombyx mori*, der zu der

Gattung der Spinner gehört. Ein Nachtfalter, wenn Sie so wollen, der sich von den Blättern des Maulbeerbaumes ernährt. Ich will jetzt nicht ins Detail gehen, aber die Kokons der Seidenraupe liefern, wie der Name schon andeutet, die Fäden der Naturseide. Schon zweitausend Jahre vor unserer Zeitrechnung hat man in China, wo wie gesagt der Weiße Maulbeerbaum beheimatet ist, diese Falter zur Herstellung von Seide gezüchtet. Während man hier noch in Höhlen hauste, hatten die Chinesen bereits eine Hochkultur entwickelt. Das vergißt man heute gern. Wie auch immer, über die Ihnen sicherlich bekannte Seidenstraße wurde der teure Stoff dann nach Europa importiert. Erst im sechzehnten Jahrhundert gelangten Larven des Seidenvogels in unsere Gefilde, sie wurden von zwei Mönchen aus dem chinesischen Reich geschmuggelt, um genau zu sein, und die Seidenzucht wurde auch hier betrieben.»

«Und deswegen hat man Maulbeerbäume angepflanzt», sagte Arno, der den Exkurs abkürzen wollte.

«Korrekt», sagte Dr. Papenburg. «Aber im Gegensatz zu Italien oder England, wo sich im Zeitalter der Industrialisierung große Seidenmanufakturen entwickelt haben, hat die Seidenzucht in Deutschland nie richtig Fuß gefaßt.»

«Aber …?»

Dr. Papenburg warf Arno wieder einen mißbilligenden Blick zu und lehnte sich dann lächelnd zurück. «Wußten Sie übrigens, daß der Seidenspinner elf Gehirne hat?»

Arno lächelte zurück. «Wenn es hilft.»

Papenburgs Lächeln verschwand, er beugte sich wieder vor. «Gut. Anfang des zwanzigsten Jahrhunderts hat man die Seidenherstellung wiederaufgenommen. In den zwanziger Jahren wurde in Celle eine Spinnhütte gegründet. Im Dritten Reich wurde die Seidenproduktion sogar staatlich gefördert, weil man auf diesem Gebiet autark sein wollte. Vor allem stellte man die kriegswichtige Fallschirmseide her. Celle wurde zur ‹Stadt der deutschen Seide›.»

«Tatsächlich?» sagte Arno, nun schon interessierter.

«In Celle war sogar die Reichsforschungsanstalt für Seide angesiedelt», erklärte Papenburg, und man konnte den Eindruck gewinnen, in seiner Stimme klinge ein gewisser Stolz mit.

«Reichsforschungsanstalt. Hübscher Name. Wo denn?»

«Der Hauptsitz der Spinnhütte war nicht weit von hier», sagte Papenburg und zeigte mit seinem Zeigefinger direkt zwischen Emma und Arno hindurch, dem hier unten im Keller jedoch ein wenig die Orientierung fehlte. «In Richtung Vorwerk, in der Georg-Wilhelm-Straße, dort, wo heute das Landessozialgericht untergebracht ist.»

Anscheinend sind in Celle aus allen Gebäuden, die irgendwann ihre eigentliche Funktion verloren hatten, Gerichte gemacht worden, dachte Arno.

«Aber wie kommt ein Maulbeerbaum auf den Truppenübungsplatz?» wollte Emma ungeduldig wissen.

Dr. Papenburg zuckte mit den Achseln. «Durch Anpflanzung wahrscheinlich. Ich weiß nur, daß früher auch eine Hausseidenzucht nicht unüblich war.»

«Was bedeutet?»

«Nun, manche Gutsherren oder Großbauern haben Maulbeergärten gepflanzt und privat Seide produziert», sagte er mit einem genüßlichen Grinsen, als freue er sich, nun endlich die Katze aus dem Sack zu lassen. «Die Seidenherstellung galt als Arbeit der Frauen.»

«Das ist interessant», sagte Arno und schaute Emma an.

«Frauenarbeit?»

Arno verdrehte die Augen. «Nein. Auf dem Übungsplatz

gab es jede Menge Großbauern. Die Eichenhaine der ehemaligen Hofstellen haben wir ja gesehen.»

«Vielleicht gibt es dann auch irgendwo so einen Garten», meinte Emma.

«Genau», stimmte Arno zu. «Und es sieht so aus, als wäre der Täter dort gewesen.»

«Also müssen wir nach diesen Maulbäumen suchen.»

«Maulbeerbäumen.»

Emma warf Arno einen bösen Blick zu. *«Whatever.»*

Papenburg trommelte mit zwei behaarten Fingern auf den Schreibtisch. «Brauchen Sie mich dann noch, Herr Kommissar?»

«Hauptkommissar.» Arno stand auf. «Nein. Sie haben uns sehr geholfen, Herr Doktor.»

Sie verabschiedeten sich, verließen das kleine Büro und fuhren schweigend mit dem Fahrstuhl, der gerade offenstand, nach oben. Im Foyer war mittlerweile mehr Betrieb, und als sie durch die Glastüren ins Freie traten, hielt Arno die Ungewißheit nicht mehr aus.

«Sag mal, gestern abend ...»

«Ach, du erinnerst dich? Wir wollten essen, oder?» platzte Emma heraus, als hätte sie nur auf diesen Moment gewartet. «Erst lockst du mich in dein *spooky* Haus, und dann läßt du mich sitzen. ‹Ich muß nur mal auf Toilette.› Und dann sitze ich da in der dunklen Küche. *By the way*, hast du Mäuse als Haustiere? Als ich gucke, du liegst im Bett und schläfst.» Sie schüttelte den Kopf. «Du hast mich gezogen am Hals.»

«Ich habe was?»

«Du wolltest mich ins Bett ziehen. Und du hast mich genannt mit fremden Namen. Aja, oder so.»

Arno verschlug es die Sprache. Verlegen fuhr er sich mit einer Hand durchs Haar. «Ach, du Scheiße. Aber ich ...»

«Schon gut», wehrte Emma ab und schaute an ihm vorbei. «So schlimm war es nicht.»

«Es tut mir leid», sagte Arno. «Diese Tabletten … ich weiß auch nicht.»

«It's okay.» Sie vergrub ihre Hände in den Hosentaschen und sah ihn wieder an. «Also, ich fahre nach Bergen und lasse suchen nach diesen Maulbeerbäumen. *Bloody hell*, diese deutsche Sprache.»

«Gut», sagte Arno und atmete durch. So peinlich ihm diese Situation war, so gerne hätte er doch gewußt, was an seinem Verhalten so durch und durch deutsch gewesen war. Aber diese Frage verkniff er sich lieber. «Ich habe ein Treffen in der Polizeiinspektion. Wir telefonieren, okay?»

Emma nickte nur und ging langsam davon.

«Emma?»

Sie hielt inne und drehte sich um.

«Wir gehen dann vielleicht ein anderes Mal essen, ja?»

«Mal sehen.» Und damit verschwand sie in ihrem Land Rover.

Arno blieb einen Moment stehen, dann ging auch er los, und nachdem er schon fast den Parkplatz überquert hatte, blieb er stehen und schlug sich vor die Stirn. Er hatte schon wieder etwas vergessen. Das Fahrrad seines Vaters. Keuchend lief er zurück. Genau wie der alte Mann in dem gelben Bademantel noch rauchend auf und ab trottete, stand es noch hinter der Hecke, wo er es versteckt hatte. Er zog es hervor, schwang sich auf den harten Sattel und fuhr vorsichtig und leicht schwankend davon.

10

Wenig später saß Arno allein im Büro des Ersten Kriminalhauptkommissars und wartete auf den Inspektionsleiter, Polizeidirektor Sörensen, und auf Stockmann, den Leiter der Spurensicherung. Pries war, nachdem er einen großen Becher Kaffee geleert hatte, auf die Toilette verschwunden. Die Sonne brannte in den kleinen Raum, und da das Fenster verschlossen war, hatte Arno das Gefühl zu ersticken. Als er aufstand, um das Fenster zu kippen, stolperte er über Heiner Pries' schwere Hantel, die zwischen dem Schreibtisch und einem Aktenschrank lag. Arno fluchte, öffnete dann das Fenster, sog die frische Luft ein und schaute hinunter auf den Hof des Landgestüts, wo gerade ein stolz tänzelnder Hengst in einen Stall geführt wurde. Vor der Tür scheute das Tier und bekam dafür einen trockenen Hieb mit der Peitsche, der es noch bockiger machte. Erst als ein anderer Mann dazukam, der mit seiner langen Schürze wahrscheinlich der Schmied war, verschwand der Hengst im Stall.

Arno setzte sich wieder hin, sein Hintern tat ihm etwas weh. Er war vom Allgemeinen Krankenhaus aus zur Pfennigbrücke gefahren und hatte die Aller auf dieser schmalen Fußgängerbrücke überquert. Am jenseitigen Ufer lag die dichtgedrängte Reihe der kleinen Fachwerkhäuser der Fritzenwiese, alle mit einem Steg in das reglose, wie eine dunkle Platte wirkende Wasser des gestauten Flusses versehen, an dem hölzerne Boote vertäut waren. Vom Wasser aus betrachtet, erweckte die Stadt den Eindruck einer gespenstischen Siedlung in einem fernen, gerade erst zivilisierten Land, die rückwärtigen, von der Straße nicht zu sehenden Fassaden gaben den alten Fachwerkhäusern den Anschein provisorischer Holzhütten, und es schien nicht so unwahrscheinlich, daß sie von der nächsten Flutwelle davongerissen werden könnten. Obwohl ein solches Hochwasser Celle schon seit Jahrzehnten nicht heimgesucht hatte, war die Rettung der Altstadt die Lebensaufgabe von Arnos Vater gewesen, der während seiner Arbeit als Wasserbauingenieur gelernt hatte, immer mit dem Unmöglichsten zu rechnen.

Von der Pfennigbrücke war Arno nach rechts in die Fritzenwiese eingebogen, eine enge Gasse, die sich zwischen der alten Häuserzeile und einem modernen Parkhaus bis zum Nordwall schlängelte. Der Magnusgraben, ein von der Aller abzweigender Kanal, floß unter der Wehlstraße hindurch und bezeichnete die Grenze des Französischen Gartens, einer Parkanlage aus dem siebzehnten Jahrhundert. Kurz bevor die Maulbeerallee von der Wehlstraße abzweigte, breitete sich zur rechten Hand der mindestens zweihundert Meter lange Backsteinbau des Neuen Rathauses aus. Dieses monumentalste Gebäude der Stadt hatte jahrzehntelang versteckt auf dem Gelände der sogenannten Heidekaserne gelegen, zur Zeit ihrer Gründung eine der größten militärischen Anlagen im damaligen Deutschen Reich, die nach dem Zweiten Weltkrieg von britischen Regimentern belegt worden war. Anfang der neunziger Jahre waren die Briten abgezogen, die Kaserne wurde bis auf das Hauptgebäude abgerissen, und zum Ende des letzten Jahrtausends zogen die Ämter der Stadtverwaltung dort ein. Arno, der sich noch gut an die hinter Sandsäcken postierten britischen Wachen vor den Toren der Kaserne inmitten der Stadt erinnern konnte, war immer wieder überrascht, wenn er den nun frei stehenden Prunkbau erblickte, und gleichzeitig ärgerte es ihn, daß man den Platz davor mit langweiligen Wohnhäusern verunstaltet hatte.

Die Maulbeerbäume entlang des Magnusgrabens hatte er zwar schon oft gesehen, aber nie richtig wahrgenommen. Sie begannen bereits zu blühen und verströmten einen süßlichen

Geruch, der Arno veranlaßt hatte, in die Pedale zu treten. Aus den Augenwinkeln sah er das, was früher ein Schwimmbad gewesen war und sich heute «Badeland» nannte. Wenige hundert Meter weiter lag schon die Polizeiinspektion. Das Rad hatte er auf dem Hof abgestellt, wo es ihm sicher erschien. Er hatte das Gebäude betreten, den mürrisch dreinschauenden Kommissar Witte an der Anmeldung gegrüßt und war die Treppen hinauf in den sechsten Stock geeilt.

Pries kam zurück und richtete, bevor er in den Stuhl hinter seinem Schreibtisch plumpste, sein Gemächt, wobei er Arno direkt in die Augen sah. In dem Moment kamen auch schon Sörensen und Stockmann herein. Polizeidirektor Sörensen hatte mit seinem vollen, schwarzen Haar, der Nickelbrille und dem beigen Sommeranzug eher das Äußere des Managers eines mittelständischen Betriebes denn das des Leiters einer Polizeiinspektion, aber vielleicht gab es da gar keine großen Unterschiede mehr. Seine Augen hinter den dicken Brillengläsern wirkten warmherzig und etwas melancholisch, sein Händedruck war fest.

«Guten Morgen, Herr Hennings», grüßte er Arno, der aufgestanden war. «Bleiben Sie doch sitzen.»

Nachdem er auch Stockmann begrüßt hatte, der mit einem Kaffeebecher Platz nahm, setzte sich Arno wieder hin. Stockmann kramte eine zerknautsche Zigarettenschachtel aus seiner ausgebeulten Cordhose.

«Hier wird nicht geraucht», fuhr Pries ihn an. «Das weißt du genau, Gerd.»

Stockmann hielt einen Moment inne. «Bist du jetzt gesundheitsmäßig unterwegs, oder was?» Dann schob er die Schachtel kopfschüttelnd wieder in seine Hosentasche. Das Haar seines Toupets bewegte sich keinen Millimeter. Arno konnte seinen Unmut gut verstehen, er hätte selbst gerne geraucht.

Und dann fiel ihm ein, daß Heiner Pries an dem Abend, als sie gemeinsam ein Bier getrunken hatten, selbst geraucht hatte.

«Karsten Müller kommt übrigens später», sagte Pries und verschränkte seine kurzen, dicken Arme.

Sörensen nickte, schlug die Beine übereinander und sah Arno an. «Sie waren heute morgen in der Pathologie?» begann er die Sitzung.

«Ja», sagte Arno, zog sein Notizbuch hervor und schlug es auf. Als er durch die Seiten blätterte, fiel ihm ein, daß er bei Papenburgs Bericht nicht mitgeschrieben hatte. So referierte er die Ergebnisse des Doktors aus dem Gedächtnis.

«Maulbeerbäume», meinte Sörensen anschließend nachdenklich.

«Davon habe ich ja noch nie gehört», sagte Pries. «Celle, die Stadt der Seide?»

Nur Gerd Stockmann nickte. «In Vorwerk gibt es eine Siedlung, die damals für Werksangehörige der Spinnhütte gebaut worden ist», sagte er. «Ich wohne da ganz in der Nähe. Die sogenannte Webersiedlung. Die Briten haben den Betrieb nach dem Krieg geschlossen.»

«Aber auf dem Truppenübungsplatz», meinte Pries skeptisch.

«Na ja», sagte Arno, «immerhin hat der Doktor die Holzsplitter in der Wunde gefunden und kannte die Baumsorte. Als ich auf dem Truppenübungsplatz war, habe ich die Eichenhaine und Auffahrtsalleen der ehemaligen Gehöfte sehen können.»

«Was ist denn aus den Gebäuden geworden?» fragte Sörensen.

«Die meisten sind nach dem Krieg abgetragen worden», wußte Stockmann. «Die Steine hat man baumäßig für neue Häuser in der Umgebung wiederverwendet.»

«Auf jeden Fall ist das eine Spur, die wir verfolgen sollten», sagte Arno. «Wir müssen wissen, was der Täter auf dem Sperrgebiet wollte, wo er gewesen ist. Sergeant Fuller vom SIB organisiert die Suche nach Stellen, wo Maulbeerbäume stehen.»

«Wie kommen Sie mit ihm aus?» fragte Sörensen.

«Mit ihr. Sergeant Fuller ist eine Frau», sagte Arno. «Gut.»

«Ach, dann fährst du seit ein paar Tagen mit einer Engländerin herum», meinte Pries augenzwinkernd. «Die würde ich ja gern mal kennenlernen.»

Arno wich seinem Blick aus und fragte sich, bei welchem Beamten der Polizeiinspektion Emma wohl Erkundigungen über ihn eingeholt hatte.

«Wir könnten auf unserer Dienststelle auch mehr Frauen gebrauchen», sagte Sörensen und wandte sich dann an den Leiter der Spurensicherung. «Gut. Kommen wir zu diesem Wagen. Haben Sie da schon etwas herausgefunden?»

Stockmann zuckte mit den Achseln und kratzte sich die Schläfe. Jetzt wackelte das gesamte Toupet. «Nicht viel. Der Wagen lag seit ungefähr drei Tagen im Wasser, also seit Freitag, ganz genau kann man das nie sagen. Aber nicht viel länger. Der Lack oder das Gummi der Reifen war noch nicht angegriffen. Fingerabdrücke sind natürlich nicht zu finden. Öl und Benzin wurden vorher abgelassen, die Batterie entfernt und die Nummernschilder auch.»

«Tatsächlich?» meinte Sörensen. «Das ist doch ungewöhnlich, oder?»

«Ja», stimmte Stockmann zu und trank einen Schluck Kaffee. «Ich habe schon gesagt, da war ein Naturschützer am Werk.»

«Wer achtet denn auf so was, wenn man einen Wagen loswerden will?» warf Pries ein.

«Jemand, dem an der Gegend liegt», sagte Sörensen nachdenklich.

«Also jemand aus der Gegend?» fragte Arno.

«Möglich», meinte Sörensen. «Und weiter?»

Stockmann griff gedankenverloren in seine Hosentasche. «Die Fahrgestellnummer kann man noch erkennen», sagte er und zog seine Zigarettenschachtel hervor. «Karsten ermittelt jetzt den Fahrzeughalter. Meine Leute haben heute morgen noch einmal nach Fußspuren gesucht, besonders nach diesem Sohlenprofil, das bei der Leiche des Soldaten gefunden wurde. Bisher haben sie noch nichts.»

Pries warf Stockmann einen bösen Blick zu, der sofort entschuldigend die Hand hob und die Schachtel wieder verschwinden ließ.

«Und der Anzug im Kofferraum?» wollte Arno wissen.

Stockmann nickte. «Haben wir untersucht. Der Fleck auf dem Hemd ist tatsächlich Blut. Ich habe die Ergebnisse nach Bergen an die Militärpolizei geschickt, habe aber noch keine Antwort.»

Sörensen lehnte sich zurück. «Gibt es irgendwelche gesicherten Hinweise, daß der Mord an dem Soldaten und dieser Wagen etwas miteinander zu tun haben?»

«Wir müssen auf den Vergleich der Blutproben warten», sagte Arno. «Sonst eigentlich nicht. Aber die Zeitabfolge deckt sich. Wenn der Wagen seit drei Tagen im Wasser lag, dann wurde er genau in der Nacht dort versenkt, in der Private Grafton ermordet wurde. Nach der Spurenlage ist der mutmaßliche Täter vom Eichendorfer Moor aus in den Truppenübungsplatz eingedrungen.»

«Was denkt deine Engländerin?» fragte Pries.

Arno seufzte. «Tja, Sergeant Fuller hält es für möglich, daß eine größere Sache dahintersteckt.»

«Eine größere Sache?»

«Nun, die Briten sind empfindlich», sagte Arno und sah im Geiste Emma vor sich. Sofort übermannte ihn wieder das schlechte Gewissen. «Sie trainieren für den Einsatz im Irak und kommen sich bereits hier ein bißchen wie im Feindesland vor. Da die Stimmung in Deutschland nicht gerade für den Krieg ist, halten sie Anschläge für möglich.»

«Von welcher Seite?»

«Von allen. Von links, von rechts, von den Kurden.»

«Die Tommys», meinte Pries kopfschüttelnd.

«Ignorieren darf man diese Befürchtungen nicht», sagte Sörensen. «Wir sind vom BKA in dieser Richtung bereits gewarnt worden. Besonders rechte Gruppierungen sind durch diesen Krieg wieder wach geworden. Und wir befinden uns hier in einer sensiblen Region. Viel Militärpräsenz, eine hohe Sympathie mit dem rechten Spektrum …»

«Und die Kurden?» warf Pries ein.

«Halte ich nach unseren Erkenntnissen eher für unwahrscheinlich», sagte Sörensen. «Wie Sie wissen, sind die Kurden in Celle zum größten Teil Yeziden aus der Türkei. Das Problem mit ihnen ist ihre abgeschlossene Clanwirtschaft und manchmal Kleinkriminalität. Von Verbindungen zur PKK oder anderen Gruppierungen ist uns bisher nichts bekannt. Die Yeziden sind auch unter den anderen Kurden Außenseiter. Aber was denken Sie, Herr Hennings?»

Arno zuckte mit den Achseln. «Man darf diese Überlegungen nicht völlig außer acht lassen», sagte er langsam. «Aber alles, was ich zum Mord an dem britischen Soldaten bisher gesehen und ermittelt habe, deutet auf eine zufällige Einzeltat hin. Es gibt keine Spur von einem Bekennerschreiben. Ich bin mir nicht einmal sicher, daß er ein geplantes Angriffsziel war.»

«Sondern daß der Täter eigentlich etwas anderes auf dem Übungsplatz wollte», führte Sörensen Arnos Gedanken fort.

«Genau», stimmte er zu.

«Das schließt einen Anschlag aber noch nicht endgültig aus», gab Sörensen zu bedenken.

«Da haben Sie recht», räumte Arno ein. Wenn Sörensen darüber sprach, konnte er diese Theorie ernster nehmen, als wenn Emma sie mit ihrer emotionalen Art äußerte. Aber er glaubte nach wie vor nicht daran. «Und deshalb ist es meiner Meinung nach so wichtig, diese Maulbeerbäume zu finden.»

Kaum hatte er ausgesprochen, kam Oberkommissar Müller ins Büro. In seinem Mundwinkel baumelte eine brennende Zigarette.

«Die Kippe bleibt draußen», schnauzte Pries.

Müller verdrehte die Augen, verschwand dann kurz, kam ohne Zigarette zurück und blieb in der Tür stehen. «Ich habe den Halter des Mercedes gefunden», verkündete er nicht ohne einen gewissen Stolz in der Stimme. «Ich bin in die Dorfkneipe in Eichendorf gegangen und habe mich ein bißchen mit dem Wirt unterhalten. Ein unangenehmer Vogel, aber als ich ihm den Wagen beschrieb, wußte er sofort Bescheid.» Er zog einen Zettel aus der Tasche seiner abgewetzten Jeansjacke und strich sich über das unrasierte Kinn. «Harms, Knut, Am Dorfplatz 3, Eichendorf», las er vor und schaute triumphierend in die Runde.

11

Oberkommissar Müller hielt seinen alten Kadett, in dem es nach Öl und feuchtem Zement roch, vor einem Einfamilienhaus in der Neubausiedlung Eichendorfs an. Arno hatte sich schon gewundert, warum er den Straßennamen nicht kannte. Unterwegs hatte er Emma angerufen und ihr erzählt, daß sie den Fahrzeughalter gefunden hatten. Sie ließ bereits ihre Leute auf dem Truppenübungsplatz nach Maulbeerbäumen suchen, die, wie sie über das Internet herausgefunden hatte, auf Englisch *mulberry trees* hießen. Nun wußte sie auch, wie diese Bäume aussahen.

Das Haus lag an einem neugepflasterten Weg auf dem freien Feld und konnte noch nicht lange fertiggestellt sein, denn die roten Klinkermauern waren noch nicht verfugt, an einer Seitenwand stand noch ein Gerüst, und der Garten war eine einzige Sand- und Geröllhalde, auf der Baumaterial lagerte, Gerüstteile herumlagen und ein rostiger Betonmischer stand.

«Das kommt Ihnen bestimmt bekannt vor, oder?» meinte Arno zu Müller.

«Wenn ich doch schon soweit wäre», seufzte Müller.

Arno wollte aussteigen, doch er fand keinen Türgriff. «Wie komme ich denn hier raus?»

«Moment», sagte Müller und stieg aus. «Die Tür geht nur von außen auf», meinte er entschuldigend, als er Arno die Tür öffnete.

Unter einem Carport aus Holz, der für einen großen Mercedes viel zu klein war, stand ein pinkfarbener Renault Twingo mit einem Aufkleber auf der Heckklappe: *25 Jahre Ein Herz für Kinder*. Arno konnte sich noch gut an diese gemeinsame Aktion des Fernsehens und der Bild-Zeitung aus den späten siebziger Jahren erinnern, der konkrete Sinn der Sache fiel ihm jedoch nicht mehr ein.

Neben der für das kleine Haus viel zu schweren Eichentür gab es bereits ein Klingelschild, auf dem in handgeschriebenen Druckbuchstaben nur der Nachname stand. Erst nach mehrmaligem Klingeln hörten sie Schritte, die Tür öffnete sich mit einem stürmischen Schwung, und eine Frau in einem blaßblauen Sommerkleid stand ihnen so eigenartig steif gegenüber, als hätte sie bei dem Anblick der beiden Männer der Schlag getroffen und sie sei mitten in ihrer Bewegung erstarrt. Mit offenem Mund sah sie Arno an, der den Eindruck hatte, sie würde ihn mit plötzlich kalt gewordenen Augen von sich stoßen. Instinktiv wich er einen Schritt zurück und schaute noch einmal auf das Klingelschild. Harms. Der Name stimmte. Aber die Frau, die vor ihm stand, war Heike, seine alte Schulfreundin, das Mädchen der Nachbarsfamilie. Es dauerte eine Weile, bis Arno sich wieder gesammelt hatte und Heike aus ihrer Erstarrung erwachte.

«Hallo», sagte sie kühl und hielt noch immer die Tür fest.

Arno war sich nicht sicher, ob sie ihn erkannte. «Hallo. Heike?»

«Du hast dich ziemlich verändert», sagte sie und setzte dann ein kurzes Lächeln hinzu, das ihre Augen nicht erreichte.

«Du nicht», sagte Arno, fuhr sich verlegen durchs Haar und wandte sich dann zu dem verdutzten Müller um. «Äh, das ist mein Kollege, Oberkommissar Müller.»

In dem Moment hörte er eine helle Stimme aus dem Haus. «Mama, wer ist denn da?»

Heike drehte sich um und zog dabei die Tür weiter auf, so daß Arno in der dunklen Diele ein mageres Kind auf einem Dreirad sitzen sah, auf das nun das Licht fiel. Ein Träger der Latzhose rutschte über die schmale Schulter auf die knochige

Hand, mit großen Augen sah es seine Mutter an. Arno konnte nicht sagen, ob es ein Junge oder ein Mädchen war, das Kopfhaar war dünn, das Gesicht ausgemergelt und faltig, so daß die Augen und auch Mund und Ohren grotesk groß erschienen.

«Sarah, gehst du bitte in dein Zimmer?» sagte Heike.

Doch Sarah schob mit verzerrtem Gesicht das Dreirad weiter nach vorn und sah Arno fragend an. Als ich sie das letzte Mal sah, saß sie in einem Rollstuhl. Eine Greisin, dachte er und sagte zaghaft: «Hallo.»

«Hallo», erwiderte Sarah munter, und ihr Mund, dessen schmale, blutleere Lippen gerade noch wie vor Schmerzen zusammengepreßt waren, öffnete sich nun zu einem jauchzenden Lachen. «Hallo», sagte sie noch einmal.

«Sarah! Hast du nicht gehört», zischte Heike, eilte auf die Kleine zu, die erschrocken zurückwich, schob sie auf dem Dreirad rückwärts durch die Diele in ein Zimmer und schloß die Tür. Das Kleid flatterte um ihre festen Waden, sie trug keine Schuhe.

Arno spürte eine Hand auf seinem Rücken und drehte sich um. In seiner Nase kribbelte es. Müller war kreidebleich geworden und schluckte. Als Heike zurückkam, mußte Arno heftig niesen.

«Bist du erkältet?» fragte sie in einem Ton, als hätte er die Pocken.

«Nein, nur Heuschnupfen», sagte er und suchte in seinen Taschen vergeblich nach einem Taschentuch.

«Sarah steckt sich schnell an», sagte sie. «Na gut, kommt besser rein.» Sie machte eine fahrige Handbewegung und strich sich dann das blonde, schulterlange Haar aus dem Gesicht.

In der gefliesten Diele roch es nach Holz und frischer Farbe. An einer Wand stand eine alte Vitrine, in der mehrere Jagdgewehre hingen, daneben in der Ecke der Rollstuhl. «Deine Tochter?» fragte Arno, wischte sich die Nase mit der Hand ab und die Hand dann an seinem Oberschenkel.

Heike nickte und führte sie weiter in ein kahles Wohnzimmer, in dem nur ein Sofa, ein flacher Tisch, ein Fernseher und ein Wäscheständer standen und in dem jedes Wort hallte.

«Was hat sie?» fragte Arno, während Müller sich unsicher umschaute.

«Progerie», sagte Heike und deutete auf das Sofa.

«Und was heißt das?»

«Das heißt, daß sie bald sterben wird», sagte Heike unwirsch. «Aber du bist bestimmt nicht gekommen, um mich über meine Tochter auszufragen.» Sie schaute von Arno zu Müller, der sich auf dem Sofa niedergelassen hatte, und wieder zurück. «Kommissar, hast du gesagt?»

«Ja, äh, mein Kollege, Oberkommissar Müller und ich …»

«Du bist bei der Polizei?»

«Ja.»

Heike lachte kurz auf und warf ihr blondes Haar zurück. «Ich hätte immer gedacht, du wirst mal Fußballer.»

Arno mußte für einen Moment lächeln, dann setzte sich wieder ein Kloß in seinem Hals fest. Nervös spielte er mit dem Feuerzeug in seiner Hosentasche. Es war beinahe unglaublich, dachte er, wie wenig sich Heike verändert hatte. Obwohl ihr Gesicht schmaler, ja fast hart geworden war, sie insgesamt hagerer aussah und einen etwas vernachlässigten Eindruck machte, erkannte er in ihren ebenmäßigen Zügen noch immer das hübsche Nachbarsmädchen seiner Kindheit. Als einziges Mädchen unter fünf Brüdern und verwöhntes Nesthäkchen hatte sie auch damals schon schnippisch werden können. «Dachte ich auch mal», sagte er. «Willst du dich nicht setzen?»

«Was ist denn überhaupt los?» wollte Heike wissen. Sie schien eher verärgert als besorgt zu sein.

Arno schaute zu seinem Kollegen, der keine Anstalten machte, ihm diese Situation abzunehmen, und räusperte sich. «Wir wollten eigentlich zu Knut Harms», sagte er.

«Der ist nicht da», sagte Heike.

«Ist er dein Mann?»

«Ja. Was ist, wunderst du dich, daß ich Knut geheiratet habe?» Heike ging zum Fernseher, nahm die Zigarettenschachtel, die auf dem riesigen Gerät lag, und steckte sich eine Zigarette an.

Knut Harms, dachte Arno, warum ist mir der Name nicht gleich bekannt vorgekommen? Gemeinsam mit Volker und Heike war auch Knut damals in seiner Klasse gewesen. Langsam fiel er ihm wieder ein. Nur hatte er mit dem etwas dicklichen und drögen Knut nie viel zu tun gehabt. «Knut hatte ich ganz vergessen», sagte er.

Heike atmete den Rauch aus. «Wenn man ihn erst einmal richtig kennengelernt hat, vergißt man ihn so schnell nicht wieder», sagte sie, ohne daß man an ihrem Ton erkennen konnte, wie sie das meinte. «Was ist mit ihm?»

Arno sah Müller an, der sich durch diesen Blick nun verpflichtet sah, seine Rolle zu spielen. «Knut Harms ist der Halter eines goldmetallic lackierten Mercedes 500 SEL?»

Heike nickte.

«Der Wagen ist gestern auf dem Gebiet des Truppenübungsplatzes im Eichendorfer Moor gefunden wurden», sagte Müller. «Versenkt.»

Heike schaute irritiert Arno an.

«Du hast gesagt, Knut ist nicht da», sagte Arno. «Wo ist er denn?»

«Auf Geschäftsreise», sagte Heike nervös.

«Seit wann?»

«Seit Freitag. Oder besser Donnerstag abend.»

«Und wie ist er unterwegs?» fragte Arno.

«Mit dem Mercedes», sagte Heike und runzelte die Stirn. Nun schien sie sich doch Sorgen zu machen.

«Eine andere Möglichkeit gibt es nicht?»

«Nein», sagte sie und zog wieder hastig an ihrer Zigarette. «Er hat im Moment nur den Mercedes.»

«Das heißt, er hatte sonst auch andere Autos?»

«Er handelt damit.»

«Wohin ist er denn gefahren?»

«Nach Polen», sagte sie und trat nervös von einem Bein auf das andere.

«Kann man da noch mit Autos handeln?» wollte Müller wissen.

Heike zuckte mit den Achseln und musterte den mehr auf dem Sofa liegenden als sitzenden Müller. «Er versucht es jedenfalls.»

«Hatte er Geld dabei?»

«Nehme ich an», sagte Heike und schaute zu Boden. «Irgendwoher wird er schon Geld gehabt haben.»

«War er nicht gut bei Kasse?» fragte Müller lächelnd, als könne er solche Probleme bestens verstehen.

«So kann man es nennen», antwortete Heike und schenkte ihm ihrerseits ein Lächeln.

«Hast du eine Adresse in Polen?» fragte Arno, der überrascht den scheinbar arglosen Fragen seines Kollegen zugehört hatte.

Heike schüttelte den Kopf, ging zur Terrassentür, machte sie auf und schnippte die Zigarette hinaus auf einen Sandhaufen.

«Eine Telefonnummer?»

«Seine Handynummer», sagte sie, nachdem sie die Tür wieder geschlossen hatte.

«Kannst du sie uns geben?» fragte Arno und nickte Müller zu.

Müller holte sein Handy hervor, und während Heike die Nummer auswendig aufsagte, tippte er sie in die Tasten. Dann hielt er sich das Telefon ans Ohr und lauschte. «Ausgestellt», sagte er nach einer Weile.

«Gut. Oder besser gesagt, nicht gut», meinte Arno und überlegte. «Hast du ein Foto von Knut?»

«Kein aktuelles. Moment.» Heike verschwand. Aus dem Nebenzimmer hörten sie ihre gedämpfte Stimme, wahrscheinlich sprach sie mit ihrer Tochter, doch sosehr sich Arno auch bemühte, er konnte kein Wort verstehen. Müller wollte ihm etwas sagen, aber Arno hob die Hand und bedeutete ihm zu warten.

Als Heike zurückkam, hatte sie nicht nur ein Foto in der Hand, sondern auch eine neue Zigarette. Das Foto war anscheinend bei einer Feier aufgenommen worden, Heike und Knut standen steif und ohne sich zu berühren in großer Garderobe vor einem Regal voller glänzender Pokale. Wenn Arno sich nicht täuschte, handelte es sich um die Trophäensammlung des TuS Eichendorf in der ‹Schönen Aussicht›. Heike trug ein tief ausgeschnittenes rotes Abendkleid und sah trotz oder gerade wegen ihres leicht nörgeligen Ausdrucks ziemlich anziehend aus. Knut hingegen, dessen rundes, etwas aufgedunsenes Kindergesicht Arno nur vage bekannt vorkam, rang in einem grauen, zweireihigen Anzug sichtlich um einen würdevollen Auftritt und wirkte, da er den Daumen der rechten Hand unter das Jackett geschoben hatte, wie eine Karikatur Napoleons. Als Arno genauer hinsah, bemerkte er, daß dem kleinen Finger der auf dem Bauch ruhenden und im Gegensatz zum restlichen Körper äußerst zierlichen Hand das letzte Glied fehlte. Knuts strohblondes Haar war recht voll, seine Augen waren ein wenig zusammengekniffen, die Wangen glänzten, und am Revers seines Anzug funkelte eine Nadel oder ein kleines Abzeichen im Blitzlicht.

«Das Bild wurde bei Hinnerks Hochzeit gemacht», erklärte Heike und blies den Rauch ihrer Zigarette durch die Nase aus. «Kannst du dich noch an ihn erinnern?

«Hinnerk, Moment», sagte Arno und überlegte. «Der Bruder, der vor dir kam, richtig?»

«Stimmt. Von meinen Brüdern ist nur er in Eichendorf geblieben.»

«Was ist mit Knuts kleinem Finger?» wollte Arno wissen. «Ein Unfall?»

«Der war schon immer so», meinte Heike. «Schon als Kind.»

Auch daran konnte sich Arno nicht erinnern. Er drehte das Foto um. An dem Aufdruck auf der Rückseite sah er, daß es fünf Jahre alt war. Komisch, dachte Arno, daß man zu einem solchen Anlaß nicht die ganze Familie abgelichtet hat.

«Er hat sich seitdem ein bißchen verändert», sagte Heike, die Arno beobachtete. «In der ‹Schönen Aussicht› hast du wahrscheinlich mehr Glück mit einem aktuellen Foto von Knut. Das ist die Stammkneipe des Sportvereins.»

«Treibt er viel Sport?»

«Das nicht», sagte sie und lachte kurz auf, «aber er ist im Vorstand des Vereins.»

«Verstehe», sagte Arno. «Wie alt ist eigentlich Sarah?»

«Zehn, warum?»

«Nur so.» Die Vorstellung dieses greisenhaften Kindes mit dem fröhlichen Lachen, das nicht auf dem Foto war, ließ ihn nicht los. «Was ist das für eine Krankheit?»

«Eine seltene und eine schlimme», sagte Heike, mußte husten und klopfte sich auf die Brust.

Für einen Moment breitete sich eine schwere Stille im Raum aus. Selten und schlimm, wiederholte Arno im Geiste. Er fühlte sich, als stünde er vor einer undurchdringlichen Mauer, einer dunklen Sackgasse ohne jeden möglichen Ausweg. «Hast du eine Erklärung dafür, daß das Auto im Moor versenkt worden ist?» fragte er dann.

Sie wandte sich wieder zu ihm. «Nein. Wie sollte ich?» Ihre Augen tränten vom Husten.

«Könnte ihm etwas zugestoßen sein?»

«Ich wüßte nicht was.»

«Hatte Knut Feinde? Gibt es Probleme?»

«Nichts Ungewöhnliches.»

«Was heißt das?»

«Nichts weiter. Alltagsprobleme. Wer hat die nicht?»

«Stimmt», sagte Arno ohne rechte Überzeugung. «Wo könnte er sein?»

«Ich weiß nur, daß er nach Polen gefahren ist», sagte Heike und nahm einen tiefen Zug von ihrer Zigarette. Eine Aschefahne flatterte auf den Laminatboden. «Das macht er alle paar Wochen für ein paar Tage. Bisher ist er immer zurückgekommen.»

«Na schön. Wenn du nichts dagegen hast, nehme ich das Foto mit.»

Heike zuckte nur mit den Schultern. «Was kann denn passiert sein?» fragte sie nun.

«Das wüßten wir auch gerne», sagte Arno seufzend und steckte das Foto in die Innentasche seines Jacketts. «Sollte er sich bei dir melden, oder solltest du sonst etwas hören, sag uns bitte sofort Bescheid. Meinen Namen kennst du ja. Polizeiinspektion Celle.»

«Gut», sagte Heike. «Seit wann bist du eigentlich wieder in Celle?»

«Erst seit ein paar Wochen», sagte Arno und nickte seinem Kollegen zu. Der stand auf, und sie gingen hinaus in die Diele, wo Müller vor der Vitrine stehenblieb.

«Ihr Mann ist Jäger?» fragte er.

«Ja», antwortete Heike knapp, öffnete die Haustür und schnippte ihre Zigarette weg. Kaum waren sie draußen, hielt sie die Tür wieder halb zu, als wollte sie nicht, daß jemand in das Haus schauen konnte.

«Wie lange wohnt ihr schon hier?» fragte Arno und schaute sich auf dem Grundstück um, das noch eine Baustelle war.

«Knapp ein Jahr.»

«Ein Jahr», sagte Müller erstaunt und kratzte sein unrasiertes Kinn. «Ich hätte gedacht, seit einer Woche.»

«Es geht nicht immer alles so, wie man denkt», sagte Heike.

«Wem sagen Sie das», meinte Müller nickend.

«Knut kam doch auch von einem Bauernhof, oder?» fiel Arno ein.

«Den gibt es nicht mehr», erwiderte Heike. «Natürlich steht er noch, aber er ist verkauft», fügte sie ungeduldig hinzu.

«Ich melde mich», sagte Arno, dann gingen er und Müller zum Wagen. Heike verschwand sofort im Haus und schloß die Tür.

«Haben Sie die Gewehre gesehen?» fragte Müller leise, während er die Beifahrertür für seinen Kollegen aufschloß.

Arno sah ihn fragend an.

«Mindestens eins war kein Jagdgewehr», meinte Müller und ging um den Wagen herum. «Wenn mich nicht alles täuscht, war das ein Karabiner aus dem Zweiten Weltkrieg.»

«Tatsächlich?»

Müller nickte nur und stieg ein.

«Interessant. Und was hatten Sie sonst für ein Gefühl?» wollte Arno wissen, als sie im Wagen mit seinem Öl- und Zementgeruch saßen.

Müller startete den Motor. «Ein Geisterhaus. Sorry, aber das Kind sieht ja aus wie ein Alien. Grausam.» Er schüttelte sich. «Sie kennen die beiden?»

«Ich bin hier groß geworden», sagte Arno. «Wir sind alle zusammen zur Schule gegangen.»

Müller nickte nachdenklich und fuhr los. «Irgend etwas stimmt hier nicht», sagte er.

«Den Eindruck habe ich auch», pflichtete ihm Arno bei und betrachtete das Haus, an dem sie nun vorbeifuhren. «Und da ich gerne wüßte, was hier nicht stimmt, werden wir das Haus beobachten lassen.»

«Glauben Sie, daß sich Harms dort versteckt?»

«Ausschließen können wir es nicht.»

12

«Sexy», sagte Emma, während sie das Foto von Heike und Knut Harms betrachtete.

Arno und Emma saßen in Celle an einem Tisch vor dem Restaurant seines Cousins Hans. Ein warmer Wind wehte durch die engen Gassen, die auf alt gemachten Straßenlaternen tauchten die bunten Fachwerkfassaden in ein gelbliches Licht, die Blumenrabatten blühten, und trotzdem war außer ein paar Jugendlichen in lächerlich weiten, in den Kniekehlen hängenden und auf dem Pflaster schleifenden Hosen kaum jemand in der Altstadt unterwegs. Und die gelangweilten Jugendlichen, von denen zwei wie Kurden aussahen, schienen ihre Umgebung nicht einmal wahrzunehmen. Vielleicht ahnten sie bereits, daß sie in ein paar Jahren sowieso nicht mehr hier leben würden. Schräg gegenüber dem Restaurant war zu Arnos Schulzeiten ein Café gewesen, in dem er sich fast täglich mit seinen Freunden getroffen und die ersten Verabredungen mit Mädchen gehabt hatte. Nun war in die Räumlichkeiten ein Videoverleih eingezogen und die Fensterfront, in der sich in den frühen achtziger Jahren Pflanzen gerankt hatten, mit Plakaten von Action- und Science-fiction-Filmen zugeklebt. Die Geschäfte und Lokale in der Innenstadt wechselten heutzutage ständig ihre Mieter. Wo früher alteingesessene Bäcker, Schlachter, Schneider, Schuster oder Konfektionsgeschäfte und Spezialitätenhandlungen über Generationen für ihre Kundschaft dagewesen waren, gab es heutzutage nur noch kurzlebige Videoverleihe, Spielsalons und Restemärkte, so daß jemand wie Arno, der lange nicht hier gelebt hatte, sich kaum noch auskannte. Vielleicht hatte auch in Deutschland schon eine Landflucht eingesetzt, dachte er, und die kleinen Städte starben im Inneren langsam aus. Jutta hatte gesagt, die Situation sei so schlecht wie noch nie in den fünfundzwanzig Jahren, in denen sie mit Hans das Restaurant betrieb. Die Leute hätten einfach kein Geld mehr, oder wenn sie welches hatten, dann hielten sie es mit aller Macht fest für eine höchst ungewisse Zukunft.

Auf dem Rückweg hatten Arno und Müller halt beim Polizeikommissariat Winsen gemacht und die Kollegen gebeten, unauffällig das Haus der Harms in Eichendorf im Auge zu behalten. Nachdem die beiden nach Celle in die Polizeiinspektion zurückgekehrt waren, hatten sie das Foto von Knut Harms kopiert und ihn zur Fahndung ausgeschrieben. Arno war überzeugt: Wenn sie in dem Mordfall weiterkommen wollten, dann mußten sie ihn finden oder zumindest erfahren, was mit ihm geschehen war. Gerd Stockmann war leider schon in den Feierabend verschwunden, so daß Arno immer noch nicht wußte, ob das Blut auf dem Hemd aus dem Kofferraum des Mercedes das Blut von Private Grafton war. Danach hatte Emma angerufen und zu seiner Überraschung vorgeschlagen, das gemeinsame Essen nachzuholen. Erst hatte er gezögert, aber als sie ihm sagte, daß sie etwas Interessantes herausgefunden hatte, war er einverstanden gewesen.

«Sexy?» Arno trank einen Schluck Bier und schaute auf das Foto. «Findest du?»

«Certainly», sagte Emma nickend und sah ihn dann an. «Hast du was mit ihr gehabt?»

Arno mußte lachen und verschluckte sich an seinem Bier. Emma sah ihn an und klopfte ihm mit der flachen Hand auf den Rücken. «Es muß dir nicht peinlich sein», sagte sie.

«Ich war zwölf Jahre alt, als wir aus Eichendorf weggezogen sind», sagte er, nachdem er sich wieder gefangen hatte. «Da wußte ich noch gar nicht, daß es zwei Geschlechter gibt.»

Emma musterte ihn skeptisch und widmete sich dann wieder dem Foto. «Was hat er da am Anzug?» meinte sie und zeigte auf den funkelnden Punkt auf Knut Harms' Revers.

«Das haben wir uns auch gefragt», sagte Arno, «aber weder mit dem bloßen Auge noch mit einer Lupe kann man etwas erkennen. Wir lassen den Ausschnitt vergrößern.»

Emma nahm ihr Bierglas, nippte kurz daran und betrachtete dann wieder das Bild. «Ein Abzeichen? Man hat Abzeichen von Sportclubs oder *political parties*», sagte sie.

«Er war im Sportverein», sagte Arno.

«Vielleicht auch in einer Partei», sagte Emma geheimnisvoll und setzte ihr Glas ab.

«Weißt du etwas?» fragte Arno neugierig.

Doch in dem Moment kam Jutta mit dem Essen heraus und stellte die Teller auf dem Tisch vor ihnen ab. Es waren die letzten Tage der Spargelzeit, und so hatten beide Spargel mit Sauce hollandaise, Salzkartoffeln und Kotelett bestellt. Jutta zwinkerte Arno zu. «Alles in Ordnung?»

«Bestens», sagte er. «Das sieht sehr lecker aus.»

«Riecht auch gut», sagte Emma, mit der Nase dicht über ihrem Teller.

«Dann laßt es euch schmecken», sagte Jutta und wollte wieder ins Lokal gehen.

«Jutta», hielt Arno sie zurück. «Knut Harms, was fällt dir zu dem ein?»

Jutta hielt inne und zog die Augenbrauen hoch. «Ein Angeber», sagte sie spontan.

«Inwiefern?»

«Er markiert gerne den großen Mann», sagte Jutta naserümpfend. «Mit dreißig wollte er Millionär sein, hat er immer herumerzählt, aber das ist wohl schiefgegangen. Obwohl er es mit allen Mitteln versucht hat. Außer mit Arbeit.»

«Wie meinst du das?»

Jutta zuckte mit den Achseln. «Ich weiß nur, was so geredet wird, aber seine Geschäfte sollen nicht immer ganz astrein gewesen sein. Den Hof seiner Eltern hat er durchgebracht.»

«Er hat ihn verkauft?»

«Er hatte keine andere Wahl.»

«Und das neue Haus?»

«Das haben Heikes Eltern bezahlt, soweit ich weiß», sagte Jutta. «Aber Knut hat überall seine Finger drin.»

«Auch Politik?» fragte Emma, die die ganze Zeit Arno beobachtet hatte.

Jutta schnalzte mit der Zunge. «Politik, ja, wenn man so will. Als Geschäftsmann in einem kleinen Dorf macht man auch Politik. Aber jetzt eßt erst einmal, sonst wird alles kalt.» Und mit einem Lächeln verschwand sie nach drinnen.

«Guten Appetit», sagte Arno und nahm das Besteck.

«Guten Appetit», erwiderte Emma abwesend.

Schweigend begannen sie zu essen, der Spargel war butterweich und das Fleisch zart, doch der Heuschnupfen hatte Arnos Geschmackssinn beeinträchtigt. Er aß, weil er hungrig war, doch er schmeckte kaum etwas. Er spürte die Konsistenz der Nahrung, das war alles. Dabei ahnte er, wie köstlich das Essen war, denn er wußte, daß Hans sein Fleisch und sein Gemüse ausschließlich von Bauern aus der Umgebung bezog, obwohl es dort nicht gerade billig war. Aber Hans war der Meinung, daß er, wenn er damit anfinge, Dosenfutter und eingeschweißtes Fleisch aus dem Supermarkt zu verarbeiten, seinen Beruf gleich an den Nagel hängen könnte. Du willst deine Mörder ja auch nicht geknebelt und verpackt auf den Schreibtisch geliefert bekommen, sondern sie selber aufstöbern, hatte Hans gesagt, ein Vergleich, den Arno in dem Moment beachtenswert fand. Manchmal war er sich jedoch nicht sicher, ob er den einfachen Weg nicht doch vorziehen würde.

Nach einer Weile bemerkte er, daß Emma ihr Besteck abgelegt hatte und nachdenklich auf ihren Teller starrte.

«Schmeckt es dir nicht?» fragte er.

«Doch», entgegnete Emma, «*it's delicious*. Ich muß nur denken an diesen Harms.»

«Dann rück schon raus mit der Sprache», forderte Arno sie auf und tunkte das letzte Stück seines Koteletts in die Soße.

«Als du mir den Namen gesagt hast am Telefon, habe ich ihn im Computer gecheckt», sagte Emma und nippte an ihrem Bier.

«Und?» Arno steckte sich den Bissen Kotelett in den Mund.

«Ein Knut Harms war in den achtziger Jahren Mitglied einer Wehrsportgruppe.»

Arno hielt im Kauen inne. «Tatsächlich?» fragte er mit vollem Mund.

«Ja», sagte Emma, stellte ihr Glas ab und zog einen Zettel hervor, von dem sie ablas. «Nothilfetechnische Übungs- und Bereitschaftsstaffel. *Bloody hell*, was für ein Name. NÜB. Damals hat der niedersächsische Verfassungsschutz die Gruppe beobachtet. Dann ist es etwas still geworden. Aber der Verfassungsschutz meint, die Leute sind immer noch aktiv. Ich recherchiere weiter.» Sie steckte den Zettel wieder in ihre Jakkentasche.

«Knut Harms aus Eichendorf?» Arno schluckte den Bissen hinunter und wischte sich den Mund ab.

«Ja. In der Gruppe waren viele aus Eichendorf. Dort lebt man – wie sagt man?» Sie beugte sich vor und flüsterte: «Am Arsch der Welt, daß man kommt auf dumme Gedanken.»

«In den achtziger Jahren war er zwanzig, Mitte Zwanzig», überlegte Arno, warf die Serviette auf seinen leeren Teller und schob ihn zur Seite.

Emma tippte sich an die Stirn. «Im Kopf man verändert sich nicht.»

«Vielleicht», meinte Arno. «Aber worauf willst du hinaus?»

Emma zählte an ihren Fingern ab. «Er macht komische Geschäfte in Polen, wir finden seine Auto, das vermutlich in der Nacht versenkt wurde, in der Private Grafton ermordet wurde, seine Frau scheint nicht besorgt zu sein, er ist eine Nazi, das Blut auf dem Anzug ...»

«Wir wissen noch nicht, von wem das Blut stammt», entgegnete Arno. «Und wir wissen nicht, ob der Anzug überhaupt Harms gehört.» Verdammt, dachte er, er hätte Heike nach dem Anzug fragen müssen. Wie hatte er das vergessen können?

«*Well*, so viele Zufälle gibt es nicht», sagte Emma und betrachtete ihre Hand. «Vielleicht hat er Grafton ermordet und ist abgehauen ...» Sie hielt inne und schaute die dunkle Gasse hinunter, die nun völlig verwaist war. Nur noch ein anderer Tisch vor dem Restaurant war besetzt. Und die Videothek hatte noch geöffnet.

«Wir lassen das Haus auf jeden Fall überwachen.» Arno dachte nach. Vor allem aber fragte er sich, wie es dazu gekommen war, daß Heike Knut Harms geheiratet hatte. Er mußte an den Waffenschrank in der Diele des kleinen, unfertigen Hauses denken. Und er sah wieder das herzzerreißende Bild der kleinen, alten Sarah vor sich, diesmal nicht im Rollstuhl, sondern auf dem Dreirad. Er dachte daran, was er selbst in den letzten zwanzig Jahren gemacht hatte, wie er gelebt hatte, und versuchte sich vorzustellen, wie es gewesen wäre, wenn er in Eichendorf geblieben wäre. Ein paar Dinge hatten sich dort verändert, die Dorfkneipe hatte einen anderen Namen und veranstaltete Konzerte mit polnischen Rockgruppen, eine Neubausiedlung war entstanden, aber sonst schien alles beim alten zu sein. Andererseits kannte er dieses Dorf nur aus seiner Kinderperspektive, von dem, was dort hinter den Kulissen passierte, hatte er keine Ahnung. Auf jeden Fall mußte er nun mit aller Konzentration die Ermittlung weiterführen und durfte sich nicht noch mehr Fehler erlauben wie den mit dem Anzug. «Wir müssen mehr über Knut Harms herausfinden», sagte er schließlich.

«Certainly», brummte Emma und nickte lange. Dann nahm sie ihr Besteck und aß ein paar Happen. «Willst du etwas haben?» fragte sie Arno.

«Danke, aber ich bin voll.»

Jutta kam wieder heraus und schaute auf die Teller. «Hat es nicht geschmeckt?»

«Doch, sehr gut», sagte Emma, «aber zuviel für mich.»

«Es war großartig», lobte Arno, obwohl er das nur mutmaßen konnte.

Jutta lächelte und räumte die Teller ab.

Emma stand auf. «Sorry, bin gleich wieder da», sagte sie und ging nach drinnen.

Jutta schaute ihr nach. «Die hat aber ein Auge auf dich geworfen, oder?»

«Was?» Arno schreckte auf. «Wie kommst du denn darauf?»

Jutta zuckte mit den Achseln. «Nur so ein Gefühl.»

«Nein, nein», sagte Arno und winkte ab. «Wir arbeiten nur zusammen.»

«Was ist denn mit Knut Harms?»

«Kann ich noch nicht sagen», wich Arno aus. «Aber sag mal, hast du manchmal Kontakt zu Heike?»

«Selten», sagte Jutta.

«Und das Kind? Traurig, oder?»

«Man kann es sich nicht aussuchen», sagte Jutta und schaute die Straße hinab.

Arno hatte vergessen, daß Jutta, was Kinder anbetraf, besonders empfindlich war. Sie und Hans hatten immer Kinder haben wollen. Aber aus irgendeinem Grund, den die beiden, um keine Schuldzuweisungen aufkommen zu lassen, nie hatten untersuchen lassen, hatten sie keine bekommen, und nun war Jutta zu alt dazu.

«Entschuldige», sagte sie und legte das Besteck auf die Teller, «aber ihr müßt leider gleich reinkommen, wir müssen hier draußen wegen der Anwohner zusammenräumen.»

«Gut», sagte Arno. «Dann komme ich gleich mit.»

Er stand auf und folgte Jutta in das dunkle Lokal. Emma kam gerade von der Toilette, und sie setzten sich an den Tisch neben der Theke und bestellten noch eine Runde Bier. In der ‹Heidestube› gab es Einbecker Brauherren Pils, ein herbes, norddeutsches Bier, das Arno liebte und unter allen Biersorten der Welt herausschmecken würde. Kaum hatte ihnen Jutta die Biere serviert und Arno sich eine Zigarette angesteckt, kam Hans mit seinem schwerfälligen Wiegeschritt aus der Küche, in der karierten Hose und der zweireihigen, weißen Jacke des Kochs, auf der ein paar Fettflecken und Saucenspritzer prangten, die großen Füße in weißen Birkenstocklatschen. Eigentlich habe ich Hans immer nur so gesehen, dachte Arno, während er zuschaute, wie sich sein Cousin ein Bier zapfte, ich kenne ihn eigentlich nur in dieser Montur. Grinsend zwängte Hans schließlich seinen massigen Körper auf die Bank neben Emma, die dagegen wie ein kleines Mädchen aussah.

«Was hat denn Knut wieder ausgefressen?» fragte er, nachdem er den beiden zugeprostet hatte. Jutta hatte ihm also schon von ihren Fragen erzählt.

Emma sah ihn erstaunt an. «Wieso?»

«Es würde dich anscheinend nicht wundern, wenn er etwas ausgefressen hätte», meinte Arno und zog an seiner Zigarette.

Hans hatte einen Kamm hervorgeholt und kämmte seine schüttere Tolle nach hinten. «Nee. Ist jedenfalls nicht das erste Mal, daß er Ärger mit der Polizei hat. Früher ist er mit seinen Kumpels in Tarnanzügen durch den Wald gesprungen. Einmal habe ich sie von meinem Grundstück verjagt. Später hat er ein schmutziges Geschäft nach dem anderen gemacht. Als alles den Bach runterging, hat er den Hof seiner Eltern verhökert. Die Landwirtschaft war ihm sowieso zuviel Arbeit, da war er sich zu gut für. Die beiden alten Leute hat er einfach ins Altersheim gesteckt. Dabei mußten die schon mal flüchten.»

«Ach?»

«Ja, im Krieg oder so», sagte Hans und steckte den Kamm wieder weg. «Auf jeden Fall ist die Familie erst nach dem Krieg nach Eichendorf gekommen. Den Hof sollen sie vom Staat bekommen haben. Vielleicht kamen sie aus dem Osten. Obwohl Harms ein Name von hier ist. Na ja, genau weiß ich das alles auch nicht.»

«Ich hatte als Kind nie viel mit ihm zu tun», sagte Arno. «Aber er war damals schon unbeliebt. Warum hat gerade Heike ihn geheiratet?»

Hans trank sein Glas mit einem Zug aus und winkte ab. «Heike ist auf seine Großmannsart reingefallen. Das ist dir früher wahrscheinlich nie aufgefallen, aber die wollte doch schon immer was Besseres sein.»

«Hat sie andere?»

Hans zuckte mit den Achseln. «Keine Ahnung. Aber wie man so hört, soll es bei den beiden häufiger heftige Szenen geben.»

«Also hat Knut andere Frauen», meinte Arno und drückte seine Zigarette aus.

«Anscheinend gibt es immer wieder Dumme, die auf Typen

wie ihn reinfallen», sagte Hans. «Und wenn man hier keine mehr findet, dann in Polen, wo er ständig auf Geschäftsreise ist.» Das Wort Geschäftsreise setzte er mit erhobenen Zeigefingern in Anführungsstriche.

«Gab es in der letzten Zeit Streit zwischen den beiden?» fragte Arno.

«Da bin ich überfragt», meinte Hans. «So intensiv beschäftige ich mich auch nicht mit denen. Im Gegensatz zu manch anderen muß ich ja auch mal arbeiten.»

Als würde er das Gespräch damit abschließen wollen, stand er auf und ging hinter die Theke, wo er sich stöhnend bückte und eine Flasche Jubiläumsaquavit aus dem Eisfach nahm. Mit der Flasche und drei Gläsern kehrte er an den Tisch zurück und schenkte reihum ein. Nachdem die drei sich zugeprostet und den milden, öligen Aquavit getrunken hatten, wollte Arno zahlen, doch Hans winkte nur ab und ließ sich auch auf Arnos Drängen hin nicht erweichen.

Arno und Emma bedankten und verabschiedeten sich, und während sie durch die verlassene Altstadt spazierten, spürte Arno einen angenehmen Schwips, der seinen Kopf ganz leicht machte. Der Land Rover war an der Stechbahn vor dem alten Rathaus geparkt; gleich neben dem Pranger, an dem früher Straftäter öffentlich zur Schau gestellt wurden und wo sich heute gerne Touristen fotografieren ließen. Die Nacht hatte sich kaum abgekühlt, weder der Mond noch ein einziger Stern waren am dunklen, leicht verschleierten Himmel zu sehen, und als sich Emma trotz der warmen Temperaturen fröstelnd schüttelte, legte Arno einen Arm um sie.

«Siehst du», sagte Emma, die sich die Umarmung gefallen ließ und sich sogar etwas an ihn schmiegte, «ich habe recht mit Knut Harms.» Sie schüttelte den Kopf. «Man kann ihn kaum aussprechen, diesen Namen. Er hat keine *melody*.»

«Sieht so aus», stimmte Arno nachdenklich zu. «Ich werde morgen versuchen, mehr herauszufinden.»

«Und ich suche weiter nach diese Bäume», sagte Emma.

Sie stiegen in den Land Rover, Emma fuhr. Alle Ampeln waren grün, kaum ein Auto und kein einziger Fußgänger war mehr unterwegs, als sie schweigend den engen, ansteigenden Bremer Weg entlangfuhren.

«Und jetzt?» fragte Emma, nachdem sie vor dem alten Haus am Stadtrand angehalten und den Motor ausgemacht hatte. Sie sah nach vorn durch die schmutzige Windschutzscheibe auf die schwarze Straße.

«Tja, was jetzt?» wiederholte Arno seufzend.

«Soll ich reinkommen?»

Arno schwieg.

Emma sah ihn an. «Was denkst du?»

«Nichts», log er und mußte niesen.

«Hay fever blocking up your head?»

«Was?»

«Kennst du den Song von den Kinks?» Sie begann zu singen: *«Hay fever blocking up my head, I got hay fever, I ought to be in bed.»*

Arno wischte seine Nase ab. «Kenne ich. Die Platte habe ich sogar. *Misfits*, 1978.» Es wunderte ihn selbst, daß sein lexikalisches Musikwissen ihn auch in den unmöglichsten Momenten nicht verließ.

«I wanna kiss but I'm sneezin instead.»

«Nein, das ist es nicht.»

«Diese Aja?»

Arno holte tief Luft und sah sie an. «Emma, wir müssen zusammenarbeiten. Laß uns vernünftig sein.» Er legte eine Hand auf ihr Knie.

«Vernünftig», sagte Emma leise und sah hinab auf seine

Hand, nahm sie und legte sie auf sein Knie. «Und ich dachte: *very sentimental.*» Sie drehte den Zündschlüssel herum, und der Motor heulte auf. Jetzt ist mal wieder jedes Wort falsch und überflüssig und sinnlos, dachte Arno und starrte eine Weile unschlüssig auf seine Hand. Dann richtete er sich ruckartig auf, verabschiedete sich und stieg aus. Emma fuhr los, und bald verschwand der Land Rover mit einer züngelnden Abgasfahne hinter der nächsten Kurve.

Als Arno in das Haus trat, war es ihm, als tauche er in einen tiefen, horizontlosen Ozean ein, wo sich die schweren Wassermassen auf ihn senkten wie bleierne Platten, so dunkel und still war es. Nicht einmal die Mäuse waren zu hören, an deren Fiepen er sich beinahe schon gewöhnt hatte. Vielleicht waren sie über Nacht ausgewachsen und hatten ihr Nest verlassen, überlegte Arno, während er im Dunkeln an der Spüle ein Glas mit Wasser füllte und es in einem Zug austrank. Vielleicht waren sie aber auch nie gefüttert worden und nun krepiert. Diese Nacht schrie nach einem Lied von Roy Buchanan, dachte er und stellte das Glas in das Becken. Er seufzte. Da das nicht möglich war, ging er zum Küchentisch und nahm, ohne lange nachzudenken, das Telefon und wählte die einzige Nummer, die er auswendig kannte. Nachdem es einige Male getutet hatte, sprang mit einem Knistern der Anrufbeantworter an. Er hörte Aglajas Stimme, in der er auch, wenn sie versuchte, ganz sachlich zu klingen, eine Wärme spürte, die ihm nun das Herz zerriß. Stammelnd sagte er nach dem Piepton, daß er sie vermißte, kam sich sofort völlig idiotisch vor und legte schnell wieder auf. Als würde ihn ein grelles Licht blenden, schloß er in der Finsternis die Augen. Schlief sie bereits, oder war sie noch unterwegs? Er schüttelte sich und schlich schließlich mit einem allumfassenden Gefühl des Bedauerns und der Leere die schmale Treppe hinauf in seine Kammer.

13

Zum ersten Mal seit Tagen trübten hochliegende Schleierwolken den blauen Morgenhimmel über Celle. Arno stand am Fenster seines Büros im sechsten Stock der Polizeiinspektion und senkte seinen Blick vom Himmel hinunter auf den Longierplatz des Landgestüts. In dessen Mitte stand ein Mann in einem hellen Kittel, der, in der einen Hand eine lange Peitsche, in der anderen einen schwarzen Hengst an einer Leine führte, der unaufhaltsam im Kreis um ihn herumtrabte. Arno beugte sich vor und sah unten im Hof der Polizei das Rad seines Vaters stehen, mit dem er wieder durch die Stadt gefahren war. Die Bewegung am frühen Morgen hatte ihm gutgetan, mittlerweile fühlte er sich auch schon sicherer auf der wackligen Rennmaschine, und obwohl in der durch die Bewölkung aufgekommenen Schwüle nun auch noch seine Augen vom Heuschnupfen juckten, hatte er das Gefühl, nach der Fahrt den Kopf ein wenig frei bekommen zu haben.

Er wandte sich vom Fenster ab und setzte sich hinter seinen Schreibtisch. Bevor er von zu Hause losgefahren war, hatte er eine SMS erhalten, die nicht, wie er erst befürchtet hatte, von Emma war, sondern von seiner Schwester Simone, und die ihn an den Hausverkauf erinnern sollte. Das Problem mit den Mäusen schien, zumindest vorerst, gelöst zu sein, also nahm er das Telefon und wählte die Nummer des Maklers. Auch an diesem Morgen war nur dessen Sekretärin im Büro, mit der er aber einen Termin für den nächsten Vormittag verabredete. Da er schon einmal dabei war, ein paar überfällige Dinge zu erledigen, holte er die Gelben Seiten hervor und suchte nach einer Autowerkstatt. Am besten wäre eine Werkstatt in Winsen, dachte er; von dort könnte ein Mechaniker nach Eichendorf fahren und die Reparatur vielleicht gleich vor Ort erledigen. Er fand eine Anzeige der Firma, zu der auch der Omnibusbetrieb gehörte, der ihn in seiner Kindheit in die Schule gefahren hatte, und wählte die Nummer. Es dauerte lange, bis jemand an den Apparat kam. Dann wurde ihm höflich gesagt, daß er den Wagen jederzeit vorbeibringen könnte, die Werkstatt mit Aufträgen aber so überlastet sei, daß man ihm nicht versprechen wollte, wann die Reparatur in Angriff genommen werden könne – geschweige denn, daß ein Mechaniker rausfahren könne nach Eichendorf. Enttäuscht legte Arno auf. Das schien eine langwierige Angelegenheit zu werden, und er mochte es nicht, wenn solche Probleme kompliziert wurden und ihn daran erinnerten, daß er selbst unfähig war, sie zu lösen. Während er lustlos im Branchenbuch weiterblätterte, klingelte sein Telefon. Es war Gerd Stockmann, der Leiter der Spurensicherung, der, nachdem Arno sich gemeldet hatte, fragte, ob er ihn gerade störe.

«Nein, überhaupt nicht», entgegnete Arno schnell und fragte sich, ob er schon wieder verschlafen geklungen hatte. «Haben Sie etwas für mich?» Er zog die Zigaretten aus dem über seinem Stuhl hängenden Jackett. Eigentlich versuchte er immer, die erste Zigarette des Tages so lange wie möglich hinauszuzögern. Wenn er jedoch am Schreibtisch saß, löste sich dieser Vorsatz meistens schnell in Luft auf.

«Die Briten haben sich gemeldet», sagte Stockmann, und Arno konnte durch die Leitung hören, wie sich auch Stockmann gerade eine Zigarette ansteckte.

«Und?»

«Das Blut auf dem im Kofferraum des Mercedes gefundenen Hemd stammt nicht von Private Grafton», berichtete Stockmann gestelzt, als würde er von einem Blatt ablesen.

«Wäre das also geklärt», sagte Arno.

«Auf dem Anzug ist nichts weiter zu finden», fuhr Stockmann fort. «Es ist übrigens ein Anzug von der Stange, Größe 58. Also für eine recht korpulente Person. Preismäßig nichts Besonderes. Die Marke gibt es nur bei C&A.»

«Und C&A gibt es überall», meinte Arno.

«Ja, auch in Celle.»

«Haben Sie sonst noch etwas festgestellt?»

«Die Reifen des Wagens waren ziemlich abgefahren, Winterreifen», sagte Stockmann. «Der Wagen war insgesamt nicht besonders in Schuß. Der Tacho stand bei 210345 Kilometern.»

«Also wurden häufig lange Fahrten unternommen», meinte Arno und dachte an die Geschäftsreisen nach Polen.

«Sieht so aus. Im Motorraum war mit einem Draht ein Schild einer Werkstatt aus Winsen angebracht, mit Tachostand und Datum, wie man es nach einem Ölwechsel macht. Wir konnten die Schrift noch entziffern. Der nächste Wechsel hätte schon vor einem Dreivierteljahr stattfinden sollen. Das wäre eigentlich alles.»

«Gut», sagte Arno, «vielen Dank.» Dann fiel ihm noch etwas ein. «Ach, einen Moment. Haben Sie das Foto schon vergrößert?»

«Liegt heute abend auf Ihrem Tisch.»

«Noch mal danke, Herr Stockmann.»

«Dafür nicht», meinte Stockmann und legte auf.

Arno kippte den Stuhl nach hinten, lehnte sich zurück und zog an der Zigarette. Daß der Mercedes nicht gut in Schuß war, paßte zu dem bisher von Knut Harms gewonnenen Bild, daß er mit seinen Geschäften nicht gerade reich geworden war. Wenn man annahm, daß der Anzug ihm gehörte, dann ergänzte er dieses Bild noch. Trotz aller Mißerfolge wollte Harms immer noch den großen Mann markieren. Ein feiner Anzug, vielleicht im Schlußverkauf bei C&A erworben, und ein dikker, heruntergekommener Wagen, so wollte er nach Polen. Für einen Moment fiel Arno wieder das Plakat der polnischen Rockgruppe in der ‹Schönen Aussicht› ein. Ein komischer Zufall. Die Erkenntnis, daß das Blut auf dem Hemd nicht von Grafton stammte, wog schwerer. Sie entzog der sowieso mehr als vagen Verbindung zwischen dem englischen Soldaten und Knut Harms die wichtigste Grundlage. Nun blieb nur noch die Tatsache, daß der Mord und die Versenkung des Wagens wohl zur gleichen Zeit passiert waren, am Freitag der letzten Woche. Aber die beiden Fälle könnten völlig verschiedene Geschichten haben. Denn auch wenn Heike nicht wußte, woher Knut das Geld haben sollte, um Geschäfte zu machen, konnte man einen Raubüberfall nicht ausschließen. Arno schaute auf den Kalender. Heute war Mittwoch, und beide Vorfälle waren mittlerweile fünf Tage her. Und morgen war ein Feiertag, Christi Himmelfahrt.

Arno kippte den Stuhl wieder nach vorn, drückte seine Zigarette aus und schaltete den Computer an. Solange es so ruhig war, wollte er sich wenigstens kurz nach der Krankheit der kleinen Sarah erkundigen. Er wählte sich ins Internet ein, was bei der veralteten Technik der Polizeiinspektion eine Ewigkeit dauerte. Technisch war heutzutage alles möglich, man mußte nur die Mittel haben, ständig seine gesamte Ausrüstung zu erneuern, die dann nach einem halben Jahr bereits wieder veraltet war. Wenn man das nicht konnte, benötigte man jede Menge Zeit, denn fast alle Neuerungen hatten vor allem den einen Sinn, die Technik zu beschleunigen. Langsame Modems konnten einen zum Kettenraucher machen, dachte Arno, widerstand aber dem Impuls, sich sofort eine neue Zigarette anzustecken. Nachdem er endlich die Suchmaschine geöffnet hatte, überlegte er, wie Heike die Krankheit genannt hatte.

Leider hatte er sich auch bei diesem Gespräch keine Notizen gemacht. Wenn er sich nicht täuschte, hatte Heike von Progerie gesprochen. Da er nicht wußte, wie man diesen Begriff schrieb, gab er ihn so ein, wie man ihn sprach. Er lag richtig. Über tausendzweihundert Einträge schüttete die Suchmaschine zu diesem Stichwort aus dem Labyrinth des weltweiten Netzes aus. Webseiten von Kliniken, Forschungsanstalten und Betroffenengruppen; Artikel aus Zeitschriften und Magazinen. Kein Mensch konnte all die Seiten lesen. Arno klickte auf gut Glück den ersten Eintrag an, eine Seite aus einem medizinischen Wörterbuch, dessen in ihrer ganzen Nüchternheit brutal klingende Fachterminologie ihn erst einmal sprachlos machte:

Progerie, Hutchinson-Gilford-Syndrom, hochgradige Vergreisung ab 3. Lj., mit Minderwuchs u. multiplen Fehlbildungen: runzelige, pergamentartige Haut, ergrauendes Kopfhaar mit Glatzenbildung, proportionierter Zwergwuchs, Wachstumsstillstand, Permanenz des Milchgebisses, Muskel- und Genitalhypoplasie, Osteoporose, Arthrosen, Kontrakturen, verstärkte Kopfvenenzeichnung u. a. degenerative Stigmata, Intelligenz altersgemäß, Prognose wegen allg. Arteriosklerose schlecht.

Nachdem er sich durch diesen Text gekämpft hatte, von dem er lediglich die Hälfte verstand, rief er andere Webseiten auf, wobei er wie durch ein Wunder erneut eine brennende Zigarette zwischen den Lippen hatte. Nach und nach konnte er sich ein Bild machen. Statistisch gesehen trat die Krankheit nur bei einer von zehn Millionen Geburten auf. Weltweit gab es gerade mal fünfzig Kinder mit Progerie, zwanzig davon in Europa. Genetische Untersuchungen hatten ergeben, daß diese Krankheit durch den Austausch eines einzigen der rund drei Milliarden Buchstaben im menschlichen Erbgut verursacht wird. Dieser banale und zufällige Fehler verändert ein

Gen, das die Eiweiße produziert, welche die Membrane der Zellkerne von innen auskleiden, wodurch sich die Zellkerne deformieren und porös werden. Das Leben der betroffenen Kinder wird drastisch beschleunigt; im Wettlauf mit der Zeit, so stand es in einem Artikel, erreichen sie nie die Pubertät, sondern treten vom Stadium des Kleinkindes direkt über in das des Greises. Sie sterben meistens in einem Alter, in dem gesunde Jugendliche die Liebe entdecken und ihre ersten Probleme mit der Welt bekommen, mit dreizehn, vierzehn Jahren an einem Herzinfarkt.

Arno drückte seine Zigarette aus, stand auf und ging wieder ans Fenster. Die Schleierwolken am Himmel waren dichter und grauer geworden. Obwohl er die herrlichen Tage genossen hatte, würde ihm jetzt ein kräftiger Schauer gefallen, der allen Dreck und alle Pollen aus der Luft wusch. Unten auf dem Longierplatz trabte noch immer der schöne, schwarze Hengst elegant im Kreis um den reglosen Gestütsmitarbeiter, und Arno fragte sich, wem von beiden wohl zuerst schwindelig werden würde.

Er mußte daran denken, wie Müller die kleine, durch einen Fehler im Erbgut zum Leiden verurteilte Sarah ein Alien genannt hatte. Im Grunde konnte er ihm das nicht verübeln. So selten, wie die unter Progerie leidenden Kinder auf der Welt waren, konnte er sich gut vorstellen, daß sie sich selbst wie Außerirdische fühlten, von jedem angestarrt und gehänselt, im ständigen Bewußtsein, anders zu sein als die anderen. Ein Kind von zehn Millionen. Ein genetischer Buchstabe von drei Milliarden. Was für ein Schock mußte das für den Vater oder die Mutter sein. Arno hatte keine Kinder, und er hatte auch nicht vor, welche in die Welt zu setzen, aber er fragte sich doch, was als Elternteil in einem vorgehen mußte, wenn bei seinem Kind plötzlich diese Krankheit ausbrach und es vor den eigenen Augen äußerlich ein Alter annahm, das man selbst vielleicht nie erreichen würde, und dann starb. Es ist wider die Natur, wenn die Kinder vor den Eltern sterben, dachte er.

Er atmete tief ein, doch der aufgekommene Wind wehte nur eine schwüle Böe durch das gekippte Fenster, so daß er keine Erleichterung verspürte, sondern nur merkte, wie die Schleimhäute seiner Nase und seiner Augen gereizt wurden. Irgendwie weckte der schwüle Wind bei Arno Erwartungen, so als würde hinter dem Wind etwas Neues, anderes kommen. Für sein Gefühl lag eine zähe Spannung in der Luft, die nur darauf wartete, sich zu entladen.

Doch als sich nichts tat, setzte er sich wieder an den Schreibtisch und überlegte. In keiner Richtung gab es Fortschritte, er drehte sich im Kreis wie der schwarze Hengst. Der Mord an Private Grafton blieb weiterhin ein Rätsel, zu dem sie keine Anhaltspunkte fanden und nur spekulieren konnten, und die Fahndung nach Knut Harms hatte auch noch nichts ergeben. Er hatte keine andere Wahl, als sich noch einmal mit Heike in Verbindung zu setzen, um wenigstens herauszukriegen, ob der im Mercedes gefundene Anzug Knut gehörte oder nicht. Der Schlüssel zu vielen Fragen lag in diesem kleinen Haus in der Eichendorfer Neubausiedlung, wo in Arnos Kindheit noch Feldhamster und Karnickel zu Hause gewesen waren. Gerade als Arno gedankenverloren zum Hörer greifen wollte, um Heike anzurufen, klingelte das Telefon, was ihm einen gehörigen Schrecken einjagte. Er hielt einen Augenblick inne, sammelte sich und nahm ab.

«Hennings.»

«Sergeant Emma Fuller, SIB.» Das war einerseits erstaunlich formell, andererseits hörte sie sich an, als hätte sie einen Dauerlauf hinter sich. «Habe ich dich geweckt?»

«Sehr witzig», sagte Arno lauter. Langsam hatte er das Gefühl, alle Welt hatte sich gegen ihn verschworen und wollte ihn ärgern. «Was gibt es?»

«Wir haben diese *mulberry trees.*»

«Na großartig», sagte Arno.

«Yes, great», sagte sie schnaufend. «Und wir haben eine neue Leiche.»

14

Nicht ohne Grund sagt man dem norddeutschen Menschenschlag eine gewisse Wortkargheit nach, eine sogenannte Maulfaulheit beim ersten Kontakt, die dann aber, ist die damit einhergehende anfängliche Zurückhaltung erst einmal durchbrochen, umschlagen kann in ein ebenso sprichwörtliches Mitteilungsbedürfnis oder gar eine Inbeschlagnahme seitens desselben, gerade noch schweigenden, distanzierten Menschen. Genauso verhielt sich der Umgang der Beamten der Celler Polizeiinspektion mit den beiden, für hiesige Verhältnisse in ungewöhnlicher zeitlicher Nähe aufeinandertreffenden Leichenfunden auf dem Truppenübungsplatz. Sowenig man sich von dem ersten Mord hatte aus der gewohnten Ruhe bringen lassen, so viel Wirbel verursachte die Entdeckung der zweiten Leiche und so groß war der Auflauf von plötzlich Zuständigen am Fundort.

Es waren nicht nur Emma mit zwei Kollegen der britischen Militärpolizei, die Beamten des Fachkommissariats I, das gesamte Team der Spurensicherung und der Gerichtsmediziner samt Assistenten vor Ort, sondern auch der Standortkommandant der Bundeswehr und in dessen Gefolge der Leiter der Polizeiinspektion nebst einer Abordnung der Staatsanwaltschaft. Und wenn man sich nicht in der Sperrzone befunden hätte, hätte man sich auch der Presse nicht erwehren können – der Journalisten aus Celle, ebenso wie solcher aus der Landeshauptstadt Hannover, die auf geheimnisvollen Wegen von dem Fund der Leiche erfahren hatten – die in diesem Fall jedoch von der Militärpolizei bereits an der Grenze des Übungsplatzes aufgehalten wurden. Natürlich lag dieses gesteigerte Interesse auch daran, daß weder die Celler Beamten noch der Staatsanwalt jemals einen solchen Fall erlebt hatten.

Ehe jedoch die volle Besetzung eingetrudelt war, waren Arno und Oberkommissar Müller allein über die Bundesstraße zum Truppenübungsplatz gefahren. Am Lager Hörsten hatte Emma sie empfangen, dann waren sie ihrem Land Rover zum Fundort der Leiche gefolgt. Auf den ausgefahrenen Wegen hatte Müllers alter Kadett geklappert, als wollte er sofort auseinanderbrechen. Emma hatte den gleichen Weg genommen wie vor wenigen Tagen, und der einzige Unterschied zur damaligen Fahrt durch die Sperrzone war, daß diesmal keine Panzer und kein Militär zu sehen waren. Bei den Hütten, in deren Nähe die Leiche Private Graftons gefunden worden war, bog Emma nach Norden ab. Einige hundert Meter weiter, am Fuß des Falkenbergs, führte von dem alten Weg eine blühende Maulbeerallee zu einem weitläufigen Hain mächtiger, gut zwanzig Meter hoher Eichen, der, obwohl kein einziges Gebäude mehr zu sehen war, noch erahnen ließ, welch prächtiges Gehöft einmal hier gestanden haben mußte.

Wenige Meter nach Ende der Auffahrtsallee sah Arno zwei uniformierte Beamte der britischen Militärpolizei auf einer rechteckigen Bodenerhebung stehen, vor der Emma den Land Rover anhielt. Nachdem Arno aus dem Kadett gestiegen war und sich umgeschaut hatte, bemerkte er, daß die Erhebung ein mit Moos und Flechten überzogenes und von dornigen Brombeersträuchern umranktes Fundament war, der einzige Überrest des gesamten Hauses, von dem im Laufe der Jahre die Natur Besitz ergriffen hatte. Es ist nur eine Frage der Zeit, dachte Arno, bis nach dem Abgang der Menschheit all unsere Spuren ausgelöscht sein werden. Sowenig wir uns die Welt ohne uns vorstellen können, das Leben wird weitergehen, in welcher Form auch immer. Die Größe und Lage des Grundgemäuers ließen darauf schließen, daß sich hier einmal ein, anders als in der Region üblich, einzelnstehendes Wohnhaus befunden hatte.

Arno schaute fragend Emma an. Die zeigte nur stumm zu einem Loch im grünen Fundament, aus dem ein junger Birkentrieb ragte, und reichte ihm eine Taschenlampe. Er nahm die Lampe und blickte in die Dunkelheit, in der er eine schmale Treppe erkannte. Gefolgt von Müller stieg er die steilen, glitschigen Stufen hinab. Schon auf dem kurzen Weg nach unten drang ihnen ein moderiger Gestank entgegen, den selbst Arno durch seine verstopfte Nase wahrnahm und der ihnen den Atem raubte. Und was die beiden schließlich im Schein der Taschenlampe zu sehen bekamen, verschlug ihnen die Sprache.

Sie befanden sich in einem knapp acht Quadratmeter kleinen, niedrigen und feuchten Keller, der wahrscheinlich einmal ein Vorratsraum unter der Küche gewesen war, und blieben gebeugt am Treppenabsatz stehen, um keine Spuren zu zerstören. Auf dem gestampften Sandboden kniete ein nackter Mann, die Füße waren gefesselt, die Hände auf den Rücken gebunden und mit den Fußfesseln verknüpft, der ausgemergelte Oberkörper war, so weit es die Seile erlaubten, nach vorne gebeugt, das Kinn lag auf der Brust, und im Mund steckte ein Knebel. Das Gesicht sah verzerrt und steinalt aus. Im ersten Augenblick dachte Arno, der Mann müßte noch leben. Seine kniende, beinahe demütige Haltung erinnerte ihn an einen zum Tode Verurteilten, der jeden Moment einen Schuß ins Genick oder in den Hinterkopf erwartete, eine, wie er wußte, in manchen Ländern noch immer gängige Hinrichtungsmethode. Auf dem kahlen Kopf konnte Arno dunkle Flecken erkennen, die auf den ersten Blick aussahen wie getrocknetes Blut. Andere äußere Verletzungen entdeckte er an dem leblosen, bleichen Körper jedoch nicht. Geschockt stiegen die beiden aus dem kalten Keller wieder die Stufen hoch auf das Fundament. Über den Kronen der Eichen hatten sich dunkle Wolken zusammengezogen, ein böiger Wind rauschte durch die Blätter.

«Könnte das ein Soldat sein?» hatte Arno Emma gefragt.

Sie hatte den Kopf geschüttelt. «Das Manöver ist vorbei. Kein Soldat wird vermißt.»

Und dann hatte sich Arno an Müller gewandt, der noch immer vor der Treppe gestanden und gebannt nach unten in das dunkle Loch geschaut hatte. «Leiten Sie bitte alles in die Wege, ja?» Ohne ihn anzusehen, hatte Müller nickend sein Handy hervorgeholt.

Mittlerweile waren alle Verantwortlichen nacheinander die Treppe hinuntergestiegen und mit blassen Gesichtern wieder an der Oberfläche erschienen. Nachdem der Fotograf der Spurensicherung die Leiche und auf Arnos Geheiß auch soviel wie möglich von der Räumlichkeit aufgenommen hatte, befanden sich nun seit einiger Zeit Dr. Papenburg und sein Assistent in dem Keller, und Arno konnte es kaum abwarten, die ersten Ergebnisse des Mediziners zu hören.

«Ein toter Soldat, ein versenktes Auto und nun das», hörte er den Leiter der Polizeiinspektion sagen. Sörensen sprach mit Heiner Pries, der mit hochrotem Kopf die ganze Zeit nickte. Etwas weiter hinter ihnen standen der Staatsanwalt und der Standortkommandant zusammen. Emma war nirgends zu sehen. «Das hat jetzt absolute Priorität.» Dann kam Polizeidirektor Sörensen zu Arno. «Was denken Sie, Herr Hennings?» fragte er.

Arno zuckte mit den Achseln. «Als erstes müssen wir herausfinden, wer das Opfer ist. Im Gegensatz zu der Tötung von Private Grafton sieht das hier alles nach einer geplanten Tat aus», sagte er. «Geplant und inszeniert.»

Sörensen nickte. «Das war auch mein erster Gedanke: eine furchtbare Inszenierung. Aber für wen? Was steckt dahinter?»

«Die wichtigste Frage ist meiner Meinung nach, was dieser Ort mit der Inszenierung zu tun hat», meinte Arno und sah Dr. Papenburg und seinen Assistenten endlich die Treppe hinaufkommen. «Das ist kein einfaches Loch irgendwo im Wald. Der Mann wurde quer über den Truppenübungsplatz bis hierher gebracht. Da steckt mehr dahinter.»

«Stimmt», sagte Sörensen. «Zufällig kann dieser Ort nicht gewählt worden sein. Wir befinden uns mitten in der Sperrzone.»

«Und ganz in der Nähe wurde der Soldat Grafton getötet. Während eines Manövers. Da muß es einen Zusammenhang geben.»

«Da Sie von Anfang an dabei waren, möchte ich, daß Sie die Ermittlungen vor Ort leiten», sagte Sörensen. «Sie kriegen so viel Hilfe, wie Sie brauchen. Hauptkommissar Pries koordiniert von der Inspektion aus.»

«Gut», sagte Arno und wandte sich an den Standortkommandanten, einen sorgenvoll dreinblickenden, hemdsärmeligen Mann um die Fünfzig mit einem buschigen Schnurrbart. «Wann beginnen die Manöver wieder?»

«Am Wochenende. Eine neue britische Kompanie ist bereits eingetroffen.»

«Vielleicht muß das verschoben werden», meinte Arno.

«Ich werde mit den Briten reden», versprach der Kommandant.

«Danke», sagte Arno und schaute sich ungeduldig nach dem Mediziner um. Während sein Assistent mit den Koffern zum Wagen gegangen war, war Dr. Papenburg stehengeblieben, er holte tief Luft und betrachtete dabei die schwankenden Baumwipfel über ihm. Arno folgte seinem Blick und sah weit oben einen Specht, den er bei dem Wind gar nicht gehört hatte, so wild an den Stamm einer Eiche klopfen, als wollte er sich schnellstens vor dem zusammenbrauenden Unwetter in Sicherheit bringen. Vielleicht war Papenburg nicht nur Freizeitbotaniker, sondern auch Hobbyornithologe. «Können Sie schon etwas sagen?» fragte Arno und riß den Doktor aus seiner Versenkung.

«Vor Ort kann man immer nur schwer Aussagen machen», entgegnete Papenburg, der selbst hier draußen und nach seinem Aufenthalt in dem feuchten Keller nach After-shave roch. «Ich muß eine gründliche Obduktion vornehmen.»

«Was ist mit der Todesursache?» wollte Arno wissen.

Papenburg sah ihn abschätzig an und fuhr über sein Kinn. «Herzstillstand.»

«Das hat der Tod so an sich, oder?» meinte Arno.

«Sie kennen sich in der Medizin aus, was?» Papenburg schnalzte mit der Zunge. «Es gibt jedenfalls keine äußeren Verletzungen.»

«Und das Blut am Kopf?» mischte sich Pries ein.

«Das sind lediglich kleine Schnitte», sagte Papenburg abwinkend. «Ihm wurde der Schädel rasiert.»

«Er wurde geschoren?» fragte Pries ungläubig und kratzte sich am Kopf.

Papenburg nickte.

«Okay, der Reihe nach», schaltete sich Arno wieder ein. «Ist er dort unten gestorben?»

«Wahrscheinlich. Die livide Verfärbung läßt darauf schließen, daß er seit dem Tod in dieser Stellung verharrte. Und die Verfärbung befindet sich bereits im Endstadium, er ist also, um Ihrer nächsten Frage zuvorzukommen, schon eine ganze Zeit lang tot.»

«Wie lange?»

«Das kann ich noch nicht genau sagen», seufzte Papenburg. «Dem Stadium der Verfärbung und der Leichenstarre nach zu urteilen, mindestens einen Tag. Außerdem hat die Leiche bereits die Temperatur ihrer Umgebung angenommen.» Er hielt inne, als würde er nachdenken. «Wie gesagt, bisher kann ich nur mutmaßen. Ich werde mich hier nicht auf Aussagen festlegen lassen. Dort unten ist es kalt und feucht, die Leiche ist unbekleidet, es gibt also eine Menge Faktoren, die zu beachten sind. Und ich hasse es zu mutmaßen. Haben Sie Geduld. Mit einem solchen Fall wird man nicht alle Tage konfrontiert.»

«Das geht uns allen so», sagte Sörensen, der die ganze Zeit aufmerksam zugehört hatte. Der Polizeidirektor sah auf seine Uhr. «Gut, ich muß jetzt los. Wann findet die Obduktion statt?»

«Morgen ist Feiertag», meinte Papenburg und schürzte seine schmalen Lippen. «Ich werde natürlich trotzdem beginnen. Kommen Sie Freitag morgen vorbei.»

«Gut», sagte Sörensen und wandte sich an Pries und Arno. «Treffen wir uns heute abend, um die ersten Ergebnisse zusammenzutragen, ja? Sagen wir gegen zwanzig Uhr in meinem Büro.»

Die beiden nickten, und ihr Chef verabschiedete sich und verschwand mit dem Staatsanwalt und dem Standortkommandanten, die die ganze Zeit schweigend im Hintergrund gestanden hatten.

«Wo steckt eigentlich Karsten?» wollte Heiner Pries wissen und schaute sich um.

«Müller? Mit Sergeant Fuller auf Spurensuche, nehme ich an», antwortete Arno. «Ich gehe mal rüber zu Stockmann.»

Pries zog Arno mit seinem kurzen, kräftigen Arm zu sich. «Du bist noch nicht lange hier, aber wir duzen uns hier eigentlich alle. Vielleicht …»

Arno sah Pries an. «Ich werde mich darum kümmern», sagte er, weil ihm nichts anderes einfiel. Er kam sich vor wie ein getadelter Schüler, der Besserung gelobte.

«Brauchen Sie mich dann noch?» meldete sich Dr. Papenburg genervt aus dem Hintergrund.

«Nein», meinte Arno. «Wir sehen uns am Freitag in der Pathologie.» Er gab dem Doktor die Hand und ging hinüber zu Gerd Stockmann, der mit einem Kollegen ein Planendach über der Einstiegsluke zum Keller aufstellte. Andere Beamte der Spurensicherung in weißen Overalls untersuchten die Büsche am Rand des Fundaments.

«Das gibt gleich einen schönen Guß», meinte Stockmann, als Arno neben ihm stand.

Arno schaute hinauf in die dunklen Wolken, die schwer auf den Baumwipfeln zu liegen schienen. Er mußte an einen immer wiederkehrenden Satz aus den Asterix-Comics denken, die er in seiner Kindheit gelesen hatte: Das einzige, was wir zu fürchten haben, ist, daß uns der Himmel auf den Kopf fällt. «Haben Sie schon Spuren gefunden?» fragte er.

Stockmann schüttelte den Kopf. «Noch nichts Verwertbares. Der Keller ist vollkommen leer. Wie leer gefegt.»

«Leer gefegt?» Arno horchte auf. «Haben Sie den Eindruck, daß dort Spuren verwischt worden sind?»

«Kann gut sein», stimmte Stockmann zu. «Aber wir werden den Boden und die Wände genau untersuchen.»

«Eine Idee, wo die Klamotten des Toten sein könnten?»

«Nee», meinte Stockmann. «Aber wir haben ja schon einen herrenlosen Anzug im Labor liegen.» Dann band er die Plane an eine Metallstange, die er im Fundament verankert hatte. Vor lauter Konzentration streckte er dabei die Zunge heraus. Der Wind fuhr durch sein Haar, und das gesamte Toupet bewegte sich, als wollte es gleich abheben.

Arno schloß die Augen. An eine Verbindung zu dem Wagen und dem darin gefundenen Anzug hatte er natürlich auch schon gedacht. Sie mußten unbedingt so schnell wie möglich herausfinden, wie lange der gefesselte Mann bereits in dem Keller hockte. «Meinen Sie, es bringt was, wenn man die Gegend mit Hunden absuchen läßt?» schlug er vor.

«Glaube ich nicht», sagte Stockmann und richtete sich auf. «Wonach sollen die suchen?»

«Irgendwie muß der Mann hierhergeschafft worden sein.»

«Verstehe», sagte Stockmann. «Aber das wird schon eine Weile her sein, oder? Und bis die Hundestaffel hier ist, wird es schon schütten.»

«Na gut», sagte Arno. «Wir reden noch mal darüber. Ich schaue mich erst mal ein bißchen um.» Er stieg vom Fundament und ging durch die alten Eichen, durch die der Wind pfiff. Obwohl kein einziges Gebäude des Gehöftes mehr vorhanden war, konnte er sich noch gut vorstellen, wo die Stallungen, die Scheune, die Remisen und sogar ein kleines Backhaus gestanden hatten. In Eichendorf gab es einige ähnlich angelegte alte Höfe, ihm fiel aber keiner ein, der solche Ausmaße hatte. Bei den meisten Höfen in der Heide schloß sich der Wohnbereich gleich an die Stallungen an. Er sah den Fotografen, winkte ihn heran und bat ihn, Aufnahmen von den Resten der Hofstelle zu machen, und ging dann weiter. Was hatte es zu bedeuten, fragte er sich, daß der Mann gefesselt in einem Kellerloch dieses ehemals feudalen Anwesens gefunden wurde? Was hatte dieser Ort mit seinem Tod zu tun? Und vor allem: Wer war er?

Als er den Eichenhain verließ und auf die freie Ebene vor dem Falkenberg trat, hörte er den ersten Donner am Himmel grollen. Kurz darauf sah er im Süden einen Blitz aus den Wolken schießen, und dann begann es wie aus Kübeln zu regnen.

Er schlug den Kragen seines Jacketts hoch und ging weiter über die Heide zu Oberkommissar Müller, der den Boden absuchte. Bei dem zweiten Donnerschlag mußte Arno an die ausgedehnten Spaziergänge denken, die er als Kind häufig mit seinem Vater und dem Hund unternommen hatte. Bei diesen Wanderungen durch die weitläufigen Wälder und Felder um Eichendorf herum und später am Stadtrand von Celle hatte er eine selten erlebte Nähe zu dem sonst recht autoritären Vater verspürt. Er hatte ihn beim Gehen mit tausend Fragen löchern können, die sich ihm zu jener Zeit über den Lauf der Welt gestellt hatten, und der Vater versuchte sie mit größter Geduld und Phantasie in langen Erzählungen zu beantworten.

Einmal waren sie dabei, sich bereits auf dem Nachhauseweg befindend, auf einem Weg zwischen weiten Feldern südlich von Eichendorf von einem Gewitter überrascht worden, das sein Zentrum genau über ihnen zu haben schien. Nirgends war ein Schutz, der nächste Wald war weit, das Dorf noch fern, endlos breiteten sich die ebenen Felder um sie herum aus. Und mit einemmal hatte Arno direkt über seinem Kopf einen Blitz gespürt, den auch der Vater und der Hund wahrgenommen haben mußten, denn sogleich hatte der Vater Arno an seine Brust gezogen und schützend die Arme um ihn gelegt, während der Hund sich mit eingeklemmtem Schwanz an Arnos Füße kauerte.

In der Erinnerung sah er dieses Bild immer aus weiter Ferne, sich eingeschlossen, ein Bild von Vater, Sohn und Hund auf freiem Feld unter bedrohlich dunklen Wolken, aus denen die lebensgefährlichen Blitze fuhren, denen der Vater, da er der Größte war, am nächsten war. Immer wenn er dieses Bild vor sich hatte, dachte er, wie nah der Vater in dieser Situation dem Tod war. Keine Erinnerung symbolisierte für ihn eindringlicher den liebevollen Schutz, den er als Kind genossen hatte, und die sorgende Verantwortung, die sein Vater ganz selbstverständlich getragen hatte. Und als er jetzt wieder dieses Bild im Geiste vor sich sah, mußte er auch daran denken, daß von den dreien nur noch er am Leben war.

Er hatte Oberkommissar Müller erreicht, der, ungeachtet des Regens, mit tropfnassem Haar auf dem Heideboden hockte. Der Regen hatte die Pollen aus der Luft gewaschen, die sich nun als gelbe Ränder in den Pfützen ablagerten. «Was gefunden?»

«Jede Menge Panzerspuren, sonst nichts.»

«Wo ist denn Sergeant Fuller?»

Müller richtete sich auf und zeigte nach Süden. «Dahinten, glaube ich.»

Arno schaute in eine undurchdringliche Regenwand und konnte Emma nicht entdecken. Da klingelte sein Handy. Wer ist das denn jetzt? dachte er. Unwirsch zog er das Handy aus der Innentasche seines Jacketts, wollte es erst ausstellen und meldete sich dann doch. «Ja?»

«Arno? Ich bin im Krankenhaus.» Eine schluchzende Frauenstimme, die ihn sofort alarmierte, die er aber nicht erkannte. Im ersten Moment dachte er an Emma.

«Wer spricht da?» fragte er verunsichert.

«Aglaja. Ein LKW hat mich überfahren.»

Ein Schock fuhr durch Arnos Glieder. Aglaja. Warum hatte er sie nicht erkannt? «Aglaja. Was ist denn los?»

«Mit dem Fahrrad … über meine Beine …»

Dann kam plötzlich eine andere Stimme ans Telefon. «So, jetzt müssen wir operieren.»

«Wie sieht es aus?» fragte Arno. Eine automatische Frage, die ein fremder Teil in ihm zu stellen schien.

«Das kann ich noch nicht sagen», entgegnete die kühle Männerstimme. «Sie können sich in zwei, drei Stunden telefonisch erkundigen.» Dann sagte der Mann noch den Namen des Krankenhauses und legte auf.

Arno stand mit dem Telefon in der Hand da, der Regen tropfte an ihm herab, und starrte blind auf die sich im Sturm biegenden Eichen. Warum hatte er Aglaja nicht erkannt, die in ihrer größten Not als erstes ihn anrief? Wer soll uns denn erkennen, wenn nicht der, den man liebt?

Müller sah ihn verwirrt an. «Was ist los?»

«Ich muß weg.»

«Weg?»

«Kann ich Ihren Wagen haben?»

«Was?»

«Es ist wichtig.»

Müller sah Arno in die Augen. Dessen durchdringender Blick ließ ihn erschaudern. Er schien keine Widerrede zu dulden, und es stand außer Frage, daß es Arno ernst war. Wie ferngesteuert zog Müller seinen Schlüssel aus der Hosentasche und reichte ihn dem neuen Kollegen.

«Danke», sagte Arno, nahm den Schlüssel und wandte sich ab.

Während Müller erstarrt stehenblieb, die Hand, die den Schlüssel gereicht hatte, immer noch ausgestreckt, als wollte er den Regen auffangen, marschierte Arno mit hastigen Schritten davon. Als wäre er dann aus einer Hypnose erwacht, ließ Müller die Hand sinken und schüttelte verwirrt den nassen Kopf. «Aber …», sagte er, doch da sah er seinen Kadett schon über die matschige Piste davonpreschen und dem Leichenwagen ausweichen, der gerade ankam.

ZWEITER TEIL

15

Er hatte traumlos und schwer geschlafen, gegen Morgengrauen wachte er abrupt auf, und als das Sonnenlicht durch den engen Schacht des Hinterhofes auf sein Gesicht fiel, bemerkte er, daß er nicht in der dunklen Kammer seines Elternhauses lag, sondern in Aglajas Berliner Wohnung. Allein. Obwohl er noch müde war und am liebsten für immer weitergeschlafen hätte, wurde er sofort unruhig, nervös kauerte er sich wie ein Fötus zusammen, warf sich dann hin und her, und immer wieder gingen ihm dieselben Bilder durch den Kopf. Der kniende nackte Mann in dem dunklen kalten Keller, der sein Ende zu erwarten schien und doch schon längst tot war; die erst lachende und dann erschrocken zurückweichende Sarah auf ihrem Dreirad; die vor Schmerzen zusammenzuckende Aglaja.

Vier Stunden hatte er mit Müllers altem Kadett, dessen Tank zum Glück voll gewesen war, vom Truppenübungsplatz bis nach Berlin zum Krankenhaus am Friedrichshain gebraucht. Als er beim Verlassen des Truppenübungsplatzes sein Handy ausgeschaltet hatte, hatte er die letzte bewußte Handlung vollzogen. Danach war er zum stoischen Rhythmus der Scheibenwischer nur noch dem Weg gefolgt, der sich wie ein vernetzter Schaltplan vor seinem inneren Auge ausbreitete. Die B 3 nach Celle, im Bogen an der Innenstadt vorbei auf die B 214, von der er kurz vor Braunschweig auf die A 2 gelangte. Sein Kopf war so voll, daß er keine Einzelheit mehr wahrnahm, äußerlich ruhig, in gespenstischer Konzentration war er über die Autobahn gejagt, hatte die Kolonnen von Lastwagen überholt, einem Roboter gleich, der einem festgeschriebenen Programm folgte.

Erst im stockenden Stadtverkehr Berlins war er wieder zu sich gekommen und sogleich unruhig geworden. Mittlerweile war es sieben Uhr gewesen. Feierabendverkehr und herrlichstes Frühsommerwetter, das er erst bemerkte, als der Scheibenwischer schon eine ganze Weile über die längst getrocknete Windschutzscheibe kratzte. Nachdem er endlich das Krankenhaus erreicht und erst nach längerem Suchen einen Parkplatz gefunden und den Wagen abgestellt hatte, hatte er zu laufen begonnen. War blindlings über Kreuzungen gerannt und an der grauen, endlosen Mauer des Klinikums entlanggelaufen, bis er schließlich den Eingang gefunden hatte. Der Mann am Informationsschalter hatte die Ruhe weggehabt. Arno mußte Aglajas für das deutsche Ohr schwierigen Nachnamen auf einen Zettel schreiben, der Mann tippte ihn wie in Zeitlupe mit einem Finger in die Tastatur des Computers, verschrieb sich zweimal und ermittelte erst nach einer Ewigkeit die Nummer der Station. Arno lief den tristen, langen Gang hinunter, der immer schmaler zu werden schien, und als er am Ende angelangt war, war der Fahrstuhl gerade weg, so daß er die Treppen hinauf in den vierten Stock rannte und durch die schwere Tür in die Station stürzte.

«Hier können Sie nicht einfach so reinplatzen», blaffte ihn eine Krankenschwester an.

Außer Atem fragte er sie nach Aglaja.

«Die ist noch im OP», sagte die Krankenschwester, verschwand in einem Krankenzimmer und ließ ihn allein auf dem Gang stehen, an dessen Wänden Fotos und Schautafeln von komplizierten und schrecklichen Knochenbrüchen hingen.

In dem Moment wurden Arnos Knie weich. Taumelnd ging er die vier Stockwerke wieder hinab, trat in den sonnendurchfluteten Innenhof, zündete eine Zigarette an und drückte sie nach zwei Zügen aus. Sein Magen rumorte. Jetzt begann er Spekulationen anzustellen. Vier Stunden war er gefahren, genauso lange dauerte die Operation bereits. Er ging wieder zurück nach oben, zog einen Kaffee aus einem Automaten und setzte sich im Flur vor der Station auf eine Bank. Es roch nach Putzmitteln und Krankheit und Tod.

Der Kaffeeautomat brummte. Er starrte auf den glänzenden, violetten Linoleumboden und mußte daran denken, daß er Aglajas Stimme nicht erkannt hatte, daß er im ersten Augenblick sogar an Emma gedacht hatte, und schämte sich dafür. Sie hatte ihn angerufen, sie hatte niemanden, keinen Menschen, der ihr in ihrer Not beistand. Nur an ihn hatte sie gedacht. Er sollte wissen, was ihr passiert war. Ihn wollte sie hören. Und er hatte sie nicht erkannt. Er dachte daran, wie sie zusammen ihr Rad auf dem Flohmarkt gekauft hatten im letzten Sommer. Ihm fiel sein Anruf in der vergangenen Nacht ein. Was hatte er auf das Band gesprochen? War sie seinetwegen abgelenkt gewesen im erbarmungslosen Straßenverkehr der Großstadt? Hatte sie an ihn gedacht, als der LKW sie überfuhr?

In dem Moment öffneten sich die Türen des Bettenaufzuges. Sofort erkannte er ihr schwarzes Haar und dachte nur: Ihre Beine, ihre Beine.

«Passen Sie auf Ihren Ellbogen auf», sagte die Schwester, die das Bett schob.

Sie war schon wach, Arno sprang auf.

«Sie haben sogar schon Besuch», sagte die Schwester nun,

als sie das Bett durch die schwere Glastür in die Station manövrierte.

Aglaja sah ihn die ganze Zeit mit großen Augen an, während die Schwester ihr Bett in das Zimmer schob, in dem noch ein weiteres leeres Bett stand, an Ort und Stelle rückte, den Tropf aufhängte und redete und redete. Aus ihrem verbundenen linken Fuß stakten drei Metallstäbe. Dann endlich konnte er sich zu ihr hinabbeugen, sie legte ihren Arm um seinen Hals und sagte seinen Namen. «Arno. Daß du da bist.»

Sie war gerade aus der Narkose erwacht, aber plötzlich schien sie ganz klar zu sein und erzählte ihm den Unfallhergang, erzählte, wie der LKW immer näher kam, wie sie dachte, das sei doch nicht möglich, wie der LKW die Kurve scheinbar überwunden hatte – es schien noch Platz zu sein –, dann aber der Anhänger nahte, im spitzeren Winkel, und sie vorhersah, was passieren würde. Meine Beine, meine Beine, dachte sie. Das kann nicht passieren, das darf nicht passieren, denkt man, nicht mir. Das Schlimmste sei gewesen, daß sie nicht ohnmächtig geworden sei, alles habe sie gesehen, alles erlebt, Schmerzen nie geahnten Ausmaßes, und schließlich gedacht, nun verliere sie ihr Bein.

«Ich habe gedacht, das kann doch nicht sein», sagte sie und sah Arno benommen an, der ihre Wange streichelte und ihr Haar zurückschob, «ich bin erst achtundzwanzig Jahre alt, ich kann doch nicht mein Bein verlieren.»

Erst einige Meter weiter hatte der LKW angehalten. Sie hatte geschrien, ihr Bein hatte gezittert, unkontrolliert, blutend, sie hatte befürchtet, dort auf der Straße zu verbluten.

«Aber daß du da bist», sagte sie wieder. Sie lächelte ihn an und drückte seine Hand. «Weißt du noch», sagte sie, «wie du mir auf den Fuß getreten bist?»

Arno nickte lächelnd, aber eigentlich war ihm zum Heulen

zumute. Wie lange ist das her, dachte er. Er erinnerte sich, es war ein warmer Abend wie dieser, sie hatten sich getroffen in einem Straßencafé, und als sie sich gegenüberstanden, zwei Fremde noch, und Aglaja ihn zur Begrüßung auf die Wangen küssen wollte, war er ihr unsicher und tolpatschig auf den Fuß getreten. Später hatte Aglaja den Fuß auf seine Knie gelegt, und während sie redeten und er in ihren dunklen Augen ertrank, hatte er den Fuß verlegen massiert. Erst am selben Tag hatten sie sich kennengelernt. Bei einem Fall benötigte er einen polnischen Übersetzer, und als er deshalb ins Polnische Kulturinstitut ging, stand Aglaja vor ihm. Deren Blick hatte ihn derartig getroffen, daß er sie entgegen seiner Art gleich für den Abend eingeladen hatte, worauf sie, ohne einen Augenblick zu zögern, eingegangen war.

«Mach dir keine Sorgen», sagte Aglaja, als sie sah, daß er mit den Tränen kämpfte. «Ich hatte nur deine Nummer im Kopf. Ich durfte einen Anruf machen, und ich kannte nur deine Nummer auswendig. Es tut mir leid.»

«Nein», sagte Arno, der sich jetzt schämte, in der Vergangenheit nichts unterlassen zu haben, sie immer wieder auf Distanz zu halten. «Du mußtest mich doch anrufen.»

Aglaja nickte und versuchte ein Lächeln und hob langsam eine Hand, um ihn zu berühren, doch da schrie sie plötzlich auf mit entgeistertem Blick, ihr Körper bebte vor Schmerzen. Arno drückte ihre Hand und wußte nicht, was er tun sollte, doch als ihre Schmerzen nicht abklangen, rief er die Schwester. Der Tropf, der ihr das Schmerzmittel zuführte, funktionierte nicht, und erst nachdem Aglaja eine Spritze bekommen hatte, sank sie erschöpft und erlöst zurück ins Kissen, als habe sie der Wirkstoff in der Spritze von einer Welt in eine andere befördert. Und dann war sie müde geworden, und ihre Hand in Arnos Hand war schlaff geworden, und bald war sie eingeschlafen.

Nun zuckte ein nicht anwesender Schmerz durch Arnos Fuß. Er sprang aus dem Bett und lief unruhig durch Aglajas kleine Wohnung. Erst sechs Uhr. Ob sie schon wach ist? dachte er. Bevor er am gestrigen Abend das Krankenhaus verlassen hatte, hatte er Aglajas Arbeitsstelle von ihrem Unfall informiert, hatte dann einen befreundeten Anwalt angerufen, der sich gleich um die Sache kümmern sollte, und schließlich mit der Ärztin gesprochen, die Aglaja operiert hatte. In wenigen Tagen würde eine weitere Operation stattfinden, ein *second check*, wie die junge Ärztin sagte, außerdem müßte die Kunsthaut, die ihr transplantiert wurde, erneuert werden. Bisher sei alles gut verlaufen, Aglaja habe unvorstellbares Glück gehabt.

«Was meinen Sie damit?» hatte Arno gefragt. An dem Aufdruck auf dem Kittel der Ärztin hatte er erkannt, daß das Krankenhaus zu dem landeseigenen Klinikkonzern gehörte, der schon seit langem in der Presse war, weil ihm die Insolvenz drohte. Die Mitarbeiter sollten auf Teile ihres Gehalts verzichten, hatte Arno gelesen. Das ist Berlin.

«Wir waren kurz davor, den Fuß zu amputieren», hatte die Ärztin mit besorgtem Blick gesagt.

«Wird sie wieder normal gehen können?»

«Das kann ich nicht versprechen. Man muß Geduld haben.»

Danach war er unendlich müde gewesen, aber so aufgewühlt, daß er eine Weile ziellos durch die Stadt gefahren war, in der es bereits dunkel wurde und unzählige Menschen durch die breiten Straßen und über die weiten Plätze spazierten oder trinkend und essend vor den Cafés und Kneipen saßen. Passanten, Paare, Arm in Arm, Hand in Hand, lachend, küssend in der warmen Sommernacht. Obwohl er jeden Weg kannte und ihm alle Bilder vertraut waren, konnte er sich unmöglich vorstellen, in dieser Stadt noch vor kurzer Zeit zu Hause gewesen zu sein. Schließlich war er in das Viertel gefahren, in dem er viele Jahre gewohnt hatte, und zu Patrizio gegangen, dem Freund, der sich freute, ihn zu sehen, der aber auch überrascht war und sofort merkte, daß etwas passiert war.

«Trinken wir eine Grappa», sagte Patrizio, nachdem ihm Arno von dem Unfall erzählt hatte. Er schüttelte den Kopf. «Aglaja war erst vor ein paar Tagen hier. Sie war so guter Dinge.»

«Ja?»

Patrizio zog die Schultern hoch und breitete die Arme aus. «Sie hat versucht», sagte er. «Willst du essen?»

Obwohl Arno keinen Hunger verspürte, aß er eine Pasta, die er kaum schmeckte, und saß dann noch lange mit Patrizio am Tresen des Restaurants.

«Ich muß morgen wieder weg», sagte Arno.

«Ich kümmere mich», sagte Patrizio und legte eine Hand auf Arnos Schulter. «Sie ist eine starke Frau.»

Vom Restaurant aus hatte er Aglajas Eltern in Polen angerufen und sie von dem Unfall unterrichtet. Er hatte sie erst zweimal getroffen. Ihr Vater wirkte erschrocken, aber gefaßt. Gleich am nächsten Tag wollten die Eltern nach Berlin kommen. Außerdem hatte er sich endlich bei seinem Kollegen Müller gemeldet. Auch wenn er nicht anders gekonnt hatte, wußte er natürlich, wie unprofessionell es war, mitten in einer Ermittlung zu verschwinden. Noch dazu mit dem Wagen seines neuen Kollegen. Müller klang aufgebracht, doch nachdem er erfahren hatte, was geschehen war, beruhigte er sich. Bei der abendlichen Sitzung in der Polizeiinspektion hatte er zwar versucht, seinen Partner zu entschuldigen, aber Arno mußte mit Ärger rechnen. Pries sei auf hundertachtzig, hatte Müller gesagt.

Arno zog die Schubladen von Aglajas Schränken auf und suchte nach Sachen, die sie im Krankenhaus brauchte, nach Unterhosen, Büstenhalter, T-Shirts, und dabei fühlte er nicht nur eine seltsame Scham, ihn überkam auch tiefe Trauer. Es war wie im Haus seiner Eltern, alle Dinge, die einem Menschen gehören und ihn ein Leben lang begleitet haben und ihn ausmachen, liegen bereit wie immer, doch der Mensch ist nicht mehr da. Am Ende bleiben nur noch Dinge von uns übrig, und da sie uns überdauern, wissen sie im Grunde mehr von uns als wir über sie, dachte er. Schließlich hält sie jemand, dem sie fremd sind, in den Händen und betrachtet sie. Wie oft hatte Arno schon in fremden Schränken gewühlt? Er hatte schon zu viele Dinge gesehen, die von Menschen übriggeblieben waren und die nur noch den Zweck erfüllten, dabei zu helfen, ihre Besitzer zu verstehen, ihre Geschichte zu erfahren und den Gründen für ihren Tod auf die Schliche zu kommen.

Aber Aglaja war nicht tot, sie hatte «unvorstellbares Glück» gehabt, und sie würde wieder gesund werden. Er ging weiter in das Badezimmer und packte wahllos alles ein, was auf dem Regal über dem Waschbecken stand. Je länger er ihre Sachen zusammensuchte, desto mehr war ihm, als würde er sie ausspionieren. Und trotzdem beschlich ihn eine nagende Neugier, nachdem er, zurück in ihrem Schlafzimmer, den Anrufbeantworter sah. Er drückte auf den kleinen Knopf und hörte, wie das Band zurückspulte, und dann erstarrte er erschrocken, als eine gebrochene Stimme erklang, in der er erst nach einer Weile seine eigene erkannte. *Ich vermisse dich.* Voller Selbstekel schaltete er das Gerät aus, nahm die Tasche, ging durch den schmalen Flur, wo er sich bleich und mit tiefen Augenringen im Spiegel sah, und verließ hastig die Wohnung.

Aglaja hatte ihm gestern auch erzählt, wo der Unfall stattgefunden hatte, und so wußte Arno, aus welchem Polizeirevier die Beamten an die Unfallstelle gekommen waren. Das Polizeirevier des Abschnitts 77 befand sich versteckt in einem häßlichen Labyrinth aus Plattenbauten an der Storkower Straße und würde von niemandem, der nicht schon einmal dort gewesen war, gefunden werden. Arno parkte den Kadett neben zwei Einsatzfahrzeugen auf den gesprungenen Betonplatten, aus deren Ritzen Unkraut wucherte.

In dem von Neonröhren erleuchteten Polizeirevier dauerte es eine Weile, bis sich aus der Gruppe der sich unterhaltenden Uniformierten ein Beamter löste und mit einem Butterbrot in der Hand an den Tresen schlenderte. Der Mann erinnerte Arno mit seiner Halbglatze und dem alterslosen, grauen Gesicht an den ehemals beim HSV spielenden bulgarischen Fußballer Letschkov. Um keine Unklarheiten aufkommen zu lassen, zeigte ihm Arno seinen Dienstausweis und schilderte kurz den Unfall am gestrigen Tag.

«Deswegen kommen Sie aus Celle hierher?» fragte der Beamte und biß in sein Brot.

«Das Unfallopfer ist meine Lebensgefährtin», sagte Arno. Bei dem letzten Wort kam er sich nicht nur blöd vor, sondern auch verlogen.

Der Beamte sah ihn skeptisch an, seine hohe Stirn zog sich in Falten. «War sie zu Besuch hier?»

«Nein, sie wohnt hier.»

«Und jetzt?» wollte der Polizist kauend wissen.

Arno wußte es selbst nicht genau, seine eigene Unentschlossenheit und die für einen Berliner Polizeibeamten so typische, abweisende Art machten ihn wütend.

«Wollen Sie das Fahrrad abholen?» fragte der Beamte dann, als wollte er ihm auf die Sprünge helfen, und schob sich den Rest des Brotes in einem Stück in den Mund.

«Das ist hier?»

Der Polizist nickte kauend, drehte sich um und verschwand gemächlich in einem Hinterzimmer. Kurze Zeit später erschien er durch eine andere Tür auf dem Flur vor dem Tresen. Mit einer Hand trug er Aglajas Fahrrad, das er schließlich vor Arno absetzte. Das Vorderrad war um hundertachtzig Grad nach innen verdreht, eine Seite der Lenkstange war abgebrochen und hing nur vom Bremskabel gehalten hinab, das Glas der Vorderlampe war zerplatzt, und die linke Fußraste fehlte. Was Arno aber einen Schock versetzte, war der Knick, der sich längs in der Mitte durch die Felgen und den gesamten Rahmen zog. Es sah so aus, als wäre der LKW einmal quer über Aglajas Fahrrad gefahren.

«Ein Wunder, daß da noch jemand lebendig runtergekommen ist», sagte der Polizist und drückte damit aus, was Arno dachte. Er lehnte das Rad gegen den Tresen. «Wie geht es denn Ihrer Freundin?» erkundigte er sich dann, als hätte er in diesem Moment das Mitgefühl für sich entdeckt.

«Den Umständen entsprechend», sagte Arno und fragte sich im gleichen Moment, warum er nur noch dazu in der Lage war, nichtssagende Floskeln abzusondern.

«Wir haben hier tagtäglich Fahrradunfälle, und viele gehen nicht so glimpflich aus.»

«Ich weiß», sagte Arno. «Wie sieht die Sachlage aus?»

«Soviel ich weiß», sagte der Beamte, schaute sich kurz nach seinen Kollegen um und wandte sich dann wieder an Arno, «gibt es zwei Zeugen, und die haben eindeutig ausgesagt, daß die Fahrradfahrerin Grün hatte und der Führer des LKW sie beim Abbiegen übersehen hat.»

«Gut. Können Sie das Ganze ein wenig beschleunigen?»

«Was meinen Sie?»

«Sie sagten ja, die Sachlage ist eindeutig», begann Arno und bemühte sich um einen freundlichen Ton, der nicht einschleimend wirkte. «Normalerweise dauert es Wochen oder Monate, bis jemand Akteneinsicht bekommt. Und dann warten die Unfallopfer eine Ewigkeit auf ihren Schadenersatz und müssen möglicherweise noch vor Gericht.»

Der Polizist atmete tief ein und kniff die Augen zusammen. «Das geht hier alles seinen Gang.»

«Ich weiß.» Den Satz hatte Arno schon tausendmal gehört. «Bis vor kurzem war ich auch noch in Berlin.»

«Sie waren bei der Kripo in Berlin?»

«In Kreuzberg», sagte Arno und musterte den Mann. Obwohl er ihm älter vorkam, war er wahrscheinlich jünger als er selbst. «Haben Sie Frau und Kinder?»

«Ja, und?»

«Sie wissen, was ich meine. Unter Kollegen.»

«Na schön», seufzte der Polizist, stützte sich mit beiden Händen auf dem Tresen ab und schaute auf die mit Einkerbungen durchzogene Holzplatte. «Ich werde sehen, was sich machen läßt.»

«Danke.»

«Nehmen Sie das Rad nun mit?»

«Ich weiß im Moment auch nicht, wohin damit.» Arno zuckte mit den Achseln. «Kann es erst mal hierbleiben?»

«Na gut. Kein Problem.» Jetzt lächelte der Berliner Beamte sogar kollegial.

Arno verabschiedete sich und ging hinaus zu dem Kadett. Die Straßen auf dem Weg zum Krankenhaus waren für die Tageszeit erstaunlich leer, und erst als Arno anhielt, um in einem kleinen italienischen Spezialitätenladen ein Frühstück für sich und Aglaja einzukaufen und er das Geschäft geschlossen vorfand, fiel ihm wieder ein, daß heute ja Feiertag war. Christi Himmelfahrt. Er fuhr zum Schlesischen Tor, wo es eine

Menge türkischer Geschäfte gab, für die solche Feiertage keine Bedeutung hatten, und kaufte dort in einem kleinen Laden gefüllte Weinblätter, Schafskäse, getrocknete Tomaten und andere pikante Kleinigkeiten ein, die Aglaja so gerne aß. Sie hatte ihm einmal erzählt, daß eine ihrer ersten Erfahrungen in der neuen Heimat, als sie mit sechs Jahren nach Deutschland kam, die angewiderte Reaktion ihrer deutschen Klassenkameraden auf ihre von der Mutter mit Knoblauch und eingelegten Gurken verfeinerten Pausenbrote gewesen war.

Im Foyer des Krankenhauses waren wegen des Feiertages schon zu dieser frühen Stunde Massen von Besuchern, mit Blumen und Gepäck wie für einen Umzug beladene und betreten durch das Gemäuer schleichende Gruppen. Man hätte glauben können, die von ihnen besuchten Verwandten und Freunde wären in diesem, einem Gefängnis gleichenden Gebäudekomplex für immer vom Leben abgeschnitten. Als Arno mit seiner kleinen Provianttüte und Aglajas Tasche den endlosen Gang entlanghastete, spürte er bei jedem Schritt einen ziehenden Schmerz im linken Fuß, der erst abklang, nachdem er die Treppen hinaufgelaufen war und die Station betreten und schließlich die Tür zu Aglajas Krankenzimmer aufgezogen hatte und das Bett, in dem sie gestern noch in seiner Anwesenheit eingeschlafen war, leer vorfand. In dem anderen Bett lag nun eine alte Frau, von der Arno nur den zum Fenster abgewandten, mit dünnem Haar bewachsenen und ausgemergelten Kopf sah und die leise vor sich hin stöhnte. Erschrokken wich Arno zurück, trat rückwärts wieder auf den Gang und lief mit einem bangen Gefühl zum Stationszimmer, in dem eine Gruppe von Krankenschwestern schwatzend beim Frühstück war. Er entschuldigte sich für die Störung und fragte nach Aglaja.

«Die haben wir in ein Einzelzimmer gesteckt», sagte eine

Krankenschwester. «Die Wunde wollten wir keinem anderen Patienten zumuten.»

Erleichtert folgte Arno der Anweisung der Krankenschwester. Das neue Zimmer lag ganz am Ende des Ganges. Vorsichtig klopfte er an die Tür und hörte von innen Aglajas schwache Stimme. Als er eintrat, saß sie an das Kissen gelehnt mit aufgerichtetem Oberkörper im Bett, in einem geblümten Krankenhausnachthemd, auf das ihr schwarzes Haar fiel, und schaute zur Tür. Sofort begann ihr Gesicht zu strahlen. Arno erinnerte sich daran, wie sie einmal an einer Lebensmittelvergiftung gelitten hatte, und dachte wieder, daß sie gerade dann, wenn ihre Gesundheit angegriffen war, besonders schön aussah. Sie breitete die Arme aus, drückte Arno an sich und hielt ihn fest.

«Ich mußte die ganze Zeit daran denken, wie du gestern dagestanden bist», sagte sie, und als sie ihn küßte, spürte er eine warme Träne, die ihre Wange hinablief.

Er mußte daran denken, wie traurig sie gewesen war, wie fassungslos, als er ihr offenbart hatte, daß er weggehen würde aus Berlin. «Wie geht es dir?»

Aglaja zog die Nase hoch und versuchte ein Lächeln. «Ich habe die ganze Nacht gebrochen», sagte sie, «wahrscheinlich vertrage ich das Schmerzmittel nicht.»

«Und jetzt?»

«Jetzt geht es.» Sie schaute auf die Tüte und ihre Tasche. «Was hast du denn da mitgebracht?»

«Ich habe dir ein paar Sachen eingepackt», sagte Arno und setzte sich auf die Bettkante.

«Das ist lieb von dir.» Sie streichelte seine Wange. «Und was ist in der Tüte?»

«Ich habe beim Türken eingekauft», sagte er. «Aber das verträgst du dann bestimmt auch nicht.»

«Doch, das vertrage ich immer. Zeig mal.» Aglaja nahm ihm die Tüte ab und packte die Sachen aus. «Mmmh, lecker. Das Frühstück hier war furchtbar.» Mit geneigtem Kopf und konzentriertem Blick ordnete sie die Weinblätter und getrockneten Tomaten und den Schafskäse auf einem Teller an, der vom Krankenhausfrühstück stehengeblieben war, und brach das Brot in schmale Streifen, von dem sie ihm einen mit einem Lächeln reichte. Wieso ist mir nie klargeworden, dachte Arno mit einem Stechen im Herzen, wie Aglaja überall, egal an welchem Ort, selbst in einem kalten Krankenzimmer ein Gefühl von Geborgenheit und Heimat verbreiten kann? Und während sie zu essen begannen und sich dabei gegenseitig schweigend anschauten, war es Arno in dieser unauslotbaren Stille – vom Flur hörte man nichts und auch nicht aus dem Hof durch das gekippte Fenster –, als wäre er vollends aus dieser Welt. Die Sonnenstrahlen fielen auf Aglajas schwarzes Haar und hüllten sie in einen außerirdischen Glanz. Am liebsten hätte er sich neben sie gelegt und wäre mit ihr eingeschlafen für eine unbestimmte Zeit.

«Mindestens vier Wochen muß ich hierbleiben», sagte Aglaja, als hätte sie seine Gedanken gelesen.

«Ich weiß», sagte Arno. «Aber du hast noch Glück gehabt.»

«Ja.»

«Ich habe deine Eltern angerufen.»

«Was haben sie gesagt?»

«Nicht viel. Aber sie wollen heute kommen.»

«Kochani rodzice», murmelte Aglaja, und Arno mußte daran denken, wie er oft, wenn sie neben ihm gelegen hatte, davon aufgewacht war, daß sie im Traum in ihrer Muttersprache redete.

«Kochani rodzice», wiederholte er. «Die lieben Eltern?»

«Ja», sagte sie und lächelte ihn an. «Du hast es behalten.»

Da fiel ihm etwas ein. «Was heißt eigentlich *Szczerbiec*?» fragte er.

«*Szczerbiec*? Das habe ich schon mal irgendwo gelesen.» Sie überlegte. «In *Quo vadis?* oder so.»

«In *Quo Vadis*?»

«Weißt du nicht, daß das ein Pole geschrieben hat?» Dann zuckte sie zusammen und presste die Lippen aufeinander.

Hilflos nahm er ihre Hand. «Tut es weh?»

Sie versuchte ein Lächeln. «Es geht schon wieder.»

«Wirklich?»

«Ja. Ich glaube, *Szczerbiec* heißt Schwert. Das ist ein ziemlich ungebräuchliches Wort. Es hat etwas Martialisches. Eigentlich heißt Schwert *miecz*.»

«Das Schwert», wiederholte Arno nachdenklich.

«Was ist?»

«Nichts.» Er verscheuchte seine Gedanken und sah sie an. «Es tut mir leid, Aglaja.» Er suchte nach Worten, aber wieder einmal kamen ihm alle Worte, die ihm einfielen, unpassend vor und unzureichend.

«Du kannst doch nichts dazu.»

«Nein, ich dachte, ich könnte einfach gehen, aber …»

Sie legte eine Hand auf seine Lippen. «Ich habe deine Nachricht gehört.»

Die Erwähnung seines nächtlichen Anrufes war Arno peinlich. Er mußte daran denken, wie er am Morgen angewidert seine Stimme gehört hatte. «Ja», sagte er leise.

«Im Grunde habe ich mich nur getraut, dich anzurufen, weil du mich am Abend vorher angerufen hattest», sagte Aglaja und streichelte seine Wange. «Wirklich, sonst hätte ich mich nicht getraut.»

«Es war das einzig Richtige», sagte er, drückte ihre Hand und küßte sie. «Aber leider kann ich nicht bleiben.»

«Ich weiß. Aber du warst da, als ich dich brauchte.»

Sie zog ihn an sich heran und legte ihre Arme um ihn, und so aneinandergeschmiegt verharrten sie, als wollten sie die Zeit anhalten. Doch dann stieg in Arno eine kribbelnde Unruhe auf, die Aglaja zu spüren schien, denn kurz darauf ließ sie ihn los.

«Sobald ich kann», sagte Arno, «komme ich wieder.»

«Schön, daß du da warst», sagte Aglaja, und er sah, wie sie mit den Tränen kämpfte und ihm den Abschied nicht schwermachen wollte. «Fahr vorsichtig.»

Er küßte sie, stand auf und ging zur Tür, wo er sich noch einmal nach ihr umdrehte. Dann ließ er sie allein.

Auf dem Weg zum Auto war er erfüllt von einer inneren Wärme wie lange nicht mehr. Gleichzeitig fühlte er sich erschöpft und kraftlos und vollkommen außerhalb seiner selbst. Er war so aufgewühlt und bewegt, daß es ihm nicht nur die Sprache verschlug, sondern ihm auch alle Gedanken aus dem Kopf fegte. Mechanisch, mit wackligen Knien ging er die Straße hinab und nahm nichts um sich herum wahr. Bemerkte die Sonne nicht, die hoch in den wolkenlosen Himmel gestiegen war und warme Strahlen zur Erde schickte, sah die Menschen nicht, die ihm entgegenkamen und auswichen. Erst als an einer Kreuzung ein Auto mit heulendem Motor an ihm vorbeijagte, schreckte er auf. Aglajas Unfall hatte ihn herausgerissen aus allem, was und wer und wo er zu sein glaubte. Dieser Schicksalsschlag warf Fragen auf, die er gehofft hatte, geklärt zu haben. Vor allem aber quälte es ihn, sie allein zurücklassen zu müssen, jetzt, wo sie ihn brauchte und wo er es kaum ertragen konnte, nicht jede Sekunde an ihrer Seite zu sein.

Nachdem er den Kadett erreicht hatte, versuchte er sich zu sammeln. Er mußte zurück nach Celle, und er mußte wieder Polizist sein, sagte ihm die Vernunft. Je schneller er diesen Fall löste, desto eher konnte er wieder zu Aglaja fahren. Ihre Eltern kamen noch heute und würden sich um sie kümmern. Er zog sein Handy aus der Jackentasche und schaltete es ein. Zwölf Anrufe in Abwesenheit zeigte ihm das Display an, zwölf Botschaften auf der Mailbox, die er vorsichtshalber gar nicht erst abhörte.

Fahr vorsichtig, hatte Aglaja gesagt, eine lieb gemeinte Ermahnung, die ihm nun, als er auf den Fahrersitz des fremden Wagens stieg und die Hände ans Lenkrad legte, Angst einjagte, Angst vor der Fahrt zurück, eine ihm gänzlich neue Angst vor dem Autofahren. Zum ersten Mal in seinem Leben hatte Arno das Gefühl, daß ihm nichts passieren durfte, daß er vorsichtig sein mußte, um für Aglaja dasein zu können und ihr keinen Kummer zu bereiten. Bevor er losfuhr, wählte er die Nummer seines Kollegen Müller.

«Wo bleiben Sie, verdammt?» sagte Oberkommissar Müller.

«Ich fahre jetzt los.»

«Pries reißt Ihnen den Kopf ab.»

Arno mußte an die kurzen, muskulösen Arme des Ersten Kriminalhauptkommissars denken. «Gibt es etwas Neues?» fragte er.

«Allerdings. Wir haben herausgefunden, wer der Tote ist. So wie es aussieht, ist er übrigens verdurstet.»

«Verdurstet?»

«Ja. Morgen wissen wir Genaueres.»

«Und wer ist es?»

«Harms. Knut Harms.»

16

Karsten Müller zuckte zusammen und krümmte sich, als hätte ihm jemand einen Stich versetzt. Gerade hatte Arno begonnen, ihm die Verletzungen zu beschreiben, die Aglaja durch den Unfall davongetragen hatte.

«Ach, du Scheiße», stöhnte Müller, als wäre sein eigener Fuß überfahren worden, und hielt sich die Ohren zu. «Hören Sie auf.»

Als Arno den Kadett auf dem Hof der Polizeiinspektion Celle geparkt hatte, war er schon ungeduldig von seinem Kollegen empfangen worden. Auf der Rückfahrt hatte dichter Verkehr geherrscht, er hatte eine Ewigkeit gebraucht, um aus Berlin herauszukommen, schon auf dem Ring war er in einen Stau geraten. Anscheinend war die ganze Stadt unterwegs und zwängte sich durch die Nadelöhre nach draußen ins Freie. Natürlich, viele Menschen hatten den morgigen Freitag als sogenannten Brückentag frei und waren bei dem herrlichen Wetter über das verlängerte Wochenende zu einem Kurzurlaub an die Ostsee oder in den Süden aufgebrochen. Am Ende hatte er fast fünf Stunden für die knapp dreihundert Kilometer nach Celle gebraucht, und mittlerweile war es bereits nach acht Uhr am Abend.

Arno reichte Müller das Schlüsselbund. «Sie haben was gut bei mir.»

Müller nickte und steckte den Schlüssel ein. «Ich habe schon versucht, Heiner Pries etwas zu beruhigen», sagte er. «Aber ob das viel gebracht hat, weiß ich nicht.»

«Trotzdem danke.»

«Dafür nicht.»

Sie gingen die Treppen hinauf und traten durch die Glastür in das Foyer. Kommissar Witte stand hinter dem Tresen, und als Arno ihn grüßte, guckte er ihn nur strafend an. Das Gebäude der Polizeiinspektion machte einen ruhigen Eindruck.

«Woher wissen Sie eigentlich, daß der Tote Harms ist?» wollte Arno von Müller wissen.

Müller blieb vor dem Aufzug stehen und drückte auf den Knopf. Dann hob er seine rechte Hand und streckte nur den kleinen Finger aus.

«Verstehe», meinte Arno. «Wurde er bereits offiziell identifiziert?»

«Nein», entgegnete Müller. «Aber alles paßt zusammen. Das Blut auf dem Anzug, den wir im Benz gefunden haben, ist auch von Harms, hat Stockmann ermittelt. Der hat auch schon die Schnüre untersucht, mit denen er gefesselt war. Handelsübliche Nylonschnüre, die man zum Beispiel für LKW-Planen benutzt. Der Knebel ist ein Stück von einem Kartoffelsack.»

«Ein Kartoffelsack?»

«Ja. Jute. Ganz normal auf dem Land. Aber Fingerabdrücke Fehlanzeige.» Die Tür des Aufzugs öffnete sich, und die beiden traten in die enge, muffige Kabine. «Morgen früh kriegen wir den Obduktionsbericht», sagte Müller, während der Aufzug ratternd nach oben fuhr. «Übrigens habe ich die Konten von Harms überprüft.»

«Und?»

«Die Eheleute haben getrennte Konten. Bei ihr ist alles im grünen Bereich, aber auf seinem Geschäftskonto ist völlige Ebbe.»

Arno starrte die anstaltsgrünen, glänzenden Wände an. «Was wollte er also in Polen?»

«Gute Frage.»

Als die Fahrt im sechsten Stock zu Ende war und die Tür wieder aufging, sah Müller Arno an. «Schon Schiß?»

«Er wird mir doch nicht wirklich den Kopf abreißen, oder?» entgegnete Arno lächelnd, obwohl ihm überhaupt nicht wohl zumute war. Er hatte Kopfschmerzen und bekam nur schwer Luft, außerdem hatte er während der langen, zermürbenden Fahrt zuviel Zeit zum Nachdenken gehabt. Seine Gedanken waren jedoch nur um Aglaja gekreist, die nun allein im Krankenhaus lag, seine Arbeit und die Ermittlungen waren wie weggeblasen gewesen.

«Da wäre ich mir nicht so sicher», meinte Müller und marschierte voran zu Pries' Büro.

Der Erste Kriminalhauptkommissar stand mit verschränkten Armen hinter seinem Schreibtisch und starrte mit hochrotem Kopf knapp an Arno vorbei. Der fühlte sich wie ein vor den Rektor zitierter Schüler und hatte den Eindruck, daß Heiner Pries kurz davor war zu platzen. Der Schweißgeruch des Ersten drang bis zu ihm herüber, und er hätte sich nicht gewundert, wenn Pries den Gürtel seiner Hose herausgezogen hätte, um ihn damit zu verprügeln. Da ihm kein Platz angeboten wurde, blieb auch Arno stehen, und der Schreibtisch zwischen ihnen schien sein einziger Schutz zu sein.

«Und?» sagte Pries mit zusammengepreßten Lippen, ohne ihn anzusehen.

Arno entschuldigte sich förmlich und berichtete erneut von Aglajas Unfall.

Pries hörte ihm ungeduldig zu und trommelte mit den Fingern auf seinen Bizeps. «So was ist mir hier während meiner gesamten Dienstzeit noch nicht untergekommen», sagte er, als Arno fertig war. Seine hohe Stimme wurde noch höher. «Warum kommt man dann überhaupt nach Celle, wenn die Frau noch in Berlin lebt?»

«Wir sind nicht verheiratet», entgegnete Arno.

Pries schnaubte. «Dann sollte man mal seine Verhältnisse klären», sagte er.

«Heiner! Jetzt mach mal halblang», versuchte Müller zu beschwichtigen.

«Halt dich da raus», schnauzte ihn Pries an. Dann setzte er sich schnaufend auf seinen Stuhl und wandte sich wieder an Arno, schaute ihm aber immer noch nicht direkt in die Augen. «Ist doch wahr, Mensch. Ich verstehe es nicht. Ich habe sowieso nicht verstanden, warum man von Berlin hierherkommt.»

Im Moment verstand es Arno selbst nicht. Im Grunde verstand er gar nichts mehr, er wußte nur, daß er dieses Büro so schnell wie möglich verlassen wollte.

«Soll jetzt immer hin- und hergefahren werden, oder was?» machte Pries weiter.

«Nein», erwiderte Arno, dem es langsam auf die Nerven ging, daß Heiner Pries ihn weder direkt ansehen noch ansprechen konnte. Wahrscheinlich bereute er gerade, Arno voreilig das Du angeboten zu haben.

«Haut einfach ab. Ein Polizeibeamter. Hauptkommissar. Keiner wußte, wo der Ermittlungsleiter ist. Keiner wußte, wie es weitergehen sollte. Wir haben hier den schlimmsten Fall seit ...» Pries hielt inne. «Den absolut schlimmsten Fall. Die Presse hat uns die Bude eingerannt ...»

«Was willst du?» Arnos Geduld war am Ende. Er war müde, und die Müdigkeit machte ihn zunehmend aggressiv. Wenn Pries ihn suspendieren wollte, dann sollte er es tun. In diesem Augenblick war es ihm egal, er dachte nicht an die Folgen, hätte alles in Kauf genommen und wäre sofort zurück nach Berlin zu Aglaja gefahren.

«Was ich will?» fauchte Pries und sah Arno zum ersten Mal an. «Es geht nicht darum, was ich will. Du kennst die Bestimmungen genauso wie ich. Von Rechts wegen …» Er schaute auf seine Schreibtischunterlage und vollendete den Satz nicht, vielleicht weil er ihn so drohender fand, vielleicht weil er selbst nicht wußte, wie er aufhören sollte.

Arno sah ihn an. «Soll ich vor dir auf die Knie fallen, oder was?»

«Das ist ja wohl der Gipfel.» Pries sprang auf, seine Stimme überschlug sich, zu allem Überfluß pochte er nun mit einem Zeigefinger auf seine gewölbte Brust. «Muß ich mir hier auch noch dumm kommen lassen?»

Ehe das Echo seiner Stimme in dem Büro verklungen war, ging hinter Arno und Müller die Tür auf. Sie drehten sich um und sahen Polizeidirektor Sörensen mit einer Hand auf der Klinke in der Tür stehen.

«Was ist denn hier los?» wollte er wissen.

Keiner der drei antwortete. Heiner Pries rang nach Luft und wandte sich ab.

«Herr Hennings, kommen Sie bitte mit in mein Büro», sagte Sörensen, ließ die Tür offen und verschwand.

Arno schaute von Pries zu Müller und folgte dann wortlos dem Leiter der Polizeiinspektion den Gang hinab.

Sörensens Büro war nicht viel größer als das des Ersten Hauptkommissars, aber es war mit Bücherregalen gesäumt und glich eher dem Büro eines Universitätsdozenten als dem eines Polizisten. Auf den Fensterbrettern standen gutgepflegte Pflanzen, und zwischen den Regalen hing ein Poster von Miles Davis – wenn Arno sich nicht täuschte, war es das Cover der Platte *Nefertiti* von 1967. Der Polizeidirektor war also auch ein Musikliebhaber, dachte er und fragte sich im gleichen Moment, ob sein lexikalisches und letztlich überflüssiges Wissen über Musik vor allem in solchen Momenten zum Vorschein kam, in denen er es am wenigsten gebrauchen konnte.

Sörensen nahm hinter seinem aufgeräumten Schreibtisch Platz und nickte Arno zu. «Setzen Sie sich.»

Arno setzte sich auf den harten Stuhl vor dem Schreibtisch, rieb seine Schläfen, sammelte sich dann und richtete sich gerade auf.

«Was war los, Herr Hennings?»

Arno mußte die Geschichte zum dritten Mal erzählen, und je häufiger er sie erzählte, desto unwirklicher kam sie ihm vor. Zudem war es ihm mittlerweile äußerst peinlich, jeden in der neuen Dienststelle mit seinen privaten Problemen zu belästigen. Abgesehen davon, daß sie im Grunde niemanden etwas angingen, befürchtete er, daß es seine Position schwächte. Bisher hatte er es eigentlich immer so gehalten, möglichst wenig von sich preiszugeben. Aber bis vor einem halben Jahr war in seinem Leben auch noch nichts passiert, was ihn von diesem Grundsatz hätte abbringen können. Nun war er durch mehrere Ereignisse ins Schwanken geraten.

«Furchtbare Geschichte», sagte Sörensen, als Arno mit seiner knappen Erzählung geendet hatte. «Meine Tochter hatte vor ein paar Jahren auch einen Fahrradunfall. Gott sei Dank war es nichts Ernstes. Wie geht es denn Ihrer Lebensgefährtin jetzt?»

Sörensens Mitgefühl wirkte nicht aufgesetzt. Obwohl der Polizeidirektor nur ungefähr zehn Jahre älter war, strahlte er eine fast väterliche Ruhe aus, in der Arno sich aufgehoben fühlte. «Schwer zu sagen», antwortete er. «Den Umständen entsprechend.» Ihm fiel auch jetzt nichts Besseres ein. Die Augen drohten ihm zuzufallen.

«Kommt ihr Fuß wieder in Ordnung?»

«Das kann man noch nicht sagen. Aber sie hat noch Glück gehabt.»

«Na, immerhin», sagte Sörensen und hielt einen Moment

inne. «Herr Hennings, es geht nicht darum, daß Sie gefahren sind. Ich hätte an Ihrer Stelle vielleicht das gleiche getan. Wer weiß. Es geht darum, daß Sie niemanden vorher gefragt haben.»

«Ich weiß nicht, ob ich noch gefahren wäre, wenn ich es hätte erklären müssen.»

«Verstehe. Ich heiße Ihr Vorgehen nicht gut, aber ich kann es verstehen. Behalten Sie das aber bitte für sich», sagte Sörensen und lächelte ihn kurz an. Dann wurde seine Miene wieder ernst. «Ich halte Sie trotz allem für einen guten Polizisten. Außerdem pflege ich jedem eine zweite Chance zu geben. Noch ist das Kind nicht in den Brunnen gefallen. Zum Glück sind Sie nur einen Tag weggeblieben. Obwohl die ersten vierundzwanzig Stunden natürlich enorm wichtig sind. Aber das wissen Sie ja selbst.» Er hielt kurz inne und betrachtete Miles Davis, als wollte er aus dessen Miene Inspiration ziehen. «Ich möchte, daß dieser Fall schnell und sauber aufgeklärt wird, und ich möchte, daß Sie ihn aufklären. Mit allen verfügbaren Beamten und Mitteln. Hauptkommissar Pries wird die Ermittlung von hier koordinieren. Kommen Sie bitte miteinander zurecht.»

Arno nickte. Ihm war klar, daß er erleichtert sein sollte, in seinem Magen begann es jedoch zu rumoren. Plötzlich wußte er nicht mehr, ob er dem Vertrauen, das Sörensen ihm schenkte, und der Verantwortung für den Fall gerecht werden konnte.

Der Polizeidirektor sah ihn durch seine dicken Brillengläser an. «Ist das in Ordnung für Sie?»

Arno räusperte sich. «Selbstverständlich. Danke.»

«Gut. Betrachten Sie sich als auf Bewährung. Schlafen Sie sich jetzt aus und konzentrieren Sie sich ab morgen wieder voll und ganz auf die Arbeit. Oberkommissar Müller hat die ersten

Schritte unternommen. Übrigens kann man bei einer solchen Tat nicht ausschließen, daß es weitere Opfer geben wird.»

Der Gedanke war Arno noch gar nicht gekommen. Und er verstärkte seine Magenschmerzen. Nach außen bemühte er sich jedoch, seine Kraftlosigkeit zu verbergen, und nickte wortlos.

«Und passen Sie auf die Presse auf», sagte Sörensen, nahm seine Brille ab und rieb sich die Augen. «Wir befinden uns hier zwar in einer Kleinstadt, aber manche Journalisten lauern auch hier wie die Geier auf eine Story. Oder gerade hier. So ein Fall ist hier etwas Besonderes. Noch haben wir keine Details weitergegeben.» Er setzte seine Brille wieder auf.

«Danke für den Hinweis.»

«Erstatten Sie mir regelmäßig Bericht. Der Staatsanwalt sitzt mir im Nacken.» Sörensen erhob sich und streckte die Hand aus. «Bis morgen.»

Arno stand auf und gab seinem Chef die Hand. Sörensens Griff war trocken und fest, und Arno hatte das Gefühl, er mußte durch einen ebenso festen Griff seine Entschlossenheit beweisen, doch er konnte nicht sagen, ob ihm das gelungen war. Als er seine Hand senkte, wußte er nur, das sie schwitzte. «Auf Wiedersehen.»

Auf dem Flur im sechsten Stock der Polizeiinspektion war niemand zu sehen. Arno schlich an der Tür von Pries' Büro vorbei, hinter der er keinen Laut hörte, und betrat sein eigenes Zimmer. Das Fenster war immer noch gekippt, so wie er es am Mittwoch zurückgelassen hatte, als er mit Müller zum Truppenübungsplatz aufgebrochen war. Bei dem Gewitter hatte es hereingeregnet, vor dem Fenster hatte sich ein kleine Pfütze gebildet. Arno sah hinunter auf den Platz des Landgestütes, der ganz im Dunkeln lag. Dann drehte er sich um, schaltete die Schreibtischlampe an und sah erst jetzt den braunen Umschlag auf dem Tisch liegen, auf dem mit einer unsicheren Handschrift *Vergrößerungen/Harms, Knut* geschrieben stand. Er öffnete den Umschlag und zog die Fotografien heraus. Im ersten Moment hatte er mit den Aufnahmen der Leiche und des Tatortes gerechnet, aber dann stellte er fest, daß es sich um die Vergrößerungen des Fotos von Heike und Knut bei Hinnerks Hochzeit handelte. Und was er da entdeckte, verscheuchte augenblicklich alle anderen Gedanken, weckte sofort den Ermittler in Arno und führte ihm wieder den ganzen Fall vor Augen. Er mußte an die Silhouette des Adlers oder Falken denken, den er am Himmel über dem Eichendorfer Moor gesehen hatte, als Harms' Wagen aus dem Sumpf gezogen wurde. Und er mußte an die «Höhlenmalerei» an der Wand der Hütte auf dem Truppenübungsplatz denken, in deren Nähe die Leiche von Private Grafton gefunden worden war. Im Stil dieser archaisch wirkenden Zeichnung zeigte das Abzeichen, das Knut Harms am Revers seines Anzugs getragen hatte, einen Greifvogel im Flug.

17

Am Freitag morgen wurde Arno vom Klingeln des Telefons geweckt. Es war seine Schwester Simone, die sich beschwerte, daß sie ihn nie erreichen konnte, und ihn an den Hausverkauf erinnerte. Er war sofort hellwach, ließ sie ausreden und erklärte dann ruhig, aber bestimmt, daß sie ihn für eine Weile in Ruhe lassen sollte, bis er sich wieder melden und ihr alles erklären würde. Simone schien zu begreifen, daß es diesmal nicht die üblichen Ausreden waren, denn sie entgegnete nichts und legte auf.

Während Arno auf den Wecker schaute, begann er zu läuten. Er drückte die Taste hinunter, der Wecker verstummte, und Arno streckte sich. Vor einer Woche war die Leiche von Private Grafton gefunden worden, gleich würde er erfahren, wie lange Knut Harms schon tot war. Die Zeit verrann. Er konnte sie zwar nicht aufhalten, aber nun durfte er keine Sekunde mehr ergebnislos verstreichen lassen. Er duschte schnell und zog sich an. Dann ging er hinunter in die Küche, und während er in den leeren Kühlschrank schaute, fiel ihm ein, daß er zu Fuß ins Allgemeine Krankenhaus gehen mußte.

Als er am gestrigen Abend das Gebäude der Polizeiinspektion verlassen hatte, hatte das Rad nicht mehr auf dem Hof gestanden. Kommissar Witte hatte bereits Dienstschluß gehabt, und der Kollege, der am Empfang saß, wußte nichts von einem Rennrad. Als hätte er sein gesamtes Gefühl aufgebraucht, hatte er das Verschwinden des Rades seines Vaters nur noch niedergeschlagen registrieren können. Bevor er sich ohne Frühstück auf den Weg machte, nahm er das Telefon und wählte die Nummer der Zentrale der Polizeiinspektion. Nach wenigen Sekunden meldete sich Kommissar Witte.

«Ich habe am Mittwoch mein Fahrrad auf dem Hof abgestellt», sagte Arno, nachdem er Witte begrüßt hatte. «Können Sie mir sagen, wo es abgeblieben ist?»

«Vom Hof kommt nichts weg», entgegnete Witte barsch.

«Das Fahrrad ist aber nicht mehr da. Es handelt sich um ein weißes Rennrad der Marke Colnago.»

«Ich erinnere mich», sagte Witte. «Gestern habe ich es noch gesehen.»

«Und nun ist es verschwunden», sagte Arno.

«Sie waren ja auch lange weg», meinte Witte und mußte husten.

«Trotzdem. Würden Sie sich bitte darum kümmern?»

«Aber …»

«Lieber Kollege», sagte Arno, «bitte tun Sie mir den Gefallen.» Er war zutiefst verärgert, aber dafür konnte Witte nichts. Das verschwundene Fahrrad trug nur zusätzlich zu seiner schlechten Stimmung bei, und er wußte, daß er in einer solchen Verfassung nichts erreichen würde, bei Witte nicht und auch nicht bei der Aufklärung des Falles. Schlechte Laune war die Todfeindin eines Polizisten. «Das Fahrrad ist mir sehr wichtig. Es gehörte meinem Vater. Wer könnte es finden, wenn nicht Sie?»

Witte schnaufte. «Wollen Sie mich auf den Arm nehmen?» fragte er dann zögernd.

«Natürlich nicht», beschwichtigte ihn Arno. «Aber Sie sind für die Anmeldung und den Hof zuständig, oder?»

«Das bin ich.»

«Danke», sagte Arno. «Ich verlasse mich auf Sie.»

Er verabschiedete sich und legte auf, bevor Witte etwas erwidern konnte. Dann nahm er seine Tasche, steckte die Fotos von Stockmann und die anderen Unterlagen hinein und verließ das Haus. Der vorletzte Tag des Mai versprach erneut ein herrlicher Tag zu werden. Das Gewitter vor zwei Tagen war nur eine kurze Unterbrechung gewesen, jetzt erstrahlten die Pflanzen in den Vorgärten in bunter Blütenpracht, und wie ein Willkommensgruß begann Arnos Nase sofort wieder zu kribbeln. Trotzdem tat ihm die frische Luft gut. Als im Bremer Weg ein Lastwagen an ihm vorbeirumpelte, zuckte er zusammen. Er war froh, zu Fuß zu gehen. Auf dem Rennrad seines Vaters hätte er sich nach Aglajas Unfall wahrscheinlich völlig unsicher gefühlt.

Am gestrigen Abend hatte Karsten Müller ihn nach Hause gefahren, und da die Baustelle seines Hauses ganz in der Nähe von Arnos Elternhaus lag, hatte er sie Arno voller Stolz gezeigt. In der warmen Abendluft hatten sie auf der Veranda des Rohbaus, in dem Müller mit seiner Frau und den beiden kleinen Kindern bereits wohnte, ein Bier getrunken und dabei die Vergrößerungen der Fotos betrachtet und die weitere Vorgehensweise besprochen. Bevor Arno sich verabschiedete und zu Fuß nach Hause ging, hatte er ihm noch einmal gedankt.

Oberkommissar Karsten Müller hatte ihn mit seiner Loyalität, seinem Mitgefühl und den in seiner Abwesenheit geführten Ermittlungen positiv überrascht, so daß sich Arno nun für seine anfängliche Abneigung schämte. Obwohl es schon spät war, hatte er, ehe er in dem dunklen alten Haus todmüde ins Bett fiel, noch Aglaja im Krankenhaus angerufen. Er wußte, daß sie schon darauf gewartet hatte, daß er sich meldete und ihr sagte, daß er wohlbehalten angekommen war. Ihre Eltern waren am Nachmittag in Berlin eingetroffen und wollten bleiben, um sich um sie zu kümmern. So konnten sie beide einigermaßen beruhigt einschlafen, er in seiner dunklen Kammer und sie in ihrem kalten Krankenzimmer. Als er sich nun dem Allgemeinen Krankenhaus in Celle näherte, sah er sie wieder vor sich liegen, in dem geblümten Krankenhausnachthemd, mit ihrem traurigen und doch dankbaren Blick. Dafür, daß er Krankenhäuser haßte, hatte er sich in letzter Zeit zu oft in ihnen aufhalten müssen, dachte er.

Auf dem Parkplatz der Klinik stand Emmas ungekennzeichneter Land Rover, und der Anblick des mit Schlamm verkrusteten Geländewagens machte ihm wieder die Aufgabe bewußt, die vor ihm stand. Der Besuch in der Pathologie war nur der erste Schritt.

In dem hellgrüngekachelten Obduktionssaal im Keller war es so kühl, daß Arno nach seinem Gang durch den warmen Morgen im ersten Moment aufatmete. Dann aber rümpfte er die Nase. In dem Saal stand der typische, abgestandene und penetrant süß-saure Geruch, den Arno sogar durch seine verstopfte Nase wahrnehmen konnte. Jetzt konnte er verstehen, warum sich Dr. Papenburg ständig mit einer starken Dosis After-shave betäubte. Arno hatte sich angewöhnt, bei Besuchen in der Pathologie Tiger-Balm zu benutzen, heute hatte er aber nicht daran gedacht.

Der Doktor und Emma warteten bereits vor einem der beiden glänzenden Metalltische mit den Rinnen an den Seiten. Unter einem weißen Tuch lag die Leiche des Mordopfers, auf ihrem Bauch waren die Unterlagen des Doktors verstreut, dessen freundliche Begrüßung Arno verwundert zur Kenntnis nahm. Hatte dieser ungewöhnliche und brutale Fall die menschliche Seite des Mediziners hervorgeholt, oder war er einfach immer in besserer Stimmung, wenn er sich in seinem Arbeitsraum befand?

«Ist Oberkommissar Müller noch nicht da?» fragte Arno. Aus einem Kofferradio auf einem Experimentiertisch an der hinteren Wand hörte er leise die Morgennachrichten.

«Sie sind der zweite», sagte Dr. Papenburg. «Unsere werte britische Kollegin war mal wieder die erste.»

Emma und der braun gebrannte Mediziner lächelten sich an, und in dem Moment wurde Arno der wahre Grund für die gute Laune Dr. Papenburgs klar. Er musterte Emma, die ihm einen schwer zu deutenden Blick zuwarf.

«Fangen wir trotzdem schon an», entschied er und holte die Fotos von Knut Harms aus seiner Tasche. «Zuerst möchte ich die Leiche identifizieren», sagte er.

Nachdem Dr. Papenburg das Leinentuch gelüftet hatte, verglich Arno das Gesicht des Toten mit dem Foto. Die Augen waren geschlossen, und die Haut wirkte trocken, fast schon pergamentartig, was der Leiche den Ausdruck einer schon lange vergangenen Existenz gab. Im Gegensatz zu der Situation im Keller sah das Gesicht jetzt entspannt aus. Vielleicht war der Anblick des grobgeschorenen Schädels deshalb keineswegs erschreckend, sondern strahlte etwas ungemein Friedliches, ja fast Beruhigendes aus. Auch wenn er keine Haare mehr auf dem Kopf hatte, das Gesicht etwas eingefallen war und die Nase ein wenig schief wirkte, sah Arno nun gleich, daß es sich bei der Leiche um Knut Harms handelte.

«Ja», sagte Arno, steckte das Foto wieder ein und holte sein Notizbuch hervor. «Das ist Knut Harms, kein Zweifel.»

Dr. Papenburg schaute zur Tür. «Wollen wir warten?»

«Nein, nein, fangen Sie an.»

«Gut», begann der Doktor, rieb seine Hände und deutete dann auf das Gesicht der Leiche. «Beginnen wir mit der Todesursache. Wie man schon äußerlich erkennen kann, sind die Schleimhäute ausgetrocknet und angeschwollen. Das liegt daran, daß das Blut dickflüssiger geworden ist, wodurch es zu einer Thrombose gekommen ist. Die hat ihrerseits einen Herzinfarkt oder einen Schlaganfall oder eine Lungenembolie zur Folge. In diesem Fall konnte ich eine Lungenembolie nachweisen. Es hat sich ein Blutgerinnsel gebildet, losgerissen und die Gefäße der Lunge verstopft. Durch den Sauerstoffmangel ist er erstickt, weil das Blut nicht mehr zur Sauerstoffaufnahme durch die Lunge strömen konnte.» Er schaute Emma an, als suchte er nach Bestätigung, die sie ihm zu Arnos Verwunderung und Ärger mit einem süßen Lächeln auch gab.

«Er ist also an einer Lungenembolie gestorben?» fragte Arno ungeduldig.

«Moment», sagte Papenburg und hob einen Zeigefinger. «Gleichzeitig hat sich der Körper selbst vergiftet, da Harnstoff und andere Elektrolyte nicht mehr ausgeschieden werden konnten. Zuviel Harnstoff im Blut führt zu Bewußtseinsstörungen bis hin zum Koma. Weiterhin kam es zu einer Elektrolytentgleisung, das heißt, es gab zuviel Kalium im Blut, so daß die Reizübertragung am Herzen nicht mehr richtig funktioniert hat. Es begann mit Herzrhythmusstörungen und endete schließlich mit dem Herzstillstand.»

«Und woran ist er nun gestorben?»

«Er ist an einer Mischung dieser Symptome gestorben. Ein klassischer Fall von Verdursten.»

Unwillkürlich mußte Arno schlucken.

«Natürlich hat er auch nichts gegessen», fügte Papenburg hinzu. «Der Magen war bereits geschrumpft, ein Mageninhalt kaum noch vorhanden, so daß die letzte Mahlzeit schon Tage zurückgelegen haben muß.»

«Wie fühlt sich das an?» wollte Arno wissen.

«Ich habe es noch nicht erlebt. Wenn er frühzeitig ins Koma gefallen ist, hat er Glück gehabt. Schön ist es jedenfalls nicht.»

Arno ignorierte die letzte Bemerkung. «Er wurde also dort unten gefangengehalten und sich selbst überlassen.»

«Das müssen Sie herausfinden», entgegnete Papenburg lächelnd und fuhr sich über sein glattrasiertes Kinn. Heute hatte er sich anscheinend nicht geschnitten. «Aber wie Sie sehen können», fuhr er fort, «haben sich die Fesseln schon so tief in die Haut und in das Fleisch eingeschnitten, daß man davon ausgehen kann, daß er sich eine ganze Weile in dieser Position befunden hatte.»

«Wie lange dauert es, bis man verdurstet?» wollte Arno wissen und begann sich Notizen zu machen. Aus dem Radio trällerte nun ein alter deutscher Schlager.

«Je nach Wetterlage und Konstitution etwa drei Tage.» Papenburg hielt inne und nahm ein Blatt von dem weißen Leinentuch. «In dem Keller war es feucht und kühl, das hat die Sache eher verlängert. Seine körperliche Konstitution war nicht besonders gut, er war starker Raucher und wahrscheinlich auch Trinker und hatte zu wenig Bewegung, das hat die Sache verkürzt. Die beiden Faktoren heben sich also gegenseitig auf. Geht man davon aus, daß er in dem Keller verhungert und verdurstet ist, sich also vorher normal ernährt hat, dann war er nach drei Tagen tot.»

«Drei Tage», wiederholte Arno und sah von seinen Notizen auf. «Und wie lange war er bereits tot, als wir ihn gefunden haben?»

«Wie ich schon sagte, es gibt eine Reihe zu beachtender Faktoren.»

«Entschuldigen Sie», unterbrach ihn Arno und zeigte auf das Kofferradio. «Aber könnten Sie das Gedudel dahinten aus machen?»

«Mögen Sie keine Musik?»

«Im Gegenteil.»

Papenburg musterte ihn skeptisch, ging dann widerwillig zu dem Experimentiertisch und schaltete das Radio aus.

«Danke», sagte Arno.

«Keine Ursache», meinte Papenburg mürrisch. «Also, wo

waren wir stehengeblieben? Eine Reihe zu beachtender Faktoren. Als da wären Leichenstarre, Hautverfärbung, Körpertemperatur. Die Leichenstarre hatte sich bereits fast vollständig wieder gelöst. Nach fünf bis sechs Stunden ist die Leichenstarre voll entwickelt, danach beginnt sie sich wieder zu lösen, und das dauert ungefähr achtundvierzig Stunden. Auch die Hautverfärbung befand sich längst im Endstadium. Was die Körpertemperatur angeht, so dauert es vierundzwanzig bis sechsunddreißig Stunden, bis die Leiche die Temperatur ihrer Umgebung angenommen hat, aber nur wenn man davon ausgeht, daß die Körpertemperatur zur Todeszeit normal war. Wenn er in dem Keller verhungert und verdurstet ist, wovon ich nach meinen Untersuchungen ausgehe, dann war seine Körpertemperatur durch die Kälte und Feuchtigkeit bereits niedriger als normal. Zudem war er unbekleidet. Andererseits haben die Zustände in dem Keller die Leiche konserviert und den Prozeß der Verwesung aufgehalten. Meine Berechnungen können also nicht hundertprozentig genau sein.» Mit einer Miene des Bedauerns breitete Papenburg seine Arme aus.

«Aber?»

Die behaarten Hände des Doktors verschränkten sich. «Aber obwohl ich es hasse, ungenau bleiben zu müssen, dürfen Sie eingedenk all dieser Faktoren davon ausgehen, daß er mindestens seit zwei Tagen tot war.»

«Das heißt, er war insgesamt fünf Tage in dem Keller», rechnete Arno zusammen. «Wir haben ihn am Mittwoch gefunden.»

«Also seit Freitag», sagte Emma. «An dem Tag wurde auch Private Grafton ermordet.»

«Richtig», meinte Arno. «Alles führt zurück zu dem Freitag vor einer Woche. Grafton wurde ermordet, der Wagen versenkt und Harms in dem Keller festgesetzt.»

«Das ist mehr als eine zufällige Tat», meinte Emma und sah Arno herausfordernd an. «Das war eine geplante Aktion.»

«Stimmt», pflichtete ihr Arno bei. «Zumindest was Harms angeht. Die Frage ist nur, wie alles zusammenpaßt.»

«Was wollen Sie noch wissen?» schaltete sich Dr. Papenburg ein, der es nicht vertragen konnte, wenn er einmal nicht an der Reihe war. Vielleicht war er sogar eifersüchtig.

«Was ist mit dem Blut auf dem Kopf?» fragte Arno.

«Mein erster Eindruck hat mich nicht getäuscht. Ihm wurde tatsächlich der Kopf geschoren. Mit einer Rasierklinge.»

«Gibt es Anzeichen dafür, daß er sich gewehrt hat?»

«Ich habe keine fremden Gewebespuren unter seinen Nägeln gefunden, auch keine Kratzer oder so. Aber seine Nase ist gebrochen.»

«Seine Nase ist gebrochen? Er wurde also geschlagen?»

«Ja.» Papenburg nickte bekräftigend, und dabei drang eine Wolke After-shave zu Arnos Nase vor, was er bei dem Gestank im Obduktionssaal dankbar entgegennahm. «Ein recht kräftiger Schlag. Davon wird er eine Weile bewußtlos gewesen sein.»

«Interessant», sagte Arno nachdenklich. Wenn in diesem Fall zugeschlagen wurde, war es mit besonderer Kraft geschehen, ging ihm durch den Kopf. Das war bei dem Soldaten Grafton so gewesen und nun bei Knut Harms. Aber ob das etwas zu bedeuten hatte, konnte er nicht sagen. In sein Notizbuch schrieb er nur die zwei Worte: entfesselte Kraft. «Was ist mit dem Finger?»

«Der kleine Finger der rechten Hand? Das muß ewig hersein. Ist vermutlich schon in der Kindheit passiert, auf jeden Fall noch im Prozeß des Wachstums. Ich habe ein Röntgenbild davon anfertigen lassen.» Papenburg nahm das Foto vom Bauch der Leiche. «Hier. Ein glatter Schnitt am Ende des zweiten Gliedes.»

Arno betrachtete das Röntgenbild. «Und was kann ihn bewirkt haben?»

Der Doktor zuckte mit den Achseln. «Das kann man heute nicht mehr sagen. Es kann bei einem Unfall mit dem Auto passiert sein. Zum Beispiel durch Glasbruch, wer weiß. Oder er ist in irgendeine Maschine geraten. Meine Frau hat sich mal mit einer elektrischen Brotmaschine fast einen Finger abgeschnitten. Eine Kreissäge vielleicht oder aber ein Beil. Auf jeden Fall muß eine sehr scharfe Fläche mit einer gewissen Kraft gewirkt haben.»

Arno klappte sein Notizbuch zu und sah Emma an. «Gut. Sonst noch was?»

Emma zuckte nur mit den Achseln.

«Dann fahre ich jetzt nach Eichendorf zu Harms' Frau», sagte er. Vor der erneuten Begegnung mit Heike graute es ihm schon jetzt. «Wie spät ist es eigentlich?»

Papenburg schaute auf seine Armbanduhr. «Halb zehn.»

«Wo bleibt denn Müller?» Dann fiel Arno noch etwas ein. «Kennen Sie sich mit Progerie aus?» fragte er Papenburg.

«Nicht besonders gut.»

In dem Moment sprang die Tür auf, und Oberkommissar Müller hastete in den Obduktionssaal. «Tut mir leid, tut mir leid», rief er schon von weitem mit erhobenen Händen. «Aber ich hatte ganz vergessen, daß ich heute morgen eine Lieferung Klinker kriegen sollte.»

«Kein Problem», meinte Arno nachsichtig. Müller hatte schließlich einiges gut bei ihm. «Wir sind hier fertig und fahren jetzt nach Eichendorf. Ich kann Ihnen unterwegs alles erzählen.» Er wandte sich an Dr. Papenburg und bedankte sich.

«Wenn es Sie interessiert, kann ich mich ja mal über Progerie kundig machen», sagte der Doktor, dessen Freundlichkeit heute kein Ende nehmen wollte. «Ich weiß nur, daß es eine sehr seltene Krankheit ist.»

«Nicht so wichtig», sagte Arno. «Aber trotzdem danke.» Dann verabschiedeten sie sich, wobei Arno nicht entging, wie lange Papenburg Emmas Hand schüttelte. Nachdem die drei mit dem Fahrstuhl hinauf in das Foyer des Krankenhauses gefahren und durch die Türen ins Freie gegangen waren, kam ein junger Mann auf sie zugestürzt, der dort anscheinend nur auf sie gewartet hatte.

«Hauptkommissar Hennings?»

«Ja?» Verdutzt blieb Arno stehen und musterte den schlacksigen, nervös wirkenden jungen Mann. Während Müller auch stehenblieb, ging Emma weiter zu ihrem Land Rover.

«Können Sie mir sagen, wer der Tote ist?»

«Wer sind Sie?»

«‹Cellesche Zeitung›», sagte der Mann. «Woran ist er gestorben? Wie kam er auf den Truppenübungsplatz?»

«Verschwinden Sie.» Arno winkte ab und ging an dem Mann vorbei.

Mit großen Schritten folgte ihm der Journalist. «Geht man so mit der Presse um?»

«Machen Sie sich nicht so wichtig», fauchte Arno und marschierte unbeirrt weiter.

«Ist es richtig, daß eine Wehrsportgruppe dahintersteckt?»

Arno hielt inne und drehte sich um. «Woher haben Sie das denn?»

«Ich bin Journalist. Muß man sich Sorgen machen, daß Celle im braunen Sumpf versinkt?»

Arno erinnerte sich an den Ruf, den die ‹Cellesche Zeitung› zumindest früher im ganzen Land hatte. «Kümmern Sie sich mal besser darum, daß die ‹Cellesche Zeitung› nicht im braunen Sumpf versinkt.»

«Das ist ja wohl eine Frechheit.»

«Was Sie hier machen, ist ein Frechheit», schnauzte Arno und ging weiter. Emma lehnte mit verschränkten Armen an ihrem Wagen und beobachtete die Szene offenbar belustigt.

Oberkommissar Müller schob den Journalisten zur Seite. «Mach mal halblang. Wenn wir etwas wissen, kriegst du als erster Bescheid. Und wehe, du fährst uns jetzt nach.»

«Was dann?»

Müller packte den Journalisten am Kragen, zog ihn an sich und flüsterte ihm etwas ins Ohr, woraufhin der Mann abdrehte und wortlos davonging.

«Was haben Sie ihm gesagt?» wollte Arno wissen.

Müller lächelte. «Das wollen Sie lieber nicht wissen.»

Arno schaute ihn von der Seite an. «Aber ich wüßte gerne, woher der Knilch von unserem Termin hier wußte.»

18

Noch auf dem Parkplatz des Allgemeinen Krankenhauses hatte sich Arno umentschieden. Bevor sie Heike aufsuchten, wollte er sich erst noch einmal den Tatort anschauen. Außer daß er sein Bild von der alten Hofstelle auffrischen und zudem sichergehen wollte, daß ihnen der lästige Journalist nicht nach Eichendorf zu den Harms folgte, hatte Emma angedeutet, etwas über den ehemaligen Hof in Erfahrung gebracht zu haben, und ihn daran erinnert, daß am Wochenende die Manöver wieder begannen. Aber wenn er ehrlich war, graute ihm auch vor dem Besuch in dem «Geisterhaus», in das er nun zurückkehren mußte, um Heike die Todesnachricht zu überbringen; um der kleinen Sarah zu sagen, daß ihr Vater ermordet worden war, daß er jämmerlich in einem feuchten Keller auf dem Truppenübungsplatz verhungert und verdurstet war.

Die Vorbereitungen zu den Manövern waren schon auf der Panzerringstraße offensichtlich. Lange Kolonnen leichter Schützenpanzer und Jeeps schlichen über die breite Straße, und an manchen Stellen standen große Verbände schwerer Artilleriepanzer auf sandigen Pisten, die in den Kiefernwald führten. Arno und Oberkommissar Müller folgten in dem klapprigen Kadett schweigend Emmas Land Rover, und in Arno machte sich angesichts der lärmenden, Hitzewellen und Abgase ausstoßenden Kriegsfahrzeuge Beklemmung breit.

Noch vom Parkplatz des Krankenhauses hatte Emma mit ihren Kollegen in Bergen telefoniert und ihren Besuch angekündigt. Am Truppenlager Hörsten wurden sie von zwei uniformierten Militärpolizisten empfangen, die in einen Jeep sprangen, als sie näher kamen, und sie in die Sperrzone geleiteten. Auch vor den Munitionslagern und den Kasernenbaracken herrschte starker Betrieb, und auf dem Gelände des Gästehauses der Army standen viele Fahrzeuge. Beim Vorbeifahren konnte Arno rege Geschäftigkeit und mit Maschinenpistolen patroullierende Soldaten hinter dem schmiedeeisernen Zaun beobachten, so daß er sich fragte, ob wohl ein hohes Tier aus London dem Manöver beiwohnen wollte.

Das Zentrum des Übungsplatzes lag allerdings noch in gespenstischer Ruhe da, und als sie sich der Hofstelle näherten, trottete vor ihnen eine Rotte Wildschweine über die Sandpiste und verschwand gemächlich in einem dichten Kiefernhain. Bei dem Anblick der Tiere mußte Arno an den letzten Winter in Berlin denken, wo zur Überraschung aller Einwohner auf verschlungenen Wegen Wildschweine in die Stadt eingedrungen und dann auf dem windigen und bevölkerten Alexanderplatz aufgetaucht waren. Mehrere Funkstreifen mußten damals ausrücken, und den Beamten war nichts anderes übriggeblieben, als den Platz abzusperren und die Tiere eines nach dem anderen zu erschießen. Es war, als ob die Natur begann, sich ihr Revier zurückzuerobern. Zurück zu den Ursprüngen.

Durch die Kronen der Maulbeerbaumallee brach das Licht der bereits hoch am Himmel stehenden Sonne und tauchte den Heideboden in einen rötlichen Schimmer. Von Westen her wehte eine leichte, angenehme Brise über das Gelände, die Pollen mit sich trug. Arno mußte niesen, als er aus dem Wagen stieg. Nichts unter den mächtigen Eichen der abgesperrten Hofstelle erinnerte daran, was noch vor wenigen Tagen hier stattgefunden hatte. Es schien eine Ewigkeit herzusein, daß er hier im Regen gestanden war, sein Handy geklingelt hatte und er im ersten Moment gedacht hatte, die verzweifelte Stimme am anderen Ende gehöre Emma.

Einer der uniformierten Militärpolizisten reichte ihr eine Aktenmappe, in der sie kurz blätterte und dann nickte.

«Und?» fragte Arno.

«Wir haben geschaut in Archiven der Army», sagte Emma. «Der Ort war früher bekannt als Falkenhof. Es war einer der ältesten und größten Höfe in der Gegend.» Sie zeigte den Berg hinauf. «Falkenberg, Falkenhof.»

«Falkenhof. Jetzt wird es interessant», sagte Arno, holte die von Gerd Stockmann vergrößerten Fotos aus seiner Tasche und zeigte sie Emma. Zum ersten Mal in dieser Ermittlung hatte er das Gefühl, eine Tür zu den Geheimnissen dieses Falls aufzustoßen. «Hier, das hatte Knut Harms an seinem Revers stecken. Das gleiche Symbol wie an der Hütte.»

«Und es ist das Wappen der Besitzerfamilie. Hier.» Sie deutete auf die Akte.

Arno schaute ihr über die Schulter. In der Akte war neben dem Text genau das Emblem abgebildet, das Knut Harms bei der Hochzeit von Heikes Bruder am Revers seines Anzuges getragen hatte und das an die Wand der Hütte gezeichnet worden war. Von wem? Und warum? Er sah die Maulbeerallee hinunter. «Die gesamte Gegend, von der Hofstelle bis zu den Hütten, wo Grafton ermordet worden ist, muß von unseren Leuten noch einmal genauestens abgesucht werden. Am besten setzen wir eine Hundestaffel ein.» Ein Stückchen jenseits der Auffahrtsallee sah er wieder zwei Wildschweine über die Sandpiste trotten. Wahrscheinlich waren bereits alle Spuren verwischt, dachte er, doch sie mußten alles versuchen.

«Aber die Manöver», gab Emma zu bedenken.

«Ich scheiße auf die Manöver», entgegnete er etwas zu laut und senkte sofort wieder seine Stimme. «Verstehst du nicht? Zwischen diesem Ort und den Hütten dahinten besteht eine Beziehung, die zu unserem Täter führt. Unser einziger Anhaltspunkt. Außerdem ist sowieso Wochenende. Früher haben an Wochenenden nie Manöver stattgefunden. Wir werden diesen Bereich des Platzes so lange sperren, wie wir suchen müssen.»

Emma schüttelte den Kopf. «Wenn ein Manöver ist, bist du hier völlig unsicher. Wir sind hier mitten auf dem Platz.»

«Dann muß eben der gesamte Platz gesperrt werden.»

«Dann mußt du das regeln mit der Army.»

«Das werde ich tun.» Arno wandte sich an Oberkommissar Müller. «Wir müssen das mit Sörensen absprechen. Er soll sich mit dem Standortkommandanten auseinandersetzen und nötigenfalls von der Staatsanwaltschaft Druck machen lassen.»

Müller nickte. «Ich kann ihn gleich anrufen. Mein Handy ist im Wagen.»

«Moment noch.» Arno überlegte. «Wem hat der Hof denn gehört?»

«Einer Familie Meck ...» Emma hielt inne und hob ihre Brille. «Der Hof gehörte einer Familie Meckenroß», las sie von der Akte ab. Sie zeigte mit dem Finger auf den Namen.

Arno betrachtete die Akte. «Von Mackenroth. Nie gehört. Was ist aus der Familie geworden?»

Emma zuckte mit den Achseln. «Keine Ahnung. In den Archiven der Army steht nicht mehr. Aber die meisten Familien, die hier gewohnt haben, sind geblieben in der Gegend. Nur manche sind ausgewandert.»

«Ausgewandert? Wohin?»

Emma zog wieder die Akte zurate. «Holstein oder Pommern.»

«Holstein oder Pommern», wiederholte Arno und sah Müller an. «Holstein ist nicht weit, und Pommern ist auch nicht mehr unerreichbar.» Er mußte an Aglaja denken und an ihren gemeinsamen Urlaub im endlos fernen letzten Sommer auf der Frischen Nehrung in dem kleinen Fischerdorf Piaski. *Piasek* ist das polnische Wort für Sand, hatte ihm Aglaja erklärt, für das es genau wie im Deutschen keinen Plural gab. Doch wenn man ihn bilden würde, wäre es *Piaski*. Sände. Dieses nichtexistierende Wort, dachte Arno, wäre auch der zutreffendste Name für diese abgelegene, menschenleere Welt aus Heide, Kiefern und nichts als Sand, deren Geheimnis er lüften mußte.

«Drüben, ich meine, in der ehemaligen DDR, oder?» mutmaßte Müller zaghaft.

«Zum Teil», meinte Arno. «Mecklenburg-Vorpommern. Aber Hinterpommern liegt östlich der Oder und heute in Polen.»

Emmas Augen flackerten auf. «Harms machte Geschäfte in Polen.»

«Genau», stimmte Arno zu. «Wo kann man mehr über den Verbleib der Familien erfahren, die von hier umgesiedelt wurden?»

Müller kniff die Lippen zusammen und fuhr durch seinen lichten Bart. Man konnte beinahe sein Gehirn arbeiten hören. «Im Kreisarchiv in Celle?»

«Gute Idee», sagte Arno aufmunternd. «Oder im Niedersächsischen Staatsarchiv in Hannover. Kümmern Sie sich darum?»

Müller nickte. «Heute noch? Es ist doch schon fast Wochenende.»

«So schnell wie möglich», sagte Arno. «Aber eigentlich brauche ich Sie hier. Beauftragen Sie einen Kollegen in Celle damit. Wohin ist die Familie von Mackenroth hingezogen? Was ist aus ihr geworden? Wer sind die Nachkommen? Wer hat sonst noch hier gewohnt? Bestimmt gab es auf so einem großen Hof Angestellte. Wir müssen alles wissen, was mit diesem Hof zu tun hat.»

«Okay», meinte Müller.

«Und welche Verbindung es zu Harms gibt.»

«Klar. Dann gehe ich mal telefonieren.»

«Gut», sagte Arno und sah seinem Kollegen hinterher, dessen langes Haar im Nacken auf und ab wallte, während er eilig zu seinem Kadett marschierte. Dann wandte er sich wieder an Emma. «Ich möchte nun doch mit den Soldaten sprechen, die damals am Manöver beteiligt waren. Das hätte ich eigentlich gleich tun sollen.»

«Die sind bereits weg», erwiderte Emma. «Irak.»

«Scheiße.» Er begann zu schwitzen und zog sein Jackett aus.

«Ich habe mit ihnen gesprochen. Nichts hat gesagt, daß sie etwas mit dem Mord zu tun haben.»

«Aber vielleicht haben sie etwas gesehen.»

«Sie haben nichts gesehen, sonst hätten sie es mir gesagt.»

«In dieser Nacht sind zwei Menschen ermordet worden.» Er sah sich um. «Genau hier. Praktisch vor ihren Augen.»

«Ich habe die Soldaten professionell befragt», sagte Emma und sah ihn mit funkelnden Augen an. «Glaubst du, ich kann nicht machen meinen Job?»

«Quatsch. Das hat damit nichts zu tun», winkte Arno ab. «Aber dann möchte ich die Protokolle deiner Verhöre lesen.»

«Wie du willst», antwortete sie kühl. «Aber du mußt jetzt nicht mich für deine Fehler verantwortlich machen.» Sie drehte sich um und gab die Akte dem uniformierten Militärpolizisten, der gemeinsam mit seinem Kollegen das Gespräch schweigend verfolgt hatte. Dann ging sie zu ihrem Land Rover.

Arno folgte ihr langsam. «Tut mir leid. Du hast recht», entschuldigte er sich und legte ihr eine Hand auf die Schulter. «Ich bin unfair.»

Emma drehte sich um und sah ihn lange an, ohne daß er hätte sagen können, was in ihr vorging. «Nie ich habe so schnell so viele Seiten von einem Menschen kennengelernt», sagte sie schließlich. «Man weiß nie bei dir.»

«Ich weiß es im Moment selbst nicht», sagte er und strich unsicher über das Jackett, das über seinem Arm hing. «Aber ich danke dir für deine Hilfe.»

«It's my job», sagte sie und stieg in den Wagen.

«Wo willst du jetzt hin?» fragte Arno.

«Ins Büro.»

«Wir müssen gleich zu Knut Harms' Frau», sagte Arno und lehnte sich an die offene Tür des Land Rovers. «Ich würde es gut finden, wenn du mitkommst. Ich weiß nicht, wie sie reagieren wird, und wenn eine Frau dabei ist ...» Er sah sie an.

Emma betrachtete ihn mit zusammengekniffenen Augen. *«You need the sensitivity of a woman?»*

«Ja.»

«Okay», sagte Emma und schaute auf die Uhr. «Treffen wir uns in einer Dreiviertelstunde in Eichendorf.» Sie deutete mit einer Kopfbewegung zu den zwei Militärpolizisten, die sich in ihren Jeep gesetzt hatten. «Sie führen euch wieder raus.» Und dann startete sie den Motor und fuhr davon.

Arno schaute ihr hinterher und mußte niesen. Die Luft über der Sandpiste flimmerte wie im Hochsommer, und bald war es, als tauchte der Land Rover in diesem Flimmern unter oder ging in ihm auf. Man weiß nie, dachte er, wischte sich die Nase ab und schüttelte den Kopf. Auf jeden Fall war er erleichtert, daß er Emma noch einmal hatte für sich gewinnen können. Müller saß mit dem Telefon am Ohr in seinem Kadett, und als er Arno auf das mit Moos überzogene Fundament des Wohnhauses zuschlendern sah, beugte er sich aus dem Fenster.

«Sörensen habe ich schon erreicht», rief er.

Arno nickte, stieg auf die Erhebung und blieb vor der Kellerluke stehen. Ich muß meinen Kopf frei kriegen für diesen Fall, dachte er und schaute in das dunkle Loch. Der Birkentrieb, der sich an das alte Gemäuer klammerte, raschelte in der leichten Brise. Arno gab sich einen Ruck und ging die Stufen hinab. Der feuchte, muffige Geruch, der eher überquellendes Leben signalisierte als den Tod, nahm ihm sofort den Atem. Es war so dunkel hier unten, daß er kaum etwas erkennen konnte, er schloß die Augen und versuchte, sich das Bild des knienden Knut Harms zu vergegenwärtigen.

Vor einer Woche wurde dessen Wagen im Eichendorfer Moor versenkt. Er selbst wurde gefesselt und geknebelt in diesem Keller gefangen gehalten. Vorher hatte er einen kräftigen Schlag auf die Nase und den Schädel rasiert bekommen. Nach drei Tagen war er verdurstet. Arno hielt inne und öffnete die Augen. Das in unmittelbarer Nähe gelegene Konzentrationslager Bergen-Belsen fiel ihm ein. Die schrecklichen Bilder, die er dort im Ausstellungsgebäude gesehen hatte und die nach der Befreiung von den Briten aufgenommen worden waren. Hatten die Häftlinge dort nicht genauso ausgesehen? Mit rasierten Schädeln und bis auf die Knochen abgemagert und ausgemergelt? Bergen-Belsen war kein Vernichtungslager wie Auschwitz gewesen, wo man die Häftlinge systematisch und industriell vergast hatte. In Bergen-Belsen hatte man die Menschen nicht weniger brutal einfach sich selbst überlassen und den Krankheiten und dem Hunger ausgesetzt. Warum hatte der Täter Harms nicht einfach umgebracht?

Mitten in diesen Gedankengängen klingelte Arnos Handy, und das schrille Klingeln in seiner Jackentasche drang ihm durch Mark und Bein. Mit wackeligen Knien ging er schnell die Stufen hoch, und als er das Telefon hervorzog, merkte er, wie seine Hand zitterte.

«Hallo?» fragte er zaghaft.

«Störe ich?» dröhnte eine tiefe Männerstimme.

«Nein», entgegnete Arno erleichtert und atmete die frische Luft ein. Aber er wußte nicht, wer es war. «Wer ist da?»

«Gerd Stockmann. Sind Sie noch auf dem Platz?»

«Ja.»

«Gut. Sörensen hat mich gerade angerufen. Ich bin gleich mit dem Team bei Ihnen. Zwei Kollegen kommen mit Hunden.»

«Sehr gut.»

«Wir hatten in den letzten Tagen nichts gefunden. Wonach sollen wir jetzt suchen?»

«Nach allem. Bis gleich.» Arno steckte das Handy zurück in sein Jackett. Da spürte er eine Hand auf seinem Rücken. Er fuhr herum.

Oberkommissar Müller wich zurück und nahm die Zigarette aus dem Mund. «Habe ich Sie erschreckt?»

«Ein bißchen.»

«Sorry», sagte Müller und zog an seiner Zigarette. «Hat ein bißchen gedauert, aber alles ist geklärt. Sörensen versucht das Manöver aufzuschieben.»

«Stockmann hat sich schon gemeldet.»

«Ging ja schnell.» Müller war im Begriff, seine Zigarette auf den Boden zu werfen, besann sich dann jedoch eines Besseren, schnippte nur die Glut ab und steckte die Kippe in die Hosentasche. «Heiner Pries schickt jemanden ins Kreisarchiv. Und jetzt?»

Arno seufzte auf. «Jetzt wird es ernst.»

19

Im ersten Moment war Arno ein Stein vom Herzen gefallen. Die kleine Sarah war nicht zu Hause, Heike hatte gesagt, sie wäre bei ihren Eltern. Während Oberkommissar Müller im ersten Stock des kleinen Hauses ein vollgestelltes Zimmer durchsuchte, das Knuts Büro gewesen sein sollte, und Emma auf einem Holzstuhl Platz genommen hatte, den sie aus der Küche geholt hatte, saß Arno für seinen Geschmack zu nah neben Heike auf dem Sofa im Wohnzimmer und hatte sich genau wie sie eine Zigarette angesteckt. Diesmal hatte sie ihr blondes Haar zu einem Pferdeschwanz zusammengebunden, was die Härte ihrer hageren Züge verstärkte. Sie trug eine knielange weiße Caprihose und ein enges, schwarzes, ärmelloses Top, das ihre mageren Schulter und Arme entblößte und unter dem kein Büstenhalter zu sehen war. Den großen Fernseher, aus dem laut eine Nachmittagstalkshow geplärrt hatte, als sie hereingekommen waren, hatte sie ausgeschaltet.

«Es scheint dich nicht besonders zu überraschen», sagte Arno und betrachtete sie. Heike war nicht verwundert gewesen, die drei vor ihrer Tür zu sehen, selbst als Arno ihr Emma als britische Beamtin vorgestellt hatte, hatte sie nur wie abwesend genickt. Auf die Todesnachricht ihres Mannes hatte sie in ähnlicher Weise reagiert wie beim ersten Besuch. Sie schien eher verärgert als betrübt zu sein.

Hastig zog sie an ihrer Zigarette, und Arno fragte sich, ob Knuts Tod sie wirklich kaltließ; ob sie durch die Schicksalsschläge in ihrem Leben bereits alles Gefühl in sich aufgebraucht hatte. Wenn noch ein Rest Gefühl vorhanden war, dann schien es vor allem ein tiefsitzender Zorn zu sein, der auch jetzt in dem Blick lag, mit dem sie Arno anschaute.

«Erst kommst du und erzählst mir, daß ihr seinen Wagen gefunden habt, und dann höre ich tagelang nichts. Glaubst du nicht, daß ich mir da schon meine Gedanken gemacht habe? Was willst du jetzt noch von mir?»

«Manchmal es geht nicht anders bei der Polizei», sagte Emma.

Heike starrte sie an, als würde sie die britische Kriminalbeamtin erst jetzt wahrnehmen.

«Tut mit leid», sagte Arno zu Heike und drückte sich in die Ecke des Sofas. «Ich wollte nicht über dich urteilen, und ich will nichts von dir. Außer daß du mir auf ein paar Fragen antwortest.»

«Was hat das noch für einen Sinn?» Heike zog ein Bein auf das Sofa, und Arno fiel auf, daß sie wieder barfuß war.

«Wir müssen den Täter fassen. Ich denke, das liegt auch in deinem Interesse.»

Heike erwiderte nichts, sie schaute an ihm vorbei und blies den Rauch aus der Nase.

«Wann genau ist Knut losgefahren?» begann Arno, legte seine Zigarette auf den Aschenbecher, der zwischen ihnen stand, und schlug sein Notizbuch auf. Obwohl er erleichtert war, daß er nicht mit dem typischen heftigen Schmerz von Hinterbliebenen konfrontiert wurde, verwirrte es ihn, so schnell zu den sachlichen Fragen kommen zu können.

«Am Donnerstag abend», sagte Heike und massierte ihren Fuß. «Heute vor einer Woche. Er wollte in der Nacht fahren, weil da weniger Verkehr ist. Das hat er immer so gemacht.»

«Wer wußte davon?» Die Vergangenheitsform fällt ihr sehr leicht, dachte Arno und drückte seine Zigarette aus.

«Jeder. Ich meine, es war kein Geheimnis.»

«Was hat er vorher getan?»

«Er war so bis um acht Uhr in der ‹Schönen Aussicht›. Danach ist er hierhergekommen, hat seine Sachen gepackt und ist gefahren.»

«Was hat er dort gemacht?»

«In der ‹Schönen Aussicht›? Irgendein Vereinstreffen.»

«Wer war alles dort?»

«Was weiß ich? Deine Fragen bringen mich ganz durcheinander», meinte sie, obwohl davon nichts zu merken war.

«Lassen Sie sich Zeit», sagte Emma, die sich nach vorn gebeugt und ihre Hände auf den Knien gefaltet hatte. «Man versteht nicht so schnell, wenn so etwas passiert.»

Heike starrte sie wieder an. «Ich verstehe ganz genau», entgegnete sie.

Als Arno gerade anfing, sich über Heike zu ärgern, hörte er von oben einen Knall, als wäre etwas umgestürzt oder heruntergefallen. Alle drei schauten einen Moment an die Decke, dann war es wieder still.

«Wie ist es passiert?» fragte Heike an Arno gewandt, drückte ihre Zigarette aus und stellte den Aschenbecher auf den Fußboden.

Arno überlegte, wie viel er ihr sagen sollte, und suchte Emmas Blick, doch die schaute aus der Terrassentür nach draußen. Normalerweise hielt er es nicht für nötig und meistens sogar für falsch, die Angehörigen mit den grausigen Details eines Mordes zu quälen. Doch in diesem Fall beschloß er, von der Norm abzuweichen. Er wollte eine Reaktion von Heike. «Er ist in einem alten Keller gefangengehalten worden und verhungert und verdurstet», sagte er und schaute ihr in die Augen. «Vorher hat man ihm den Schädel rasiert.»

Heike legte eine Hand vor den Mund und starrte ihn an. Im ersten Augenblick befürchtete Arno, zu weit gegangen zu sein. Ihre grünen Augen wurden leicht glasig. Er schaute zu Emma, die ihm mit einem Augenaufschlag bedeutete, ruhig zu bleiben. «Ist alles in Ordnung mit dir?» fragte er Heike. «Sollen wir später weitermachen?»

Heike senkte die Hand und schüttelte den Kopf. «Nein», sagte sie, stand abrupt auf und holte sich eine neue Zigarette aus der Schachtel auf dem Fernseher. «Wo?» fragte sie, nachdem sie die Zigarette angezündet hatte.

«Wir haben ihn in einem alten Keller auf dem Truppenübungsplatz gefunden.»

«Auf dem Truppenübungsplatz?» Heike blieb vor dem Sofa stehen und schaute auf Arno hinab.

«Ganz genau. Wir haben erst seinen Wagen und dann ihn auf dem Truppenübungsplatz gefunden.» Er hielt inne und beobachtete ihre Reaktion, doch er konnte keine erkennen. «Fällt dir etwas dazu ein?»

«Seine Familie kam von dort.»

«Was?» Arno und Emma sahen sich erstaunt an.

«Ja. Ich glaube, sie hatten dort früher einen Hof. Knuts Großeltern. Bevor das Militär gekommen ist und alle Bewohner umgesiedelt hat. Kurz vor dem Krieg.»

«Knut wurde auf der ehemaligen Hofstelle der Familie von Mackenroth gefunden. Sagt dir der Name etwas?»

Sie schüttelte den Kopf. «Nein.»

«Wirklich nicht?»

«Ich höre den Namen zum ersten Mal. Ich kenne keine Adeligen.»

«Der Hof wurde Falkenhof genannt», schaltete sich Emma ein.

«Falkenhof», wiederholte Heike und sah hinaus durch die Terrassentür.

«Heike, weißt du etwas?»

Sie schüttelte wie geistesabwesend den Kopf.

«Knuts Familie stammte also aus dem Gebiet des heutigen

Truppenübungsplatzes», faßte Arno zusammen und machte sich eine Notiz. «Dann bekamen sie einen Hof in Eichendorf?»

Heike zuckte mit den Achseln. «Ja, ich denke.»

«Weißt du mehr darüber?»

«Nein, nichts. Das war kein Thema zwischen uns.»

«Was war denn ein Thema zwischen euch?»

Heike warf ihm einen bösen Blick zu. «Was geht dich das an?»

«Mich geht alles etwas an, was zur Lösung des Falles führt», entgegnete Arno und parierte ihren Blick. «Fällt dir jetzt jemand ein, dem du den Mord zutrauen würdest?»

Heike zog zittrig an ihrer Zigarette, und als sie die Hand wieder senkte, flatterte eine Aschefahne auf den staubigen Laminatboden. «Ich würde einigen Leuten einen Mord zutrauen.»

«Wem?»

«Was weiß ich.» Sie strich eine lose Strähne hinter ihr Ohr. «Ich meine niemand Bestimmten. Was willst du von mir? Ich bin völlig mit den Nerven runter. Das kannst du dir ja wohl vorstellen.» Unruhig trat sie von einem Fuß auf den anderen.

«Ja», sagte Arno, obwohl sein Eindruck war, daß sie Emma und ihn eher so schnell wie möglich loswerden wollte. Sie war nervös, ja, aber sie achtete genau darauf, was sie sagte und was sie besser für sich behielt. Jede Frage, die sie aus der Reserve lockte, konnte ihm nur mehr Einblicke geben. «Warum hatte Knut ein Gewehr aus dem Krieg?»

Heike sah ihn an und runzelte die Stirn. «Was hat das damit zu tun?» Sie schaute zur Tür, hinter der in der Diele der Waffenschrank stand. «Er hat ein paar Gewehre von seinem Großvater geerbt. Knut war Jäger und hat sich für Waffen interessiert.»

Arno beugte sich hinab zu seiner Tasche und zog die Fotos hervor. Die Vergrößerung von dem Emblem hielt er hoch. «Was ist das?»

Heike trat näher und betrachtete das Bild. «Eine Anstecknadel.»

«Das weiß ich auch. Knut trug sie am Revers bei Hinnerks Hochzeit. Was bedeutet sie?»

«Das ist so eine Art Heimatverein.»

«Heimatverein?»

«Ja. Sie kümmern sich um die Jugend, sammeln Müll und säubern den Wald. Der Verein richtet hier auch das Osterfeuer aus.»

«Diese Emblem war auch das Wappen der Besitzer des Falkenhofes», sagte Emma.

Heike schaute wie ein gestelltes Wild zwischen den beiden hin und her. Dann bückte sie sich und drückte ihre Zigarette in dem Aschenbecher auf dem Boden aus, so daß man ihr tief in den Ausschnitt schauen konnte.

«Knut ist durch den Wald gelaufen und hat Müll aufgelesen?» sagte Arno skeptisch. «Entschuldige, aber da habe ich andere Geschichten gehört.»

«Ich weiß nichts darüber», sagte Heike und verschränkte ihre Arme.

«Worüber?»

Sie verzog die Augen. «Wenn du mehr wissen willst, dann geh in die ‹Schöne Aussicht›. Da war er sowieso öfter als hier.»

Immer wieder die ‹Schöne Aussicht›, dachte Arno. In der auch eine polnische Rockband mit dem martialischen Namen *Das Schwert* gespielt hatte. Was waren das für sonderbare Verbindungen nach Polen? «Seit wann heißt die Kneipe eigentlich so?»

«Seit Eckart hierhergezogen ist.»

«Ist das der neue Wirt? Wie heißt er mit vollständigem Namen?»

«Köhler, Eckart Köhler.»

Arno schrieb sich den Namen auf. «Und wann ist er hierhergezogen?»

«So Anfang der neunziger Jahre.»

«War Knut mit ihm befreundet?»

«Kann man so sagen. Jedenfalls hing er ständig mit ihm zusammen.»

«Okay», meinte Arno und betrachtete seine Aufzeichnungen. «Knut war also am Donnerstag in der ‹Schönen Aussicht›, kam nach Hause und hat seine Sachen gepackt.» Sie hatten weder einen Koffer noch eine Tasche gefunden. «Was hat er mitgenommen?»

«Was man so mitnimmt, wenn man verreist. Hemden, Unterwäsche ...»

«Benutzte er eine Tasche oder einen Koffer?»

«Einen Koffer.»

«Was für einen?»

«Einen blauen Samsonite.»

«Und dann ist er gefahren. In welcher Stimmung war er?»

«Normal.»

«Was heißt normal? Normal gutgelaunt oder normal schlechtgelaunt?»

«Weder noch. Einfach normal.»

Arno seufzte auf. «Und er wollte nach Polen, um mit Autos zu handeln? Wie muß man sich das vorstellen? Normalerweise bringt man doch Autos nach Polen, um sie dort zu verkaufen.»

«Das hat er früher auch gemacht.»

«Und in letzter Zeit?»

«Frag mich nicht nach seinen Geschäften. Ich habe keine Ahnung davon.»

So kommen wir nicht weiter, dachte Arno und sah Emma an, die anscheinend nur darauf gewartet hatte, einzugreifen. «Und was haben Sie gemacht, als Ihr Mann weg war?» wollte sie wissen.

Heike starrte sie an. «Ich? Ich habe ferngesehen. Was wollen Sie damit andeuten?» fauchte sie und sah dann Arno an, als sollte er sie beschützen.

«Wir wollen gar nichts andeuten», sagte Arno beschwichtigend. «Das sind reine Routinefragen. Warst du allein an dem Abend?»

«Nein, natürlich nicht. Sarah war hier.» Bei der Erwähnung ihrer Tochter fuhr sie mit dem Kopf herum zur Tür des Wohnzimmers, als könnte sie jeden Moment hereinkommen.

Arno folgte ihrem Blick und sah statt der kleinen Sarah Oberkommissar Müller eintreten. Er hatte einen Stapel Papiere in der Hand. «Störe ich?» fragte er.

«Nein, nein», meinte Arno, der ganz froh wegen der Unterbrechung war, und erhob sich.

Etwas verunsichert, weil von allen dreien erwartungsvoll gemustert, blieb Müller in der Tür stehen. «Ich habe da ein paar interessante Unterlagen gefunden», sagte er dann und kam mit den Papieren wedelnd in das Wohnzimmer. «Wenn mich nicht alles täuscht, sind einige in Polnisch verfaßt.»

«Kein Wunder», meinte Heike, «er hat ja Geschäfte dort gemacht.» Sie steckte sich wieder eine Zigarette an. Nach dem ersten Zug mußte sie husten, sie klopfte sich auf die Brust, ging zur Terrassentür und öffnete sie.

«Hier ist ein Briefkopf von einer Firma», sagte Müller. «NOP. Mit Adresse.» Er reichte das Papier an Arno weiter.

Emma stand ebenfalls auf und stellte sich neben ihn. «NOP?

Das erinnert an NÜB. Diese Wehrsportgruppe von Harms», raunte sie ihm zu.

Arno warf einen Blick auf das Papier. «Das ist gar nicht so weit hergeholt», meinte er. «NOP steht für *Narodowe Odrodzenie Polski*. Das ist keine Firma. Eher eine Partei oder eine Organisation. *Narodowe Odrodzenie Polski* heißt in etwa Nationale Neugeburt Polens. Oder Wiedergeburt.»

«Können Sie Polnisch?» fragte Müller erstaunt.

«Ein bißchen. Schauen Sie sich die Adresse an: Koszalin, das ist das ehemalige Köslin in Pommern.»

«Meine Eltern wohnen in Braunschweig in der Köslinstraße», sagte Müller.

Arno nickte. In jeder westdeutschen Stadt gab es Gegenden, in denen die Straßennamen an die alten Ostgebiete erinnerten.

Arno überflog den Text. Obwohl die polnischen Wortstämme durch die Deklinationen manchmal nur schwer zu erschließen waren, konnte er einige Worte verstehen. Häufig tauchte das Wort *bronie* auf: Waffen. Wieder kam ihm die Rockband in den Sinn: *Das Schwert.* «Wir müssen diese Papiere mitnehmen und genau übersetzen lassen. Ich glaube, hier sind wir in ein Wespennest gestoßen.»

«Worum geht es?» wollte Müller neugierig wissen.

«Wenn mich nicht alles täuscht, um Verbindungen von rechtsextremen Gruppierungen und um Waffenhandel.»

Emma zog die Augenbrauen hoch und tippte ein paar zusammengeheftete Blätter. «Und was ist das?»

«Ja, das fand ich auch sehr interessant», meinte Müller. «Der Text ist auf englisch, aber selbst mir ist aufgefallen, wie oft Auschwitz darin vorkommt.» Er reichte die Blätter an Emma weiter, die nach einem kurzen Blick sofort durch die Zähne pfiff. «Der Leuchter-Report», sagte sie.

«Was ist das?» fragte Müller.

«Eine pseudowissenschaftliche Studie», erklärte Emma. «Fred Leuchter, ein sogenannter Wissenschaftler aus Boston, ist nach Auschwitz gefahren und sagt, er habe Beweise gefunden, daß dort keine Juden vergast worden seien. *A bloody denial of the holocaust.*»

«Und Standardlektüre von Nazis auf der ganzen Welt», sagte Arno. «Gut, wir müssen alles genau überprüfen. Am besten nehmen wir alles mit, was wir finden können. Papiere, Unterlagen, Kontoauszüge und so weiter.» Er wandte sich zu Heike um, die er für einen Moment völlig vergessen hatte. Sie hatte ihnen stumm zugehört und stand rauchend an der geöffneten Terrassentür, wo sie von hinten von der sich bereits senkenden Sonne angestrahlt wurde, so daß ihr blondes Haar einen Heiligenschein zu haben schien. Arno konnte ihr Gesicht nicht erkennen. «Heike, was hat Knut wirklich in Polen gemacht?»

«Ich habe keine Ahnung», sagte sie und schnippte ihre Zigarette nach draußen. Ihre Stimme klang jetzt matt und leer. «Knut hat gemacht, was er wollte. Ich habe schon vor Jahren gelernt, selbst für mich zu sorgen.»

«Und du hast nichts von seinen Aktivitäten mitgekriegt?» fragte Arno ungläubig und ging einen Schritt auf sie zu. Ihre Halsschlagader pochte, die Augen waren zwei dunkle, glänzende Löcher, und er sah, daß eine Träne ihre hohle Wange hinablief. «Aber ihr habt hier unter einem Dach gelebt.»

«Ich kann nicht mehr», sagte Heike tonlos, und dann knickten plötzlich ihre Knie ein, ihre Arme zuckten und schlenkerten unkontrolliert gegen die Hüfte, sie klappte zusammen und sank seitwärts zu Boden, und Arno konnte gerade noch rechtzeitig nach vorn stürzen, um sie mit beiden Armen aufzufangen.

20

Arno hatte großen Hunger gehabt, doch als er auf dem zweiten Bissen des panierten Schnitzels herumkaute, verging ihm schon wieder der Appetit – und der Grund dafür war nicht nur das mit Fett durchzogene Fleisch, das man vielleicht als Nackensteak auf den Grill legen konnte, aber nicht als Schnitzel platt klopfen und panieren sollte. Er schmeckte zwar nicht viel, doch die weiche Konsistenz des Fleisches verursachte ihm eine schleichende Übelkeit. Emma, obwohl ebenfalls hungrig, hatte sich gleich geweigert, noch einmal in der ‹Schönen Aussicht› zu essen, und nippte an ihrem stark gezuckerten Tee.

Außer ihnen waren nur noch zwei weitere Gäste im Lokal, zwei junge Männer, die biertrinkend an der Theke lehnten und sich leise mit dem Wirt unterhielten. Immer wieder schauten die beiden über die Schultern zu Emma und Arno und tuschelten dann miteinander. Sie ähnelten im Gehabe und im Äußeren den Jugendlichen, die man an einer Imbißbude im Wedding oder in Lichtenberg herumlungern sehen konnte. Die Unterschiede, die es zu Arnos Zeit noch zwischen der auf dem Land und der in der Stadt heranwachsenden Jugend gegeben hatte, waren anscheinend mittlerweile aufgeweicht. Was Moden und Einstellungen anbelangte, war ‹hinter dem Mond› heute ein sehr entfernter Ort.

«Guck dir die Kids an», zischte Emma und schielte mit zusammengekniffenen Augen über den Rand ihres Bechers zur Theke. «Die reden über uns.»

«Laß sie», meinte Arno und musterte die Männer, die sich jetzt von ihnen abgewendet hatten. Hinter ihnen konnte er durch die vergilbte Gardine vor dem Fenster seinen Volvo stehen sehen, dessen Kühlergrill ihn traurig anzuschauen schien.

Wie viele Tage stand der Wagen nun schon dort? Er mußte sich endlich etwas einfallen lassen, um ihn wieder in Gang zu kriegen. Mit der Hilfe seines Cousins Hans konnte er nicht rechnen, der stand ständig in seiner Küche in Celle und war kaum in Eichendorf anzutreffen. Außerdem hatte er genauso wenig Ahnung von Autos wie Arno. Er wandte sich wieder an Emma. «Ich frage mich, ob sie schon von Harms' Tod wissen.»

«Vielleicht, sie wußten es als erste.»

«Du meinst, sie könnten etwas mit dem Mord zu tun haben?»

Nach allem, was sie gefunden hatten, stand es außer Frage, daß Knut Harms tief in einem rechten Sumpf gesteckt hatte, und vieles deutete darauf hin, daß die Quelle dieses Sumpfes hier in der ‹Schönen Aussicht› lag. Ob seine vermeintlichen Gesinnungsgenossen allerdings auch für seinen Tod verantwortlich waren, stand auf einem anderen Blatt. Aber bei der Art seiner grausamen, langwierigen «Hinrichtung» kam man nicht umhin, an einen neonazistischen Kontext zu denken.

Nachdenklich schnitt Arno noch ein Stück des fettigen Schnitzels ab und zermahlte es zwischen den Zähnen, wo es immer mehr zu werden schien. Den angeekelten Blick von Emma bemerkte er nicht. Mittlerweile war es später Nachmittag geworden. Nachdem Heike in seine Arme gesackt war, hatte er sie aufs Sofa getragen, während Oberkommissar Müller bereits geistesgegenwärtig mit seinem Handy einen Arzt verständigt hatte. Der hatte nicht nur einen zu niedrigen Blutdruck diagnostiziert, sondern auch festgestellt, daß sie bei viel zu vielen Zigaretten viel zuwenig Flüssigkeit zu sich nahm, und ihr einen Cocktail aus Mineralien und Vitaminen sowie ein Beruhigungsmittel gespritzt. Dann hatten sie Heike nach oben in ihr Bett getragen. Im Polizeikommissariat Winsen gab es eine junge Polizeibeamtin, die gekommen war, um für den Rest des Tages bei ihr zu bleiben. Und während Arno und Emma in die ‹Schöne Aussicht› gefahren waren, war Oberkommissar Müller im Haus geblieben und hatte Knuts Büro weiter durchsucht. Er hatte bei Stockmann angerufen, der mit seinem Team noch dabei war, den Truppenübungsplatz abzusuchen, und um zwei Beamte gebeten, die wenig später nach Eichendorf herübergekommen waren.

Arno legte das Besteck zur Seite, würgte den Bissen herunter und spülte mit einem großen Schluck Wasser nach. «Bin ich zu hart mit ihr gewesen?»

«Mit Heike? Nein.» Emma schüttelte den Kopf. «Nein. Ich glaube, sie wollte brechen.»

«Sie wollte zusammenbrechen? Nein, das war echt.»

«Ja, echt, aber sie wollte nicht weiterreden. Sie verheimlicht etwas.»

Arno nickte und sah, daß die beiden jungen Männer an der Theke sich per Handschlag vom Wirt verabschiedeten, dann gingen sie quer durch das Lokal zur Tür, ohne sie noch einmal anzusehen. Und während draußen ein Motor aufheulte und der Wagen mit quietschenden Reifen davonjagte, kam der Wirt zu ihrem Tisch geschlendert, wobei Arno bemerkte, daß er das linke Bein nachzog.

«Hat es nicht geschmeckt?» fragte der Wirt, deutete auf Arnos Teller und musterte ihn über den Rand seiner schmalen Brille.

«Wenn ich ehrlich sein soll, nicht besonders», sagte Arno und sah den Mann an.

«Kann man nichts machen», meinte der Wirt lapidar und räumte den noch halbvollen Teller ab. «Mein Koch ist im Urlaub, und guter Ersatz ist schwer zu finden. Wollen Sie einen Schnaps aufs Haus?»

«Danke, aber im Dienst trinke ich nicht.»

Der Wirt betrachtete die beiden lächelnd. «Dachte ich mir doch. Sie sind wegen der Sache auf dem Übungsplatz hier, richtig?»

«Sie haben es mitbekommen?»

«Das ist ein kleines Dorf hier.»

«Richtig», sagte Arno. «Sie sind Eckart Köhler?»

«Der bin ich», bejahte der Wirt nickend und legte das Besteck auf den Teller. «Es geht um Knut Harms, oder? Wir haben gerade über ihn geredet.»

«Ach, tatsächlich? Worum ging es denn?» fragte Arno und zündete sich eine Zigarette an.

Köhler zuckte mit den Achseln. «Wir machen uns Sorgen um ihn. Vor ein paar Tagen kam ein Kollege von Ihnen vorbei und hat nach seinem Wagen gefragt. Dann der Aufruhr auf dem Platz.»

«Und da haben Sie eine Verbindung gesehen?»

«So oft passiert hier nichts.»

«Was haben Sie geglaubt, was passiert sein könnte?»

«Keine Ahnung. Hoffentlich nichts Schlimmes.»

«Würden Sie sich kurz zu uns setzen und ein paar Fragen beantworten?»

«Warum nicht? Was ist mit Knut?»

«Er ist tot.»

Köhler sah ihn an, ohne seinen Blick zu verändern. «Jetzt brauche *ich* erst mal einen Schnaps», sagte er, wandte sich ab, ging zur Theke und verschwand durch eine Tür. Noch bevor Arno und Emma sich auch nur anschauen konnten, kehrte er mit einem vollen Schnapsglas an ihren Tisch zurück und setzte sich. Er schaute von Arno zu Emma und stürzte den Schnaps in einem Zug hinunter, setzte das Glas schwungvoll ab und wischte sich mit dem Handrücken über seinen Mund, wobei

Arno auffiel, daß er ungewöhnlich sinnliche, schön geschwungene Lippen hatte, die nicht zu seinem etwas schwabbeligen und unrasierten Gesicht passen wollten.

«Das ist ein Schock», sagte Köhler, nahm seine Brille ab und putzte die Gläser mit dem Saum seines Hemdes.

«Sie waren mit Knut Harms befreundet?»

Köhler nickte. «Aber bevor es offiziell wird, haben Sie sich eigentlich schon ausgewiesen?» sagte er und setzte lächelnd seine Brille wieder auf. «Nur der Ordnung halber.»

Du aalglattes Arschloch, dachte Arno, du hast nicht zum ersten Mal mit der Polizei zu tun. Doch er ließ sich seine Aversion nicht anmerken, erwiderte das Lächeln, zog seinen Dienstausweis hervor und legte ihn vor Köhler auf den Tisch.

Köhler betrachtete ihn nur kurz. «Oh, der ist ja noch ganz druckfrisch.» Arno ignorierte die Bemerkung und nahm seinen Ausweis wieder an sich. Dann sah Köhler fragend Emma an, die ihre Augen zusammenkniff und ihm ihren Ausweis am ausgestreckten Arm entgegenhielt. Köhler beugte sich nach vorn und hob seine Brille. *«Spezial Investigation Branch?»*

«Sie kennen sich aus, was?» meinte Emma kühl.

«Ach, wissen Sie», entgegnete er und winkte ab, «auskennen ist etwas zuviel gesagt.»

«Gut, dann hat ja jetzt alles seine Ordnung», meinte Arno, drückte die Zigarette aus und schlug sein Notizbuch auf. «Sie waren einer der letzten, der Knut Harms lebend gesehen hat.»

«War ich das?»

«Am Donnerstagabend vor einer Woche war er hier.»

«Das ist richtig. Da war er hier. Er war jeden Donnerstagabend hier.»

«Weshalb?»

«Donnerstags trifft sich der Vorstand des Sportvereins», sagte Köhler und deutete mit einer ausholenden Handbewegung auf die mit Pokalen vollgestellten Regale. «Sie sehen ja, hier ist praktisch die Vereinskneipe. Knut ist Kassenwart des Vereins.» Er hielt inne und legte eine Hand vor den Mund. «Oder besser gesagt, er war es.»

Du bist ein schlechter Schauspieler, dachte Arno. «Also waren auch noch andere Leute hier?»

«Ja. Wollen Sie Namen?»

«Bitte.»

Köhler zählte an seinen erstaunlich schlanken und gepflegten Fingern eine Handvoll Namen ab, die Arno in sein Notizbuch übertrug und unter denen auch Heikes Bruder Hinnerk war.

«Und wußten Sie, was er dann vorhatte?» fragte Arno.

«Er wollte nach Polen, geschäftlich. So kurz vor acht ist er gegangen.»

«Was haben Sie gemacht an diesem Abend?»

«Ach so, mein Alibi.» Köhler setzte für einen Augenblick erneut sein Lächeln auf, dann straffte sich sein herzförmiger Mund. «Ich habe schließlich ein Lokal zu führen. Ich war hier. Den ganzen Abend. Dafür gibt es eine Menge Zeugen. Dieselben Leute, die ich Ihnen gerade genannt habe. Die meisten sind geblieben, weil an dem Abend das Endspiel der Champions League übertragen wurde. Knut hätte es auch gerne gesehen und war sauer, weil er fahren mußte.»

«Seine Reise war also so dringend, daß er nicht einmal das Spiel anschauen wollte?»

Köhler zuckte mit den Achseln. «Möglich. Aber beim Fußballgucken trinkt man ja auch gerne das eine oder andere Bier, und er hatte wohl Angst, daß er dann gar nicht mehr loskommt.»

«Was für Geschäfte hat Harms in Polen gemacht?»

Köhler schüttelte den Kopf. «Keine Ahnung.»

«Aber Sie waren doch mit ihm befreundet, oder?»

«Ja, aber beruflich hatten wir nichts miteinander zu tun.» Er fuhr sich mit einer Hand über den kurzgeschorenen Schädel. «Früher hat er mal da drüben Autos verscherbelt, soviel ich weiß.»

«Und heute?»

«Wie gesagt, keine Ahnung. Na ja, Geld ist da im Grunde nicht zu holen. Die Polen sind doch eher auf unser Geld scharf, nicht wahr?» Wieder dieses kurze Lächeln, das er wie auf Knopfdruck anzustellen wußte. «Und erfolgreich waren seine Geschäfte wohl auch nicht.»

«Ach?»

«Knut war ein feiner Kerl, aber für Geschäfte hatte er kein Händchen. Ab und zu habe ich ihm Geld geliehen.»

Knut stand also bei ihm in der Kreide, dachte Arno. «Konnte er es zurückzahlen?»

Köhler lächelte. «Selten.»

«Aber das hat Ihre Freundschaft nicht belastet?»

«Ich bitte Sie. Ich war *ein* Freund, der ihm unter die Arme gegriffen hat.» War es ein Zufall, oder wollte er die Betonung darauf legen, daß Harms noch mehr Leuten Geld geschuldet hatte?

«Also hat er sich auch Geld von anderen geliehen?»

«Weiß ich nicht. Aber von irgendwas mußte er ja leben. Er hatte es nicht leicht.» Köhler strich mit einer Hand über den Tisch und wischte cin paar Krümel auf den Boden. «Ich glaube, er hat sich in Polen einfach wohl gefühlt.»

«Inwiefern?»

Köhler räusperte sich. «Sie sind nicht von hier, aber ich glaube, ich plaudere kein Geheimnis aus, wenn ich Ihnen verrate, daß seine Ehe nicht besonders gut lief.»

Arno ließ ihn in seinem Glauben. «Worauf wollen Sie hinaus?»

Köhlers Augen verengten sich, seine Miene bekam einen ernsten Anflug. «Na ja, ich weiß nichts Genaues, aber ich vermute, er hatte dort eine Freundin.»

«Er ist wegen einer Freundin nach Polen gefahren?»

«Wie gesagt, das ist nur so ein Gefühl», sagte er. «Vielleicht täusche ich mich auch.»

Wenn Arno sich nicht täuschte, dann unterließ Köhler nichts, um seinem ermordeten Freund ein ziemlich schlechtes Zeugnis auszustellen. Und nebenbei legte er die eine oder andere Fährte. «Sie haben doch auch Kontakte nach Polen.»

Köhler stutzte und sah ihn stirnrunzelnd an. «Habe ich das?»

«Immerhin hat hier vor kurzem eine polnische Band gespielt.»

Köhler lächelte sein Lächeln. «Ach so, das Konzert. Ja, wir veranstalten ab und zu Konzerte. Mögen Sie Rockmusik?»

«Ja», sagte Arno, «aber ich höre selten Bands, die sich *Das Schwert* nennen.»

«Das Schwert?»

«Szczerbiec.»

«Oh, Sie können Polnisch?» Zum ersten Mal schaute er Arno etwas irritiert an. «Ich wußte gar nicht, wie die auf deutsch heißen.»

«Ich nehme an, daß eine Band, die sich einen so martialischen Namen gibt, nicht nur von Friede, Freude, Eierkuchen singt.»

«Waren Sie nie jung, Herr Hauptkommissar?» meinte Köhler und fixierte Arno. «Sie kennen doch die Jugend. Die will immer ein bißchen provozieren. Das sind ganz harmlose Jungs gewesen, glauben Sie mir.»

«Gab es keine Überschneidungen zwischen Knut Harms' und Ihren polnischen Kontakten?»

«Keinerlei. Ich bin Mitglied im Ortsrat von Eichendorf und im Celler Kreistag. Ich kümmere mich besonders um die Belange der Jugend. Warum soll hier keine polnische Band spielen?» fragte er und ließ die Frage so klingen, als wollte er Arno unterstellen, etwas gegen Polen zu haben. «Ich sage immer, es gibt auf dieser Welt Platz für jeden. Für jeden, solange er niemandem auf die Füße tritt.»

Der Zusammenhang war Arno nicht ganz klar, und wieder fragte er sich, was Köhler ihm unterschwellig eigentlich sagen wollte. «Bei welcher Partei sind Sie denn?»

«Ich bin über die Liste der Freien Wählergemeinschaft in den Ortsrat gekommen.»

«Und auf welcher Seite stehen Sie?» schaltete sich Emma ein, die die ganze Zeit ungeduldig zugehört und Köhler skeptisch gemustert hatte.

Köhler wandte sich ihr langsam zu und schaute sie über den Rand seiner Brille an. «Was spielt das für eine Rolle?» erwiderte er ruhig. «Sie machen sich falsche Vorstellungen über die politische Arbeit in der deutschen Provinz, junge Frau. Wir sind hier ja nicht in Berlin. Hier kommt es darauf an, was man konkret tut. Dafür bin ich von der Bevölkerung gewählt worden.»

«Die NSDAP ist auch gewählt worden», warf Emma ein.

Arno legte ihr eine Hand auf den Schenkel, um sie zurückzuhalten. Mit Provokationen kam man Köhler nicht bei, soviel war ihm bereits klargeworden. Außerdem hielt er es nie für die beste Taktik, sich einen Verdächtigen schon beim ersten Kontakt zum Feind zu machen, und Köhler war, wenn auch bisher nur vage, verdächtig. Konnte er sich den Mann vor ihm in Gummistiefeln auf dem Truppenübungsplatz vorstellen? Aber da gab es ja auch noch die Jugend, für deren Belange er sich so einsetzte. Dennoch war er gespannt, wie der Wirt reagierte, doch als er ihn betrachtete, war er nicht überrascht, daß Köhler, sollte er verärgert sein, es mit keiner Regung zeigte. Diese Angriffe waren ihm anscheinend nicht neu.

«Das ist die Kehrseite der Demokratie, meine Liebe», erklärte er lächelnd. «Aber kennen Sie ein besseres politisches System?»

«Hatte Knut Harms auch mit Politik zu tun?» fragte Arno schnell, der Köhler nicht über seine perfide Gegenfrage triumphieren lassen wollte.

Genauso langsam, wie er sich an Emma gewandt hatte, löste er jetzt seinen Blick von ihr und sah wieder Arno an. «Knut? Er war schon interessiert, aber mit aktiver politischer Gestaltung hatte er nicht viel am Hut. Er kam manchmal zu unseren Veranstaltungen, aber mehr nicht.»

«Auch zu diesem Heimatverein? Wie heißt er noch?»

«Sie meinen *Die Falken*?» Köhler sah keine Veranlassung, etwas zurückzuhalten. Seine Selbstsicherheit schien grenzenlos zu sein.

«Die Falken?» Deshalb also das Symbol. Hatte es auch etwas mit dem Falkenhof zu tun? Arno wollte diese Karte noch nicht ausspielen, er wollte Köhler keine weiteren Informationen geben, die ihm die Gelegenheit boten, mit Gegenfragen abzulenken. Er wollte Informationen aus ihm herauskitzeln. «Interessanter Name.»

«Der Falke ist ein wunderschöner Greifvogel», sagte Köhler mit einem Funkeln in den Augen, «aber leider vom Aussterben bedroht. Wir fanden, der Name paßt sehr gut.»

«Und da hat Knut Harms aktiv mitgemacht?»

«Ja, da war er auch dabei. Naturschutz hat ihn sehr interessiert. Außerdem war er überaus heimatverbunden.»

«Naturschutz und Heimatverbundenheit. Wie hat man sich die Aktivitäten dieses Vereins vorzustellen?»

«Breitgefächert», meinte Köhler. Langsam wirkte er etwas genervt. «Naturschutz in allen Belangen. Wir wollen das Ursprüngliche dieser Region bewahren.»

«Sind Sie auch Jäger?»

«Die Jagd ist ein wichtiger Bestandteil des Naturschutzes.»

«Haben Sie was für Waffen übrig?»

«Sie gehören zur Jagd wie ein Messer zur Küche.»

Schöne, auswendig gelernte Sätze, dachte Arno. «In seiner Jugend hat Knut Harms unter Bewahrung des Ursprünglichen einmal etwas anderes verstanden», sagte er.

«Tatsächlich?» Köhlers Blick schweifte ab.

«Ja, er hat im Wald Soldat gespielt. Er war Mitglied einer Wehrsportgruppe.»

«Da kannte ich ihn noch nicht», meinte Köhler und betrachtete seine schlanken Finger. «Das waren wohl eher Jugendsünden.»

«Seit wann wohnen Sie eigentlich hier?»

«Seit 1991.»

«Und vorher?»

«Ich stamme aus Strausberg. Hier gab es nach der Wende einfach bessere Möglichkeiten.»

«Verstehe. Darf man fragen, was Sie dort getan haben?»

Köhler legte beide Hände auf den Tisch, als wollte er das Gespräch beenden. «Ich war bei der NVA.»

«Berufssoldat?»

«Eine Zeitlang.»

Arno hatte fürs erste genug gehört. Er mußte sich an anderer Stelle über Köhler informieren und ihn dann noch einmal verhören. Jetzt konnte es noch Stunden weitergehen, und er würde immer wieder an der glitschigen Haut des Wirtes abrutschen. «Eine letzte Frage noch. Warum bringt jemand Ihren Freund um?»

«Wenn ich das wüßte», sagte Köhler seufzend, und plötzlich bekamen seine schmalen Augen einen eisigen Blick. «Wenn ich das wüßte», wiederholte er kalt.

«Was dann?»

Köhler sah ihn an, schüttelte dann den Kopf und brachte damit wieder sein Lächeln hervor. «Das war nur so dahergesagt.»

«Hatte er Feinde?»

«Feinde?» Er holte tief Luft. «Sicher, er hatte seine Probleme, aber hat die nicht jeder? Er hatte vielleicht etwas mehr als andere. Aber Feinde? Wird jemand nur wegen einer anderen Frau oder wegen finanzieller Sorgen umgebracht?» Köhler schaute Arno an, als könnte er sich soviel Schlechtigkeit unter der Sonne nicht vorstellen; dann wandte er sich ab und sah nach draußen, wo Arnos Volvo stand.

Ja, dachte Arno, genau aus solchen Motiven passieren die meisten Morde, und er fragte sich, ob Köhler das nur so dahergesagt hatte oder ob er ihn bewußt auf diese Fährte lenken wollte. Außerdem war ihm aufgefallen, daß Köhler mit keinem Wort danach gefragt hatte, wie Harms zu Tode gekommen war. «Gut», sagte er und schlug sein Notizbuch zu. «Dann zahle ich mal.»

Köhler erhob sich ruckartig. «Das geht aufs Haus.»

«Vielen Dank», sagte Arno, packte sein Buch in die Tasche und stand auf. «Haben Sie ein Telefonbuch von Eichendorf?»

«Sicher», sagte Köhler nickend und zwinkerte mit dem Auge. «Aber eigentlich kenne ich jede Nummer im Dorf auswendig. Wen wollen Sie denn anrufen?»

Im ersten Moment überlegte Arno, ob er es ihm sagen sollte, aber dann fiel ihm nichts ein, was dagegen sprach.

«Bredeberg?» Köhler verzog das Gesicht in einer Mischung aus Überraschung und Abneigung. «Die Nummer weiß ich nicht. Ich hole Ihnen das Buch.» Humpelnd ging er zur Theke und verschwand durch die Tür in die Küche. Seine Füße waren, ähnlich wie seine Hände, für den massigen Körper erstaunlich klein. Schuhgröße 14 brauchte er jedenfalls nicht.

«Was für ein Schwein», raunte Emma, die dem Wirt mit finsterer Miene hinterherschaute.

«Nur ruhig Blut», meinte Arno. «Paß auf, ich kümmere mich kurz um meinen Wagen, dann hole ich Müller ab. Würdest du heute abend an unserer Besprechung teilnehmen? Dann können wir in Ruhe über unsere Eindrücke reden.»

Emma zuckte mit den Achseln. «Okay. Dann ich hole noch die Protokolle.»

«Okay», sagte Arno. «So in einer Stunde.»

Während Emma hinausging, kam Köhler aus der Küche zurück. «Oh, die junge Dame hat sich schon verabschiedet», sagte er und reichte Arno das Telefonbuch. «Was wollen Sie denn von dem verrückten Schafficker?»

Schafficker? «Bredeberg ist ein alter Freund von mir», sagte Arno, nahm das Buch und schlug es auf.

«Oh, Entschuldigung», sagte Köhler. «Aber er ist halt ein komischer Kauz.»

«Ach, wissen Sie», sagte Arno, «auf dieser Welt gibt es Platz für jeden, oder?»

Köhler stutzte kurz und setzte dann wieder sein Lächeln auf. «Wo Sie recht haben, haben Sie recht.»

Eichendorf hatte nur wenig Einwohner, schnell fand Arno Volkers vierstellige Nummer. «Natürlich nur, solange er keinem auf die Füße tritt», fügte er lächelnd hinzu, schaute Köhler an und gab ihm das Buch zurück. «Wir sehen uns.»

21

Während Arno vor der ‹Schönen Aussicht› auf Volker Bredeberg wartete, rief sein Kollege Müller an. Er war im Haus der Harms fertig, und Arno sagte ihm, daß er schon nach Celle fahren könne. Später würden sie sich in der Polizeiinspektion treffen.

Bredeberg hatte brummend zugesagt, sofort zu kommen, um den Volvo wieder in Gang zu bringen. Im Hintergrund meinte Arno eine Kinderstimme gehört zu haben und hatte ein etwas schlechtes Gewissen, Volker wegen seines technischen Unverstandes von der Familie wegzuholen. Das ist nun mal der Preis der Unfähigkeit, dachte Arno. Sie macht abhängig von den Fähigen und erzeugt ein schlechtes Gewissen.

Arno hatte sich eine Zigarette angezündet, lehnte rauchend am Heck seines Wagens und schaute hinüber zu den Bäumen am Bachlauf, deren Wipfel von der untergehenden Sonne einen glutroten Glanz hatten. Obwohl seine Nase immer noch ständig kitzelte und so verstopft war, daß er die angenehmen Gerüche des Landes kaum wahrnehmen konnte, und ihm zudem die Augen juckten, schien der erste Ausbruch des Heuschnupfens zumindest eingedämmt worden zu sein.

Arno hatte nie an solche Dinge wie Telepathie geglaubt, doch in diesem Moment hatte er das untrügliche Gefühl, ein Augenpaar bohrte Pfeile in seinen Rücken. Mit Sicherheit stand Eckart Köhler hinter der vergilbten Gardine seines Lokals und beobachtete ihn, um zu erfahren, was er von Bredeberg wollte. Was sollte diese nicht nur abfällige, sondern bösartige Beleidigung? Schafficker hatte Köhler Bredeberg genannt, und wenn Arno in dem Moment nicht so baff gewesen wäre, hätte er ihm dafür eigentlich eine reinhauen sollen.

Zugegeben, Volker war ein kauziger Kerl, schon früher, aber woher kam diese Schärfe? In Berlin wäre ein Typ wie Volker nicht aufgefallen, dort konnte man völlig in der Anonymität untertauchen, was Arno letztendlich allerdings auch nicht behagte. In einem kleinen Dorf aber stand man unter ständiger Beobachtung, und es reichte schon eine geringfügige Eigenart, um aus dem engmaschigen Netz der Gemeinschaft zu fallen. Eine Eigenart oder auch nur Unlust, an der Gemeinschaft teilzunehmen. Und wenn sich Arno diesen Köhler so anschaute, dann konnte er sich sehr gut vorstellen, daß man mit ihm nichts zu tun haben wollte.

Er sah wieder hinüber zum Bachlauf, und in dem Moment kam ein alter R4 von der Dorfmitte her über die Brücke gefahren, bog auf den Parkplatz vor der ‹Schönen Aussicht› und hielt neben ihm an. Quietschend ging die Fahrertür auf, und während sich Bredeberg aus dem klapprigen Gefährt wand, dachte Arno, daß Volker, wenn er diesen Wagen fahrtüchtig halten konnte, kein Problem damit haben dürfte, auch den Volvo wieder in Gang zu bringen. Er trat seine Zigarette aus, und erst als er ihm entgegenging, um ihn zu begrüßen, bemerkte er, daß Bredeberg sich seinen zotteligen Vollbart abrasiert hatte. Nun sah er Roy Buchanan nicht mehr ganz so ähnlich. Ansonsten trug er die gleiche dunkelgrüne Arbeitskluft wie beim letzten Mal und roch ebenso nach Schweiß und Tieren. «Hallo, Volker. Tut mir leid, dich zu stören, aber …» Arno deutete auf den Volvo.

Volker winkte ab und gab ihm die Hand. Nebenbei schielte er mißmutig auf das Fenster der ‹Schönen Aussicht›, hinter dem die Gardine wackelte. Die Abneigung schien gegenseitig zu sein.

«Ich hoffe, ich habe dich jetzt nicht deiner Familie entrissen», meinte Arno.

«Nein», entgegnete Volker und holte eine alte lederne Werkzeugtasche aus seinem Wagen. «Du hältst mich nur von der Arbeit ab.»

«Du lebst allein?»

«Nicht ganz. Meine Eltern sind zwar früh gestorben, aber meine alte Großmutter lebt noch.»

«Ach.» An Volkers Oma hatte er sich doch neulich erst erinnert, dachte Arno. Nie im Leben hätte er damit gerechnet, daß sie noch lebte. Wie alt mochte sie jetzt sein? Hatte er ihre Stimme durch das Telefon mit einer Kinderstimme verwechselt? «Du bist nicht verheiratet?»

«Nee», sagte Volker unwirsch.

Arno fragte sich, ob Volker es bedauerte oder die Vorstellung, verheiratet zu sein, völlig abwegig fand. Kam daher der Spott? Ein knapp vierzigjähriger Mann, unverheiratet, allein mit seiner Großmutter lebend, da zerrissen sich die Nachbarn die Mäuler, so einfach war das in einem kleinen Dorf oft.

«Leben deine Eltern noch?» wollte Volker wissen.

Arno schüttelte den Kopf. «Verkehrsunfall. Letzten Winter.»

Volker nickte nachdenklich und schlug dann in die Hände, als wollte er dieses Thema schnell beenden. «Machst du die Haube auf?»

Arno sprang in den Volvo und zog den Hebel. Dann stieg er wieder aus und stellte sich neben Volker, der die Haube öffnete und seine Werkzeugtasche auseinanderrollte. Obwohl sie gleichaltrig waren, hatte Bredeberg schon immer älter gewirkt als Arno, und jetzt sah er einen Mann, von dem man sich selbst ohne Bart nicht vorstellen konnte, daß er einmal jünger gewesen war, daß er einmal Kind war.

«Wie lange hast du den Wagen schon?» fragte Volker.

«Erst knapp zwei Wochen.»

«Hast du dir den Motor nicht angeschaut?»

Arno zuckte mit den Achseln. «Das hätte auch nicht viel gebracht.»

Volker sah ihn von der Seite an, lächelte, zog dann den Stecker von der ersten Zündkerze ab und zeigte auf die Kerze. «Das ist eine Zündkerze. Ohne die läuft gar nichts.»

«Interessant.»

«Die Kerzen sind zwar schon alt», erklärte Volker und begutachtete die Zündkabel, «aber mit ein bißchen Pflege kriegen sie wieder Kontakt.»

Arno beobachtete, wie Volker begann, die Kontakte in dem Stecker zu feilen. Unter den Nägeln seiner kräftigen Finger saßen dunkle Ränder. Die großen Hände, die sicher und behende mit dem Werkzeug umgingen, waren schmutzig und vernarbt. Der Blick seiner warmherzigen Augen war ganz und gar auf die Arbeit konzentriert. Er war von Kindheit an harte Arbeit gewohnt, und wahrscheinlich hatte er Arno, der für Volkers Verhältnisse aus einer «besseren Familie» stammte, nie ganz für voll genommen. In technischen Dingen hatte sich Arno schon damals ungeschickt angestellt. Für Volker war er bestimmt der Prototyp eines Mannes, der keinen Nagel in die Wand schlagen konnte. Auch sein Vater hatte sich über Arnos zwei linke Hände beklagt, ein Vorwurf, den Arno allerdings, da er Linkshänder war, immer als Kompliment genommen hatte.

«Was machst du hier?» fragte Volker, während er mit der ersten Kerze fertig war und sich die zweite vornahm.

Arno schaute zum Fenster der ‹Schönen Aussicht›. Die Gardine bewegte sich nicht. «Knut Harms ist ermordet worden», sagte er.

Volker schaute ihn an. «Harms? Ermordet?»

«Ja, Knut. Du kanntest ihn doch auch.»

«Mit dem hatte ich nichts zu tun», sagte Volker und nahm seine Arbeit wieder auf. «Wie ist es passiert?»

«Wir haben ihn auf dem Truppenübungsplatz gefunden. Mehr kann ich leider nicht sagen. Auf jeden Fall eine schreckliche Sache.»

«Der Tod ist nie schön», brummte Volker. «Du bist Polizist?»

«Ja.»

Volker schnalzte mit der Zunge. «Ich dachte immer, du wirst mal Fußballer.»

«Dafür hätte es nicht gereicht.»

Volker lächelte, ohne aufzuschauen. «Und jetzt mußt du Knuts Mörder finden?»

«So ist es.» Arno zog seine Zigaretten hervor und bot die Schachtel Volker an.

Volker schüttelte den Kopf. «Hast du schon etwas herausgefunden?»

«Noch nicht viel», sagte Arno und steckte sich selbst eine an.

«Na dann, viel Glück.»

«Danke, kann ich gebrauchen.» Arno nahm einen tiefen Zug. In der etwas kühler werdenden Abendluft schmeckte die Zigarette richtig gut. «Ich habe lange in Berlin gelebt und bin erst vor kurzem zurückgekommen.»

«Berlin», wiederholte Volker, als hätte er lange nichts mehr von dieser Stadt gehört und wäre verwundert, daß sie noch existierte. «Warum bist du zurückgekommen?»

Arno atmete den Rauch aus. Da war sie wieder, die unvermeidliche Frage. Er mußte an Aglaja denken und fragte sich, ob er vor ihrem Unfall eine schlüssige Antwort gehabt hätte. «Ich weiß nicht. Schwer zu sagen. Ich mag das Ursprüngliche der Landschaft.» Gott, dachte er, jetzt höre ich mich schon an wie Köhler. «Ich liebe den Geruch der Kiefern und der Heide. Mir hat die Ruhe gefehlt. Und vielleicht der Kontakt zu meinen Wurzeln. Ich bin ja auch hier groß geworden.» Ihm fielen nur schwammige Antworten ein, die ihn selbst stutzig machten.

«Aber ihr seid zugezogen», meinte Volker, ohne aufzusehen. Er war mittlerweile bei der dritten Kerze angelangt.

Stimmt, dachte Arno und war erstaunt, daß Volker das noch wußte. Arnos Familie hatte nirgendwo lange Wurzeln geschlagen. Seine Schwester Simone war noch in Hamburg geboren worden, wohin sie später auch zurückgekehrt war, eine Erkenntnis, die ihm erst jetzt richtig bewußt wurde. Er selbst war in seinen Geburtsort Celle zurückgekehrt. Und Philip? In LA war er mit Sicherheit nicht auf die Welt gekommen. Es sei denn, er war adoptiert worden und seine Eltern hatten das Geheimnis mit ins Grab genommen. «Trotzdem», sagte Arno.

«Ursprünglich ist hier schon seit Jahrhunderten nichts mehr», sagte Volker.

«Wie meinst du das?»

Volker schaute kurz auf und deutete mit der Feile über die Felder jenseits der ‹Schönen Aussicht›. «Hier stand mal alles voll mit Eichen und Buchen. Die ganze Gegend. Anfang des neunzehnten Jahrhunderts hat man sie abgeholzt. Dann wurden Kiefern als schnellwachsendes Nutzholz angepflanzt. Das Ursprüngliche wurde beseitigt, weil es unbrauchbar war. Rationale Waldwirtschaft nennt man das. Hier ist nichts mehr ursprünglich, die Leute machen alles kaputt.»

«Verstehe.» Arno zog an seiner Zigarette. «Aber je mehr sich die Dinge verändern, desto mehr bleibt letztlich alles beim alten.»

Volker fuhr sich verständnislos durch das zerzauste Haar.

«Alles ist ständig im Wechsel», fuhr Arno fort. «Was war vor den Buchen und Eichen?»

«Keine Ahnung.»

«Eis, Gletscher. Jetzt sind es Kiefern und Heide.» Arno hielt inne. «Ich kenne nichts anderes. Für mich ist das ursprünglich.»

«Für dein Leben.»

«Ja. Aber worüber kann ich sonst etwas sagen?»

«Du meinst, nichts ist sicher, nichts ist für immer?» Volker widmete sich der vierten und letzten Kerze.

Arno beobachtete Volkers Hände. «So in der Art. Ich meine, wir wollen immer an dem festhalten, was wir kennen, aber von einer Sekunde auf die andere kann sich alles verändern. Nehmen wir einen Mord, da werde ich ständig mit einer plötzlichen Veränderung konfrontiert. Die Welt ändert sich ständig.»

«Auf eine Art ja.»

«Für Knuts Familie wird nichts mehr so sein, wie es vorher war.»

Volker sah ihn an. «Die Frage ist nur, ob es besser oder schlechter wird.» Dann beugte er sich wieder unter die Motorhaube.

«Glaubst du, ohne Knut geht es ihnen besser?» fragte Arno, aber nach allem, was er bisher über Knut erfahren hatte, und angesichts der Reaktion von Heike lag der Verdacht nahe. Es war nicht das erste Mal, daß er den Mord an einem Menschen aufklären mußte, dessen Tod nur wenige betrauerten, und er aufpassen mußte, daß seine Motivation nicht darunter litt.

«Wer weiß?» brummte Volker. «Aber letztlich bleibt hier immer alles beim alten.»

«Das ist ja genau das, was ich meine.»

«Ist mir zu hoch.»

«Die Dinge verändern sich, aber im Prinzip bleibt alles beim alten. Wenn es eine Gleichmäßigkeit gibt, dann ist es die Veränderung. Ob es uns gefällt oder nicht.» Mein Gott, dachte Arno, was rede ich da für einen Schwachsinn.

«Was heißt schon gefallen?» brummte Volker über den Motor gebeugt. «Es ist, wie es ist.»

Arno stützte sich auf den Kotflügel. «Man hat ja auch noch die Möglichkeit, selbst etwas zu verändern, oder?»

«Ich weiß nicht. Ich glaube eher, wir können nur unserem Weg folgen.»

«Alles ist schon vorherbestimmt, meinst du?»

«Ja. Und manchmal schon seit Ewigkeiten.» Volker richtete sich auf, legte die Feile in seine Werkzeugtasche und rieb die Hände aneinander.

«Dann war es also auch vorherbestimmt, daß mein Wagen hier verreckt und du ihn wieder in Gang bringen mußt?» Arno ließ seine Zigarette fallen und trat sie nachdenklich aus. War Aglajas Unfall vorherbestimmt? Oder war es Knut Harms vorherbestimmt, qualvoll zu verdursten?

«Wer weiß?» Volker lächelte. «Du konntest ja schon früher besser reden als mit den Händen arbeiten.»

Arno erwiderte sein Lächeln und holte spielerisch mit dem linken Bein aus. «Mit den Füßen kam ich auch ganz gut klar.»

«Stimmt», sagte Volker, «wie konnte ich das vergessen? So, jetzt müßte er wieder laufen.»

«Was? Das war's schon?»

«Werden wir gleich sehen. Starte mal.»

«Zu Befehl.» Arno setzte sich hinters Lenkrad, drehte den Zündschlüssel herum und trat aufs Gaspedal.

«Nicht zuviel Gas», rief Volker, «sonst säuft er gleich wieder ab.»

Stockend gab der Motor die ersten Töne von sich, es hörte sich an, als hätte er Raucherhusten. Volker beugte sich in den

Wagen. «Schön langsam und gleichmäßig», sagte er. «Zwei Töpfe sind schon da.»

Arno hatte keine Ahnung, wovon er sprach, aber bald spürte er, wie der Motor zwar krächzend, aber gleichmäßig zu laufen begann.

«Gut, der stand ja auch eine Weile», meinte Volker und klopfte auf das Dach. «Laß den Motor laufen.»

«Danke, Volker. Wirklich, vielen Dank.»

«Dafür nicht.» Er wischte sich die Hände an den Hosen ab. «Aber du brauchst auf jeden Fall neue Kerzen. Und am besten auch neue Zündkabel.»

Arno schaute ihn durch das geöffnete Fenster an. «Alles klar», sagte er, obwohl er schon wußte, daß er in absehbarer Zeit nicht dazu kommen würde.

«Okay», sagte Volker und drehte sich um. «Ich mach mich auf die Socken.»

«Warte mal. Wohnst du noch auf dem Hof deiner Eltern?»

«Wo sonst?»

«Dann komme ich in den nächsten Tagen mal vorbei. Ich meine, wenn du nichts dagegen hast.»

«Ich habe viel zu tun, aber sonst ...» Volker fuhr durch sein Haar und zerzauste es noch mehr. «Wie du willst.»

«Ich habe auch viel zu tun. Dann bis die Tage. Und grüße deine Großmutter von mir.»

Volker nahm seine Werkzeugtasche und schlug die Haube zu. Er hob den linken Arm, winkte und ging zu seinem alten R4. Bevor er einstieg, schaute er noch einmal mit zusammengekniffenen Augen auf das Fenster der ‹Schönen Aussicht›. Dann startete er den Wagen und fuhr Richtung Übungsplatz davon, wo sein Hof lag.

Arno schaute ihm hinterher. Vorhin war Volker aus der anderen Richtung gekommen, fiel ihm ein, also mußte er noch woanders gewesen sein, nachdem er ihn angerufen hatte. Sie hatten sich seit Jahren aus den Augen verloren, und obwohl Volker wahrscheinlich alle Hände voll zu tun hatte, wenn er seinen Hof allein bewirtschaftete, hatte er ihm ohne Umschweife geholfen. Vielleicht stimmte es, daß man sich auf einen Freund, den man in frühester Kindheit gefunden hatte, ein Leben lang verlassen konnte, und daß man eine solche Freundschaft später nie wieder knüpfen konnte. Je älter man wurde, desto eigensinniger wurde man und desto weniger ließ man sich auf andere Menschen ein.

Vorsichtig lenkte er den Volvo vom Parkplatz auf die Straße, überquerte die Brücke und lauschte besorgt jedem Geräusch des Motors. An der Kreuzung in der Dorfmitte sah Arno rechts das Haus der Harms liegen, hinter dem die Sonne schon fast untergegangen war. Nur im oberen Stockwerk brannte ein Licht, und vor dem Carport stand der Streifenwagen der Beamtin aus Winsen. Er würde nicht umhinkommen, morgen wieder dort vorbeizuschauen. Zu viele Fragen waren noch offen, und aus dem Material, das Müller mitgenommen hatte, würden sich weitere ergeben. Hinter der Dorfgrenze, der Volvo lief mittlerweile wieder rund, schob er eine Kassette in das Radio und drehte die Lautstärke auf. Die stoischen Akkorde einer Akustikgitarre und eine tiefe Stimme hallten aus den Lautsprechern. Arno erkannte den Song sofort. *Jody Girl* von Bob Seger. *Jody Girl, spend your time today, watching clocks spend the hours away, thinking back to the things we used to say.* Noch so ein melancholisches Lied, dachte Arno, das zurück in die Vergangenheit führte. *All the wild good times you had, ain't it hard to forget.*

Auf der Landstraße durch den dichten Wald zwischen Winsen und Celle kam ihm der Feierabendverkehr entgegen, die allabendliche Wanderbewegung, der Rhythmus des Lebens.

Daß früher, vor allem in der Jugend, alles besser war, war eine Binsenweisheit. Doch wenn er an Heike, an Volker, an sich und selbst an Knut dachte, dann schien es wirklich schwer zu sein, die Gegenwart zu akzeptieren und die Vergangenheit zu vergessen. Jeder hatte seinen Weg eingeschlagen, wie steinig er manchmal auch war. Man hatte sich eingerichtet. Welche der Träume, die man in der Jugend hatte, waren wahr geworden? Hatte man überhaupt noch Träume? Man war abgeklärt geworden, vielleicht sogar verbittert, bestenfalls melancholisch. Er mußte an das Gespräch mit Volker denken. Alles verändert sich. Alles bleibt beim alten. Es ist, wie es ist. War tatsächlich alles vorherbestimmt? Und wenn, von wem?

22

Kaum hatte Arno den Volvo auf dem Hof neben dem grauen Betonblock ausgemacht, hoffend, daß er später wieder anspringen möge, da parkte Emma ihren Land Rover neben ihm. Mit einem Aktenstapel unter dem Arm stieg sie aus. «Der läuft wieder?» fragte sie ungläubig.

«Bis hierher hat er es geschafft.»

«A miracle.»

Als sie das Foyer der Polizeiinspektion betraten und Arno hinüber zum Tresen der Anmeldung schaute, setzte Witte eine schuldbewußte Miene auf und breitete bedrückt die Arme aus. «Aber ich arbeite daran», rief er Arno zu, der im ersten Moment gar nicht wußte, was der diensthabende Kommissar meinte. Dann fiel ihm das Rennrad seines Vaters ein, und er lächelte Witte aufmunternd zu. Emma sah ihn fragend an.

«Er will auch ein Wunder vollbringen», sagte Arno.

Auf dem Gang des Fachkommissariats I im sechsten Stock kam ihnen sein Kollege Müller entgegen. «Ich habe mich bereits über diese NOP erkundigt», sagte er.

«Sehr gut», sagte Arno, «dann treffen wir uns gleich.»

«Stockmann hat auch was gefunden.»

Arno hob die Augenbrauen. «Da bin ich gespannt.»

«Ich auch», meinte Emma. «Meine Leute haben alles abgesucht.»

Kurze Zeit später saßen sie in dem Konferenzzimmer am Ende des Ganges, in dem einige karge Metalltische zu einem U angeordnet waren, hinter denen harte Plastikstühle standen. Anscheinend war seit Tagen nicht gelüftet worden, denn es schwebte ein muffiger Geruch zwischen den kahlen Wänden, der Arno an die Mischung aus Fuß- und Angstschweiß in einem Klassenzimmer erinnerte. Er öffnete als erstes ein Fenster und atmete die laue Abendluft ein. Polizeidirektor Sörensen begrüßte Emma freundlich und dankte ihr für ihre Mitarbeit und ihr Kommen. Pries ließ Arno links liegen und gab ihr die Hand, wobei man ihm ansah, daß er sich unter einer englischen Polizistin etwas anderes vorgestellt hatte. Arno fragte sich, wie sein Bild wohl ausgesehen hatte. Während Oberkommissar Müller Gerd Stockmann entschuldigte, der noch im Labor war und so schnell wie möglich dazustoßen wollte, entdeckte Arno den jungen Kriminalkommissar Ulf Mertens, der von Heiner Pries in das Kreisarchiv geschickt worden war.

«Bevor wir anfangen», begann Sörensen die Sitzung, «der Chefredakteur der ‹Celleschen Zeitung› hat mich angerufen. Was war da los?»

Arno erzählte ihm von der morgendlichen Begegnung mit dem jungen, aufdringlichen Journalisten. «Ich frage mich, woher er von dem Termin wußte. Und die anderen Informationen hatte.»

Pries schaute ihn finster an. «Was willst du damit sagen?»

«Nichts. Ich dachte nur, es wurden noch keine Einzelheiten weitergegeben.»

«Wurden auch nicht.»

«Irgend etwas sickert immer durch», beschwichtigte Sörensen. «Und ganz ausschließen können wir die Presse leider nicht.» Er sah von Arno zu Müller. «Kam es zu Drohungen?»

«Drohungen?» wiederholte Arno, warf Müller einen Blick zu und schüttelte den Kopf. «Nein.»

Ein leichter Anflug eines Lächelns bemächtigte sich der Lippen des Polizeidirektors. «Na gut. Ich habe für Montag eine Pressekonferenz angesetzt. Damit habe ich sie erst einmal beruhigt, hoffe ich.» Er sah in die Runde, nahm seine Brille ab und erteilte dann mit einer Handbewegung Arno das Wort.

«Gut, von vorne.» Arno schlug sein Notizbuch auf und begann, die Obduktionsergebnisse von Dr. Papenburg zusammenzufassen. «Wir haben damit die Gewißheit», schloß er, «daß das Opfer seit Donnerstag oder Freitag vor einer Woche in diesem Keller gefangengehalten worden ist. Da zu dieser Zeit auch der Soldat Grafton getötet und der Wagen von Harms versenkt worden ist, glaube ich nicht mehr an eine zufällige Gleichzeitigkeit dieser Ereignisse. Der Tod von Grafton muß in einem Zusammenhang mit der Verschleppung von Harms stehen. Da Grafton von hinten eins über den Schädel bekommen hat, aber eher zufällig erstickt ist, Harms jedoch einem langsamen und grausamen Todesakt unterzogen wurde – vergessen wir nicht, daß ihm auch der Kopf geschoren wurde –, gehe ich davon aus, daß Knut Harms das Hauptangriffsziel war und Grafton dem Täter irgendwie in die Quere gekommen sein muß. Harms ist gefangengehalten worden und verdurstet. Das war kein Mord aus Affekt, wer so mordet, der hat sich etwas dabei gedacht.»

«Das sehe ich auch so», pflichtete ihm Sörensen bei. «Wir haben bereits am Tatort von einer Inszenierung gesprochen. Diese inszenierte Hinrichtung, so sage ich einmal, erinnert mich an die Art, wie Todesstrafen im Mittelalter vollzogen wurden. Die Hinrichtung war dabei häufig eine Nachinszenierung der Tat. Für bestimmte Verbrechen gab es festgelegte Hinrichtungsmethoden. Daß für jede Tat die gleiche Strafe gilt, nämlich Gefängnishaft, die je nach Schwere der Tat mal länger, mal kürzer dauert, ist erst eine Errungenschaft der Aufklärung. In den Zeiten davor ging es manchmal so weit, daß der Mörder mit der Tatwaffe hingerichtet wurde.»

Arno hatte den Ausführungen des Polizeidirektors interessiert zugehört. «In diesem Sinne müßten wir uns fragen, für was Verdursten stehen kann.»

«Richtig», meinte Sörensen und blickte in die Runde.

«Harms wurde nicht einfach umgebracht», überlegte Arno laut, «sondern sich selbst überlassen. Ohne Essen und Trinken.»

Müller räusperte sich. «Vielleicht eine Anspielung auf sein – wie soll ich sagen – Übergewicht?» Gespannt schaute er die anderen an.

«Na ja, er war nicht fett, eher ein bißchen zu dick», meinte Arno. «Aber ganz abwegig ist das nicht. Dicke Menschen erwecken einerseits den Anschein, daß sie sich gehenlassen. Andererseits drückt sich in der Körperfülle etwas Herrschaftliches aus. Sie nehmen sich, was sie wollen.»

«Interessante These», stimmte Sörensen zu. «Haben Sie Informationen über das Opfer gewonnen, die in diese Richtung führen?»

«Darauf komme ich gleich.»

Pries schnaubte, als fühlte er sich persönlich angesprochen. «Man kann es auch ganz anders sehen. Dicke Menschen haben auch etwas Gemütliches. Reicht das für so einen Mord?»

«Er ist verdurstet», warf Müller ein. «Seine Frau hat immer wieder betont, daß er ständig in der Dorfkneipe rumhing. Bestimmt hat er gut geschluckt.»

Ulf Mertens hatte die ganze Zeit zugehört und nervös mit seinem Kugelschreiber gespielt, jetzt hob er den Arm und meldete sich wie in der Schule zu Wort. Erst als Sörensen ihm aufmunternd zunickte, begann er zu sprechen. «Ich weiß nicht, ob ich damit richtig liege, aber ich habe ja über die Hofstelle recherchiert, auf der das Opfer gefunden wurde.»

«Ja?» Arno sah den jungen Kollegen gespannt an.

«Nun, könnte es da nicht einen Zusammenhang geben? Ich meine, dieser Bauernhof hat ja einmal Nahrungsmittel produziert. Es ist doch ein komischer Zufall, daß jemand an einer

Stelle verhungert und verdurstet, an der früher Vieh gehalten und Getreide geerntet und Kartoffeln sortiert wurden. Wo Milch und Fleisch produziert wurden.» Mertens war rot angelaufen bei seiner Rede und schaute nun hinab auf den Tisch.

«Wo einmal Menschen gelebt haben», sponn Arno den Faden weiter. «Doch, den Zusammenhang finde ich einleuchtend», sagte er zustimmend und sah, daß Pries seinen Schützling stolz betrachtete. «Sergeant Fuller hat uns bereits erste Informationen über den Hof gegeben.»

Emma nickte. «Aus Archiven von Militär.» Und dann berichtete sie, was sie Arno auf dem Truppenübungsplatz erzählt hatte.

«Und was haben Sie herausgefunden?» wollte Sörensen von Ulf Mertens wissen.

«So viel ist es leider nicht», sagte Mertens und schlug sichtlich nervös sein Notizbuch auf, genauso ein kleines Büchlein, wie es auch Arno benutzte. «Diese Familie von Mackenroth ist nach Hinterpommern umgesiedelt und hat dort einen neuen Gutshof erhalten. Wo genau, war nicht festzustellen. Es soll noch weitere Dokumente geben, die Archivmitarbeiter haben mir versprochen, sie herauszusuchen.»

Hinterpommern, heute also Polen, dachte Arno. Dann war das schon einmal geklärt. Es existierte eine Verbindung nach Polen. «Ist Ihnen in dem Archivmaterial der Name Harms untergekommen?» fragte Arno.

Mertens schüttelte den Kopf. «Nein. Leider nicht.»

Arno nickte und hatte plötzlich eine Idee. «Und Köhler?»

«Wer ist Köhler?» fragte Sörensen.

«Ein Freund von Harms. Außerdem der Wirt der Dorfkneipe. Ich komme gleich zu ihm.»

«Köhler?» Mertens schaute in sein Büchlein. «Ganz in der Nähe des Falkenhofes befand sich damals eine Köhlerei.»

Etwas zu naheliegend, dachte Arno, aber er wollte es sich merken. «Haben Sie sonst noch etwas herausgefunden?» fragte er Mertens.

«Leider waren die meisten alten Dokumente nicht spontan verfügbar», sagte er bedauernd. «Aber wie gesagt, die Mitarbeiter des Kreisarchivs haben mir versprochen, alles, was den Hof betrifft, herauszusuchen. Sie wollen auch im Hauptstaatsarchiv in Hannover anfragen. Eines ist vielleicht noch interessant: Während sich die meisten Bewohner der Gegend in ihr Schicksal fügten und umsiedelten, als das Militär kam, wobei sie generös entschädigt wurden und meistens bessere Höfe erhielten, als sie vorher gehabt hatten, sollen vom Falkenhof damals Sabotageakte gegen das Regime ausgegangen sein. Es gab zum Beispiel einen Anschlag auf die sogenannte Hitlereiche. Die soll da in der Nähe der Sieben Steinhäuser gestanden haben.»

Arno schaute Emma an, die genau wie er ihre Ohren gespitzt hatte. «Das ist extrem interessant», sagte er. «Kann man darüber auch noch mehr rauskriegen?»

Mertens zuckte mit den Achseln. «Ich denke schon. Aber morgen beginnt das Wochenende.»

«So lange können wir nicht warten», meinte Arno und wandte sich an Pries. «Kann man da nichts machen?»

«Natürlich kann man», brummte der Erste Hauptkommissar und wich seinem Blick aus. «Aber was sollen diese ganzen alten Kamellen? Das ist doch alles mindestens fünfzig Jahre her. Wer auch immer damals daran beteiligt war, von denen lebt doch keiner mehr.»

«Nach allem, was wir bisher wissen, bin ich überzeugt, daß wir durch diese alten Geschichten wichtige Informationen gewinnen», entgegnete Arno und mußte an Volker und ihr Gespräch denken. «Auf dem Land gehen die Uhren anders. Da ändert sich so schnell nichts.»

«Wir werden uns mit dem Kreisarchiv in Verbindung setzen», meinte Sörensen. «Doch so abwegig finde ich den Einwand nicht. Ich bin zwar auch der Meinung, daß die Art des Mordes und der Tatort eine wichtige Rolle spielen. Aber glauben Sie wirklich, Herr Hennings, daß man so tief in die Geschichte eintauchen muß? Bringt uns das entscheidend weiter? Was ist mit den Angehörigen? Gibt es keinen näherliegenden Verdacht?»

In dem Moment ging die Tür auf, und Gerd Stockmann kam herein. Er hob entschuldigend die Hand. «Tut mir leid», sagte er etwas außer Atem. «Hat ein bißchen länger gedauert.» Eilig huschte er an den anderen vorbei, nahm sich einen Stuhl, legte eine Mappe auf den Tisch und setzte sich hin. Sein Gesicht sah aus, als hätte es heute zuviel Sonne abbekommen, auf der Stirn unter seinem Toupet perlte der Schweiß.

Arno atmete durch. «Die Angehörigen. Darauf wollte ich gerade kommen. Heike Harms, die Frau des Opfers, hat uns nicht viel erzählt, und ich bin mir nicht sicher, ob sie über die Aktivitäten ihres Mannes nichts wußte oder ob sie etwas verheimlicht.»

«Welche Aktivitäten?» fragte Sörensen.

«Einen Moment», vertröstete Arno ihn. Jetzt bloß nicht den Faden verlieren, der sich gerade so schön entspann. «Eines aber hat Heike Harms uns erzählt: Die Familie von Knut Harms stammt vom Gelände des heutigen Truppenübungsplatzes. Wir wissen noch nicht, von wo genau, aber es ist doch äußerst merkwürdig, daß jemand die große und nicht ungefährliche Anstrengung unternimmt, Knut Harms ausgerechnet auf den Truppenübungsplatz zu verschleppen und ihn dort verdursten zu lassen, Knut Harms, dessen Familie von ebendort kommt.»

«Tatsächlich, eine merkwürdige Koinzidenz», gab Sörensen

zu. «Aber wohin führt uns das alles? Erzählen Sie von diesen ‹Aktivitäten›.»

«Angeblich wollte Knut Harms nach Polen reisen, um dort Geschäfte zu machen», berichtete Arno. «Früher hat er dort mit Autos gehandelt. Aber mal davon abgesehen, daß er so gut wie bankrott war, haben wir in seinem Büro Unterlagen gefunden, die auf einen ganz anderen Grund seiner Polenreisen schließen lassen.» Er bedeutete Müller weiterzumachen.

«Ein Wort zu seinem Büro», begann Müller. «Es ist eigentlich nur eine Abstellkammer. Ich hatte nicht den Eindruck, daß er dort gearbeitet hat oder so. Überhaupt sah es so aus, als hätte er in dem Haus nur seine Sachen untergestellt.»

«Sie meinen, er hat nicht dort gewohnt?» fragte Sörensen.

«Auf jeden Fall war er selten da», meinte Arno.

Müller nickte. «Das war mein Eindruck.» Er raffte seine Papiere zusammen und kratzte sein unrasiertes Kinn. «Anscheinend hatte Harms in Polen Kontakt zur einer Organisation, die sich Narodw…»

«Narodowe Odrodzenie Polski», half ihm Arno.

«Äh, genau. ‹Nationale Wiedergeburt Polens› auf deutsch. Ich habe im Internet recherchiert.» Müller nahm ein Papier zur Hand. «Es handelt sich um eine rechtsextreme Partei, die sich als polnische Sektion der *International Third Position* versteht.»

«Was ist das?» wollte Pries wissen.

«Eine britische Naziorganisation», erklärte Emma. «Wir haben bei Harms auch den Leuchter-Report gefunden.»

Heiner Pries nickte irritiert; ob er wußte, was der Leuchter-Report war, konnte man ihm nicht ansehen.

«Interessant», sagte Sörensen nachdenklich und bat Müller fortzufahren.

«Also, diese NOP gilt als die schlagkräftigste und gewalttätigste rechtsextreme Partei in Polen. Vor einigen Jahren hat die NOP ein internationales Neonazi-Treffen in Polen ausgerichtet. In der Nähe von Köslin.»

«Köslin liegt in Hinterpommern», fügte Arno an. «Eine weitere Verbindung zur Geschichte des Hofes und zur Familie von Mackenroth.»

«Nazis in Polen?» fragte Pries ungläubig. «Die Polen sind doch damals selbst, äh, verfolgt worden.»

«Richtig», sagte Arno. «Aber leider gibt es auch in Polen einen starken Antisemitismus.» Er wandte sich wieder an Sörensen. «Knut Harms war in den achtziger Jahren Mitglied einer Wehrsportgruppe. Wir müssen die ganzen Unterlagen noch übersetzen lassen, aber soviel ich verstanden habe, glaube ich, daß Harms in letzter Zeit in Polen Waffen gekauft hat. Und jetzt kommt dieser Köhler ins Spiel. Zugegeben, die Verbindungen sind noch recht vage, aber Köhler leitet in Eichendorf eine Gruppe, die sich *Die Falken* nennt. Angeblich ein Heimatverein, der sich um Naturschutz und die Wahrung des Ursprünglichen kümmert. Was auch immer das bedeuten mag. Das Emblem des Vereins ist ein Falke.» Er legte die Fotografie von Knuts Anstecknadel auf den Tisch und schob sie Sörensen zu. «Genau dieses Symbol war auf eine Hütte auf dem Übungsplatz gezeichnet, und zwar unweit der Stelle, an der Private Grafton getötet wurde. Nur einen Steinwurf vom ehemaligen Falkenhof entfernt, wo wir Harms fanden. Und auch die früheren Besitzer des Hofes führten den Falken in ihrem Wappen.»

Sörensen betrachtete die Fotografie und rieb sich die Augen. «Mmmh. Erzählen Sie mir mehr von diesem Köhler.»

«Er betreibt die Dorfkneipe in Eichendorf, die ‹Schöne Aussicht›. Seinen Umgang mit Fragen der Polizei würde ich als sehr erfahren bezeichnen. Auf der einen Seite tut er so, als wollte er seinen Freund Harms in Schutz nehmen, auf der anderen Seite hat er nichts unterlassen, um uns gezielt auf bestimmte Fährten zu locken. Köhler hat Harms Geld geliehen. Anscheinend schuldete Harms auch anderen Leuten Geld. Köhler meint, Harms wäre nur nach Polen gefahren, weil er dort eine Geliebte hatte. Und Köhler veranstaltet in seiner Kneipe Rockkonzerte mit polnischen Bands. Erst vor wenigen Wochen hat dort eine Gruppe namens *Szczerbiec* gespielt. *Das Schwert.*»

Müller hob die Augenbrauen. «Wie wird das geschrieben?» fragte er und blätterte durch seine Unterlagen.

Arno buchstabierte ihm den Namen.

«Die Skinhead-Band *Szczerbiec* besteht durchweg aus NOP-Anhängern», las Müller vor.

«Dachte ich mir.»

«Ich habe recherchiert über diesen Köhler», meldete sich Emma zu Wort. «Er ist ja Mitglied des Ortsrates, deshalb es gibt Informationen über ihn.

Sörensen schnalzte mit der Zunge. «Er ist Mitglied des Ortsrates?»

«Im Kreistag in Celle sitzt er auch», sagte Arno. «Er ist über die Liste der Freien Wählergemeinschaft gewählt worden.»

«Genau», sagte Emma. «Eckart Köhler, geboren am 13. September 1952 in Strausberg bei Berlin. Seit 1972 bei der NVA. Offiziersausbildung. Am Ende war er Oberstleutnant. Angeblich er ist 1989 freiwillig aus dem Dienst geschieden, weil er nicht mehr an den Staat glaubte.»

Arno mußte auflachen. «Das fiel ihm kurz vor dem Fall der Mauer ein?»

«Seit 1991 wohnt er in Eichendorf.»

«Warum ist er gerade nach Eichendorf gezogen?» wollte Müller wissen.

«Gute Frage», meinte Emma. «Keine Ahnung. Wir müssen mehr über ihn erfahren.»

Einen Augenblick setzte Schweigen in dem Konferenzzimmer ein. Alle Anwesenden schienen die Informationen zu verdauen und zu überdenken. Sörensen setzte seine Brille wieder auf. «Schön und gut», sagte er. «Das ist alles sehr interessant, aber auch ziemlich verwirrend. Anscheinend sind Sie in ein rechtes Nest gestoßen. Aber ich sehe da noch keine Spur. Und vor allem kein schlüssiges Motiv.»

Ein bißchen pessimistisch, diese Einschätzung, dachte Arno. Eine Spur gab es noch nicht, aber eine Richtung zeigten ihm die neuen Erkenntnisse auf jeden Fall an. «Nach allem, was ich bisher über ihn weiß, und nach meinem ersten persönlichen Eindruck steht Köhler für mich momentan auf jeden Fall im Fokus der Ermittlungen.» Ich rede wie ein Politiker, dachte Arno.

«Jetzt redest du wie ein Politiker», meinte Heiner Pries und schaute mit verschränkten Armen in die Runde. «Vergessen wir die Fakten nicht. Das heißt, die spärlichen Fakten, die wir bisher kennen.» Er schielte hinab auf den Schreibblock, der vor ihm lag. «Der mutmaßliche Täter ist Linkshänder und hat Schuhgröße 48. Ende. Bedenkt man noch die grausame Art und Weise, wie Harms ermordet worden ist, dann haben wir es mit einem gefährlichen Verrückten zu tun. Und sonst?»

Sörensen musterte Pries und wandte sich dann an Arno. «Ist dieser Köhler für Sie ein Verdächtiger, Herr Hennings?»

Arno seufzte. Er war auf Bewährung, das durfte er nicht vergessen. «Wenn Sie meinen, ob ich glaube, daß er der Mörder ist, dann muß ich zugeben, daß ich das eher ausschließe. Aber er ist mir verdächtig. Wir brauchen noch mehr Zeit. Ich glaube, in seinem Umfeld wichtige Antworten zu finden.»

«Und wie wollen Sie weiter vorgehen?»

Arno straffte die Schultern. «Auf zwei Wegen. Zum einen können durch unsere Erkenntnisse nun konkrete Ermittlungen geführt werden. Durch weitere Gespräche mit Heike Harms und Eckart Köhler möchte ich den Tatabend rekonstruieren. Köhler hat uns zudem die Namen der Leute genannt, die mit Harms in der ‹Schönen Aussicht› waren, bevor er nach Polen aufgebrochen ist. Zum anderen brauchen wir weitere Hintergrundinformationen über Köhler und vor allem über die Hofstelle, den Tatort. Für mich liegt es mittlerweile auf der Hand, daß man diesen Fall nur dann lösen wird, wenn man die alten Geschichten kennt. Morgen werde ich als erstes mit Knut Harms' Eltern sprechen, die in einem Altenheim in Winsen leben.»

«Na gut.» Sörensen nickte, aber richtig zufrieden sah er nicht aus. «Wenn sich alles auf die rechtsextreme Szene konzentriert, müßte ich im Grunde das Landeskriminalamt in Hannover einschalten. Außerdem könnte es nicht schaden, wenn wir uns mit den polnischen Behörden in Verbindung setzen, um mehr über die dortige Naziszene zu erfahren. Machen Sie vorerst so weiter, Herr Hennings, aber unterrichten Sie mich von jedem Schritt.»

Arno nickte unglücklich. Sörensen hatte recht, anders als die stärker besetzten Kommissariate in Berlin waren die Polizeiinspektionen in der niedersächsischen Provinz für solche Fälle nicht allein zuständig. Aber wenn das LKA hinzukommen würde, müßte er den Fall wohl an irgendeinen Polizeirat abgeben oder für ihn die Laufarbeit erledigen.

Der Polizeidirektor wandte sich an den Leiter der Spurensicherung, der die ganze Zeit schweigend zugehört und sich ab und zu die Stirn mit einem Taschentuch abgewischt hatte. «Herr Stockmann, haben Sie wenigstens konkrete Ergebnisse mitgebracht? Es hat mich eine Menge Überredungskunst gekostet, den Standortkommandanten davon zu überzeugen, das Manöver aufzuschieben.» Er lächelte Emma an. «Besonders die britische Armee ist ungehalten.»

Emma zuckte entschuldigend mit den Achseln und setzte ihr süßes Lächeln auf, das Arno bereits am Morgen in der Pathologie kennengelernt hatte.

Stockmann steckte sein Taschentuch ein und öffnete die mitgebrachte Mappe. «Ich glaube schon.» Er legte eine durchsichtige Plastiktüte auf den Tisch, und alle Anwesenden beugten stirnrunzelnd ihre Köpfe darüber und sahen ihn dann fragend an.

«Ist es das, was ich glaube?» fragte Arno.

«Teile davon. Das sind Splitter von dem dicken Ast eines Maulbeerbaumes. Die Hunde haben sie aufgespürt. Wir haben getrocknete Blutreste daran festgestellt. Ich habe es bereits überprüft, es handelt sich um das Blut des Soldaten Grafton.»

«Also die Tatwaffe», sagte Sörensen.

«Ja. Vermutlich hat der Täter den Ast kaputtgeschlagen, und zwar am Stamm einer Kiefer, die ungefähr auf halbem Weg zwischen dem Hof und der Stelle steht, wo Grafton ermordet wurde.»

«Entschuldigen Sie die Unterbrechung», schaltete sich Arno ein. «Soviel ich bisher weiß, ist das Holz des Maulbeerbaums sehr hart. Anscheinend ist der Ast ganz geblieben, als Grafton niedergeschlagen wurde. Man benötigt dazu also eine ganze Menge Kraft, oder?»

Stockmann nickte. «Würde ich sagen. Der dicke Ast war im Grunde Kleinholz. Die Rinde der Kiefer war abgebröckelt, am Boden lagen die Splitter. Nur ein bißchen von Erde verdeckt. Sah so aus, als hätte jemand die Erde mit dem Fuß darüber gescharrt. Gut, daß Sie darauf gedrängt haben, noch einmal alles abzusuchen», sagte Stockmann, holte wieder sein kariertes Taschentuch hervor und wischte sich die Stirn ab. «Tut mir leid, aber die Luft hier drinnen ist ja saunamäßig.» Er steckte das Tuch wieder ein. «Gut, außerdem haben wir auf einem größeren Bruchstück einen Fingerabdruck gefunden. Das Papillarleistenbild weist achtzehn daktyloskopische Merkmale auf, welche identifizierungsmäßig einwandfrei genügen. Der Abdruck ist demnach auswertbar. Ich habe ihn bereits im Computer gecheckt.» Er schüttelte den Kopf. «Nichts.»

«Trotzdem», sagte Pries, verschränkte die Arme und lehnte sich zurück. «Wundersamerweise gibt es doch noch konkrete Ergebnisse.»

23

Arno saß auf der Toilette neben seiner dunklen Schlafkammer und fuhr sich mit beiden Händen immer wieder durch das kurze Haar, bis die Kopfhaut zu jucken begann. In der Nacht war er über den finsteren Truppenübungsplatz gelaufen, die Kiefern sahen im fahlen Mondlicht aus wie stumme Wächter des verlassenen Geländes, als er näher kam, stakten Totenköpfe auf den Ästen, die Überreste der ehemaligen Bewohner. Er lief weiter. Auf den sandigen Hügeln, durch die er irrte, standen mächtige Keiler, die ihre Frischlinge fraßen und die ihn, als er vorbeilief, ankläfften wie wilde Kettenhunde. Plötzlich war es taghell, und in einer ausgefahrenen Senke stand ein schwerer Panzer mit dröhnendem Motor, Rauch stieg aus der Fahrerluke, Flammen züngelten aus der Kanone, und unter den Ketten lag Aglaja, nur ihr Oberkörper schaute hervor, ihr Haar eine schwarze Blutlache. Sie lächelte ihn an und sagte, er solle sich keine Sorgen machen, doch er stemmte sich gegen den Panzer und versuchte ihn mit aller Kraft wegzuschieben, seine Arme schmerzten, seine Adern platzten, aber nichts bewegte sich, alle Anstrengungen waren völlig umsonst. Er sackte im Sand neben Aglaja zusammen und schaute sich um, rief nach Hilfe, doch alles, was er sah, waren die Keiler, die nun von allen Seiten näherrückten, mit ihren riesigen Hauern den Boden durchpflügend, immer näher kamen sie, und dann setzte schlagartig wieder die dunkle Nacht ein.

Die Traumbilder wollten nicht verschwinden. Er rieb sich die Augen, betätigte die Spülung und stand auf. Durch das schmale Fenster drang das erste Licht des Tages. Er trank einen Schluck Wasser aus dem Hahn, spritzte sich Wasser ins Gesicht und betrachtete sich im Spiegel. Seine linke Faust schnellte vor, erstarrte im letzten Moment, nur die Tropfen flogen weiter und benetzten sein Spiegelbild. Er drehte sich um und verließ das Badezimmer.

Nach der abendlichen Sitzung hatte Arno von seinem Büro aus einen ehemaligen Kollegen in Berlin angerufen, der aus dem Osten stammte und schon damals bei der Kriminalpolizei war. Er hatte ihn gebeten, etwas über Eckart Köhler herauszufinden. In Strausberg befand sich das Verteidigungsministerium der DDR, erklärte ihm der Kollege, weshalb man einerseits davon ausgehen konnte, daß, wer auch immer dort Dienst getan hatte, ziemlich tief im System steckte, und es andererseits sehr schwer war, Informationen über diese Leute zu bekommen. Er wollte alles tun, was in seiner Macht stand, Arno sollte sich aber keine zu großen Hoffnungen machen.

Zu Hause angelangt, fühlte er sich ausgelaugt und unendlich müde. Bevor er sich hingelegt hatte, hatte er Aglaja angerufen. Obwohl sie bereits geschlafen hatte, war sie sofort hellwach gewesen. Auch wenn sie es nicht sagte, spürte er, daß sie bereits ungeduldig auf seinen Anruf gewartet hatte. Am Montag, erzählte sie ihm, würde sie erneut operiert werden. Sie könne es kaum abwarten, bis sich wieder etwas tat und das Wochenende vorbei war. Sie war es nicht gewohnt, so untätig herumzuliegen. Die Schmerzmittel betäubten ihren Fuß, so daß sie manchmal einfach aufstehen und weglaufen wollte. Doch dann kam der Schmerz zurück und mit ihm die Verzweiflung. Am Morgen war sie mit einem Gefühl der totalen Leere aufgewacht, sagte sie, sie hatte im ersten Moment gar nicht gewußt, wo sie war. Nur gut, daß ihre Eltern da waren. Arno hatte ihr zugehört, mehr konnte er nicht tun aus der Entfernung, und zu mehr fehlte ihm auch die Kraft. Aber ich bin so froh, deine Stimme zu hören, hatte Aglaja gesagt. Immer wieder sehe sie ihn vor sich, wie er dagestanden war, als sie aus der Narkose erwachte, und diese Erinnerung helfe ihr, alles zu überstehen.

Arno trank in der Küche einen Espresso. Unter dem Herd drang ein fauliger Geruch empor, aber kein Geräusch war zu hören. Allmählich wurde ihm das Haus vertrauter, aber da er noch nie viel Mühe auf die Einrichtung seiner Wohnungen verwendet hatte, hatte er sich vielleicht einfach nur daran gewöhnt. Manchmal hatte er nun das Gefühl, daß selbst in den Nippesfiguren auf den Regalen und in den Spitzendeckchen auf den Tischen, Wächtern gleich, die Seelen seiner verstorbenen Eltern weiterlebten. Obwohl die Eltern sich bestimmt niemals gedacht hätten, daß gerade er in den Räumen leben würde, in denen sie zu Hause waren. Zum wiederholten Mal fragte er sich auch, was ihre letzten Gedanken gewesen sein mochten im Angesicht des Todes, in diesen Sekundenbruchteilen, die ihnen blieben, als der Wagen von der Straße rutschte und gegen den Baum prallte. Selbst der plötzlichste Tod, glaubte er, kann nicht so schnell eintreten, daß nicht noch Zeit bleibt, an die zu denken, denen man einst das Leben schenkte.

Knut Harms' Eltern hatten ihr einziges Kind überlebt, dachte Arno, als er aus der Dusche kam und sich anzog, so wie Knut, wenn er nicht ermordet worden wäre, sein Kind überlebt hätte. Diese widernatürliche Reihenfolge des Todes versetzte Eltern in die Lage, das Leben ihrer Kinder von Anfang bis Ende zu verfolgen; sie mußten das, was sie geschaffen hatten, zu Ende gehen sehen. Statt mit der natürlichen Unsicherheit über das Schicksal ihrer Kinder dem Tod entgegenzutreten, mußten sie mit der grausamsten Gewißheit weiterleben.

Arno packte seine Sachen zusammen und verließ das Haus. Nach dem Gewitter waren die Tage immer wärmer geworden, schon am frühen Morgen dieses Samstages war es so heiß, daß er keine Jacke mehr benötigte. Der Volvo sprang beim ersten Versuch an, und Arno fuhr geradewegs stadtauswärts Richtung Winsen. Kurz hinter Celle rief Oberkommissar Müller an, der vorerst in der Polizeiinspektion geblieben war, um die Übersetzung und Bearbeitung der bei Harms gefundenen Unterlagen zu organisieren, und später nach Eichendorf kommen sollte. Er hatte wie verabredet im Altenheim angerufen: Die Mutter hatte die Todesnachricht mittlerweile vom Pflegepersonal erhalten. Harms' Vater, so berichtete er, lag allerdings bereits seit Tagen im Celler Krankenhaus, mit Magenkrebs im Endstadium.

Arno dankte seinem Kollegen, legte das Telefon auf den Beifahrersitz, kurbelte das Fenster herunter und ließ den Fahrtwind durch den Wagen wirbeln. Wieviel kann man ertragen, fragte er sich, wo ist die Grenze? Dann spulte er die Kassette zurück, bis er das Lied von Roy Buchanan fand, und lauschte der Stimme des Mannes, der sein Ende vor Jahren in einer Arrestzelle fand, in der er sich, nachdem seine Frau nach einem heftigen Streit die Polizei gerufen hatte, mit seinem eigenen Hemd aufhängte. *I don't claim to be Caruso and I am not number one, and if you don't like my singing, just put the needle on another song.* Auf der Landstraße war kein Verkehr, der warme Fahrtwind blies um Arnos Ohren, und während er der Musik zuhörte, begann er sich wohler zu fühlen. Er dachte nicht zum ersten Mal, daß er bei bestimmten Liedern wirklich das Gefühl hatte, nach Hause zu kommen. Die beste Heimat wäre wahrscheinlich ein Auto, mit dem man Musik hörend ständig unterwegs war.

In Winsen gelangte er über kleine Straßen wie die Breslauer, die Memeler und die Revaler Straße durch eine weitere, das einstige Großdeutsche Reich heraufbeschwörende Neubausiedlung zum Altenheim, das direkt am Waldrand lag und von außen aussah wie eine Ferienanlage. Er parkte den Volvo, betrat durch eine unendlich langsam sich bewegende Drehtür das lichtdurchflutete Foyer und blieb an der Anmeldung stehen. Es roch nach Chlor, und als eine junge Frau hinter der Rezeption gelangweilt von ihrem Schreibtisch aufstand und zu ihm kam, hätte nicht viel gefehlt, und er hätte eine Tageskarte mit Sauna und Massage verlangt. Arno stellte sich vor und sagte, zu wem er wollte.

«Frau Harms, mal sehen», sagte die junge Frau, die weder ihn noch seinen Ausweis richtig angeschaut hatte und mit ihrem Ring im Nasenflügel, ihrem blondierten Haar und dem bauchfreien Top den Eindruck machte, nur darauf zu warten, sich abends in einer Disco von einem zwielichtigen Kerl in seinem aufgemotzten Golf GTI abschleppen zu lassen. Und wahrscheinlich würde sie noch nicht einmal ihren Kaugummi aus dem Mund nehmen, wenn der Kerl versuchte, ihr die Zunge in den Hals zu stecken. «Die ist ziemlich neben der Spur», meinte sie, schaute auf und schielte an seinem linken Ohr vorbei.

«Kommt wahrscheinlich nicht so oft vor, daß der Ehemann an Krebs stirbt und der Sohn gerade ermordet wurde», entgegnete Arno.

«Nee», meinte sie und zerfleischte ihr Kaugummi.

Arno atmete tief durch. «Spricht etwas dagegen, wenn ich zu ihr gehe?»

Sie schüttelte in Zeitlupe den Kopf, der wasserstoffblonde Zopf wippte umher.

«Wunderbar, wenn Sie nun noch die Güte hätten, mir den Weg zu weisen.»

Sie hielt einen Moment mit dem Kauen inne und schaute hinab. «Zweiter Stock, Apartment 234», sagte sie dann.

Apartment, dachte Arno, nobel geht die Welt zugrunde. «Herzlichen Dank», sagte er und wandte sich ab.

Vor dem Aufzug hatte sich eine Traube aus Heimbewohnern gebildet, so daß er die Treppen hinaufging. Der Satz der Rezeptionistin kam ihm wieder in den Sinn: ‹Die ist ziemlich neben der Spur.› Was erwartete ihn wohl? Auch im Treppenhaus und auf dem Gang roch es nach Chlor, sonst aber machte das Altenheim einen wohnlichen Eindruck. Es war keine dieser trostlosen Verwahranstalten, sondern glich eher einem modernen, vielleicht etwas unpersönlichen Hotel. Die letzte Adresse, dachte Arno und war auf eine Weise froh, daß das seinen Eltern erspart geblieben war.

Nachdem er an der Tür des Apartments 234 geklopft hatte, hörte er eine hohe, zackige Frauenstimme. «Herein.»

Knuts Mutter stand in der Mitte des großzügigen Zimmers, eine hochgewachsene, schlanke Frau mit weißen Haaren in einem dunklen Kostüm und weißer Bluse mit Schleife am schmalen Hals. Auf den ersten Blick konnte er keine Ähnlichkeit zu Knut feststellen. Haar und Gesicht waren sorgfältig zurechtgemacht, bestimmt hatte sie einmal gut ausgesehen, wenn auch auf eine strenge Art. Sie war älter als Arnos Eltern, ihren einzigen Sohn mußte sie also relativ spät bekommen haben. Nachdem Arno sich vorgestellt und ihr sein Beileid ausgesprochen hatte, was sie nickend zur Kenntnis nahm, bot sie ihm Platz an. Das Zimmer war mit dunklen Antiquitäten und Regalen voller alter Bücher eingerichtet, die den Geruch einer langen Geschichte verströmten. Arno setzte sich in einen tiefen Sessel, der Kaffeetisch vor ihm war für zwei Personen gedeckt, auf einer Kuchenplatte waren Plätzchen drapiert. Frau Harms setzte sich auf das Sofa und schlug die Beine übereinander.

«Nehmen Sie Kaffee?» fragte sie und hob die Kanne an.

«Äh, ja, gerne», sagte Arno und bereute es sofort. Er war

etwas verwirrt und fühlte sich genötigt, sie zu fragen, ob sie wüßte, weshalb er da war.

«Selbstverständlich», entgegnete sie und schenkte ihm Kaffee ein. «Milch? Zucker?»

«Nein danke.» Arno betrachtete Knuts Mutter, die ganz in ihrer Gastgeberrolle aufzugehen schien. Vielleicht war das ihre Art, mit den Umständen fertig zu werden, dachte er. Möglicherweise stand sie auch unter Beruhigungsmitteln. «Ich muß Ihnen leider ein paar Fragen stellen», sagte er vorsichtig und zog, um irgend etwas zu tun, sein Notizbuch hervor. Er trug sein Jackett, und in dem ungelüfteten Zimmer war ihm viel zu heiß.

Frau Harms nickte, ihre Augen waren etwas glasig und hatten dunkle Tränensäcke, aber sonst machte sie einen erstaunlich gefaßten Eindruck. Sie nahm ihre Kaffeetasse mit Untertasse und lehnte sich im Sofa zurück. «Hat er leiden müssen?»

Arno betrachtete die alte Frau und sah im Geiste die Leiche ihres Sohnes wieder vor sich, gefesselt, auf dem Boden einer feuchten Kellerruine kniend, verdurstet. Wie fühlt sich das an? hatte er Dr. Papenburg gefragt. Man will wissen, wie sich der Tod anfühlt, der Schmerz. Was hatte Aglaja erlitten? «Nein», log er.

«Er kann Schmerzen nämlich nicht gut ertragen», sagte sie.

Das hörte sich fast ein bißchen gehässig an, fand Arno. Der Verlauf des Besuches überraschte ihn. Aber er beschloß, die Situation für sich auszunutzen und das Pferd von hinten aufzuzäumen. «Frau Harms, Ihr Sohn hatte eine Verletzung am kleinen Finger der rechten Hand. Können Sie mir etwas darüber sagen?

«Ach das.» Sie stellte ihre Kaffeetasse zurück auf den Tisch und winkte ab. «Das war ein Junge aus dem Dorf. Beim Holzhacken mit der Axt.»

«Wissen Sie noch, wer es war?»

«An den Namen kann ich mich nicht mehr erinnern. Das ist alles schon so lange her. Knut war noch ein kleines Kind. Aber nehmen Sie doch etwas Gebäck.»

«Danke, aber ich habe gerade gefrühstückt», erwiderte Arno, obwohl er am Morgen keinen Bissen heruntergekriegt hatte. Etwas Gebäck. Soviel Vornehmheit war ihm in Eichendorf nie über den Weg gelaufen. Er räusperte sich. «Ihre Familie kam aus dem Gebiet, auf dem sich heute der Truppenübungsplatz befindet, ist das richtig?»

«Die Familie von Knuts Vater», berichtigte sie ihn. «Meine nicht. Ich stamme aus Ostpreußen, meine Eltern hatten dort ein Gut.»

Daher also, dachte Arno. Eine höhere Tochter. Böse Zungen sagten ja, daß jeder, der aus den Ostgebieten fliehen mußte, angeblich einen Gutshof verloren hatte. «Sie sind erst nach dem Krieg in den Landkreis Celle gekommen?»

«Richtig. Wir mußten unsere Heimat aufgeben.»

«Wissen Sie, wo sich der ehemalige Hof der Familie Ihres Mannes befand?»

«Sie hatten keinen eigenen Hof.»

«Nein?»

«Nein.» Sie schüttelte lehrerinnenhaft den Kopf. «Der Vater meines Mannes war ein einfacher Knecht. Erst in Eichendorf bekam er einen eigenen Hof. Wir sind damals nach Eichendorf gekommen und haben bei der Familie Harms Unterkunft gefunden. Dort habe ich meinen Mann kennengelernt.» Sie hielt inne. Er sah ihren funkelnden Augen an, daß sie ganz in die Vergangenheit versunken war.

«Interessant. Erzählen Sie weiter.»

Sie sah ihn an. «Ein Knecht bleibt immer ein Knecht, Herr Kommissar. Als wir ankamen, war der Hof in Eichendorf völlig heruntergewirtschaftet. Erst mein Vater hat ihn wieder zu dem gemacht, was er war. Mein Mann hat alles von meinem Vater gelernt, nicht von seinem.»

«Ach so. Wissen Sie, bei wem der Vater Ihres Mannes als Knecht gearbeitet hat?

Sie schüttelte den Kopf. «Namen kann ich mir schlecht merken. Aber es soll ein sehr großer Hof gewesen sein. Moment», sagte sie und trank einen Schluck Kaffee. Ihr Blick schien durch ihn hindurchzugehen. «Der Hof hatte einen Namen. Adlershof, glaube ich.»

Berlin-Adlershof, dachte Arno, die Stadt für Wissenschaft und Wirtschaft. «Vielleicht Falkenhof?»

«Das kann auch sein.»

«Die Frage mag Sie verwirren, aber es könnte wichtig sein», sagte Arno. «Könnte es der Falkenhof gewesen sein? Denken Sie nach.»

Sie seufzte und zog an ihrer Schleife. «Im Alter arbeitet das Gehirn nicht mehr so gut», sagte sie und wirkte das erste Mal betrübt. «Falkenhof.» Sie ließ sich das Wort auf der Zunge zergehen. «Ja, es könnte der Falkenhof gewesen sein.»

«Der Falkenhof gehörte einer Familie von Mackenroth», fuhr Arno fort. «Haben Sie den Namen schon einmal gehört?»

Sie schüttelte betreten den Kopf.

«Macht nichts», sagte Arno. Aber immerhin bestand die Möglichkeit, daß Knuts Familie vom Falkenhof stammte. Und dort war er ermordet worden. Es muß da doch Zusammenhänge geben, dachte Arno. Vielleicht brachte die Recherche im Kreisarchiv etwas zutage, die Ulf Mertens trotz des Wochenendes heute wiederaufnehmen wollte. «War es normal, daß ein einfacher Knecht nach der Inbesitznahme der Region durch das Militär mit einem eigenen Hof entschädigt wurde?»

«Die Wehrmacht war sehr großzügig», sagte sie und schürzte ihre schmalen Lippen. «Besonders bei den Leuten, die sich anständig verhalten haben.»

«Was heißt das?»

«Nun, Leute, die gern ihren Hof für das Vaterland aufgegeben und sich nicht quergestellt haben.»

«Und das hat Ihr Schwiegervater getan?»

«Mein Schwiegervater war kein guter Arbeiter und ein schlechter Bauer, Herr Kommissar, aber er hatte die richtige Gesinnung. Darin verstand er sich auch mit meinem Vater. Uns wurde die Heimat damals ja entrissen.»

Jetzt geht's los, dachte Arno. Ein Knopfdruck, und die ganze verstaubte Ideologie kam zutage. ‹Ein bißchen neben der Spur›: Sollte die gelangweilte Rezeptionistin mit ihrem von Technomusik zerbröselten Gehirn das damit gemeint haben? Das Fahren am äußersten rechten Rand? «Hat sich Knut gut mit seinem Großvater verstanden?»

«Die beiden haben sich sehr gut verstanden. Obwohl er starb, als Knut noch klein war. Aber leider hat er von seinem Großvater auch die Abscheu vor der Arbeit mitbekommen.»

Auch wenn Arno keine Kinder hatte, konnte er sich vorstellen, daß es leicht war, sein Kind zu lieben, es aber, besonders wenn er an Knut Harms dachte, schwer sein könnte, das zu lieben, was aus einem Kind geworden war. «Und deswegen hat er auch den Hof verkauft?»

Sie nahm ein Plätzchen vom Teller. «Sie wollen wirklich nicht?»

«Nein danke. Warum wurde der Hof verkauft?»

«Es ging nicht anders.» Ihre hohe Stimme war matt geworden. «Er hat es uns erklärt und eine gute Lösung gefunden. Wir werden hier bestens versorgt. Knut besucht uns regelmäßig.»

«Sieht Ihr Mann das genauso?»

Sie bedachte ihn mit einem scharfen Blick. «Knut ist ein guter Junge.» Sie redete, als hätte ihr Sohn etwas ausgefressen und läge nicht verdurstet in einer Kühlkammer im Keller des Allgemeinen Krankenhauses, während sein Vater ein paar Stockwerke höher vom Krebs zerfressen wurde. «Aber er hätte diese Frau nicht heiraten sollen.»

«Heike?»

«Sie ist nicht gut für ihn. Und dann hat sie ihm dieses Kind ins Nest gesetzt.»

«Ins Nest gesetzt? Ist Sarah nicht Knuts Kind?»

«Es sind immer die eingeheirateten Frauen, die Probleme bringen», sagte sie und zuckte mit dem Kopf. «In unserer Familie hat es so etwas nie gegeben.»

Hatte sie jetzt vergessen, daß sie selbst in die Familie Harms eingeheiratet hatte? «Keiner weiß, ob diese Krankheit erblich ist», meinte Arno.

«Das Kind sieht ihm auch gar nicht ähnlich. Auch vorher nicht.»

«Bevor die Krankheit ausgebrochen ist?»

Sie nickte schwach und betrachtete das Plätzchen in ihrer knochigen, mit Altersflecken übersäten Hand.

Während Arno sie ansah und überlegte, wie er fortfahren sollte, klingelte sein Handy, ein Ton, der ihm jedesmal einen Schreck versetzte. Er entschuldigte sich, stand auf und stellte sich vor das Fenster, hinter dessen Spitzengardine er den dichten Kiefernwald erkannte und das er am liebsten aufgerissen hätte, um Luft hereinzulassen. «Ja?»

Es war sein ehemaliger Kollege aus Berlin. So schnell hatte

er mit dessen Rückruf nicht gerechnet. «Dieser Eckart Köhler», berichtete er, «ist nicht freiwillig aus dem Dienst geschieden. Er wurde unehrenhaft entlassen. Der Fall erregte sogar ein gewisses öffentliches Aufsehen, anscheinend wollte die Führung kurz vor dem Ende gerade das Militär noch einmal zur Räson rufen.»

«Weswegen wurde er entlassen?» fragte Arno leise.

«Antisoziales Verhalten», sagte der ehemalige Kollege. «Mehr habe ich noch nicht erfahren, und viel mehr sickerte wohl auch damals nicht durch.»

«Was hat man sich darunter vorzustellen?»

«Es kann vieles bedeuten. Für eine richtig schlimme Sache wie Spionage ist die Anklage zu gering. Andererseits wird er auch nicht bloß Schrippen aus der Kantine geklaut haben. Sobald ich mehr weiß, melde ich mich wieder.»

«Gut. Danke.» Arno steckte das Handy ein und sah hinüber zu Frau Harms, die seine Anwesenheit völlig vergessen zu haben schien. Wie er sie jetzt dasitzen sah, mit aufrechtem Rükken, die Knie zusammengepreßt, eine Hand im Schoß und mit spitzen Lippen an ihrem Plätzchen knabbernd, tat sie ihm schon wieder leid. Der Blick ihrer glasigen Augen war starr auf ein Bücherregal gerichtet, obwohl er den Eindruck hatte, daß sie nichts sah. Auf jeden Fall nicht das, was sie anschaute, sondern irgend etwas anderes, weit Entferntes, Abwesendes, Verlorenes.

24

Am frühen Samstag morgen herrschte reger Verkehr auf der Winsener Hauptstraße. Die wenigen Parkplätze waren hart umkämpft, manche Fahrer ließen ihre Wagen mit eingeschalteten Warnblinklicht einfach auf der Fahrspur stehen und blockierten so die Durchfahrt. Wütende Hupkonzerte dröhnten durch die sonnendurchflutete Straße, die ungewöhnliche Hitze ließ die Gemüter noch höher kochen. Arno lehnte an dem Stehtisch einer Bäckerei, biß von seinem belegten Brötchen ab und beobachtete zwei Familienväter, die mit roten Köpfen aus den Fenstern ihrer frisch polierten Kleinwagen hingen und sich gegenseitig anbrüllten, während jeweils auf der Rückbank die Kinder schrien. In der Bäckerei hatte sich eine lange Schlange gebildet. Die Leute stürzten sich in ihre Wochenendeinkäufe, so daß man den Eindruck kriegen konnte, eine wie auch immer geartete Katastrophe stünde bevor, für die man seine leeren Vorratskammern füllen mußte. Mit Bewunderung und Erstaunen nahm Arno allerdings die Ruhe und Freundlichkeit der hiesigen Verkäuferinnen zur Kenntnis, ein Berufsstand, von dem man in Berlin normalerweise behandelt wurde wie ein ungebetener und störender Eindringling, den es galt, mit allen Mitteln zu verjagen.

So merkwürdig es anmutete, aber in diesem Moment war er wieder froh, Polizist zu sein. Anders als bei vielen Kollegen war dieser Beruf mehr für ihn als nur ein Job, den man am Freitag nachmittag hinschmiß, um sich mit dem Rest der Bevölkerung in ein langweiliges, sich immer wiederholendes und fest durchgeplantes Wochenende zu begeben. Ihm gefiel es, sich in einen Fall wie in ein Projekt zu stürzen, das einen derartig fesselte, daß sich die üblichen Strukturen wie Tag und Nacht,

Arbeit und Freizeit, Woche und Wochenende auflösten und die Zeit nur noch dem einen Ziel diente, den Fall zu klären. Ob das nun daran lag, daß er keine Familie hatte, oder ob er keine Familie hatte, weil das so war, konnte er nicht sagen.

Arno trank einen Schluck Espresso und dachte an Frau Harms. Was hatte er durch seinen Besuch bei ihr erfahren, außer daß sie in mehrerer Hinsicht eindeutig neben der Spur war? Er konnte sich das nicht anders erklären, als daß sie sich in eine andere Welt geflüchtet hatte, in welche die Realität nicht mehr vordrang. Er hatte Schmerz erwartet und befürchtet, vor einer gramgebeugten Mutter zu sitzen, statt dessen hatte er eine ungerührte, die Etikette zelebrierende Gouvernante erlebt, die sich nicht einmal bemühte, ihre schlimme Gesinnung zu verbergen.

Zwei Informationen schienen ihm wesentlich zu sein: Mit aller Wahrscheinlichkeit stammte Knuts Familie vom Falkenhof, was ihn darin bestärkte, daß man die Umstände seines Todes nicht klären würde, ohne die ‹alten Kamellen›, wie Heiner Pries gesagt hatte, aufzuwärmen. Die andere Sache war schwammiger, und er wußte nicht, ob er sie der Boshaftigkeit von Frau Harms zuschreiben sollte oder ob darin ein Körnchen Wahrheit steckte: Sarah war möglicherweise nicht Knuts Kind. Sowenig gesichert diese Information auch war, ihm fehlte noch immer ein Motiv. Und da er aus Erfahrung wußte, daß die meisten Mordmotive in solchen scheinbar banalen Familiendingen zu finden waren, konnte er diese Bemerkung der alten Frau Harms nicht einfach unter den Tisch fallenlassen.

Außerdem wußte er nun, daß Eckart Köhler nicht freiwillig aus der NVA geschieden war, wie er behauptete, sondern unehrenhaft entlassen worden war. Warum hatte Köhler das nicht selbst gesagt? Von einem Staat wie der DDR unehrenhaft entlassen zu werden war doch fast eine Auszeichnung.

Doch auch diese Erkenntnis brachte ihn nicht wesentlich weiter, sie bestätigte nur seinen Eindruck, daß der umtriebige Dorfpolitiker ganz und gar nicht koscher war. Egal, wohin ihn die Ermittlungen auch führten, das einzige, was er bisher mit Sicherheit sagen konnte, war, daß nichts in Ordnung war. Aber war es jemals anders, wo es zu einem Mord gekommen war?

Arno trank den Espresso aus, nahm seine Jacke und ging hinaus auf die Straße. Seinen Wagen hatte er ein Stückchen weiter an der Hauptstraße geparkt, direkt vor der Autowerkstatt. Kein schlechter Platz für den unzuverlässigen Volvo, der dringend neue Zündkerzen brauchte. Aber abgesehen von der Tatsache, daß er dafür jetzt keine Zeit hatte, war die Werkstatt auch geschlossen. Manchen Leuten geht es einfach zu gut, dachte er, als er in den aufgeheizten Wagen stieg und die heruntergelassenen Garagentore betrachtete, vor denen einige Fahrzeuge in der prallen Sonne auf ihre Reparatur warteten.

Der Volvo sprang sofort an, aber es dauerte eine Weile, ehe er sich in den stockenden Verkehr einfädeln konnte, und dann mußte er, um nach Eichendorf zu gelangen, auf der Hauptstraße wenden, wodurch er wahre Hupfanfaren provozierte. Um den Faden weiterzuverfolgen, der sich durch den Besuch bei Knuts Mutter entwickelt hatte, wollte er sich in Eichendorf zuerst den ehemaligen Hof der Harms anschauen, die großzügige Entschädigung für einen Knecht mit der buchstäblich rechten Gesinnung. Außerdem hatte sich Oberkommissar Müller noch nicht gemeldet, und bei dem erneuten Besuch bei Heike wollte er ihn dabeihaben.

Je weiter er sich vom Ortskern entfernte, desto spärlicher wurde der Verkehr. Auf der Landstraße, deren einziges Ziel Eichendorf war, kamen ihm nur noch sporadisch Autos entgegen. Auch in dem abgelegenen Dorf mußte für das Wochenende eingekauft werden, und Supermärkte gab es dort nicht. Plötzlich fiel Arno etwas ein. Wenn Knut Harms an dem Donnerstagabend vor einer Woche das Dorf mit seinem Wagen verlassen hatte, dann mußte er hier entlanggefahren sein. Um nach Polen zu gelangen, hätte er auf jeden Fall Richtung Berlin fahren müssen, und der kürzeste Weg zur Autobahn verlief über Winsen. Er fragte sich, ob es sinnvoll wäre, für den betreffenden Zeitraum – Knut war laut Heike kurz nach acht Uhr losgefahren – nach Zeugen zu suchen, die den auffälligen Mercedes gesehen hatten. Während er noch darüber nachdachte, sah er bereits Eichendorf auf dem freien Feld vor sich liegen. Der Zauber, seine einstige Heimat zu besuchen, war verlorengegangen, das Kribbeln, das er jetzt spürte, war durch den Fall ausgelöst, nicht mehr durch die Erinnerungen an die Kindheit.

Als er mit verlangsamter Geschwindigkeit in das Dorf fuhr, sah er auf der linken Seite der einsamen Kreuzung ein Kind auf einem Dreirad sitzen. Beim Näherkommen erkannte er den zu groß wirkenden blauen Hut, eine kleine Hand winkte ihm zu. Sarah. Er bremste ab und hielt auf dem Seitenstreifen an. Sie konnte ihn durch das Autofenster nicht erkannt haben, schließlich hatte sie ihn erst einmal gesehen. Aber wo war Heike? Er lief über die Kreuzung auf das Mädchen zu, das ihn mit einem fröhlichen Lachen empfing.

«Kennst du mich noch?» fragte Arno und ging vor ihm in die Hocke.

Sarah schaute ihn an und nickte. In ihrem abgemagerten, kleinen Gesicht wirkten ihre Augen riesig groß.

«Bist du ganz allein hier?» Er schaute an ihr vorbei zu dem kleinen Haus auf dem freien Feld. Der Renault stand unter dem Holzdach, sonst war nichts zu sehen.

«Ich darf das! Ich bin ja schon zehn.»

«Natürlich darfst du das», sagte er und schaute sie wieder an. «Aber weiß deine Mutter, daß du hier bist?»»

«Willst du wieder zu Papa?»

Heike hat ihr nichts erzählt, dachte Arno erschrocken.

«Der ist nämlich immer noch weg.»

«Nein», sagte er unsicher und zeigte die Straße hinunter, «ich wollte mir dahinten einen Bauernhof angucken. Danach wollte ich zu deiner Mama.»

«Ich war gestern auch auf einem Bauernhof», erzählte Sarah.

«Ja?» Arno erinnerte sich, wie Heike gestern gesagt hatte, daß Sarah bei ihren Eltern war.

«Ja. Da habe ich was ganz Tolles gesehen.» Ihre blauen Augen schienen immer größer zu werden. Weil sie so ausgezehrt war, drückte sich jedes Gefühl in ihrem Gesicht besonders vehement aus. Eine solche Freude hatte Arno noch nie gesehen.

«Was denn?»

«Ein Lämmchen. Ein schwarzes.»

«Echt?»

Sie nickte.

«Bei deinen Großeltern?»

Sie schüttelte den Kopf.

«Wo denn dann?»

Sarah legte einen knochigen Finger vor ihre schmalen Lippen. «Das ist ein Geheimnis.»

Es ist eine furchtbare Ironie, dachte Arno, daß Knut seinem Kind, das seiner Mutter zufolge nicht seines ist, weil es ihm nicht ähnlich sieht, in seinem Tod äußerlich am nächsten gekommen ist. In dem Moment schwoll hinter seinem Rücken ein ohrenbetäubender Lärm an, er drehte sich um und sah zwei Kampfjets am Himmel, die gefährlich nah nebeneinander im Tiefflug über das Dorf Richtung Truppenübungsplatz jagten.

Es ist Wochenende, verdammt, hätte er am liebsten hinaufgeschrien, aber er hielt sich nur die Ohren zu und sah Sarah an, die sich mit schmerzverzerrtem Mund die Augen zuhielt. Als er die Hände wieder herunternahm, blinzelte sie durch ihre knochigen Finger. Arno drückte ihr vorsichtig den Rand der Mütze auf die Ohren. Ihr Kopf fühlte sich so zerbrechlich an, daß er Angst hatte, ihr weh zu tun. Langsam flaute der Lärm wieder ab, die Flugzeuge waren nicht mehr zu sehen und wahrscheinlich schon kilometerweit entfernt. «Du mußt dir die Ohren zuhalten, nicht die Augen», meinte er zu Sarah.

«Es tut weh», sagte sie leise und war kurz davor, zu weinen.

Arno wußte nicht, was er tun sollte. «Erzähl mir doch mal von dem Lämmchen», schlug er vor, um sie abzulenken.

Sie kämpfte mit den Tränen. «Das war noch ganz klein», sagte sie und schniefte. «Es war gerade erst geboren.»

«Gerade erst geboren? Und durftest du es auch mal streicheln?» fragte Arno.

Sarah nickte und wollte gerade antworten, als sie ihre Mutter rufen hörte. Sie drehte sich um und sah dann wieder Arno an mit Angst in den Augen.

«Da ist ja deine Mama», sagte er.

«Ja», sagte sie kleinlaut und zog den Hut tiefer in ihr Gesicht.

«Sarah», rief Heike und kam herbeigelaufen. Keuchend blieb sie vor den beiden stehen. «Sarah», schimpfte sie, «du sollst doch nicht einfach weggehen. Wie oft habe ich dir das gesagt.»

Arno stand auf. «Hallo», grüßte er sie und hatte das Gefühl, nur seine Gegenwart dämpfte Heikes Zorn.

«Hallo», erwiderte sie kühl und sah dann wieder auf ihre Tochter hinab. «Hast du mich nicht gehört?»

«Doch», sagte Sarah und schielte unter ihrem Hut hervor.

«Es ist ja nichts passiert», beschwichtigte Arno.

«Halt dich da raus», fuhr sie ihn an, und dann wieder an Sarah gerichtet: «Abmarsch, nach Hause.»

Langsam drehte Sarah mit ihrem Dreirad um und schob es den Weg entlang. Heike beobachtete sie und blieb neben Arno stehen.

«Geht es dir wieder besser?» erkundigte er sich.

Sie schob ihr Haar hinter die Ohren und sah ihn mit dunkel umrandeten Augen an. «Danke. Was willst du?»

Er mußte an das denken, was Volker gestern gesagt hatte: Die Frage für Knuts Familie ist nur, ob es besser oder schlechter wird. «Ich muß noch mal mit dir reden. Ist es okay, wenn ich später vorbeikomme?»

Heike zuckte mit den Achseln und wandte sich zum Gehen.

Arno berührte ihre Schulter. «Sag mal, hast du ihr noch nichts erzählt?»

Sie drehte sich zu ihm um und starrte ihn an. «Hast du Kinder?»

Er ließ seine Hand sinken. «Nein.»

Heike machte auf dem Absatz kehrt und folgte ihrer Tochter, die sich noch einmal umgedreht hatte, um Arno zu winken, und beim Anblick ihrer Mutter hastig ihr Dreirad weiterschob.

25

Der ehemalige Hof der Familie Harms lag an der Hauptstraße, ungefähr zweihundert Meter hinter der ‹Schönen Aussicht›. Schon von außen konnte Arno erkennen, daß dort keine Landwirtschaft mehr betrieben wurde. Vor der Einfahrt schnitt ihm ein neu aussehendes Tor den Weg ab, der mit Kopfstein gepflasterte Hof, über den einmal Katzen und Hunde Hühner und Gänse gejagt hatten, war wie leergefegt, das Tor der neben dem Wohnhaus liegenden Scheune war geschlossen. Verwaist lagen die Stallungen da, aus deren halbgeöffneten Türen früher das Grunzen der Schweine und das Brüllen der Kühe gedrungen waren. Kein Misthaufen verströmte den typisch fauligen, modrigen Landgeruch, und kein Trecker stand mit laufendem Motor da, bereit für die Feldarbeit.

Arno stellte seinen Wagen an der Straße ab und schaute sich um. Auch das sich an den Stall anschließende Wohnhaus machte einen ruhigen, verlassenen Eindruck. Bauernhöfe waren zu seiner Zeit auch nicht eingezäunt, dachte er, und als er die Klinke des Tores in der Einfahrt herunterdrückte, merkte er, das es abgeschlossen war. Wer kauft wohl einen alten Hof, um ihn dann abzusperren wie eine Festung, fragte er sich. Weshalb? Da er niemanden auf der Straße sah, schwang er sich kurz entschlossen über das Tor. Obwohl auf dem gesamten Grundstück kein Lebenszeichen zu entdecken war, fiel ihm sofort auf, daß die typisch niedersächsischen Fachwerkbauten mit den engen Ständern aus dunklem Eichenholz und den mit roten Backsteinen ausgefüllten Gefächern außerordentlich gut in Schuß waren. Und angesichts der Größe des gesamten Komplexes wunderte er sich, daß ein ehemaliger Knecht, der gar keinen eigenen Boden besessen hatte, mit einem solchen

Anwesen entschädigt worden war. War das allein der Kooperation mit dem Regime zu verdanken gewesen, der Tatsache, daß sich da jemand nicht quergestellt und bereitwillig für das Militär sein Haus verlassen hatte?

Arno schaute durch die schmalen Fenster in den Stall. Wahrscheinlich benutzte der neue Besitzer den Hof als Lager, der Raum zwischen den ehemaligen Trögen war vollgestellt, um was es sich jedoch handelte, konnte er nicht erkennen, da alles mit olivgrünen Planen abgedeckt war. Nur an einer Stelle lugte der Reifen eines Fahrzeugs hervor, ein breiter Reifen mit einem tiefen Profil, wie ihn Geländewagen haben.

An einem massiven Balken des Fachwerks des Bauernhauses fiel ihm eine in der Sonne funkelnde Scheibe auf. Als er näher trat, sah er, daß es sich um eine frisch polierte Messingtafel handelte, in die ein Satz in altdeutscher Schrift eingraviert war: «Das Erbe der Väter, wir gaben es her zum Schutze der Heimat, für Deutschlands Wehr. 1936.»

Arno blieb gebannt davor stehen. Die ganzen Geschichten, die er über die Umsiedlung gehört hatten, wurden angesichts dieser Tafel mit einemmal lebendig. «Das Erbe der Väter.» Die vielen Jahre, die seitdem vergangen waren, verloren sich im Staub des alten Gemäuers. In dieser Tafel und in dieser Inschrift steckte das andere Ende der Geschichte der verlassenen Eichenhaine und der Ruinen auf dem Truppenübungsplatz.

Ein grollendes Knurren aus der Tiefe des Hofes verscheuchte seine Gedanken. Er drehte sich um und sah einen großen schwarzen Schäferhund mit gefletschten Zähnen auf sich zulaufen. Sofort war er hellwach. Im gleichen Moment klingelte sein Handy. Er mußte nicht lange überlegen, um sich zu entscheiden, das Klingeln zu ignorieren. Der Hund kam näher. Hunde riechen die Angst, ging ihm durch den

Kopf. Hunde spüren, was man denkt. Und Hunde können es nicht leiden, wenn man ihnen in die Augen schaut. Arno setzte ein Bein nach vorn und ging leicht in die Knie, und als der Hund mit geöffnetem Maul auf ihn zusprang, packte er ihn blitzschnell mit beiden Händen an der Halskrause, zwang ihn mit aller Kraft zu Boden und schaute ihm direkt in die Augen. Das offene Maul schnappte ins Leere, Speichel tropfte von den Lefzen, und die dunkelbraunen Augen funkelten vor Zorn. Ohne den fixierenden Blick von ihm zu nehmen und ohne ihn loszulassen, ging Arno vor dem Schäferhund in die Hocke, während in seiner Jackentasche das Handy weiterklingelte.

«Na, mein Guter», sagte er mit ruhiger Stimme, krallte seine Hände tiefer in das dichte Fell und drückte die Schnauze auf das Pflaster, «was wollen wir denn?»

Vergeblich versuchte der Hund, sich auf den Hinterpfoten aufzurichten, wollte mit aller Macht seinen Kopf befreien, seine Zunge schlug umher und tropfte schaumigen Speichel auf Arnos Jeans. Als er schließlich merkte, daß der Griff nicht nachließ, senkte er seinen Blick, aus dem Knurren wurde langsam ein Winseln, und dann begann er sogar, zaghaft noch, mit dem Schwanz zu wedeln.

Was für ein Tag, dachte Arno. Erst Kinder, jetzt Hunde. Nur daß er mit Hunden besser umgehen konnte. Vorsichtig lockerte er den Griff der rechten Hand und streichelte das pechschwarze Fell. Der Schäferhund neigte seinen Kopf zur Seite und leckte Arnos Hand. Als er das schöne Tier genauer betrachtete, stellte er fest, das er es mit einer Hündin zu tun hatte.

«Ist ja gut», sagte er, kraulte die Hündin hinter den Ohren, löste dann auch die linke Hand und zog damit das Telefon aus der Tasche, das immer noch klingelte. «Ja?»

«Störe ich?» Es war sein Kollege Müller.

«Wenn Sie es genau wissen wollen: ja», sagte Arno und streichelte die Hündin, die unablässig seine Hand abschleckte. «Ich glaube, ich habe gerade eine neue Freundin gefunden.»

Müller stutzte. «Ach so, äh, ich wollte nur sagen, daß ich gleich komme. Sind Sie in Eichendorf?»

«Ja. Biegen Sie an der Kreuzung nach rechts ab. Wir treffen uns dort am Sportplatz.» Arno wollte sich mit Müller an einem ruhigen Ort besprechen, und außer der ‹Schönen Aussicht›, die kein ruhiger Ort mehr war für sie, gab es keine Gastwirtschaft in Eichendorf. Von weitem hörte er eine strenge Stimme rufen, die Schäferhündin spitzte die Ohren.

«Okay. Wer brüllt denn da so?»

Aus dem Wohnhaus hinter der Scheune kam ein Mann hervor und rief mit schneidender Stimme nach dem Hund. «Asta!»

«Das betrogene Herrchen», sagte Arno und sah zu seinem Erstaunen, daß der Mann mit dem linken Bein hinkte. Die Hündin trottete mit hängendem Kopf auf ihn zu.

«Ich verstehe überhaupt nichts», sagte Müller. «Egal, ich bringe auf jeden Fall Ulf Mertens mit, und diese Emma Fuller will auch kommen.»

«Gut. Bis gleich.» Arno steckte sein Handy ein, und als er aufstand, kündigte sich ein Niesanfall an, der sich sogleich heftig entlud. War er etwa auch gegen Hundehaare allergisch?

Eckart Köhler stand jetzt vor ihm, er war unrasiert, ein Zipfel seines karierten Baumwollhemdes hing ihm aus der Hose, seine nackten Füße steckten in ausgelatschten Filzpantoffeln. «Was machen Sie denn hier?» fragte er und betrachtete Arno grimmig über seine Brillengläser.

«Das gleiche wollte ich auch gerade fragen», meinte Arno und wischte sich die Nase ab.

«Normalerweise hätte Asta Sie zerfleischt», sagte Köhler und schaute hinüber zu der Schäferhündin, die in einigem Abstand dasaß und sich mit dem Hinterlauf hechelnd am Ohr kratzte.

«Seien Sie froh», entgegnete Arno, «eine zerfleischte Leiche hätte sich nicht gut gemacht auf Ihrem Hof.» Er mußte noch einmal niesen und zog die Nase hoch. «Das ist doch Ihr Hof?»

Köhler sah ihn an und setzte wieder sein schmieriges Lächeln auf. «Ja. Und Sie haben ihn unbefugt betreten.»

«Mir war nicht bekannt, daß darauf die Todesstrafe steht.» Er betrachtete die Hündin, die jetzt einen verlegenen Eindruck machte. «Aber zum Glück habe ich mich ja gut mit ihr verstanden.»

«Ich wußte, daß es ein Fehler war, eine Hündin zu nehmen», sagte Köhler verächtlich.

«Ach, wissen Sie», meinte Arno und sah ihn an, «mit Rüden komme ich auch gut klar, wenn es sein muß.»

Köhler schaute ihn argwöhnisch an. «Was wollen Sie?»

Arno streckte sich. «Tja, ich war gerade bei der alten Frau Harms, und da dachte ich, schaue ich mir doch mal den Hof an, den Knuts Großvater großzügigerweise bekommen hat und den Knut verkauft hat.»

«Und auf diese Art wollen Sie den Mörder finden?» meinte Köhler und steckte sich das Hemd in die Hose.

«Ob auf diese Art oder nicht – merkwürdigerweise stehe ich bei diesem Fall immer wieder vor Ihnen, Herr Köhler. Was auch immer mit Knut Harms zu tun hat, am Ende haben Sie Ihre Finger im Spiel.»

«Er wollte den Hof verkaufen, ich habe ihn gekauft. Wo ist das Problem?»

«Was haben Sie ihm dafür gegeben?»

«Das geht Sie nichts an, oder? Ich habe ihn rechtmäßig erworben, das können Sie alles überprüfen.»

«Das werde ich, Herr Köhler, das werde ich.» Er schaute sich um. «Wenn ich mich hier so umschaue, frage ich mich, was Sie mit einem Bauernhof wollen. Außer, daß Sie das Messingschild polieren.»

«Das hat historischen Wert.»

«Soso. Sind Sie selbst auf einem Hof aufgewachsen?»

«Nein. Aber auf dem Land.»

«Ach. Was hat Ihr Vater gemacht, wenn ich fragen darf?»

Köhler lächelte. «Er war Köhler.»

Arno stutzte. Manchmal war alles so einfach. Aber leider nur manchmal. «Köhler? Das ist interessant. Sind Sie nach der Wende in die alte Heimat Ihrer Familie zurückgekehrt?»

Köhler nahm seine Brille ab und putzte die Gläser an seinem Hemdzipfel. «So ist es», sagte er und setzte die Brille wieder auf. «Aber damit bin ich ja kein Einzelfall, oder?»

Hatte er sich über Arno erkundigt? «Nein. Aber ist es nicht ein komischer Zufall, daß die Vorfahren von Knut Harms vom Falkenhof waren und Ihre ganz aus der Nähe? Und daß Harms letzte Woche, Jahre später, tot ebendort gefunden wird, wo einmal der Falkenhof stand?»

Köhler kratzte seinen kahlen Schädel. «Ja, das ist allerdings merkwürdig», sagte er und schien einen Augenblick nachzudenken. «Aber letztlich weiß ich nicht, was diese alten Geschichten damit zu tun haben.»

Arno wurde nicht schlau aus diesem Mann. War seine Verwunderung echt oder gespielt? «Ja, alte Geschichten, aber wieder eine, an deren Ende Sie stehen. Und Ihr Verein, *Die Falken*, ist doch noch ganz aktuell. Nicht nur ein Name für politische Hardliner. Und das Emblem ist das gleiche wie das Wappen des Hofes.»

«Was ist falsch daran, der Vergangenheit zu gedenken?»

«Kommt darauf an, wie man ihrer gedenkt.» Arno deutete mit dem Kopf zur Scheune. «Was lagern Sie eigentlich in der Scheune? Autos?»

«Oldtimer», sagte Köhler.

«Darf ich mich mal ein bißchen umsehen?»

Köhler lächelte. «Haben Sie einen Durchsuchungsbefehl?»

«Nein.» Arno lächelte ebenfalls. «Noch nicht. Aber täuscht mich mein Eindruck, oder sind die meisten ‹Oldtimer› dort geländegängig?»

«Und?»

«Die Armee hat ihre Faszination, nicht wahr?»

«Wenn man so lange dabei ist, bleibt das nicht aus.»

«Und warum hat man Sie dann unehrenhaft entlassen?»

«Sie haben sich über mich erkundigt?» Ein Flackern fuhr durch seine Augen.

Arno zuckte mit den Achseln.

Köhler scharrte mit dem Fuß auf den Pflastersteinen. «Ich weiß nicht, wie Sie zu dem Regime der DDR stehen, aber ich denke, daß es ziemlich aussagekräftig ist, wenn man von diesem Regime entlassen wird.»

Arno hätte fast laut losgelacht. «Auch wenn man ihm vorher jahrelang treu gedient hat?»

«Das waren andere Zeiten.» Köhler starrte ihn herausfordernd an. «Was wissen Sie schon davon?»

«Ich weiß immerhin, daß Sie den Fall selbst so darstellen, als wären Sie freiwillig aus dem Dienst geschieden.»

«Das ist eine Frage der Perspektive.»

Alles ist eine Frage der Perspektive, dachte Arno. Und ein Politiker ist darin geübt, je nach Lage der Dinge die für ihn richtige Perspektive zu wählen. Er wechselte das Thema. «Wobei stand Ihnen Knut Harms im Weg?»

«Knut?» Er sah überrascht aus. «Er war mein Freund.»

«Eine etwas ungleiche Freundschaft, oder?»

«Lächerlich.» Köhler machte eine abwehrende Handbewegung, die seine verunsicherte Wachhündin zum Anlaß nahm, mit geducktem Kopf langsam heranzuschleichen.

«Wir werden sehen», sagte Arno. «Ich würde gerne mit allen Leuten reden, die an diesem Donnerstagabend dabei waren, an dem Knut Harms nach Polen abreisen wollte.»

«Kein Problem», entgegnete Köhler. «Die sind fast jeden Abend in der ‹Schönen Aussicht›.»

Arno spürte Astas nasse Schnauze an seiner Hand. «Na wunderbar, dann ...»

«Heute abend haben wir allerdings eine geschlossene Gesellschaft», fuhr ihm Köhler ins Wort, der mit finsterem Blick seine Hündin beobachtete, «das bitte ich Sie zu respektieren.»

«Was wird denn gefeiert?» fragte Arno und kraulte Asta hinter dem Ohr.

Köhlers rechter Arm schnellte plötzlich in die Höhe. «Ab!» brüllte er dann seinen Hund an. Asta zuckte zusammen, gehorchte aber augenblicklich und trottete mit eingezogenem Schwanz über den Hof und verschwand hinter der Scheune im Wohnhaus.

Arno, der genauso zusammengezuckt war wie die Hündin, schaute ihr hinterher und sah einen jungen Mann um die Ecke der Eingangstür lugen, der sich verschlafen die nackten Schultern rieb. Als er Arnos Blick bemerkte, zog er sich sofort zurück.

«Es ist eine Gedenkfeier», sagte Köhler und lenkte Arnos Aufmerksamkeit wieder auf sich. Mit zusammengekniffenen Augen sah er ihn an. «Eine stille Gedenkfeier. Wir werden alle zusammensitzen, um Knuts zu gedenken.»

«Ach. Wird seine Familie auch dabeisein?»

«Nein. Aber passen Sie auf, was Sie tun. Wenn Sie mich jetzt entschuldigen würden.» Dann wandte er sich um und humpelte seinem armen Tier hinterher.

Und während Arno nachdenklich den Hof verließ, hatte er zum zweiten Mal an diesem Tag das Gefühl, daß nach seinem Weggang in der Verborgenheit des trauten Heims eine unschöne Bestrafungsaktion bevorstand, an der er zumindest diesmal nicht ganz unschuldig war. Was sonst noch in dem alten Bauernhaus vorging, konnte er nur mutmaßen.

26

Die Mittagssonne brannte auf den Fußballplatz, dessen Linien von einem gebeugten alten Mann in einem verwaschenen Trainingsanzug gerade frisch gekreidet wurden. Aus den Umkleidekabinen des flachen Vereinsheims trotteten nach und nach einige Männer in grünen Trikots und weißen Hosen. Statt sich aufzuwärmen, versammelten sie sich unter den wenigen schattenspendenden Eichen am nahen Lauf des Baches, der irgendwo in der Sperrzone entsprang und weiter westlich in die Aller mündete und in dem anscheinend eine Kiste Bier zur Kühlung gelagert wurde. Kurz vor dem Spiel hatte jeder von ihnen eine kleine Pulle in der einen Hand und in der anderen eine Zigarette.

Alles war noch genau so wie früher, nur die Garage der Freiwilligen Feuerwehr neben dem Sportplatz war dazugekommen. Arno kannte diese Spiele der Alten Herren am Samstagmittag noch aus der Zeit, als er auf diesem Platz in der Jugendmannschaft gespielt hatte. Die biertrinkenden Männer mit ihren bleichen Waden, ihren Halbglatzen und ihren dicken Bäuchen unter den zum Zerreißen gespannten Trikots waren ihm immer wie eine weitentfernte Welt erschienen und deshalb ein Rätsel gewesen. Heute bestand die Mannschaft der Alten Herren aus Mitgliedern seiner Generation, und wahrscheinlich waren, obwohl er sie nicht erkannte, einige dabei, mit denen er früher zusammen gespielt hatte.

Er lehnte mit den Unterarmen auf der weißen Absperrstange am Spielfeldrand, über die er sein Jackett gelegt hatte. Außer ihm, Oberkommissar Müller, Kommissar Mertens und Emma Fuller waren keine Zuschauer auf dem Platz. Gerade hatte Arno seinen Kollegen erzählt, was er eben erlebt hatte.

«Köhler ist schwul?» platzte Müller heraus und schüttelte den Kopf. Ob aus Ungläubigkeit oder Unverständnis konnte man nicht sagen.

Arno wandte sich zu ihm um. «Nicht so laut.»

Müller legte eine Hand vor den Mund. «'tschuldigung.»

«Ich habe nicht gesagt, daß er schwul ist», erklärte Arno. «Ich habe nur gesagt, daß ein junger Mann in seinem Haus war, der anscheinend bei ihm übernachtet hat.»

«Deutlicher geht es doch nicht mehr», entgegnete Müller und sah Emma und Mertens an, als suchte er ihre Zustimmung. Mertens schaute weg, und Emma zuckte mit den Achseln. «Vielleicht ist er deshalb auch aus der Volksarmee geflogen.»

«Kann sein», stimmte Arno zu. «Vielleicht versteckt sich der junge Mann auch nur bei ihm.»

«Man sagt, viele Nazis waren schwul», meinte Emma.

«Aber es paßt doch nicht zu ihrer ganzen Ideologie», sagte Müller, der sich gar nicht mehr einkriegen konnte. «Recht und Ordnung, Vaterland, dieser ganze Arierscheiß. Die haben doch jeden, der in ihren Augen nicht normal war, ins KZ geworfen. Und soviel ich weiß, auch Schwule.»

«Hypocrisy», sagte Emma.

«Was?»

«Wie sagt man? Heuchler?» sagte Emma, hob ihre Brille an und begutachtete Arnos Hose. «Was hast du da?»

Arno schaute an sich hinab. Auf dem Oberschenkel hatte er einen dunklen Fleck. Astas Speichel.

«Du bist schon wieder naß», meinte Emma grinsend.

«Immer nur, wenn du dabei bist», erwiderte Arno.

«Very funny.»

«Entschuldigung», schaltete sich Ulf Mertens ein, «aber steckt da nicht ein gutes Motiv dahinter?» Als ihn alle gespannt ansahen, wurde er rot. «Ich meine, nach allem, was wir wissen, war dieser Knut Harms irgendwie von Köhler abhängig, oder?»

«In gewisser Weise schon», pflichtete ihm Arno bei.

«Nun», fuhr Mertens nervös fort, «wenn Köhler homosexuell ist, was in seinen Kreisen verpönt ist, und jemand weiß davon, dann hätte man ihn doch irgendwie in der Hand.»

«Sie meinen, daß Knut Harms davon wußte?»

«Vielleicht hat er Köhler erpreßt.»

«Wäre eine Möglichkeit», meinte Arno. «Aber bisher können wir nur spekulieren.» Er hielt inne und sah aus den Kabinen des Vereinsheims die Gastmannschaft kommen. Außer daß sie rote Trikots trugen, unterschieden sie sich nicht von den Alten Herren des ‹TuS Eichendorf›. Unter den Eichen wurden sie mit Bierflaschen begrüßt. «Fassen wir erst einmal die gesicherten Erkenntnisse zusammen. Herr Müller, was haben Sie herausgefunden?»

Müller seufzte. «Noch nicht viel. Ich habe die Unterlagen nach Hannover gefaxt, da gibt es jemanden, der sie übersetzen kann. Bisher hat er mir nur bestätigt, daß es um Waffen geht. Aber auch um Militärfahrzeuge. Anscheinend sind ganze Auflistungen von Militärmaterial dabei, wahrscheinlich aus Beständen der russischen Armee.»

«Wenn ich mich nicht täusche, lagern in Köhlers Scheune solche Sachen», sagte Arno. «Viel konnte ich nicht sehen, aber auf jeden Fall war ein Jeep dabei. Köhler behauptete, er sammelt Oldtimer.»

«Dieses englische Zeugs hatte Harms haufenweise rumliegen», fuhr Müller fort. «Diesen Leuchter-Report und noch andere Artikel. Vielleicht hat er die mit rüber genommen nach Polen. Dieser Verein, *Die Falken*, waren jedenfalls vor ein paar Jahren im Visier des Verfassungsschutzes. Einige Mitglieder waren früher bei den Republikanern, andere sind wegen Schlägereien auffällig geworden. Übrigens hat der Verein auch den Wahlkampf für Köhler gemacht. Meistens junge Kerle, die anscheinend das ganze Dorf mit Plakaten zugekleistert haben.»

Arno nickte und schaute nachdenklich aufs Spielfeld. Der alte Mann hatte den Platz mittlerweile fertiggekreidet, er stand mit seinem Kreidewagen vor dem Vereinsheim und schaute zu ihnen herüber. «Ich möchte von jedem, der an dem Donnerstagabend, als Harms verschwunden ist, in der ‹Schönen Aussicht› war, eine komplette Aussage. Anders kommen wir nicht weiter. Wir müssen rauskriegen, ob Harms überhaupt das Dorf verlassen hat. Heute abend findet in der ‹Schönen Aussicht› eine Gedenkfeier für Harms statt.»

«Great», sagte Emma. «So wir kriegen die ganze Gruppe.»

«Köhler meinte, wir sollten die Feier respektieren. Ich sollte aufpassen, was ich tue, hat er gesagt. Später wäre es kein Problem, alle zu befragen.»

Müller räusperte sich. «Das ist vielleicht auch besser so.»

Emma und Arno schauten ihn fragend an.

«Äh, ich habe heute abend eigentlich was vor», meinte Müller und zog verlegen die Schultern hoch. «Privat.»

«Ich denke, wir sollten zuschlagen heute nacht», sagte Emma bestimmt. «Wir holen ein paar Beamte aus Celle. Eine bessere Gelegenheit wir finden nicht. *What do you think?*»

Arno sah sie an. Ihre Augen leuchteten vor Eifer. Aber er war auf Bewährung; einen groben Schnitzer durfte er sich nicht erlauben, und sie hatten keine konkreten Beweise, die eine solche Aktion rechtfertigten. «Ich denke darüber nach», sagte er.

«Mach das», sagte Emma.

Die Spieler trabten jetzt langsam auf den Platz. Die Hitze

wurde immer größer, und Arno fragte sich, wie die Männer nach Bier und Zigaretten überhaupt noch spielen konnten. Damals, als Kind, hatte er immer gedacht, diese Stoffe, die allein den Erwachsenen vorbehalten waren, müßten sie mit besonderer Kraft und Ausdauer versorgen. Alkohol und Nikotin als Doping. Heute wußte er es besser. Er wandte sich an den jungen Kollegen, der bis auf die eine Bemerkung die ganze Zeit ruhig zugehört hatte. «Herr Mertens, haben Sie im Archiv noch etwas erreicht?»

Mertens nickte eifrig und zog ein paar Papiere aus seiner Aktenmappe. So wirkte er wie ein Studienreferendar. «Ich hatte ja bereits von den Anschlägen berichtet», begann er, «und dazu habe ich noch einige wichtige Details entdeckt, wie ich meine.»

«Schießen Sie los.»

«Also», sagte Mertens mit dem Blatt vor Augen, «im April des Jahres 1936 ereignete sich ein Attentat auf die anläßlich der Osterfeier 1933 bei den Sieben Steinhäusern geweihte Hitlereiche.»

«Osterfeier?» unterbrach Arno ihn. «Dieser sogenannte Heimatverein, *Die Falken*, richtet doch hier im Dorf auch das Osterfeuer aus, hat Heike Harms erzählt. Wann war denn dieses Jahr eigentlich Ostern?»

«Mitte April», antwortete Müller.

«Mitte April», wiederholte Arno nachdenklich, «ein bißchen lange her.»

«Worauf wollen Sie hinaus?»

«Ich suche Verbindungen zu damals. Zu den alten Geschichten. Immerhin, 1933, das ist fast siebzig Jahre her.»

«Genau siebzig», korrigierte ihn Emma.

«Richtig.» Er winkte ab. «Egal. Entschuldigen Sie, Mertens. Machen Sie weiter.»

«Gut, äh, ja, die Hitlereiche. Die Rinde war großflächig abgeschlagen und der Baum damit zum langsamen Absterben verurteilt worden.»

«Die Rinde wurde abgeschlagen», wiederholte Arno. Er sah den Baum am Straßenrand vor sich, an dem seine Eltern den Tod gefunden hatten. Durch den Aufprall war die Rinde abgerissen worden.

«Ja», sagte Mertens. «In den Augen der Nationalsozialisten war das eine besonders perfide Tat. Davor hatte es schon kleinere Aktionen gegeben, bei denen nie Schuldige gefunden wurden. Die Bevölkerung in der Region hielt ziemlich gut zusammen. Doch bei dem Anschlag auf die Hitlereiche ist ein Attentäter anscheinend verraten worden. Und jetzt wird es interessant: Er war ein Knecht vom Falkenhof. Ludger Owerhaide hieß der Mann. Nach allem, was ich erfahren habe, ist er ins KZ gekommen.»

«Schon wieder der Falkenhof», sagte Arno und schlug mit der flachen Hand auf die Stange. Auf dem Feld hatte das Spiel begonnen. Auch wenn es recht langsam vonstatten ging, besaßen einige Spieler trotz ihrer Körperfülle noch ein erstaunlich gutes Ballgefühl. Tief in seinem Inneren juckte es Arno, auf den Rasen zu laufen, seine Position einzunehmen und mitzuspielen. Er seufzte und sah, daß der Alte in dem verwaschenen Trainingsanzug um das Spielfeld herum auf sie zukam.

«Genau», sagte Mertens nickend.

Arno sah ihn an. «Owerhaide, den Namen habe ich noch nie gehört. Und wer hat ihn verraten?»

«Geht aus den Unterlagen nicht hervor.»

«Was ist aus ihm und seiner Familie geworden, wenn er eine hatte?»

«Tut mir leid», sagte Mertens und senkte betrübt den Kopf. «Keine Ahnung. Aber ich werde weiter recherchieren.»

Arno nickte, lehnte sich mit dem Rücken an die Absperrung und zündete sich eine Zigarette an. Als er Müllers Blick sah, hielt er ihm die Schachtel hin. Dankend nahm Müller das Angebot an. «In diesen alten Geschichten liegt irgend etwas verborgen», sagte Arno und blies den Rauch aus. «Die Familien von Harms und Köhler stammen aus dem Gebiet der heutigen Sperrzone. Harms' Vorfahren direkt vom Falkenhof, Köhlers ganz aus der Nähe. Wir wissen immer noch nicht, was aus der Familie von Mackenroth geworden ist. Und jetzt haben wir einen weiteren Namen: Owerhaide. Ein Kollege von Harms' Großvater. Owerhaide wurde verraten und kam ins KZ. Harms' Großvater dagegen hat, obwohl er nur Knecht war, als Entschädigung einen großen Hof in Eichendorf bekommen. Laut Harms' Mutter hatte er die rechte Gesinnung. Vielleicht hat ja Harms' Großvater seinen Kollegen verraten.»

«Aber was bedeutet das für unsere Ermittlungen?» fragte Müller.

Arno zuckte mit den Achseln. «Auf jeden Fall war damals irgend etwas los. Und möglicherweise hat es bis heute nachgewirkt.» Er zog an seiner Zigarette und betrachtete die skeptischen Gesichter seiner Kollegen. Hinter ihnen stand jetzt der alte Platzwart und schaute Arno an.

«Linker?» fragte er und kam zaghaft einen Schritt näher.

Arno musterte den Mann. «Willy?

«Erkennst du mich noch?»

«Jetzt ja.» Es war Wilfried Schaper, sein ehemaliger Jugendtrainer. Früher war er ein sportlicher, drahtiger Mann mit langem blondem Haar gewesen, den Arno sehr bewundert hatte. Nun war er ein gebeugter alter Mann ohne Haare. Aber das kantige Gesicht war noch immer markant, und die wachsamen Augen strahlten.

«Das ist ja eine Ewigkeit her», meinte Schaper und streckte seine Hand aus.

Arno schüttelte die Hand. «Das ist ja eine Überraschung, Mensch.»

«Was machst du denn hier, Junge? Auf Besuch in der alten Heimat?»

«Nicht ganz», entgegnete Arno und trat seine Zigarette aus.

«Wie geht es denn deinen Eltern?»

«Die sind tot.»

«Oh.» Schaper machte ein betroffenes Gesicht. «Tut mir leid. Seit wann denn?»

«Letztes Jahr. Autounfall. Nee, ich bin beruflich hier.»

Schaper betrachtete die anderen drei. «Bist du bei der Polizei?»

Arno lächelte. «Sieht man uns das an?» Dann stellte er Schaper seine Kollegen vor.

«Ich hatte immer gehofft, er wird mal Fußballprofi», erzählte Schaper den anderen. «Dann hätte ich wenigstens ein Talent hervorgebracht.»

«Hör auf», sagte Arno verlegen.

«Nee, echt, aus dir hätte was werden können. Die anderen …» Schaper zeigte auf das Spielfeld. «Schau sie dir an.»

«Ich könnte es jetzt auch nicht mehr besser.»

«Menschenskind», sagte Schaper. «Der Linke ist bei der Polizei. Kommissar?»

«So ähnlich.»

Schaper schaute in die Runde. «Seid ihr wegen Harms hier?»

Arno nickte. «Du kanntest ihn auch, oder?»

«Hör mir auf.» Schaper kratzte sein Kinn. «Man soll ja nicht schlecht über die Toten reden, aber Knut …» Er winkte ab. «Mit diesem Köhler hat er den ganzen Verein umgekrempelt. Die Jungen gehen jetzt nur noch in die ‹Schöne Aussicht›. Keine Ahnung, was er denen versprochen hat. Nichts Gutes, wenn du mich fragst. Ich bin an die Jungs nicht mehr rangekommen. Deswegen bin ich auch kein Trainer mehr.»

«Schade», sagte Arno.

«Na ja», meinte Schaper, «alle rennen nicht in die ‹Schöne Aussicht›. Ich mache jetzt das Vereinsheim. Der harte Kern trifft sich noch dort.» Seine Augen blitzten auf. «Mensch, willst du nicht später vorbeikommen? Du kennst die doch alle noch von früher.» Er zeigte auf den Platz. «Der Dicke da, das ist der kleine Hornbostel. Und das da hinten ist Rische.»

«Hätte ich nicht wiedererkannt», sagte Arno und beobachtete das Spiel. «Aber ich weiß noch nicht. Wir haben zu tun, du verstehst.»

Schaper nickte. «Klar. Die Arbeit geht vor.» Er zog nervös seine Trainingshose hoch. «Na ja, dann wünsche ich euch, daß ihr den Täter findet. Obwohl … Ach, Scheiße.»

«Du hast nicht zufällig einen Tip für uns?»

Schaper lachte kurz auf. «Ich kenne eine Menge Leute, die ihm gerne mal die Fresse poliert hätten», sagte er. «Ich auch, da mach ich kein Geheimnis draus. Aber Mord?»

«Warum war er eigentlich so unbeliebt?» hakte Arno nach.

Schaper runzelte die Stirn. «Vor allem wegen seiner Großkotzigkeit, würde ich sagen. Knut war doch schon als Kind so, weißt du nicht mehr? Wer nicht wie er von einem großen Hof kam, den hat er ausgelacht. Aber selber nie einen Finger krumm gemacht. Er hatte so eine fiese Art, sich über andere lustig zu machen. Über mich auch. Dabei hat er, wie man hört, am Ende selbst nichts mehr gehabt.» Er zuckte mit den Achseln. «Was soll ich sagen?»

«Das war schon eine ganze Menge, Willy», sagte Arno.

Schaper streckte wieder seine Hand aus. «Also, wenn du Zeit hast.»

«Danke, Willy», sagte Arno und schüttelte die Hand des Alten, die trotz der Hitze kalt war. Ein Besuch im Vereinsheim könnte vielleicht ganz aufschlußreich sein, dachte er. «Mal sehen. Kann gut sein, daß ich nachher bei euch auf der Matte stehe.»

«Würde mich echt freuen», sagte Schaper. Dann verabschiedete er sich auch von den anderen mit Handschlag, vor Emma deutete er einen Diener an und schlenderte davon. Arno sah ihm hinterher. Knut hatte eine fiese Art, sich über Leute lustig zu machen, wiederholte er im Geiste. Willy Schaper war eine Art Held seiner Kindheit gewesen. Vielleicht nahm ihn deshalb diese unerwartete Begegnung mehr mit, als er gedacht hätte.

«Licker?» Emma sah ihn fragend an. Müller und Mertens konnten sich ein Grinsen nicht verkneifen.

«Linker.» Arno mußte lächeln. «Keine Angst, von Politik wußte ich damals noch nichts. Sie haben mich sogenannt, weil ich Linksfuß war und linksaußen gespielt habe.»

«Linker!» Emma lachte und deutete dann auf seine Brust. «Was hast du auf deinem Shirt?»

Er schaute an sich hinab. «Hundehaare», sagte er und strich die schwarzen Haare von Asta weg.

«Hundehaare?» Sie betrachtete ihn skeptisch.

«Ja, Hundehaare.»

27

Wie von einem elektrischen Schlag, der ihm durch den ganzen Körper fuhr, wurde Arno in den letzten Tagen immer wieder von den Gedanken an Aglaja überfallen. Im Grunde waren es keine Gedanken, sondern Bilder, die sich schlagartig und völlig unvermittelt vor sein inneres Auge schoben und ihn für einen Augenblick im Schmerz erstarren ließen. Er hatte das erst einmal erlebt, vor Jahren, als ihn eine Freundin wegen eines anderen verlassen hatte. Damals waren es Bilder der Eifersucht gewesen, beinahe pornographische Bildfetzen, die ihn mit einer plötzlichen Wucht heimsuchten, Bilder von seiner Freundin und dem anderen Mann, die, obwohl sie der puren Phantasie entsprangen, erschreckend realistisch waren. Jetzt sah er Aglaja vor sich, wie sie Höllenqualen leidend auf dem heißen Asphalt der Kreuzung lag, Haut und blutiges Fleisch fielen von den Knochen ihres Beines, das, einem verendenden Fisch gleich, nicht aufhören wollte zu zucken. Auch diese Bilder entsprangen nicht seiner Erinnerung, denn wie den Verrat der früheren Freundin hatte er Aglajas Unfall ja nicht miterlebt, sondern seiner Vorstellungskraft. Aber wie schon damals fragte er sich, ob in dem Moment, in dem diese Bilder ihn überfielen, etwas geschah; ob seine Exfreundin in dem Moment gerade mit ihrem Neuen schlief; ob Aglaja in diesem Moment von fürchterlichen Schmerzen erfaßt wurde.

Vielleicht fühlte sich so ein Herzinfarkt an, dachte Arno, der am Steuer seines Wagens saß und darauf wartete, daß sich die fürchterlichen Bilder auflösten. Ein plötzlicher Stich, der Griff ans Herz und das erstaunte Entsetzen in den Augen, die bereits im Ersterben waren. Damals, als seine Freundin ihn verlassen hatte, hatte es Monate gedauert, bis die Bilder seltener kamen, der Schmerz geringer wurde und die Anfälle schließlich irgendwann gar nicht mehr auftraten, ganz so, als hätte es die Bilder nie gegeben. Im Endeffekt stimmte es wohl, daß die Zeit alle Wunden heilt. Auch wenn eine Narbe bleibt, mit der man zu leben lernt. Solange niemand erneut hineinsticht.

Er holte tief Luft und rieb sich den Kopf. Vor ihm stand der Land Rover, daneben Emma, die ihn fragend ansah. Schnell stieg er aus dem Volvo. «Ich komme schon», sagte er.

«Was ist?» fragte Emma.

«Nichts.» Er schaute hinüber zu dem kleinen Haus und fragte sich, was ihn dort erwarten würde. Mittlerweile hatte er einen regelrechten Widerwillen entwickelt, das Haus im künstlichen Dorfkern aufzusuchen und Heike, der Freundin aus seiner Kindheit, gegenüberzutreten.

Arno hatte Müller und Mertens auf dem Sportplatz zurückgelassen und sie gebeten, nach dem Spiel im Vereinsheim ein paar Fragen über Knut Harms und Eckart Köhler zu stellen. Einerseits wollte er Heike nicht dadurch verschrecken, daß er mit zu vielen Kollegen bei ihr auftauchte, andererseits hatte er das Gefühl, daß es vielleicht besser war, wenn sich jemand umhörte, den die Dorfbewohner nicht von früher kannten.

Wenige Augenblicke nachdem er auf die Klingel gedrückt hatte, wurde die Tür geöffnet. Vor ihm stand zu seiner Überraschung nicht Heike, sondern ihre Mutter, die ihrer Tochter kaum ähnlich sah, aber sich wie Heike in all den Jahren nicht verändert zu haben schien. Marianne Böhme war immer noch eine kleine, rundliche Frau mit kurzen, dichten Haaren, geröteten Pausbacken und gutmütigen Augen.

«Hallo, Arno», begrüßte sie ihn freundlich, wischte die Hände an der Schürze ab und reichte ihm die rechte.

«Hallo», sagte Arno, schüttelte ihre warme Hand und stellte

Emma vor. Gleichzeitig fragte er sich, ob es ihm gefiel, daß sie Heike nicht alleine antrafen.

Heikes Mutter bat sie herein und schaute an ihm empor. «Darf ich überhaupt noch du sagen?»

«Selbstverständlich», sagte Arno. Früher hatte auch er Heikes Mutter geduzt, Tante Marianne hatte er zu ihr gesagt, so wie Heike Tante zu seiner Mutter gesagt hatte. Diese Anrede erschien ihm heute etwas unpassend, gerade unter diesen Umständen und in Anwesenheit von Emma, und die Frage, ob auch er beim Du bleiben dürfe, war ihm zu peinlich.

«Das mit deinen Eltern tut mir sehr leid», sagte sie. «Ich habe damals die Anzeige in der Zeitung gelesen. Du weißt, daß wir uns früher gut verstanden haben.»

«Ich weiß», sagte Arno. Als seine Familie aus Eichendorf weggezogen war, war der Kontakt zu Heikes Familie allerdings schnell abgerissen, was in der Rückschau merkwürdig war, denn schließlich hatten sie ja nur die zwanzig Kilometer nach Celle getrennt.

Marianne Böhme führte die beiden durch die Diele, in der es verlockend nach frisch Gebackenem roch. Das Wohnzimmer machte einen wesentlich wohnlicheren Eindruck als bei den letzten Besuchen. Es war aufgeräumt worden, vor dem Sofa standen ein Eßtisch und zudem zwei weitere Stühle.

«Heike ist oben bei Sarah», erklärte sie. «Ich hole sie gleich.» Sie schaute in die Runde. «Wollt ihr einen Kaffee?»

Während Arno gerade ablehnen wollte, nickte Emma. «Gerne.»

«Gut», sagte Frau Böhme, «dann setze ich mal eine Kanne auf. Aber nehmt doch Platz.»

Nachdem sie verschwunden war und Emma sich auf das Sofa gesetzt hatte, nahm Arno Platz auf einem der Stühle und überlegte, wie er vorgehen sollte. Er schaute auf die Uhr an seinem Handy. Bereits Nachmittag. Als er das Telefon wieder einsteckte, kam Heike schon herein.

«Es tut mir leid wegen vorhin», begann Heike, die sich ihm gegenüber an den Tisch gesetzt hatte. Sie zündete sich sofort eine Zigarette an und atmete den Rauch so heftig aus, daß es beinahe klang wie ein Seufzer. «Ich wollte nicht so ätzend zu dir sein. Aber ich bin einfach mit den Nerven runter.»

«Schon in Ordnung», beschwichtigte Arno und deutete auf die Zigarette. «Der Arzt hat gesagt, du solltest ein bißchen auf dich aufpassen.»

Sie strich ihr Haar zurück und verdrehte die Augen. «Ich weiß. Ärzte haben gut reden.»

«Und mit Sarah ist alles okay?» erkundigte sich Arno. Ihm schien es nun eine gute Idee zu sein, das Gespräch noch ein bißchen in die Länge zu ziehen, um die wichtigen Fragen in Anwesenheit von Heikes Mutter zu stellen. Möglicherweise konnte er mehr herausfinden, wenn er die Kommunikation zwischen den beiden sah.

«Sie schläft jetzt», sagte Heike. «Ich habe ihr schon tausendmal gesagt, daß sie nicht allein hinausgehen soll. Sie ist einfach zu schwach dazu, aber das will sie nicht wahrhaben. Auf jeden Fall nicht immer.»

«Das stelle ich mir auch schwer vor.»

Heike zog an ihrer Zigarette und musterte ihn. «Ja», sagte sie, «sie ist zwar schon zehn Jahre alt, aber so zerbrechlich und anfällig wie ein Baby.»

Eher wie eine Greisin, dachte Arno. «Geht sie eigentlich auf eine normale Schule?»

«Natürlich», entgegnete Heike empört. «Sie ist ja nicht zurückgeblieben oder so.»

«Das habe ich auch nicht gemeint», sagte Arno schnell und sah zur Tür, durch die Marianne Böhme mit einem Tablett eintrat. Sie stellte Tassen und Teller ab, faltete Servietten, schenkte reihum Kaffee ein und ging noch einmal davon, um sogleich ohne Schürze, aber mit einer Platte Streuselkuchen zurückzukehren, der noch dampfte. Dann setzte sich sich auf einen Stuhl und nickte allen zu.

«So», sagte sie, «nehmt an.»

«Selbstgebacken?» fragte Arno, obwohl er den Backduft ja gerochen hatte.

«Natürlich», sagte sie und klang dabei genauso bestimmt und leicht beleidigt wie ihre Tochter.

Den Kaffee rührte er lieber nicht an, aber bei selbstgebackenem Streuselkuchen konnte Arno nicht widerstehen, zudem war es eine Ewigkeit her, daß er welchen gegessen hatte. In seiner Kindheit hatte seine Mutter jedes Wochenende gebacken. Der Teig war noch etwas klebrig, und das mochte er besonders. «Wunderbar», sagte er nach dem ersten Bissen.

«Sehr gut», stimmte Emma in sein Lob ein.

«Danke», sagte Heikes Mutter, die anders als Heike auch ein Stück genommen hatte. «So macht das Backen doch Spaß.»

Arno verschlang den letzten Bissen, wischte sich dann die Hände an der Serviette ab, holte sein Notizbuch hervor und klappte es auf. «Heike», begann er gleich offensiv und sah sie an, «bisher hatte ich den Eindruck, daß du mir irgend etwas verheimlicht hast.»

Heikes Blick verfinsterte sich, sie ging sofort wieder in ihre Abwehrstellung. «Verheimlicht?» Sie klang so, als hätte er sie der Lüge bezichtigt.

«Oder daß du nicht alles gesagt hast.»

«Und was soll das sein?»

«Wenn ich es wüßte, würde ich nicht fragen», erwiderte Arno lächelnd.

Marianne Böhme sah ihre Tochter an. «Komm schon», sagte sie, eine Aufforderung, auf die Arno gewartet hatte, obwohl er nicht wußte, was kommen würde.

Heike zündete sich eine neue Zigarette an und warf ihrer Mutter einen bösen Blick zu. «Das hat doch damit nichts zu tun», meinte sie und atmete den Rauch aus.

«Laß es mich beurteilen», schlug Arno so freundlich wie möglich vor.

Heike holte tief Luft. «Na schön. Ich wollte mich von Knut trennen.»

«Wann?»

«Kurz bevor er … verschwunden ist.»

«Hattest du es ihm bereits gesagt?»

Sie nickte. «Nicht nur einmal. Ich wollte ihn rausschmeißen. Im Grunde wollte ich das schon des öfteren. Meistens war er auch nicht da. Aber er kam immer wieder vorbei.» Sie schnaubte. «Besonders wenn er Geld brauchte.»

«Hast du ihm welches gegeben?»

«Nein.»

«Du hast ihm oft genug etwas gegeben, Heike», sagte ihre Mutter und leckte sich die kurzen Finger. Der dicke goldene Ehering schnürte den Ringfinger regelrecht ab.

«Ja, viel zu oft. Aber in letzter Zeit nicht mehr. Ich muß selbst jeden Pfennig umdrehen. Oder besser gesagt Cent, wie das jetzt heißt. Und das macht es noch schlimmer.»

«Wie hat er reagiert?»

Heike blies verächtlich den Rauch aus. «Er hat gelacht.»

«Er hat es nicht ernst genommen?»

«Er hat nie etwas ernst genommen. Aber ich wollte die Scheidung.»

«Du hast es diesmal ernst gemeint?»

«Ich hatte es immer ernst gemeint. Aber diesmal gab es kein Zurück mehr.»

«Hast du jemand anderen?»

Heike schüttelte den Kopf und warf ihr Haar zurück. «Männer können sich wohl immer nur vorstellen, daß eine Frau ihren Mann verläßt, weil sie einen anderen hat, oder?»

«Ich kann mir vieles vorstellen», meinte Arno und beobachtete aus dem Augenwinkel Heikes Mutter. Sie schaute auf ihren Teller und spielte mit ihrem Kaffeelöffel.

«Ich habe jedenfalls keinen anderen», sagte Heike. «Das ist nicht der Grund.»

So ganz glaubte er ihr nicht. «Was ist denn dann der Grund?»

«Daß ich die Schnauze voll habe, endgültig.»

Arno hielt einen Moment inne. «Ich habe gehört», sagte er dann, «daß Knut in Polen eine Freundin hatte.»

Heike lachte auf.

«War das der Grund? Daß er fremdgegangen ist?»

Sie tippte ihre Zigarette mehrmals auf den Rand des Aschenbechers, obwohl keine Asche mehr an der Glut war, und sah ihn dann mit funkelnden Augen an. «Weißt du was? Selbst wenn es stimmt, es ist mir scheißegal.»

«Hatte er früher Freundinnen?»

«Wir haben uns nicht gegenseitig angekettet», sagte sie.

Arno suchte ihren Blick, aber sie schaute jetzt auf den Tisch. «Was hätte Knut deiner Meinung nach gemacht, wenn du die Scheidung eingereicht hättest?» fragte er.

Heike zuckte mit den Schultern.

«Er war schon bei mir und wollte, daß ich Heike umstimme», warf Marianne Böhme ein. «Die Ehe, so fadenscheinig sie auch war, war sein letzter Rettungsanker.»

«Des Geldes wegen?»

«Nicht nur», sagte Frau Böhme. «Alles, was er angepackt hat, ist in die Hose gegangen. Ich glaube, er wollte nicht, daß auch noch seine Ehe scheitert und er ganz allein dasteht. Ihm war es immer wichtig, was die Leute über ihn gedacht haben.»

«Nicht alles ist in die Hose gegangen. Auf jeden Fall am Anfang nicht», entgegnete Heike.

«Ach, hör auf», meinte ihre Mutter und nahm noch ein Stück Kuchen. «Knut hatte zwei linke Hände.»

Das hatte Arno irgendwo doch schon mal gehört. «Wann fing es denn damit an, daß es schieflief bei ihm?» fragte er Heike.

«Seit Köhler hier ist.»

Mit der Antwort hatte Arno gerechnet.

«Knut hat für Köhler Geschäfte gemacht, richtig?»

Sie drückte die Zigarette aus. «Ich war immer dagegen. Aber um was genau es ging, weiß ich nicht.»

«Soviel wir bisher wissen, hatte er Kontakte mit rechtsradikalen Gruppierungen in Polen. Kannst du dir vorstellen, wozu?»

«Ich möchte es gar nicht wissen.»

«Knut war doch schon früher in einer Wehrsportgruppe.»

Heike machte eine abwehrende Handbewegung. «Das sind doch alte Kamellen. Bis Köhler hierherkam, hatte er nichts mehr damit zu tun. Köhler hat eine Menge schräger Vögel hierhergebracht.»

«Was für schräge Vögel?»

Marianne Böhme wischte sich den Mund mit einer Serviette ab. «Er gewährt Verbrechern Unterschlupf», sagte sie.

Arno mußte an den jungen Mann in Köhlers Haus denken. «Und das ist allgemein bekannt?»

«Natürlich.»

«Warum tut niemand etwas dagegen?»

«Was soll man tun?» meinte Heike. «Er sitzt im Ortsrat und kann machen, was er will.»

«Alle reden schlecht über Köhler», sagte Emma in die Pause hinein, als würde sie zu sich selbst sprechen. «Aber irgendwer muß ihn doch auch gewählt haben in Eichendorf.»

Heike starrte sie an. «Ich auf jeden Fall nicht.»

«Und Hinnerk?» bohrte Arno weiter.

«Was hat mein Bruder damit zu tun?» fauchte Heike.

Marianne Böhme legte beruhigend eine Hand auf Heikes Arm. «Hinnerk geht zwar manchmal in die ‹Schöne Aussicht›, aber nur, wenn sich dort der Sportverein trifft», sagte sie. «Sonst hat er mit den Leuten nichts zu tun.»

Natürlich nicht, dachte Arno. Das Böse befand sich immer außerhalb der Familie. Oder es drängte sich durch Heirat hinein. «Heute abend findet in der ‹Schönen Aussicht› eine Gedenkfeier für Knut statt», sagte er.

«Na und?» meinte Heike pampig.

Die Gemüter waren erhitzt. Er fand nur immer wieder heraus, wie blank die Nerven lagen. Arno ließ ein paar Sekunden verstreichen. Sein Magen grummelte, der warme Kuchenteig machte ihm zu schaffen. «Was war das für eine Freundschaft zwischen Knut und Köhler?» wollte er dann wissen.

«Freundschaft würde ich das nicht nennen», sagte Heike und spielte mit der Zigarettenschachtel. «Sie haben sich irgendwie gegenseitig gebraucht.»

«Ist Köhler homosexuell?»

Frau Böhme sah ihn verdutzt an, doch Heike wirkte nicht überrascht. «Würde mich nicht wundern», sagte sie. «Es hängen ja ständig junge Kerle bei ihm rum. Und Frauen habe ich da noch nie gesehen.»

«Wie stand Knut zu Homosexuellen?»

«Knut?» Jetzt betrachtete ihn Heike verständnislos. «Mit so was hat er nichts am Hut gehabt. Willst du sagen, er war eigentlich auch schwul?»

«Könnte er es gewesen sein?»

«Nie im Leben.»

«Könntest du dir vorstellen, daß er mit Schwulen befreundet war?»

«Nee, wirklich nicht.» Heike gab ihrem Verlangen nach und steckte sich eine weitere Zigarette an.

Wenn Arno mit Kettenrauchern zusammen war, verging ihm jedesmal die Lust auf eine Zigarette. Er wedelte den Rauch davon. «Verstehst du, worauf ich hinauswill? Hätte er es toleriert, wenn sein Freund oder Geschäftspartner schwul ist?»

«Toleriert? Er hat über Schwule Witze gemacht.»

Heikes Mutter hatte ihr Kinn auf die Hand gestützt und sah ihn nachdenklich an. «Du meinst, daß Köhler ...»

Arno ließ die Bemerkung im Raum stehen wie die dichten Rauchschwaden, die ihm den Atem nahmen, und beobachtete die beiden.

«Zutrauen würde ich Köhler alles», meinte Heike schließlich, mußte husten und klopfte sich auf die Brust. Ihre Mutter sah sie vorwurfsvoll an, aber Heike nahm davon keine Notiz.

Langsam erlahmte die Aufmerksamkeit der beiden, spürte Arno. Aber er war noch nicht ganz fertig. «Wie war eigentlich das Verhältnis von Knut und Sarah?»

Als würde der Name ihrer Tochter wieder Leben in sie hauchen, blitzten Heikes Augen auf. «Seit ihre Krankheit ausgebrochen ist, hat er sich kaum noch um sie gekümmert», sagte sie, und Arno fragte sich, was das Blitzen in ihren Augen verursacht hatte, die Liebe zu ihrer Tochter oder der Haß auf ihren toten Mann? Was bewegte sie stärker?

«Er hat sich von Anfang an nicht viel aus ihr gemacht», bemerkte ihre Mutter und schüttelte den Kopf. «Er war kein guter Vater, von Anfang an nicht.»

Jetzt oder nie, dachte Arno. «Aber er war Sarahs Vater, oder?» fragte er.

Und wie aufs Stichwort drang aus der oberen Etage plötzlich ein einzelner, gellender Schrei hinab, der alle zusammenfahren ließ und der Heike dazu veranlaßte, sofort aufzuspringen und hinauszulaufen. Arno hörte ihre hastigen Schritte auf der Treppe und dann von oben ihre beruhigenden, gedämpften Worte.

Besorgt schaute ihre Mutter hinter ihr her, dann drückte sie mit einem angeekelten Ausdruck die Zigarette aus, die Heike zurückgelassen hatte, und wandte sich an Arno. «Sarah träumt oft schlecht», erklärte sie.

«Aber von Knuts Tod weiß sie noch nichts?»

Sie seufzte auf. «Wie soll man einem Kind so etwas beibringen? Und gerade Sarah. Man muß auf den richtigen Moment warten.»

Arno nickte, auch wenn er sich keinen richtigen Moment vorstellen konnte. «War Knut wirklich ihr Vater?» fragte er noch einmal.

Marianne Böhme wich seinem Blick aus. «Wer denn sonst?» Sie betonte den Satz tatsächlich als Frage.

Danke für die aufschlußreiche Antwort, dachte Arno. Näher würde er der Wahrheit im Moment nicht kommen. «Gut, wir werden dann gehen», sagte er und steckte sein Notizbuch ein.

«Willst du nicht noch ein Stück Kuchen?»

«Nein danke», sagte er gequält lächelnd, stand auf und sah Emma an. Sie hob die Augenbrauen, genau wie er wollte sie anscheinend nur noch raus. An der Tür fiel ihm noch etwas ein, und er wandte sich noch einmal zu Heikes Mutter um, die an der Tür stand und die Treppe hinaufschaute. Oben war jetzt alles ruhig. «Eine Frage noch», sagte er. «Sagt dir der

Name Owerhaide etwas?» Jetzt war ihm doch das Du herausgerutscht.

«Owerhaide?» Marianne Böhme überlegte. «Habe ich schon mal irgendwo gehört. Aber ich weiß nicht mehr wo.» Sie sah hoch zu ihm und hob entschuldigend die runden Schultern. «Man wird alt.»

Wem sagst du das, dachte Arno, verabschiedete sich und trat mit einem unguten Gefühl im Magen hinaus in den heißen Samstagnachmittag. Hoch am Himmel lagen feine Schleierwolken, und er wäre nicht überrascht gewesen, wenn sich zum Abend hin noch ein Gewitter entladen würde. Es war an der Zeit, dachte er, Nägel mit Köpfen zu machen.

28

Als sie später mit einem Konvoi aus zwei Mannschaftswagen und mehreren Zivilfahrzeugen nach Eichendorf zurückkehrten, setzte bereits die Dämmerung ein. Glutrot versank am dunkelblauen Himmel im Westen die Sonne, eine leichte Brise hatte die Wolken vertrieben, der Mond war noch nicht aufgegangen. Das Dorf wirkte auch am Abend auf den ersten Blick wie ausgestorben, man konnte den Eindruck gewinnen, die Bevölkerung sei in böser Vorahnung aus ihren Häusern geflohen und hatte ihre Heimat kampflos aufgegeben.

Nachdem Arno und Emma vom Haus der Harms weggefahren und wieder an den Sportplatz gekommen waren, war das Spiel der Alten Herren bereits zu Ende und die meisten Autos vor dem Vereinsheim schon verschwunden gewesen. Müller und Mertens standen an den alten Kadett gelehnt, Müller telefonierte gerade mit seinem Handy. Von den meisten Männern, die sie befragt hatten, hatten sie kaum brauchbare Hinweise bekommen, außer daß jeder über Köhler fluchte und keiner es verhehlen konnte, daß ihm die Ermordung von Knut Harms nicht besonders naheging, ja daß man sein Verschwinden im Prinzip sogar begrüßte. Natürlich wollte niemand etwas gesehen oder gehört haben, allen tat angeblich das Kind, vor allem aber die Frau leid, wobei Müller sagte, daß er den Eindruck hatte, einige wären ziemlich scharf auf Heike Harms und würden ihrem Mann schon deshalb nicht hinterhertrauern.

«Ein Mann hat aber eine interessante Beobachtung gemacht», berichtete Müller und zog einen Notizblock zu Rate, den Arno vorher nie bei ihm gesehen hatte. «Ein Bernd Hornbostel. Er wohnt gleich da drüben.» Müller zeigte zu den Häusern auf der anderen Straßenseite, zumeist Einfamilienhäuser aus der Nachkriegszeit. Dahinter, auf einer kleinen Anhöhe im Wald, befand sich der Friedhof von Eichendorf, auf dem bald auch Knut Harms liegen würde. «Ein ziemlich fetter Sack, er hat nach dem Spiel geschwitzt wie eine Sau. Ich dachte schon, ich müßte den Notarzt rufen.»

Arno nickte. Der «kleine» Hornbostel, den ihm Willy beim Spiel gezeigt hatte. Früher war er zwar noch ein schmächtiger Junge gewesen, aber geschwitzt hatte er schon als Kind für zwei.

«Er ist sich jedenfalls sicher», fuhr Müller fort, «Knut Harms' Mercedes am besagten Donnerstagabend gesehen zu haben. Der Wagen ist ja ziemlich auffällig. Dieser Hornbostel sagt, er ist an der Kreuzung nicht nach Winsen abgebogen, sondern ins Dorf gefahren.»

Arno schaute die Straße hinunter zur Kreuzung, die keine hundert Meter entfernt war. Harms war ins Dorf gefahren, also Richtung Übungsplatz, dachte er. In der Richtung lag zudem die ‹Schöne Aussicht›, die Knut kurz vorher gerade verlassen hatte, aber auch der Hof von Köhler. Und natürlich noch ein paar andere Gehöfte am Rande der Sperrzone. «Warum kann er sich so genau daran erinnern?» fragte Arno.

«Hornbostel ist nach der Tagesschau rüber ins Vereinsheim gegangen, um dort das Champions-League-Endspiel zu sehen», sagte Müller.

Das kommt zeitlich hin, dachte Arno. Knut hatte vor dem Spiel die Dorfkneipe verlassen und dann seine Sachen gepackt. «Warum ist er nicht bei der Sitzung des Sportvereins in der ‹Schönen Aussicht› gewesen? Da wurde das Spiel auch geguckt.»

«Habe ich ihn auch gefragt», sagte Müller. «Hornbostel meint, daß das keine offizielle Sitzung des Sportvereins war.

Von den anderen hier will auch keiner dagewesen sein. In der ‹Schönen Aussicht› trifft sich nur die Clique um Köhler, sagen sie.»

So ähnlich hatte sich auch Willy geäußert, dachte Arno. «Und sonst?»

«Das war es hier im Prinzip», sagte Müller und schaute Ulf Mertens an.

Der junge Kommissar räusperte sich. «Ich bin zur Kreuzung gegangen», erzählte er. «Mir war aufgefallen, daß ungewöhnlich viel Verkehr herrschte, eine Menge Autos, die ins Dorf fuhren.»

«Und?»

«Wir haben ein paar Nummern gecheckt», sagte Müller und hob sein Handy hoch. «Sieht so aus, als wenn die ganze Naziprominenz einmarschiert.»

Arno und Emma sahen ihn erstaunt an. «In die ‹Schöne Aussicht›?»

«Anscheinend.»

«Na ja, ich würde nicht übertreiben», meinte Ulf Mertens, «aber zumindest zwei Wagen gehören aktenkundigen Mitgliedern der Republikaner.»

«Vorstrafen wegen Körperverletzung, Waffenbesitz und so weiter», sagte Müller und warf Mertens einen bösen Blick zu. «Wir nehmen sie fest, sie werden verurteilt, und nach ein paar Wochen kriegen sie Haftverschonung und machen weiter wie vorher.»

Was Arno bei diesen Informationen am meisten überraschte, war die offensichtliche Arroganz von Eckart Köhler und seinen Leuten. Köhler meinte, es genüge, Arno darauf hinzuweisen, die Gedenkfeier zu respektieren, er kam gar nicht auf die Idee, daß die Polizei, Feier hin, Feier her, die Gelegenheit nutzen könnte, um Knut Harms' ehemalige Kameraden zu befragen. Ganz im Gegenteil, die Größen der rechten Szene reisten ungeniert an, unabhängig davon, ob sie bereits mit dem Gesetz in Konflikt geraten waren oder nicht. Bedeutete das auch, sie waren in diesem Fall unschuldig und hatten nichts zu befürchten? Arno glaubte eher, sie fühlten sich so stark, daß sie keinen Grund sahen, sich ruhig zu verhalten. Für sie war die Polizei oder der gesamte Staat keine Instanz, der man sich beugen mußte. Und wie sein Kollege Müller bemerkt hatte, gab die Justiz ihnen oftmals Anlaß, sie nicht ernst zu nehmen. Deshalb hatte er auch nicht mehr lange überlegt. «Meinen Sie, Sie können Ihre Verabredung heute abend verschieben?» hatte er Müller gefragt.

«Dachte ich mir schon.»

Danach waren sie zurück nach Celle gefahren, um in der Polizeiinspektion die nötigen Schritte einzuleiten. Für eine so großangelegte Aktion brauchten sie nicht nur Verstärkung, sondern vor allem die Zustimmung des Polizeidirektors und die Anordnung des Staatsanwalts, der letztlich Herr des Ermittlungsverfahrens war. Dieser Umstand hatte Arno schon so manches Mal zur Verzweiflung getrieben, denn er kostete viel Zeit und Geduld. Noch auf dem Weg hatte er mit Jan-Peter Sörensen telefoniert, den er erst zu Hause erreichte. Arno mußte seinen Vorgesetzten davon überzeugen, daß es nach seinem Ermittlungsstand unabdingbar war, in die Gedenkfeier in der ‹Schönen Aussicht› zu platzen und alle Anwesenden zu verhören. Eigentlich konnte er Sörensen nur für diesen Einsatz gewinnen, wenn er ihn davon überzeugte, daß dringender Tatverdacht bestand. Und obwohl viele Ergebnisse der Ermittlung dafür sprachen, daß Eckart Köhler etwas mit dem Mord an Knut Harms zu tun hatte, so hielt Arno ihn nicht für den Mörder. Diese Meinung verschwieg er Sörensen auch nicht. Aber nach allem, was er bisher wußte, glaubte er, daß

Knuts Verbindungen zu dem Kreis um Köhler ihn das Leben gekostet hatten. Und er war überzeugt davon, daß sie keinen Schritt vorankämen, wenn man so weiterverfuhr wie bisher, sondern nur dann, wenn sie direkt in dieses Wespennest stachen, in dem rechte Straftäter mutmaßlich Unterschlupf fanden. Deshalb betonte er Sörensen gegenüber besonders die Beobachtung, daß sich in Köhlers Haus offenbar ein junger Mann versteckte.

Darüber hinaus erinnerte er ihn daran, daß ein britischer Soldat getötet worden war, höchstwahrscheinlich nur, weil er zum falschen Zeitpunkt am falschen Ort gewesen war, was die Bereitschaft des Täters zeigte, auch unbeabsichtigte Opfer in Kauf zu nehmen. Kollateralschäden, wie die Militärs diese Gefährdung der Allgemeinheit nannten. Polizeidirektor Sörensen hatte ihm zugehört, doch an seinen gelegentlichen Nachfragen und seinem skeptischen Gemurmel hatte Arno bald gemerkt, daß ihm die ganze Sache Magenschmerzen bereitete. Was ihn schließlich dazu gebracht hatte, die abendliche Aktion zu genehmigen, war vor allem die Tatsache, daß sie endlich Bewegung in die Ermittlung bringen könnte. Denn eines machte er Arno erneut unmißverständlich klar: Er wollte Ergebnisse, und zwar schnell. Gleichzeitig wies er darauf hin, daß der Staatsanwalt nun mit Sicherheit darauf drängen würde, das LKA in Hannover einzuschalten, doch Arno konnte ihn am Ende dazu überreden, diese Maßnahme von den Ergebnissen des Einsatzes abhängig zu machen.

Als sie in die Polizeiinspektion kamen, war Heiner Pries, der Leiter des Fachkommissariats I, bereits informiert, er hatte auch schon ein Dutzend Beamte abkommandiert, machte zum Glück aber keine Anstalten, selbst an der Aktion teilnehmen zu wollen. Wahrscheinlich wollte er sich aus der Schußlinie halten. So wie er Arno anschaute, schien er wohl davon auszugehen, daß der Einsatz ein Mißerfolg wurde. Seiner Meinung nach sollte man den gesamten Fall sowieso an das Landeskriminalamt abgeben. Und als er Emma sah, machte er unmißverständlich deutlich, daß sie als britische Beamtin an dieser Aktion nicht teilnehmen durfte, woraufhin sie sich kurz angebunden verabschiedet hatte und verschwunden war.

Im stickigen Konferenzzimmer der Kriminalpolizei hatte Arno den Beamten erklärt, worum es ging und mit wem sie es zu tun haben würden. Es handelte sich nicht um eine Razzia, sondern um eine routinemäßige Ermittlungsmaßnahme, bei der die Personalien aller Anwesenden überprüft und aufgenommen und Fragen zum Tatabend gestellt werden sollten. Vor allem aber mußten sie mit aller Ruhe vorgehen und durften sich nicht auf mögliche Provokationen einlassen.

Schließlich hatte er in seinem Büro die Dienstwaffe aus der Schublade des Schreibtisches genommen, ein volles Magazin eingeschoben, den Achselhalfter angelegt und die gesicherte Pistole unter seinem Jackett verstaut. Es war das erste Mal, seit er in Celle war, daß er seinen Dienst bewaffnet verrichtete. Er rechnete zwar nicht mit dem Schlimmsten, aber bei einem solchen Einsatz mußte man auf alles gefaßt sein. Und nachdem endlich der Einsatzbefehl der Staatsanwaltschaft eingetroffen war, ging er mit seinen Kollegen hinunter auf den Hof. Während die Beamten die Fahrzeuge bestiegen, sah er, daß Emma in ihrem Land Rover saß und wartete. Als er zu ihr kam, kurbelte sie das Fenster herunter.

«Okay», sagte er, «ich kann dir wahrscheinlich nicht verbieten, uns zu folgen.»

«Nein.»

«Aber du wartest draußen.»

«Roger», sagte sie und startete den Wagen.

Und so war der Konvoi mit der einsetzenden Dämmerung

aufgebrochen und nach einer halben Stunde in Eichendorf eingetroffen. Oberkommissar Müller war diesmal bei Arno mitgefahren, weil seine Frau am Abend den Kadett brauchte. Während der Fahrt sprachen sie kein Wort, nachdenklich saßen die beiden nebeneinander, und Arno kam nicht einmal seine Musik in den Sinn. An der Kreuzung ließ er die Wagen anhalten und fuhr dann vor, um die Lage zu sondieren. Das Dorf wirkte gänzlich verlassen, nur der Parkplatz vor der ‹Schönen Aussicht› war überfüllt. Die Autos standen bis zur Brücke, aber kein Mensch war auf der Straße zu sehen.

Arno parkte den Wagen, Müller und er stiegen aus und gingen über die Straße auf die Gastwirtschaft zu. Durch die Fenster konnten sie die Versammlung drinnen sehen. Abgesehen davon, daß Arno das Lokal noch nie so voll erlebt hatte, schien es ein normaler Abend zu sein. Die Gäste saßen redend mit ihren Getränken an den Tischen, die Hocker vor der Theke waren alle besetzt, Gesprächsfetzen und unverdächtige Musik drangen nach draußen. Eine stille Gedenkfeier hatte er sich anders vorgestellt, ein Treffen von Rechtsradikalen ebenso. Nur eines fiel ihm auf: Er konnte keine einzige Frau erkennen. Arno signalisierte Müller, die Kollegen herbeizuordern, und nachdem das geschehen war, gingen die beiden wie abgesprochen zuerst allein hinein. Dichte Rauchschwaden empfingen sie, von den Anwesenden schienen sie aber im ersten Moment nicht wahrgenommen zu werden. Erst als sie durch die Tische auf die Theke zugingen, sahen manche auf und schauten ihnen hinterher. Und durch die Reihe der an der Theke sitzenden Gäste fixierte sie Eckart Köhlers ärgerlicher Blick.

«Was wollen Sie?» fragte er, als Arno vor ihm stand.

«Wir wollen den Mörder Ihres Freundes finden», sagte Arno.

«Dann sind Sie hier falsch.»

«Je schneller wir hier alle befragt haben, desto eher wissen wir, ob wir hier falsch sind oder nicht. Ich denke, gerade Ihnen als Mitglied des Ortsrates wird daran liegen, daß ein frei herumlaufender Mörder so schnell wie möglich gefunden wird, oder?»

«Ich hatte Sie gebeten, diese Gedenkfeier zu respektieren», erwiderte Köhler mit zusammengebissenen Zähnen.

Arno schaute sich um. Mittlerweile waren die meisten Gespräche verstummt, und fast alle Gäste beobachteten ihn. «So feierlich kommt mir das hier nicht vor.»

«Sie haben eine verdammt widerliche Art, Ihrer Arbeit nachzugehen.»

Arno wandte sich wieder um. «Herr Köhler, kooperieren Sie, dann haben Sie noch genug Zeit, um weiterzutrauern.»

«Jetzt werden Sie Probleme kriegen, das verspreche ich Ihnen», sagte Köhler.

«Lassen Sie das mal meine Sorge sein», entgegnete Arno und legte den Einsatzbefehl der Staatsanwaltschaft auf den Tresen. «Hier, nur damit alles seine Ordnung hat. Und wenn ich Sie nun bitten dürfte, die Musik auszumachen.»

Diesmal nahm es Köhler nicht so genau, er warf nur einen kurzen Blick auf das Papier, drehte sich dann um und humpelte zur Musikanlage. Arno hatte Pöbeleien und Provokationen erwartet, aber nachdem die Musik verstummt war, mußte er feststellen, daß er damit falschgelegen hatte. Statt Radau breitete sich eine eisige Stille in der ‹Schönen Aussicht› aus, und Arno begann sich zu fragen, ob Köhler trotz seiner Drohungen von Anfang an mit dem Erscheinen der Polizei gerechnet und seine Leute instruiert hatte. Vielleicht war die Gruppe aber auch so professionell, daß sie auf kindische Reaktionen verzichtete. Er drehte sich in den Saal um und blickte in die regungslosen und schwer zu durchschauenden Gesichter. Manche der zumeist jungen Männer sahen eindeutig wie Skinheads aus, mit Bomberjacken und Springerstiefeln, es waren aber auch ein paar ältere, eher unscheinbare Gestalten dabei, zum Beispiel Hinnerk Böhme, den Arno in einer Ecke sitzend sogleich wiedererkannte.

«Guten Abend», begann er, «wie Sie alle wissen, wurde ein Freund von Ihnen ermordet, Knut Harms. Vergangenen Donnerstagabend wurde er das letzte Mal gesehen, und zwar hier in der ‹Schönen Aussicht›. Wie mir Herr Köhler berichtet hat, waren auch die meisten von Ihnen an diesem Abend hier.» An diesem Punkt begann die Menge ein wenig von ihrer Beherrschung zu verlieren. Das erste Gemurmel und ein vereinzelter Ruf waren zu hören: Was will der hier? Beschwichtigend hob Arno seine Arme. «Wir wollen den Mörder Ihres Freundes finden und müssen deshalb ein paar Routinefragen stellen. Bleiben Sie einfach sitzen und erzählen Sie meinen Kollegen alles, was Ihnen an dem besagten Abend aufgefallen ist.» Arno sah, daß die uniformierten Beamten durch die Tür hereinkamen.

«Der Trachtenverein kommt», rief jemand.

«Immer mit der Ruhe», fuhr Arno fort. «Je besser Sie mit uns kooperieren, desto schneller sind wir wieder weg.» Er gab Müller einen Wink, der die Beamten auf die Tische verteilte. Das Gemurmel wurde lauter, ein Bierglas fiel zu Boden und ging lautstark zu Bruch. Einige lachten, als die Polizisten zu ihnen kamen. Aber darüber hinaus schien die Situation unter Kontrolle.

Gerade als sich Arno wieder zu Köhler umdrehen wollte, ging die Tür zu den Toiletten ein Stückchen auf, und ein Kopf lugte durch die schmale Öffnung. Obwohl es ihm diesmal noch jünger vorkam, erkannte Arno das Gesicht sofort, ihre Blicke trafen sich, und der Junge zog sich wie am Morgen augenblicklich zurück und schloß die Tür. Arno schaute Köhler an, der den Blickwechsel bemerkt hatte und mit einem nervös zuckenden linken Auge hinter der Theke stehenblieb, und ging dann schnell an ihm vorbei und riß die Tür auf. Die Herrentoilette war abgesperrt, Arno schaute kurz in die Damentoilette, aber da war niemand. Er rüttelte an der Tür zur Herrentoilette, und da sie aus dünnem Speerholz war, überlegte er nicht lange und trat mit dem linken Fuß dagegen. Der Riegel gab nach und brach aus der Verankerung, die Tür sprang auf. Das Klo war leer, das kleine Fenster geöffnet. Klassischer geht es ja nicht mehr, dachte Arno, drehte sich um und ging zurück ins Lokal. Köhler schaute ihn an, sein Augenlid zuckte immer noch.

«Ich glaube, jetzt haben *Sie* ein Problem», sagte Arno im Vorbeigehen und bahnte sich seinen Weg durch die Tische nach draußen. Dort stand Emma an ihren Land Rover gelehnt. Lautlos, mit Zeichensprache, fragte er sie, ob sie jemanden gesehen hatte.

Sie schüttelte den Kopf und schaute sich um. «Wo?»

Arno bedeutete ihr, leise zu sein, lief zur Brücke und beugte sich über das Geländer. Das Wasser darunter schimmerte pechschwarz, auf der Seite, auf der sich die ‹Schöne Aussicht› befand war, war es etwas heller, aber er konnte niemanden sehen. Dann schaute er in die andere Richtung. Emma stand neben ihn und zeigte in die dunkle Nacht. Am Himmel schien kein Mond und nur wenige Sterne funkelten.

«Da ist jemand», meinte sie leise.

Brauche ich jetzt schon eine Brille? fragte sich Arno, denn er blickte nur gegen eine schwarze Wand. Aber wenn Emma den Jungen gesehen hatte, dann war er wahrscheinlich unter der Brücke hindurchgelaufen und befand sich jetzt auf der Rückseite der Grundstücke, die an der Hauptstraße lagen. Keine hundert Meter weiter befand sich Köhlers Hof.

«Warte hier», sagte er und lief die Straße hinunter. Doch Emma folgte ihm. Das Tor des Hofes war immer noch abgesperrt, Arno stützte seinen Arm auf und schwang sich hinüber. Dann drückte er sich an die Wand des Stalls, Emma war schon neben ihm. Aus der Wand strömten ein kalter Luftzug und der modrige Geruch, den Arno von vielen alten Bauernhäusern kannte. Es war völlig still auf dem Hof und stockfinster. Hinter den Fenstern konnte er nichts erkennen. Sie gingen an der Wand entlang, und als sie das Wohnhaus erreichten, klingelte ein Telefon. Beide zuckten zusammen und hielten den Atem an. Das Klingeln kam von drinnen. Arno schaute durch das Fenster, das mit einer Gardine verhängt war. Nichts. Das Telefon klingelte weiter. Arno mußte an Asta denken und wunderte sich, daß sie nicht anschlug. Bevor er weiterging, zog er seine Dienstwaffe, gab Emma ein Zeichen, zurückzubleiben, und schlich an der Eingangstür vorbei bis zum Ende des Gebäudes.

Dort angekommen holte er tief Luft und spähte dann mit der Pistole in den ausgestreckten Händen um die Mauer herum. Noch ehe er die dunkle Silhouette vor ihm richtig erkannte, spürte er einen heftigen Schlag auf die rechte Seite, der ihn zurücktaumeln ließ. Emma fing ihn auf, sie hatte wieder nicht gewartet. Der nächste Schlag traf mit voller Wucht seine linke Hand, die Waffe wurde auf den Boden geschleudert. Stöhnend ging er in die Knie, Emma sprang an ihm vorbei, und im gleichen Moment ließ sein Angreifer den Baseballschläger fallen. Während Arno auf dem Pflaster kniete und mit der rechten Hand nach seiner Pistole tastete, sah er, wie Emma dem bereits wankenden, aber fast zwei Köpfe größeren Jungen einen harten Schlag mit der Handkante auf die Brust versetzte, sich dann auf ihn stürzte und seinen Arm auf den Rücken bog. Arnos linke Hand pochte vor Schmerzen, und plötzlich war wieder alles ruhig, das Klingeln hatte aufgehört, nur ein schwaches Wimmern war zu hören.

«Brauchst du Hilfe?» fragte Arno und fand die Waffe.

«Jetzt nicht mehr», entgegnete Emma, die auf dem Rücken des Jungen kniete und seinen Arm festhielt. Neben ihm lag der Baseballschläger.

Arno kroch näher heran und betrachtete das Gesicht des Jungen. Die Augen waren geschlossen, Blut tropfte aus seiner Lippe, anscheinend war er bewußtlos. «Was hast du gemacht?»

«A kick in the chest», meinte Emma.

«Danke.» Er schaute die zierliche Frau an, die den Schläger scheinbar mühelos außer Gefecht gesetzt hatte. Anscheinend waren die Beamten der britischen Militärpolizei besser ausgebildet als diejenigen der deutschen Kriminalpolizei.

«Was ist mit deiner Hand?»

«Keine Ahnung», sagte Arno, steckte die Pistole in den Halfter und lauschte. «Woher kommt dieses Wimmern?»

«Ich dachte, das bist du.»

«Und ich dachte, es wäre der Junge.»

Emma zuckte mit den Achseln, und während sie auch den anderen Arm des Jungen auf den Rücken bog, holte Arno, noch immer auf dem Boden kniend, sein Handy hervor. Seine linke Hand war ganz kraftlos, er konnte sie kaum bewegen. Mühsam wählte er mit der rechten eine Nummer.

«Na komm schon», murmelte er ungeduldig. «Müller? Schicken Sie zwei Leute her mit Handschellen. Die Hauptstraße nach links runter, zum dritten Hof auf der rechten Seite. Was? Erkläre ich später. Ja, bis gleich.»

Er schob das Handy wieder in seine Jacke, streckte den unversehrten Arm aus und zog das Portemonnaie aus der Gesäßtasche des Jungen. Außer ein paar Euromünzen enthielt es einige Złotyscheine sowie einen polnischen Ausweis. Arno legte ihn sich auf den Schoß und entzündete sein Feuerzeug. Tomek Lewandowski, wohnhaft in Kolobrzeg, geboren am 13. Juli 1986 in Berlin, entzifferte er im schwachen Schein der Flamme. Kolobrzeg war das ehemalige Kolberg, eine kleine Stadt an der Ostsee, die von den Deutschen zur Festung ausgebaut und zum Ende des Krieges fast vollständig zerstört worden war. Ein Pole aus Pommern, dachte er, geboren in Deutschland, noch keine achtzehn Jahre alt. Er steckte das Portemonnaie in seine Jackentasche und richtete sich stöhnend auf. Der erste Schlag hatte wahrscheinlich seine Rippen getroffen, auf jeden Fall wurde ihm ein wenig übel und schummerig, als er aufstand. Vorsichtig ging er über den Rasen, der sich hinter dem Haus erstreckte und über den der Junge gekommen sein mußte.

Von irgendwo da hinten am Ende des Grundstückes kam dieses klagende Wimmern. Nach ein paar Metern erkannte er einen mit hohem Maschendraht eingezäunten Pferch, der sich beim Näherkommen als Zwinger entpuppte. Arno trat an den Zaun und ging in die Hocke. An seiner verletzten Hand spürte er einen warmen Hauch, und dann sah er die Augen in der Finsternis aufblitzen.

«Hey, was ist denn los?» sagte er leise und fühlte durch die Maschen des Zaunes Astas dichtes Fell. Ihre Zunge fuhr über seine Hand, aber sie blieb reglos und unruhig atmend liegen. «Was haben sie mit dir gemacht?» sagte er und öffnete den Riegel der Tores.

«Was ist los?» rief Emma.

«Mit dem Hund stimmt was nicht», antwortete Arno.

«Hund?»

Der Lichtkegel einer Taschenlampe strich über den Garten und schreckte ihn auf. Er drehte sich um.

«Hauptkommissar Hennings?» rief eine Stimme.

«Ja, hier hinten.» Arno streichelte über Astas Kopf und ging dann zurück zu Emma und dem Jungen, der gerade wieder zu sich kam. Zwei Polizisten sahen sie fragend an. «Den nehmen wir mit nach Celle», erklärte Arno und zeigte auf den Baseballschläger. «Sein Spielzeug auch. Und sagen Sie bitte Oberkommissar Müller, daß ich gleich komme. Er soll Köhler festhalten.»

«Alles klar», sagte der eine Beamte, zog den immer noch benommenen Jungen an den zurückgebogenen Armen hoch und legte ihm Handschellen an, während sein Kollege den Holzschläger mit einem Handschuh aufhob. Dann führten die beiden den Jungen ab.

«Was ist?» fragte Emma und sah Arno an, der seine linke Hand abtastete.

«Tust du mir einen Gefallen und holst den Wagen?»

«Brauchst du nicht einen Arzt?»

«Später.»

Emma nickte, und nachdem sie den beiden Beamten gefolgt war, ging Arno zurück zum Zwinger. Der Hund mußte hier weg und versorgt werden, und die einzige Hilfe, die ihm dafür in den Sinn kam, war wieder Volker Bredeberg. Er war Bauer und hielt Vieh, bestimmt kannte er einen guten Tierarzt. Arno bückte sich und hob Asta hoch. Erst wehrte sie sich leicht, aber dann versagten ihre Kräfte, schlaff hingen ihre Beine hinab und sie winselte, als würde ihr jede Berührung Schmerzen zufügen. Arno dagegen spürte seine linke Hand kaum noch, und er fragte sich, ob das ein gutes oder ein schlechtes Zeichen war. Asta war schwerer, als er dachte, wankend schleppte er sie über den finsteren Hof und sah dann erleichtert, daß Emma schon vor dem Tor anhielt.

«Wem gehört der Hund?» fragte sie, als sie Asta auf die Rückbank des Land Rover legten.

«Köhler», erklärte Arno. «Anscheinend hat er sie verprügelt, weil sie nicht so gehorcht hat, wie er wollte.»

«Sie?»

«Ja.»

Arno stieg in den Wagen und zeigte Emma den Weg zu Bredebergs Hof, den er noch von früher kannte. Außerhalb des Dorfkerns, wo es keine Straßenlaternen mehr gab, war es noch düsterer. Die Scheinwerfer strichen über die dunklen Felder und den schwarzen Asphalt des Weges und erzeugten unheimliche Schatten. Er erinnerte sich, wie er als Kind jeden Morgen in aller Herrgottsfrühe durch den Wald zum Schulbus marschieren mußte. Im Winter war es um die Zeit noch so dunkel gewesen, daß er hinter jedem Baum schemenhafte und doch äußerst realistische Kämpfer mit Schwertern und Äxten lauern sah. In diesen Morgenstunden seiner Kindheit hatte er die ersten Erfahrungen mit der Todesangst gemacht – im nachhinein war sie aber vielleicht eher ein Ausdruck für seine von Anfang an bestehende Abneigung gegen die Schule gewesen.

«Hier wir waren schon einmal», stellte Emma trotz der Finsternis fest. Sie kamen in einen dichten Mischwald und folgten dann der scharfen Kurve nach Norden. Vor ihnen segelten Fledermäuse lautlos von einer Straßenseite zur anderen. An dieser Stelle waren sie geradeaus weitergefahren, als sie ins Eichendorfer Moor gegangen waren und Knut Harms' Auto gefunden hatten.

«Da vorne ist es.» Arno zeigte zu dem kleinen Gehöft, das einsam am Waldesrand stand. Noch ein Stückchen weiter befand sich das letzte zu Eichendorf gehörende Anwesen, dahinter begann dann die Sperrzone. Schon von weitem sah er, daß bei Bredeberg noch Licht brannte. Als sie auf den mit Schlaglöchern übersäten Hof bogen, kam ihnen ein Hund entgegen, der kläffend um den Wagen herumrannte. Asta rührte sich nicht, nur zaghaft spitzte sie die Ohren.

«Ich schaue erst mal nach», sagte Arno und stieg aus. Der zottelige Mischling tänzelte in einigem Abstand vor ihm her, wedelte mit dem Schwanz und kläffte. Das Wohnhaus und die Scheune waren dunkel, aber aus den schmalen Fenstern des Stalls drang ein gelber Lichtschein. Er hörte das unruhige Scharren und Getrampel des Viehs. Die kühle Brise wehte einen Hauch von Mist und Jauche heran, Mücken und Fledermäuse schwirrten durch die Nacht. Als er sich leicht frierend dem Stalltor näherte, kam Volker in Gummistiefeln, seinen üblichen Arbeitsklamotten und mit wirrem Haar heraus und sah ihn überrascht an. «Du?»

«Tut mir leid, daß ich dich schon wieder störe.»

Volker rieb seine schmutzigen Hände. «Was ist los?»

«Kennst du einen Tierarzt?» fragte Arno und stützte sich am Torrahmen ab. Jetzt zitterte er am ganzen Leib.

Bredeberg schaute hinab auf Arnos Hand, die mittlerweile stark angeschwollen war. «Tierarzt?»

«Komm mit.»

Als sie zum Wagen gingen, hörte Arno ein Blöken aus dem Stall. «Schafe?» fragte er.

«Ich bin der einzige hier, der noch Schafe hält», sagte Volker.

Arno öffnete die Tür des Land Rovers. Irritiert schaute Volker erst Emma an, dann Asta. «Was ist mit ihm?»

«Weiß ich nicht genau. Es ist eine Sie. Kannst du dich um sie kümmern?»

Volker brummte etwas, beugte sich auf die Rückbank und hob Asta aus dem Wagen. «Sieht aus wie eine Vergiftung», meinte er, als er sie betrachtete. «Wo hast du sie her?» fragte er.

«Von Köhler.»

«Köhler?» Volkers Blick verfinsterte sich, seine Nasenflügel bebten. «Hat er sie ...?»

Arno nickte. «Ich komme morgen wieder vorbei.»

Der Mischling sprang schnuppernd an Volker hoch, der ihn sanft mit dem Fuß wegschob. «Wenn ich den zwischen die Finger kriege», sagte er. Seine sonst so gutmütigen Augen funkelten zornig in der Dunkelheit.

«Keine Sorge, den schnappe ich mir gleich», meinte Arno und setzte sich wieder in den Land Rover. Und während Emma rückwärts vom Hof steuerte, sah er Volker die verletzte Asta wie ein schlafendes Kind in sein Haus tragen.

DRITTER TEIL

29

«Und was machen Sie mit Freunden, die nicht mehr bedingungslos an Ihrer Seite stehen?» fragte Arno.

Eckart Köhler sah ihn ausdruckslos an und sagte nichts. Das tat er schon die ganze Zeit. Aber sein Lächeln war ihm vergangen. Es war Sonntag vormittag geworden, und sie befanden sich in einem der Verhörzimmer im sechsten Stock der Celler Polizeiinspektion. Außer ihm und Köhler war nur noch Kommissar Ulf Mertens anwesend, der vor allem eine beobachtende Rolle spielen sollte. Auf dem Tisch stand ein Aufnahmegerät, das mittlerweile ausgeschaltet war. Bisher enthielt das Band nur die Ort- und Zeitangaben, die Auflistung der Anwesenden sowie die von Arno aufgesprochene Rechtsbelehrung an Köhler. Arno schaute auf die Uhr an der Wand. Seit einer Dreiviertelstunde warteten sie auf Köhlers Anwalt, ohne den der Wirt kein Wort von sich geben wollte.

«Na, wo bleibt er denn?» meinte Arno. «Noch ein Freund, der nicht spurt?»

Köhler schloß die Augen.

«Es gibt Platz für jeden auf der Welt. Solange er niemandem auf die Füße tritt, nicht wahr? Wenn Ihnen aber jemand auf die Füße tritt, dann machen Sie kurzen Prozeß.» Es war zwecklos, dachte Arno, aber er konnte seinen Sarkasmus nur schwer im Zaum halten. Außer auf Köhlers Anwalt warteten sie zudem auf die LKA-Beamten aus Hannover, die noch in der Nacht benachrichtigt worden waren. So wie sich die Dinge entwickelt hatten, würde sich nun das LKA mit Köhler befassen, und Arno wußte selbst nicht, ob er sich darüber freuen oder ärgern sollte. Er stand auf, bedeutete Mertens, ihn nach draußen zu begleiten, und verließ den Raum.

«Lassen Sie sich hier von einem Kollegen ablösen», sagte Arno auf dem Flur zu seinem jungen Kollegen. «Mir ist wichtiger, daß Sie die Recherche im Archiv noch etwas vorantreiben.»

«Aber wir haben ihn doch jetzt», meinte Mertens.

«Trotzdem», entgegnete Arno, «wir brauchen in jedem Fall so viele Erkenntnisse und Beweise wie möglich.»

«In Ordnung.» Mertens nickte und ging davon.

Arno wandte sich in die andere Richtung. Ein paar Zimmer weiter saß der Junge, Tomek Lewandowski, der dafür gesorgt hatte, daß Arno, dessen linke Hand mittlerweile eingegipst war, sich völlig lebensuntüchtig vorkam. Und während er über den Flur ging, mußte er an die zurückliegenden Ereignisse denken.

Als Arno und Emma vergangene Nacht in die ‹Schöne Aussicht› zurückgekehrt waren, hatten die Beamten Mühe gehabt, die angespannte Stimmung im Lokal unter Kontrolle zu halten. Die meisten Gäste waren bereits befragt und ihre Personalien aufgenommen worden, aber die Festnahme Lewandowskis war natürlich nicht unbemerkt geblieben. Die anfängliche Ruhe und Gelassenheit waren doch mit heißerer Nadel gestrickt gewesen, als es vorher den Anschein gehabt hatte. Laute Unmutsbekundungen, Gegröle und Pfiffe begleiteten Arno, während er sich seinen Weg durch die Tische bahnte. Oberkommissar Müller deutete achselzuckend auf Köhler, der noch immer hinter seiner Theke stand.

«Sie werden uns nach Celle begleiten müssen», sagte Arno.

«Weswegen?»

«Fangen wir mal mit Tierquälerei an», sagte Arno.

Köhler schnaubte und sah ihn mit zusammengekniffenen Augen an. «Stehe ich unter Anklage?»

«Noch nicht. Im Moment lade ich Sie nur zum Verhör vor.»

«Das werden Sie bereuen», sagte Köhler, danach gab er keinen Ton mehr von sich.

Arno verständigte sich mit Müller darauf, zuerst die Versammlung aufzulösen und dann Köhler abzuführen. Die Beamten brauchten über eine halbe Stunde, um den Saal zu räumen, wobei das Verhalten der Gäste fast genau ihrem Äußeren entsprach. Die unscheinbaren, älteren Männer machten sich schnell davon, als wären sie froh, im Schutz der Dunkelheit nach Hause zu laufen. Hinnerk Böhme vermied peinlich jeden Blickkontakt mit Arno und schlich sich inmitten einer Gruppe nach draußen. Die jüngeren Männer mit den geschorenen Schädeln und den klobigen Springerstiefeln dagegen blieben erst provokativ an ihren Tischen sitzen und ignorierten die Weisungen der Polizisten. Sie warteten nur darauf, daß ein Beamter ihnen an die Schulter faßte und sie mit sanfter Gewalt nach draußen drängen wollte. Dann beschwerten sie sich sofort lautstark und klagten ihre Grundrechte als freie Bürger eines freien Landes ein. Es war so grotesk wie vorhersehbar, dachte Arno, während er die Szenerie beobachtete und sich die linke Hand hielt, die immer stärker anschwoll. Dabei konnten die Männer noch von Glück sagen, daß ihre Gedenkfeier abgebrochen worden war, denn als Arno durch die Fenster beobachtete, wie sie nach und nach in ihre aufgemotzten Autos stiegen und davonfuhren, war er sich sicher, daß sie auch nach etlichen Bieren gefahren wären und daß man jeden einzelnen von ihnen bei einer Alkoholkontrolle aus dem Verkehr hätte ziehen können.

Als Arno Köhler aus der Gastwirtschaft führte, leuchtete der Blitz eines Fotoapparates auf. Wie auf Kommando hob Köhler seiner rechte Hand und machte das Victory-Zeichen. Auf der anderen Straßenseite stand ein Reporter, irgendwie mußte die ‹Cellesche Zeitung› von dem Einsatz erfahren haben, vielleicht hatte jemand aus der Versammlung selbst in der Redaktion angerufen. Das überhebliche Siegeszeichen machte Arno erst recht wütend. Im Laufe der Zeit war es zu einem weltweiten Symbol geworden, mit dem die Reichen und die Mächtigen deutlich machten, daß sie Gesetz und Ordnung nicht unterworfen waren. Früher oder später kamen diese Leute immer frei, egal, ob sie Millionen veruntreut oder Millionen getötet hatten, das Gesetz galt nicht für sie; sie waren das Gesetz.

Köhler und Lewandowski waren getrennt mit den beiden Mannschaftswagen nach Celle befördert worden, Oberkommissar Müller hatte den Volvo gefahren, während Emma, die draußen gewartet hatte, Arno in das Allgemeine Krankenhaus gebracht hatte. Der wievielte Krankenhausbesuch in den letzten Tagen war das? Arno hatte vergessen mitzuzählen, aber als er in die Notaufnahme gekommen war, hatte er als erstes an Aglaja denken müssen, und dieser Gedanke genügte, um seine Schmerzen lächerlich erscheinen zu lassen. Zum Glück war im Celler Krankenhaus auch in einer Samstagnacht kaum etwas los gewesen. In Berlin hätte sich Arno zur gleichen Zeit wahrscheinlich in einer langen Warteschlange wiedergefunden und den Massen an Zusammengeschlagenen und Niedergestochenen und mit Alkohol oder Drogen Vergifteten Vorrang lassen müssen.

Eine erstaunlich gutgelaunte und gut riechende ältere Ärztin hatte Arno gewissenhaft untersucht und seine linke Hand und seinen Oberkörper geröntgt. Mit den beiden Schlägen hatte Tomek Lewandowski Arno zwei Rippen geprellt und das Handgelenk gebrochen. Während der Untersuchung versuchte er den Ablauf der Attacke im Geiste zu rekonstruieren. Der Junge hatte links von ihm hinter der Wand gelauert, der erste Schlag hatte Arnos rechte Seite getroffen. Lewandowski war infolgedessen Linksausleger, also Rechtshänder. Automatisch hatte Arno dann die rechte Hand von der Waffe genommen und auf die verletzte Stelle gepreßt, so daß der zweite Schlag seine ungeschützte linke Hand getroffen hatte.

«Zum Glück ist es die linke Hand», hatte die Ärztin nach der Diagnose aufmunternd gesagt.

«Wunderbar, ich bin Linkshänder», hatte Arno entgegnet, woraufhin ihn die Ärztin so mitleidig angeschaut hatte, als wäre allein diese Tatsache eine ernsthafte Behinderung. Und als er sich später wieder anziehen wollte und es nicht ohne Hilfe schaffte, war er sich auch genau so vorgekommen – wie ein Behinderter. Schließlich hatte Emma ihn in die Polizeiinspektion gebracht, es war bereits früher Morgen, und war dann zurück nach Bergen gefahren.

Mittlerweile war Arno hundemüde, und als er auf dem Gang des Fachkommissariats I vor der Tür des Verhörzimmers stand, in dem Lewandowski saß, kam ihm Heiner Pries entgegen und schaute bedauernd auf seinen Gipsverband.

«Tut es weh?» fragte er.

Die Frage überraschte Arno, sie klang mitfühlend und ehrlich. «Kaum», sagte er. «Ich bin nur ziemlich bewegungsunfähig.»

«Kann ich mir vorstellen», meinte Pries. «Aber immerhin hat es sich gelohnt, oder?»

«Schauen wir mal», sagte Arno.

Pries reichte ihm ein Faxpapier. «Aus Polen», sagte er. «Informationen über diesen Lewandowski.»

Arno nahm das Papier mit der rechten Hand. Noch in der Nacht hatten sie sich mit der polnischen Polizei in Verbindung gesetzt. Dem Text, der freundlicherweise auf deutsch abgefaßt war, entnahm er, daß Tomek Lewandowski vor einem Monat in Koszalin zwei lodernde Brandsätze (Bierflaschen voll Benzin) auf ein überwiegend von Zigeunern besuchtes Lokal geworfen hatte und wegen versuchten Mordes, schwerer Brandstiftung sowie Verstoßes gegen das Waffengesetz per Haftbefehl gesucht wurde. Versuchter Mord, dachte Arno, also war bei dem Anschlag glücklicherweise niemand ums Leben gekommen. Aber Eckart Köhler hatte Lewandowski Unterschlupf gewährt und somit, ohne Zweifel wissentlich, vereitelt, daß er verhaftet und bestraft wurde. Sollte er sich auch mit Hilfe seiner Beziehungen aus allem anderen herauswinden können, zu dem Tatbestand der Tierquälerei kam nun noch derjenige der Strafvereitelung, und allein dafür mußte er mit bis zu fünf Jahren Haft rechnen. Irgendwie werden wir ihn kriegen, dachte Arno.

«Schon was vom LKA gehört?» erkundigte er sich.

Pries schüttelte den Kopf. «Die müßten eigentlich jeden Moment eintrudeln», sagte er, nickte Arno zu und wandte sich ab. Dann hielt er noch einmal inne. «Ach, übrigens, Sörensen hat die Pressekonferenz vorverlegt auf heute nachmittag. Er meinte, nach diesen Vorgängen müssen wir die Presse schon jetzt informieren. Sonst saugen sie sich morgen selbst was aus den Fingern.»

«Machen die das nicht sowieso?»

Pries lächelte. «Da hast du recht», sagte er. «Wir sehen uns.» Und damit verschwand er in seinem Büro.

Woher der plötzliche Stimmungswandel? fragte sich Arno.

Hatte er mit einer Verhaftung, einer Vorladung und zwei davongetragenen Verletzungen die Gunst des Ersten Kriminalhauptkommissars zurückgewonnen? Na ja, dachte Arno, immerhin waren es konkrete, im wahrsten Sinne handfeste Ergebnisse, wie sie Pries liebte, und vielleicht war damit der nächtliche Einsatz in dessen Augen wider Erwarten erfolgreich gewesen.

Mit dem Fax der polnischen Polizei ging er in das Verhörzimmer, in dem Tomek Lewandowski mit Oberkommissar Müller saß.

«Er will nichts sagen», meinte Müller und stand auf. «Aber er spricht ein paar Brocken Deutsch. Auf jeden Fall hat er einige Schimpfworte auf Lager.»

Arno setzte sich Lewandowski gegenüber und legte das Fax auf den Tisch. «Wie geht's?» fragte er. Der Junge starrte auf den Tisch, wo Arnos eingegipste Hand lag. «Handgelenk gebrochen», sagte Arno. «Ich will ja nicht jammern, aber Sie haben meine linke Hand getroffen, und ich bin Linkshänder, verstehen Sie?»

Lewandowski sagte nichts, doch an seinem ausweichenden, leicht spöttischen Blick glaubte Arno zu erkennen, daß er ihn verstanden hatte. Die Fingerkuppen der rechten Hand des Jungen waren verfärbt von der Abnahme der Fingerabdrücke, unbeholfen rieb er sie mit der linken, um die Farbe abzubekommen.

«Es sieht nicht gut aus», fuhr Arno fort und las dann vom Fax vor. «Versuchter Mord, schwere Brandstiftung sowie Verstoß gegen das Waffengesetz. Und jetzt auch noch Widerstand gegen die Staatsgewalt. Wieviel wollen Sie noch auf Ihr Konto laden, Tomek?»

Der reagierte nicht und rieb seine Hände, ohne daß die Farbe, die in den Hautleisten festsaß, verblaßte. Von Emmas

Tritt sah man ihm dagegen nichts mehr an, das Blut war längst getrocknet, und sein hübsches Rebellengesicht mit den geschwungenen Lippen und der feinen Nase hatte keinen Schaden davongetragen. Er war ein recht groß gewachsener und kräftiger Kerl, trotzdem mußte er sich viel Mühe geben, um selbstsicher und hart zu erscheinen. Mit seiner über dem rechten Auge hängenden Haartolle, der schwarzen Motorradjacke und den Cowboystiefeln sah er eher aus wie ein Rock 'n' Roller als wie ein Skinhead. Doch Arno erinnerte sich, daß in seiner Jugend, als man sich noch in klar definierte Gruppen wie Popper und Punks aufgeteilt hatte, die sogenannten Teds, die auf den Rock 'n' Roll der fünfziger Jahre standen, eine ähnliche Gesinnung vertraten wie die damals in Deutschland noch nicht existierenden Skinheads. Auch wenn Polen mittlerweile in der EU war, war es dort vielleicht noch immer so.

«Mach endlich die Klappe auf», fuhr Müller ihn an, «ich habe langsam die Schnauze voll.»

Ohne daß sie eine Absprache getroffen hatten, war es Arno ganz recht, wenn sein Kollege den unbeherrschten Polizisten gab. Gerade bei den kleinen Lichtern am Rande verfehlte die Aufteilung in den bösen und den guten Polizisten selten ihre Wirkung. Und ob Müllers Zorn nun echt war oder gespielt, interessierte ihn im Moment nicht. «Ihr Freund hat schon alles erzählt», sagte Arno ruhig.

Lewandoski sah ihn grimmig an. «Glaube ich nicht.»

«Oh, er kann doch sprechen. Sogar Deutsch», sagte Arno. «Ich hätte allerdings nicht gedacht, daß Sie gläubig sind. Ihr Freund ist es jedenfalls nicht. Er hat keine Lust, für Sie die Backe hinzuhalten.»

«Hä?»

«Köhler will die Schuld nicht auf sich laden, sondern auf Sie», sagte Arno und wandte sich dann mit einem Augenzwinkern an Müller. «Dabei sagt er, der Junge wäre der beste gewesen, den er seit langem hatte.»

Müller lächelte, stützte die Hände auf den Tisch und beugte sich zu Lewandowski hinab. «Hat es Spaß gemacht, dem alten Sack den Schwanz zu lutschen?»

Die Augen des Jungen funkelten vor Zorn, er ballte seine Fäuste, und es fehlte nicht viel, und er wäre auf Müller losgegangen. «Na los», provozierte ihn Müller, «schlag zu. Dann gibt es nicht nur noch eine Anklage wegen Körperverletzung, sondern selbst eins auf die Fresse.»

«Herr Kollege», schaltete sich Arno gespielt mahnend ein.

«Mal abgesehen davon, daß es mir nicht im Traum einfallen würde», sagte Müller und richtete sich wieder auf, «aber wenn ich jemandem einen blasen würde, dann würde ich etwas Dankbarkeit erwarten, oder?»

«Scheiße», platzte Lewandowski heraus.

«Scheiße», wiederholte Arno. «Das kann man wohl sagen. Sie sind noch minderjährig, nicht wahr?»

Lewandowski starrte ihn an.

«Sie sind noch keine achtzehn, noch nicht erwachsen», erklärte Arno. «Wenn Köhler Sie dazu gezwungen hat, dann hat er sich strafbar gemacht. Wollen Sie für so jemanden ins Gefängnis gehen?»

«Im Knast geht dann richtig die Post ab», meinte Müller. «Da hast du den ganzen Tag den Arsch voll. Aber vielleicht macht dir das ja Spaß.»

«Beschimpfen Sie den Jungen nicht», sagte Arno. «Wenn er schwul ist, dann ist er eben schwul. Wir wollen niemanden diskriminieren.»

«Ich bin nicht schwul», schrie Lewandowski.

«Ach, hat Köhler Sie also gezwungen?»

«Er hat mich versteckt.»

«Und dafür haben Sie ihm ein paar Gefallen getan?»

Tomek Lewandowski schwieg und strich sich die Strähne aus dem Gesicht. Er versuchte eine harte Miene aufzusetzen, aber es gelang ihm nicht mehr richtig. Den einzigen Eindruck, den er noch erzeugen konnte, war der eines trotzigen Jungen.

«Haben Sie für Köhler Knut Harms umgebracht?»

Der Junge schüttelte den Kopf und sah hinab auf seine Hände. «Ich habe niemanden umgebracht.»

«Aber Sie kennen Knut Harms?»

Lewandowski nickte. «Er hat mich hierhergebracht», sagte er leise.

Arno gab Müller ein Zeichen, den Kassettenrecorder einzuschalten. «Wann?»

«Vor einem Monat.»

«Und wie?»

«Im Kofferraum seines Autos.»

«Was haben Sie am Donnerstag abend vor einer Woche gemacht?»

«Ich war in der Kneipe und habe mit den anderen Fußball geguckt», sagte der Junge.

Ein schwer zu überprüfendes Alibi, dachte Arno. Jeder will dort gewesen sein, und jeder sagt für den anderen aus. «Woher sprechen Sie eigentlich so gut deutsch?» fragte er freundlich.

Lewandowski schaute ihn immer noch nicht an. Er antwortete jetzt wie in Trance, wie zu einem unsichtbaren Medium. «Meine Mutter ist Deutsche», sagte er, und es klang fast verächtlich.

Arno sah erneut in den Paß des Jungen. Geboren in Berlin. Der polnische Begriff für Deutsche, Niemecy, bedeutet wörtlich übersetzt die Stummen. So waren die Deutschen den Slawen schon vor Urzeiten vorgekommen: stumm. Und einsilbig erschien ihm auch Tomek Lewandowski. Ob das daran lag, daß seine Mutter Deutsche war, oder ob es einen anderen Grund gab, mußte er noch herausfinden. «Sie sind in Berlin geboren worden. Seit wann leben Sie in Polen?»

«Ein paar Jahre.»

«Kannten Sie Eckart Köhler schon von früher?»

«Er ist ein Freund meines Vaters.»

«Ach, sieh an. Was macht Ihr Vater so?»

«Geschäfte.»

«Und was für welche?»

Lewandowski schwieg.

«Tomek, Sie sitzen ernsthaft in der Klemme», sagte Arno. «In Polen werden Sie per Haftbefehl gesucht. Nun sind Sie auch hier verhaftet worden. Es sieht nicht gut aus für Sie. Wenn Sie ausnahmsweise mal sich selbst einen Gefallen tun wollen, dann beantworten Sie jetzt alle meine Fragen. Haben Sie mich verstanden?»

Ganz langsam hob der Junge den Kopf und sah ihn an. Sein entrückter Blick ließ Arno beinahe zurückweichen.

«Hat Ihr Vater etwas mit der *Narodowe Odrodzenie Polski* zu tun?»

Lewandowski stutzte kurz. «Na und?»

«Nun, es ist immerhin eine bekannte rechtsextreme Gruppierung.»

«Es ist eine Partei», entgegnete er vehement mit funkelnden Augen. «Wir haben Kontakte zu Parteien in der ganzen Welt. Das *Polish Historical Institute* in Amerika unterstützt uns.» Nach diesem kurzen Ausbruch atmete Lewandowski heftig ein, dann schweifte sein Blick wieder ab.

Fanatisch, dachte Arno. Ein kleiner Junge, dem ein widerliches Weltbild eingeimpft wurde, an das er sich wie an einen Rettungsanker klammerte. «Kannten sich Ihr Vater und Köhler schon in Deutschland?» wollte er wissen.

Ein kaum sichtbares Nicken, nur die Haartolle wippte etwas.

«Hat Ihr Vater schon damals Geschäfte gemacht?»

«Er war bei der Armee.»

Arno lehnte sich zurück. Lewandowskis Vater war bei der Armee, genau wie Köhler. So hatten sie sich anscheinend kennengelernt. Hatten sie damals bereits Waffen verschachert? Und war Köhler deswegen aus der NVA entlassen worden? «Was würde Ihr Vater sagen, wenn er wüßte, was Köhler hier mit Ihnen macht?» fragte er.

Der Junge schien durch ihn hindurchzusehen.

«Hat Knut Harms davon gewußt?»

Keine Reaktion.

«Tomek, hat Knut Harms herausgefunden, daß Eckart Köhler Ihre Notlage ausnutzte, um Sie zu sexuellen Handlungen zu zwingen?»

Lewandowski schnaubte nur.

«Ich dachte immer, bei den Nazis gibt es keine Schwuchteln», warf Müller ein. «Ich dachte immer, Nazis schmeißen Schwule ins KZ.»

«Er wollte mich selbst ficken», fauchte der Junge.

«Was?» Arno wäre bald vom Stuhl gefallen. Er schaute Müller an, der mit offenem Mund Lewandowski anstarrte.

In dem Moment klopfte es, und Pries steckte seinen Kopf durch die Tür. «Alles klar?» fragte er und sah die beiden verwundert an.

«Ja, was ist?»

«Die Kollegen vom LKA sind da.»

«Gut, ich komme gleich», sagte Arno. Nachdem Pries verschwunden war, wandte er sich wieder an Lewandowski. «Habe ich richtig verstanden: Knut Harms hat sich mit sexuellen Absichten an Sie herangemacht?»

«Die fette Sau hat gedacht, er kommt auch mal an die Reihe.» Lewandowski machte ein angeekeltes Gesicht. «Dabei war er ein kleiner Wichser. Völlig blank.»

«Ach, haben Sie von Köhler Geld bekommen?»

«Von nichts kommt nichts. Er hat mir geholfen.»

Du gerissener kleiner Dreckskerl, dachte Arno. «Wie haben Sie auf die Anmache von Harms reagiert?»

Schweigen.

«Wußte Köhler davon?»

«Ich habe es ihm erzählt.»

«Und?»

«Was und?»

«Hat er sich darüber gefreut, oder wie? Jetzt lassen Sie sich nicht jedes Wort einzeln aus der Nase ziehen.»

«Er war stinksauer.»

«Eifersüchtig?»

Lewandowski zuckte mit den Achseln und schürzte seine schönen Lippen.

Arno mußte an Köhlers scheinbar unschuldige Frage bei ihrem ersten Gespräch denken: Wird jemand nur wegen einer anderen Frau umgebracht? Nicht immer war alles so einfach, aber es war eine Tatsache, daß Eifersucht auf der Liste der Mordmotive ganz weit oben rangierte. Egal, ob eine Frau oder ein siebzehnjähriger Junge im Spiel war. Als er aufstand, schmerzten seine geprellten Rippen, aber die Müdigkeit war verflogen. «Eine letzte Frage. Was ist mit dem Hund?»

«Das war nicht ich, das war Köhler.»

«Was hat er gemacht?»

«Rattengift», sagte er mit einem fiesen Lächeln und rieb seine Fingerkuppen, in denen die schwarze Farbe, wie Arno wußte, noch Tage sitzen würde.

30

Ungefähr eine Stunde lang unterrichtete Arno in Anwesenheit von Polizeidirektor Sörensen die beiden Beamten des Landeskriminalamtes über den Stand der Ermittlungen. Polizeirat Benneke und Hauptkommissar Volkerts waren fast gleich groß, beide trugen einen eng sitzenden dunklen Anzug und eine gepflegte Kurzhaarfrisur, so daß sie Arno im ersten Moment an die beiden zwillingshaften Detektive Schulze und Schultze aus den Tim-und-Struppi-Comics erinnerten. Es fehlten nur die Melonen. Sie stellten kaum Fragen, hörten die meiste Zeit schweigend zu und machten sich Notizen.

Aus Hannover hatten sie die Übersetzungen der bei Knut Harms gefundenen Unterlagen mitgebracht. Unter anderem handelte es sich um Parteiprogramme der NOP, aus denen hervorging, daß der Führer der Partei, ein gewisser Adam Gmurczyk, Absolvent der Warschauer Akademie für Katholische Theologie war und daß die Leiter der italienischen *Forza Nuova* und der britischen *International Third Position* als Mitherausgeber des Parteiorgans fungierten. In diesem, dem britischen *Sword And Cross* nachempfundenen Blatt namens *Mysl Polska, Polnisches Denken,* fanden sich Übersetzungen von Artikeln des britischen Holocaust-Leugners David Irving sowie des Leuchter-Reports. Eine weitere Verbindung bestand zur CEDADE, einer neonazistischen Kadergruppe ehemaliger SS-Leute in Spanien.

All diese Gruppierungen waren bei dem von der NOP veranstalteten Nazitreffen in Koszalin zugegen, dazu Kameraden aus Tschechien, Rumänien und Deutschland. Einladungen wiesen darauf hin, daß sowohl Knut Harms als auch Eckart Köhler an dem Treffen teilgenommen hatten. Und wie bereits Tomek Lewandowski in seinem fanatischen Ausbruch erwähnt hatte, erhielt die Partei finanzielle Unterstützung von dem in den Vereinigten Staaten ansässigen, äußerst zweifelhaften *Polish Historical Institute*, das von einem Miroslaw Dragen geleitet wurde. Die Skinhead-Band *Szczerbiec* setzte sich aus Mitgliedern der NOP zusammen, einige Unterlagen ließen darauf schließen, daß Harms und Köhler die Band nicht nur nach Eichendorf eingeladen, sondern eine regelrechte Tournee durch Norddeutschland mit Stationen in Berlin-Hellersdorf, Strausberg, Anklam, Prenzlau, Stade, Hildesheim und Itzehoe organisiert hatten.

Das wichtigste aber waren die detaillierten Auflistungen von militärischer Ausrüstung, Fahrzeugen und Waffen, die wohl zumeist aus Beständen der russischen und der polnischen Armee stammten. Zumindest einer in Köhlers Gruppe mußte der polnischen Sprache mächtig sein, und aller Wahrscheinlichkeit nach war es Köhler selbst. Die Frage war, wie die Gruppe in Eichendorf dieses Material über die Grenze geschafft hatte, eine Aufgabe, für die allen Anzeichen nach Knut Harms verantwortlich gewesen war und für die er wohl seine Beziehungen und Erfahrungen aus dem Autohandel genutzt hatte.

Schließlich erhielten Benneke und Volkerts die Personalien der Gäste der Versammlung in der ‹Schönen Aussicht›, aus denen allerdings wenig hervorging. Einige Namen waren bekannt, sie waren Mitglieder rechtsextremer Gruppierungen oder hatten Vorstrafen. Gegen niemanden lag jedoch eine aktuelle Anzeige vor, und jeder hatte anscheinend ein Alibi für den Tatabend, was im Einzelfall überprüft werden mußte. Trotzdem gaben die Kollegen vom LKA zu verstehen, daß der Einsatz richtig und notwendig gewesen war, weil sich an der Verhaftung Lewandowskis und den daraus resultierenden Aufschlüssen über Köhler gezeigt hatte, wie empfindlich eine solche Gruppe letztlich war, wenn man sie unter Druck setzte.

Nach allen Informationen, die sie nun hatten, wollten Benneke und Volkerts Eckart Köhler verhören, und zwar allein, da sie sich davon versprachen, mit einem «frischen Team» und zudem mit der Autorität des Landeskriminalamtes mehr bei ihm zu erreichen. Obwohl Arno ihren Ansatz verstand, fühlte er sich irgendwie zurückgesetzt, versuchte jedoch, es sich nicht anmerken zu lassen. Gleichzeitig waren sich alle einig, daß es die Lage rechtfertigte, über die Staatsanwaltschaft den Ermittlungsrichter einzuschalten, um sowohl die Erlaubnis zu erhalten, Köhlers Hof zu durchsuchen, als auch diesen selbst zu verhaften. Was den Mord an Knut Harms anbelangte, wollte man noch keine voreiligen Schlüsse ziehen; bisher hatten sie nur Indizien, die Tatbestände der Strafvereitelung und der Bildung einer kriminellen, wenn nicht gar terroristischen Vereinigung waren aber nicht mehr von der Hand zu weisen.

Als sie mit der Unterrichtung fertig waren, war Arno erschöpft, und seine Müdigkeit kam wieder durch. Während Polizeidirektor Sörensen zum Staatsanwalt eilte und die LKA-Beamten in dem muffigen Verhörzimmer verschwanden, in dem Köhler mit seinem mittlerweile eingetroffenen Anwalt saß, ging Arno in sein Büro. Er stellte sich an das Fenster, durch das die warmen Sonnenstrahlen strömten, und sah, daß auch die Beamten des Landgestütes an einem Sonntag Dienst hatten. Vor den geöffneten Remisen standen ein paar historische Kutschen, die gerade gewaschen wurden. Am Wochenende wurden also nicht nur traditionell Autos gewienert, sondern auch Kutschen, dachte Arno und gähnte. Auf dem Reitplatz trainierten zwei Reiter mit ihren schwarzen Hengsten Dressurfiguren.

Er mußte an das Rennrad seines Vaters denken, das immer noch nicht wiederaufgetaucht war, und setzte sich an den Schreibtisch, wobei seine Rippen wieder schmerzten. Übermüdet, wie er war, ging in seinem Kopf alles durcheinander, er konnte kaum einen klaren Gedanken fassen. Tomek Lewandowski saß in der Klemme, aber war er auch der Täter? Er war zwar Rechtshänder, doch zwischen den Schlägen mit dem Ast des Maulbeerbaumes und denen mit dem Baseballschläger bestand eine große Ähnlichkeit. Der Junge war ein großer, kräftiger Kerl, bestimmt hatte er Schuhgröße 14, und er hatte Arnos Handgelenk mit einem Schlag gebrochen. Vielleicht spielte die Frage, ob man Rechts- oder Linkshänder war, bei solchen Angriffen eine untergeordnete Rolle, vielleicht nahm nur Arno sie so ernst, weil er Linkshänder und deshalb darauf sensibilisiert war, möglicherweise zu sehr. Vor allem aber war Lewandowski auf der Flucht, ein Menschenleben schien ihm nicht viel wert zu sein, wie sein Anschlag in Polen bewies, und er war zu vielem bereit, wenn man ihm Hilfe anbot wie Eckart Köhler.

Es gab ernstzunehmende Hinweise, daß der Wirt der ‹Schönen Aussicht› ein Motiv hatte, Knut Harms' Tod zu wünschen. Wenn er schon keinen Spaß bei einem ungehorsamen Hund verstand, dann würde er nicht davor zurückschrecken, einen unliebsamen Freund aus dem Weg räumen zu lassen, der ihm den Lover ausspannen wollte. Und der aus Enttäuschung möglicherweise damit hausieren gehen könnte, daß der Oberstleutnant a. D. und jetzige Führer einer Nazitruppe schwul war.

Daß auch Harms etwas von Lewandowski gewollt haben sollte, konnte Arno kaum glauben. Andererseits – was wußte er schon? Vielleicht kamen Schulze und Schultz weiter, dachte er seufzend und zündete sich eine Zigarette an. Zum Rauchen benötigte er die linke Hand nicht, aber als er zum Telefonhörer griff, begannen schon die Koordinationsprobleme. Er nahm den Hörer ab, legte ihn auf den Tisch, wählte Volker Bredebergs Nummer und nahm dann den Hörer ans Ohr. Immer Schritt für Schritt, das war die Folge seiner momentanen Behinderung. In der Ewigkeit, die es dauerte, bis jemand ans Telefon ging, hoffte er, daß Asta noch gerettet werden konnte. Als endlich abgenommen wurde, war es nicht Volker.

«Kann ich Volker sprechen?» fragte Arno. «Hier ist Arno Hennings.» Die dünne Stimme am anderen Ende konnte er nicht verstehen. Wahrscheinlich war es Volkers Großmutter. Von früher wußte er, daß sie Platt sprach. Aber ausschließlich? «Hallo?» Es war zwecklos, sie antwortete, aber er verstand kein Wort. «Ist Volker da?» rief er lauter, aber die Lautstärke war nicht das Problem. Er legte auf und lehnte sich zurück. Gibt es so was, dachte er, mitten in Deutschland, unter Deutschen?

Er drückte seine Zigarette aus und wählte Aglajas Nummer im Krankenhaus. Sie nahm nach dem ersten Klingeln ab, fröhlich lachend, was ihn erfreute, aber auch verwunderte. Vorhin hatte Patrizio sie besucht und ein Tiramisu mitgebracht. Er komme fast jeden Tag, erzählte sie, jetzt seien ihre Eltern bei ihr und eine Freundin, gerade hätten sie ihr die Haare gewaschen, sie hätten von den Krankenschwestern ein Wasserbassin bekommen, einem kleinen Planschbecken gleich, in das sie ihren Kopf legen mußte, es war mühsam und doch sehr lustig, sagte sie, jeden Wasserstrahl habe sie genossen und jetzt fühle sie sich wie neugeboren. Aglaja in dieser Stimmung zu hören, tat ihm gut. Es erstaunte ihn immer wieder, in welchem Ausmaß sie sich über die kleinsten Dinge des Lebens freuen konnte. Obwohl sie alles andere als ein anspruchsloser Mensch war, war sie genügsam; wenn das Wesentliche stimmte, war sie mit wenig zufrieden und brauchte nur etwas Zuneigung. Die ich jetzt auch gebrauchen könnte, dachte Arno. Er erzählte ihr nichts von seinen Verletzungen, sagte, daß er sie liebte, und legte auf, als es an seiner Tür klopfte.

Ulf Mertens trat zögernd ein. «Ich habe den Kontakt zur polnischen Polizei genutzt und mich gleich noch mal mit denen in Verbindung gesetzt», berichtete er und blieb vor dem Schreibtisch stehen. «Wegen der Familie von Mackenroth.»

«Und?»

Mertens zuckte mit den Achseln. «Die Polen haben eben zurückgerufen», sagte er. «Eine Familie mit diesem Namen gibt es dort nicht mehr. Nicht in Köslin und auch sonst nicht. Wahrscheinlich sind sie nach dem Krieg wie fast alle Deutschen nach Westen geflohen.»

«Hätte man sich denken können», meinte Arno. «Was für eine Geschichte. Zwei Vertreibungen innerhalb von zehn Jahren.»

«Viele deutsche Adlige sind in der letzten Kriegsphase auch ermordet worden», erklärte Mertens. «Auf jeden Fall ist die Familie nicht in den Raum Celle zurückgekehrt, auch nicht nach Niedersachsen. Ich habe den Namen nirgendwo gefunden.»

«Dann wissen wir wenigstens das.»

Mertens nickte. «Die Spur verliert sich. Soll ich weiter nach ihnen forschen?»

«Ich glaube, das ist im Moment nicht nötig», sagte Arno. «Versuchen Sie lieber noch mehr über diesen Anschlag auf die Hitlereiche und diesen Owerhaide herauszufinden. Das scheint mir interessanter zu sein.»

«In Ordnung», sagte Mertens und verabschiedete sich.

Arno widerstand dem Impuls, sich schon wieder eine Zigarette anzuzünden, erhob sich mit einem stechenden Schmerz in der Seite und trat vor das Fenster. Die Wäsche der Kutschen war noch nicht abgeschlossen, zwei Männer in hellblauen Kitteln polierten jetzt mit ausdauernder Gründlichkeit die alten Gefährte. Bestimmt hatte es solche Kutschen früher auch auf dem Gut der Familie von Mackenroth gegeben, dachte er und stellte sich vor, daß die beiden Männer dort unten die Knechte Harms und Owerhaide waren, die sich beeilen mußten, weil die Herrin des Hauses bereits auf ihre sonntägliche Ausfahrt zum Picknick wartete, vielleicht hinauf auf den Falkenberg, von dem man heute bestimmt bis nach Hannover gucken konnte. Einer von den beiden Männern war im KZ gelandet, dachte er, der andere hatte einen großen Hof in Eichendorf erhalten. Inmitten dieser Gedanken klingelte sein Telefon.

«Ja?»

«Stockmann hier.»

Dieses Mal war Arnos Ton wohl zackig genug, denn der Leiter der Spurensicherung fragte nicht, ob er ihn stören würde. «Was gibt's?»

«Wir haben die Fingerabdrücke überprüft», sagte Stockmann. «Keiner der Abdrücke, die wir von Tomek Lewandowski genommen haben, ist identisch mit dem Daktylogramm auf der Tatwaffe.»

«Das heißt, er hat sie nicht in der Hand gehabt?»

«Das heißt, wir haben seine Abdrücke nicht auf der Tatwaffe gefunden. Die Schlüsse müssen Sie ziehen.»

«Alles klar», sagte Arno. Stockmann hörte sich schlechtgelaunt an, wahrscheinlich lag es daran, daß er am heiligen Sonntag ins Labor gerufen worden war. «Vielen Dank, Herr Stockmann. Und einen schönen Tag noch.»

«Spaßvogel», entgegnete Stockmann. «Wir müssen gleich wieder nach Eichendorf, durchsuchungsmäßig.»

«Entschuldigen Sie», sagte Arno. «Das sollte kein blöder Witz sein. Ich bin etwas übermüdet. Köhlers Hof?»

«Ja», schnaufte Stockmann. «Diese Zwillinge vom LKA waren gerade bei mir.»

«Dann sehen wir uns später.»

Arno legte auf, stellte sich wieder ans Fenster und ließ sich von der warmen Mittagssonne über Celle bestrahlen. Tja, dachte er, es wäre zu schön gewesen, aber so leicht ging es eben doch nicht immer. Ihm kam eine Textzeile aus einem Lied von Mark Lanegan in den Sinn, die er immer wieder entwaffnend fand: *Living's not hard, it's just not easy.*

31

«Meine Frau ist stinksauer auf mich», sagte Oberkommissar Müller unvermittelt. Er saß am Steuer von Arnos Volvo und lenkte ihn gerade auf die Landstraße nach Winsen.

Arno hatte die Augen geschlossen und gehofft, auf der Fahrt nach Eichendorf ein kleines Nickerchen machen zu können. Ein kleiner Vorteil seiner Verletzung war, daß er sich chauffieren lassen konnte. «Weil Sie gestern abend nicht mitkommen konnten?»

«Das auch», sagte Müller. «Und heute sollte ich eigentlich mit dem Klinkern anfangen.»

«Tja», meinte Arno und gähnte. «Was soll ich dazu sagen?»

«Das Ding ist, daß ich eigentlich ganz froh bin, bei der Hitze nicht auf dem Gerüst stehen zu müssen», fuhr Müller fort und schaute Arno von der Seite an. «Ich bin eigentlich ganz froh, Dienst zu haben.»

«Ach so», sagte Arno und rieb sich die Augen. «Und das hat Ihre Frau gemerkt?»

«Sie vermutet es.»

«Dann haben Sie ein Problem.»

«Na ja, gab schon Schlimmeres.» Müller lachte und schaute in den Rückspiegel. «Ist Ihnen schon mal aufgefallen, wie so ein Kühlergrill von einem BMW aussieht?»

Arno drehte sich um, seine Rippen ziepten. Hinter ihnen fuhr der dunkle BMW der Beamten des LKA. Der schmale, zweigeteilte Kühlergrill funkelte in der Sonne.

«Irgendwie schlüpfrig, oder?»

«Ich weiß, was Sie meinen», sagte Arno und schaute aus dem Seitenfenster. Zum Glück verstand Müller und hielt den Mund.

Auch Benneke und Volkerts hatten nichts aus Eckart Köhler herausgekriegt, sein Anwalt hatte ihm geraten, weiterhin jede Aussage zu verweigern. Nun waren sie mit einem Durchsuchungsbefehl erneut auf dem Weg nach Eichendorf, hinter dem BMW folgte Stockmann mit seinem Team. Auf dem Radweg kamen sich Kolonnen von Radfahrern ins Gehege, die den sommerlichen Sonntag zu einem Ausflug nutzten. Für einen kurzen Moment fiel Arno wieder das Rennrad ein. Mußte er es abschreiben? Lieber nicht dran denken. Er schloß die Augen.

Die Durchsuchung von Köhlers Hof hielt auch Arno für notwendig, andererseits ahnte er, was sie dort finden würden. Die im ehemaligen Stall gelagerten Gegenstände würden vielleicht den Verdacht des Waffenschmuggels erhärten, er bezweifelte jedoch, durch die Entdeckungen der Lösung der beiden Morde näherzukommen. Mittlerweile hatte er den Eindruck, daß die Beamten des LKA vor allem an der Aushebung einer rechtsextremen Gruppe interessiert waren und die Morder-mittlung dabei an den Rand gedrängt wurde.

Sie hatten jetzt zwar eine Menge Verdachtsmomente, Indizien und sogar ein mögliches Motiv, aber es fehlten weiterhin konkrete Beweise. Im Grunde hatte Pries recht, sie hatten nur den Fingerabdruck auf der Tatwaffe. Wenn man davon ausging, daß Köhler Knut Harms aus dem Weg räumen ließ, mußten sie – nachdem Lewandowskis Fingerabdruck nicht mit dem auf der Tatwaffe identisch war – von jedem aus Köhlers Gruppe einen Abdruck nehmen. Es wäre nicht der erste Mordfall, der durch ein langwieriges Ausschlußverfahren gelöst wurde. Sie hatten am Samstag abend von allen die Personalien aufgenommen, gleich Montag müßten sie damit beginnen, jeden einzelnen erneut aufzusuchen.

Auf der Straße von Winsen nach Eichendorf war viel mehr

los. Bestimmt wollten die meisten ins Naherholungsgebiet, vielleicht konnte man nach den vielen heißen Tagen in den Seen sogar schon baden. Kurz vor dem Dorf überholten sie einen Trecker mit Anhänger, und als Arno hinauf ins Führerhaus schaute, erkannte er Volker Bredeberg.

«Halten Sie mal an», bat er Müller.

Müller fuhr vor der Kreuzung in die Bucht der Bushaltestelle und stoppte. «Was ist?»

«Das ist der Freund, dem ich den Hund von Köhler gebracht habe», erklärte Arno. «Fahren Sie schon vor, ich komme nach.» Er stieg schnell aus und wollte Volker winken, aber der hatte den Wagen erkannt und war stehengeblieben. Benneke und Volkerts hatten ebenso angehalten. Arno gab ihnen ein Zeichen, und während der Konvoi weiterfuhr, ging er zu dem Trecker.

«Ich habe schon versucht, dich anzurufen», meinte er, nachdem Volker den Motor ausgeschaltet und die Tür geöffnet hatte.

«Ich habe gearbeitet. Wo wollt ihr hin?»

«Zu Köhler», erzählte Arno. «Hausdurchsuchung. Wir haben ihn gestern nacht mit nach Celle genommen. Was ist mit Asta?»

«Ich habe sie gestern gleich nach Winsen zum Tierarzt gebracht», sagte Volker und fuhr durch sein Haar. Wie Arno sah er ziemlich übernächtigt und fertig aus. «Er hat ihr den Magen ausgepumpt. Ob es rechtzeitig war, kann man noch nicht sagen.»

«Und wo ist sie jetzt?»

«Immer noch beim Tierarzt. Er wollte sie zur Beobachtung dabehalten.»

«Gut», sagte Arno und überlegte. «Wo ist die Praxis? Hast du eine Nummer?» Er zog sein Notizbuch hervor.

Volker nickte und deutete auf Arnos eingegipste Hand. «Was ist bei dir?»

«Handgelenk gebrochen.» Arno reichte ihm sein Notizbuch und lächelte. «Ich bin völlig aufgeschmissen. Kannst du mir die Nummer und die Adresse aufschreiben?»

«Klar.» Volker nahm das Notizbuch, zog den Stift vom Dekkel und schrieb die Adresse auf. «Hier. Kannst du es lesen?»

Arno kam sich kleinkariert vor, weil ihm erleichtert aufgefallen war, daß Volkers Hände diesmal nicht ganz so schmutzig waren. Er betrachtete die krakelige Schrift. Schreiben schien jedenfalls nicht Volkers Hauptbeschäftigung zu sein. «Okay.» Er schaute Volker an. «Ich danke dir. Vielleicht komme ich später noch vorbei.»

Volker nickte und ließ den Motor wieder an. «Ich muß los.»

Kaum war der Trecker davongefahren, überfiel Arno ein Niesanfall. Er krümmte sich und presste die heile Hand auf die schmerzenden Rippen. Wenn er gedacht hatte, der Heuschnupfen wäre abgeklungen – nun meldete er sich mit unverminderter Vehemenz zurück. Stöhnend wischte er die Nase mit dem Jackenärmel ab. Er stellte fest, daß er nach Schweiß roch. Eine Dusche und ein ausgiebiger Schlaf wären jetzt genau das richtige. Er ging in die Hocke, legte das Notizbuch auf die Bank der Bushaltestelle, sein Handy daneben und tippte die Nummer des Tierarztes ein. Es dauerte eine Weile, bis jemand abnahm. Der Arzt war gerade unterwegs, seine Frau teilte Arno jedoch mit, daß es Asta den Umständen entsprechend gutgehe, sie sei allerdings noch nicht über den Berg. Natürlich könne er jederzeit vorbeikommen, um nach ihr zu sehen.

Den Umständen entsprechend, das war die Formel der letzten Tage. Er steckte sein Handy ein und ging halbwegs beruhigt weiter. Links auf dem Feld sah er das kleine Haus von Heike und Sarah. Hatte sich Tomek Lewandowski nur etwas eingebildet oder ausgedacht? Oder hatte Knut Harms tatsächlich etwas von ihm gewollt? Was würde Heike dazu sagen?

Zum ersten Mal ging er wieder zu Fuß durch das Dorf seiner Kindheit. Gerne wäre er jetzt auch hinaus zu Hans und Jutta gewandert, um bei einem vernünftigen Kaffee in ihrem Garten unter den Zwetschgen- und Kirschbäumen zu sitzen und auf die alte Schaukel und den Wald zu schauen. Aber wenn er sich richtig erinnerte, dann arbeiteten sie heute und hatten erst am Montag Ruhetag in ihrem Restaurant. Von Norden wehte der warme Wind das Grollen und Rumpeln des Übungsplatzes herüber. Trotz des Wochenendes hatten die Manöver wieder begonnen. Private Grafton wäre jetzt schon im Irak gewesen, dachte Arno, draußen in der Sperrzone trainierte die nächste Kompanie für ihren Einsatz in der Ferne, der den Soldaten vielleicht den Tod brachte.

Nachdem er die Kreuzung überquerte hatte, kam ihm ein alter Mann entgegen, und diesmal erkannte Arno Willy Schaper sofort. Erst sieht man sich fast dreißig Jahre lang nicht, und dann läuft man sich ständig über den Weg, dachte er.

«Hallo, Willy», grüßte er seinen ehemaligen Trainer und blieb stehen.

«Linker!» Der Alte deutete auf den Gipsverband. «Was ist denn mit dir passiert?»

«Arbeitsunfall», meinte Arno und winkte mit der Rechten ab. «Halb so schlimm.» Eine schwere Detonation auf dem Übungsplatz ließ den Boden erzittern.

«Da geht es wieder rund», meinte Schaper. «Ihr habt ja gestern nacht auch richtig Rabatz gemacht, was?»

«Ganz so drastisch würde ich es nicht ausdrücken», entgegnete Arno. «Im Dorf ist es also schon rum?»

«Logisch», sagte Schaper. «Und ich kann dir sagen, die meisten Leute sind froh, daß es Köhler endlich erwischt hat. Dann hast du den Fall also abgeschlossen?»

«So weit ist es noch nicht.»

«Was fehlt denn noch? Ich sage dir, meistens machen die schlimmsten Verbrecher sich gegenseitig fertig.»

«Wie meinst du das?»

«Na, wer hat den Röhm umlegen lassen?» Schaper schaute ihn gespannt an, hatte aber keine Geduld, auf eine Antwort zu warten. «Adolf, sein alter Busenfreund.»

«Verstehe», sagte Arno, erstaunt über diesen Vergleich. Hatte man nicht auch Röhm, den Stabschef der SA, außer Verrat der Homosexualität bezichtigt? In den braunen Kreisen schien Homosexualität einerseits tatsächlich weit verbreitet zu sein, andererseits war sie in ebendiesen Kreisen schon immer einer der schwersten Vorwürfe gewesen, die erhoben werden konnten. Es war beileibe keine neue Erkenntnis, daß, wer schnell dabei war, anderen homosexuelle Neigungen zu unterstellen, ihnen selbst nicht ganz abgeneigt war. Die Phantasie eines jeden speiste sich aus seinem eigenen, zumeist beschränkten Erfahrungshaushalt. Die meisten Menschen können sich nur vorstellen, was sie kennen.

Immer mehr fragte sich Arno, warum das ganze Dorf Köhler hatte gewähren lassen. Eine Menge Dorfbewohner mußten ihn schließlich gewählt haben. «Willy, mal eine andere Frage. Sagt dir der Name Owerhaide was?»

«Owerhaide? Habe ich schon mal irgendwo gehört.» Schaper kratzte seinen kahlen Kopf. «Kann ich aber jetzt nicht unterbringen. Wieso?»

«Nur so.»

Schaper schüttelte den Kopf. «Nee. Tut mir leid. Man wird alt.»

«Macht nichts, Willy. Ich muß weiter.»

«Wo geht's hin?»

Arno lächelte. «Arbeit.»

«Alles klar», sagte Schaper augenzwinkernd. «Ich muß auch weiter. Heute spielt die A-Jugend. Vielleicht hast du ja noch Zeit, vorbeizuschauen.»

«Mal sehen», sagte Arno und verabschiedete sich.

Allmählich keimte eine gewisse Abneigung in ihm auf, wenn er in Eichendorf war. Nicht gegen das Dorf an sich, denn was gab es Schöneres als diesen Bachlauf, den er auf der kleinen Brücke überquerte, und den Eichenhain und die grünen, mit Butterblumen gesprenkelten Wiesen dahinter, auf denen ein paar Kühe in der Sonne grasten oder ihn kauend mit großen Augen anglotzten. Alles war von Menschenhand gemacht, aber genau mit diesen Menschen hatte er zunehmend ein Problem. Und nicht nur mit denen, die auch heute hinter dem Fachwerk der ‹Schönen Aussicht› hocken würden, wenn sie nicht geschlossen wäre. Ihre abweisende Lethargie machte ihm zu schaffen, ihr Fatalismus, hinter dem sich nicht nur Feigheit verbarg, sondern im Grunde auch ein grausamer Umgang mit sich selbst, der eigenen Umwelt und den Mitmenschen.

Genauso passiv, wie die Dorfbewohner die Machenschaften Köhlers hingenommen hatten, nahmen sie seine Verhaftung hin, ja selbst einen Mord. Immer den Umständen entsprechend. Oft aber waren gerade diejenigen, die am wenigsten handelten, am meisten schuld an allem, was passierte, dachte er. Oder, wie seine Mutter es mit der Erfahrung einer Lehrerin immer ausgedrückt hatte: Die vermeintlich Guten sind häufig die eigentlich Schlechten.

Der Hof von Eckart Köhler machte nun wieder einen belebten Eindruck, wenn auch nicht den eines Bauernhofes. Das Tor war geöffnet, ebenso die Türen des Stalles und des Wohnhauses. Auf dem Pflaster parkten die Wagen, und die Leute der Spurensicherung flitzten in ihren weißen Overalls umher. Als Arno in den Stall ging, traf er nur Gerd Stockmann an, der zwischen mindestens zehn Fahrzeugen stand.

«Wo sind die anderen?»

«Die Zwillinge?» meinte Stockmann. «Im Wohnhaus. Karsten auch. Sollen wir hier nach Spuren suchen?»

«Was haben denn die beiden Kollegen aus Hannover gesagt?»

«Nichts.»

Arno betrachtete den Geländewagen, vor dem Stockmann stand. Es war ein älteres Modell, war aber frisch in Silber und Grün gestrichen. Auf den Türen prangte das Emblem der Falken. Ein paar der anderen Fahrzeuge waren anscheinend noch älter, manche hatte sogar Kettenantrieb. Der ganze Stall war zu einer Autowerkstatt umgebaut worden, an einer Wand stand eine Werkbank vor Werkzeugregalen, daneben befanden sich Benzinkanister und Öltonnen, und in den Boden war eine Grube eingelassen worden.

«Das ist ja ein richtiger Fuhrpark hier», sagte Arno.

Stockmann nickte und kratzte sein Toupet. «Kann man wohl sagen. Alle Fahrzeuge sind sehr gut in Schuß. Vor allem russische Fabrikate.» Er sah Arno an. «Was hat er damit gewollt?»

«Wenn ich das wüßte.»

«Damit kann man ja einen kleinen Feldzug veranstalten.»

«Haben Sie Waffen oder so etwas gefunden?» wollte Arno wissen.

«Noch nicht. Aber wir sind auch noch nicht ganz durch.»

«Gut, dann gehe ich mal ins Wohnhaus», sagte Arno und verließ den Stall. Er ging an der Mauer entlang, genau wie am vorherigen Abend, und blieb vor dem Garten stehen. An dieser

Stelle hatte ihn Lewandowski niedergeschlagen, bevor Emma den Jungen erstaunlich professionell ausgeschaltet hatte. Der Rasen war gepflegt, aber im Garten gab es weder Gemüsebeete noch Obstbäume. Kurz vor dem Hundezwinger lag ein abgeknabberter Knochen, den Asta in besseren Zeiten vielleicht einmal als Belohnung bekommen hatte. Er drehte sich um und betrat durch die offene Tür das Wohnhaus. Was ihm sofort auffiel, war der Geruch nach Putzmittel und die außerordentliche Aufgeräumtheit der Wohnung. Auf jeden Fall sah es in der Diele und der angrenzenden Küche so aus, als wäre gerade Ordnung geschaffen worden. Als er zum Wohnzimmer weitergehen wollte, erschien Oberkommissar Müller am oberen Treppenabsatz und winkte ihn hinauf.

«Es gibt zwar ein Gästezimmer», sagte Müller, nachdem Arno hochgegangen war, «aber da hat seit Ewigkeiten keiner mehr gepennt. Dafür sieht es so aus, als hätten im Schlafzimmer zwei übernachtet. Lewandowskis Klamotten liegen auch dort herum.»

«Dann haben wir in der Sache ja schon mal Gewißheit», sagte Arno und warf einen Blick in das Schlafzimmer. Hier war nicht aufgeräumt worden, das Doppelbett sah aus, als wäre gerade erst jemand daraus aufgestanden. Die Türen der Schrankwand standen offen, auf dem Boden lagen Klamotten verteilt.

Müller schüttelte sich. «Wenn ich bloß nicht soviel Phantasie hätte», sagte er und zog eine Grimasse.

Das Nebenzimmer war eine Art Büro, mit ordentlich gefüllten Bücherregalen gesäumt, vor dem Fenster ein wuchtiger Schreibtisch. Benneke und Volkerts standen vor einem zweiten Tisch, auf dem, wie Arno beim Nähertreten sah, vor allem Landkarten ausgebreitet waren. Benneke deutete mit eiserner Miene auf den Tisch. Bei den meisten Karten handelte es sich um historische Detailkarten, kartographische Darstellungen der Kurhannoverschen oder Königlich Preußischen Landesaufnahme des 18. Jahrhunderts sowie um die Papen-Karte des Königreichs Hannovers von 1841 bis 1847. Darüber hinaus gab es auch neuere Karten wie die Deutsche Grundkarte im Maßstab 1:5000. Allen Werken gleich waren aber die Gebietsausschnitte, die sie darstellten: die Region des heutigen Truppenübungsplatzes. Arno pfiff durch die Zähne.

Neben den Karten lagen ein historisches Buch mit dem Titel ‹Praktische Anweisung zur topographischen Vermessung eines ganzen Landes› und eine aufgeschlagene Gedenkschrift zum Übungsplatz. Ein Textabschnitt war säuberlich mit Bleistift gekennzeichnet: *«Es ist nicht Soldatenart, lange einer vergangenen Sache nachzugrübeln. So wie man den gefallenen Kameraden des Weltkrieges, die alles, das Beste, was sie geben konnten, nämlich ihr Leben, für das Vaterland geopfert haben, ein Denkmal setzt, vor das man ehrfurchtsvoll mit stiller Andacht tritt, so hat man auch hier diesen Geschlechtern in Gestalt eines großen Findlings ein Denkmal gesetzt, auf dem all die Dorfnamen eingemeißelt sind, die dem Truppenübungsplatz haben weichen müssen. Bergen, 1939.»*

Köhler schien nicht nur vom Soldatentum, sondern auf eine krude Art auch von der Region, aus der seine Vorfahren stammten, besessen zu sein. Wofür brauchte er die Karten des Übungsplatzes? Hatte er Harms in der alten Heimat geopfert? Arno erinnerte sich auch an den Findling, vor dem er in Ostenholz gestanden hatte, als er mit Emma zum ersten Mal durch die Sperrzone gefahren war.

Volkerts reichte ihm ein Blatt Papier. «Ich glaube, Sie sind hier wirklich in ein Wespennest gestoßen», sagte er.

Das Blatt war eng bedruckt mit einer langen Liste von Namen, komplett mit Adressen, Telefonnummern und Berufsbezeichnungen. Vor allem handelte es sich um Journalisten, Politiker oder Gewerkschafter. «Was ist das?» fragte Arno.

«Sieht aus wie eine Schwarze Liste», meinte Benneke. «Hier wurde nicht nur Heimatschutz betrieben, soviel steht fest.»

Alle vier gingen wieder nach unten, um nachzuschauen, was Gerd Stockmann gefunden hatte. Draußen in der Sonne atmete Arno auf. «Wie spät ist es?» fragte er Müller.

Müller schaute auf seine Uhr. «Gleich halb vier.»

Mittlerweile waren sie fast zweiunddreißig Stunden auf den Beinen, dachte Arno gähnend.

«Wie geht es übrigens dem Hund?» wollte Müller wissen.

«Den Umständen entsprechend», antwortete Arno müde.

«Wer war der Bauer?»

«Wie gesagt, ein Freund. Ich bin als Kind mit ihm zur Schule gegangen.»

«Ist er mit Heike Harms verwandt?»

Arno blieb stehen und schaute seinen Kollegen verdutzt an. «Nein, wie kommen Sie darauf?»

«Ich glaube, er hat am Freitag die kleine Sarah nach Hause gebracht. Als Sie schon in der ‹Schönen Aussicht› waren.»

«Das kann nicht sein.»

Müller zuckte mit den Achseln. «Vielleicht täusche ich mich auch, ich habe ihn ja nur kurz gesehen.»

«Sarah war doch bei Heikes Eltern.»

«Eben», sagte Müller und bot Arno eine Zigarette an. «Deswegen dachte ich ja auch, daß er vielleicht mit ihr verwandt ist. Fährt er so einen schrottreifen R4?»

32

Pressekonferenzen waren in der Polizeiinspektion Celle eher selten, und wenn besondere Fälle sie nötig machten, dann fanden sie in einem kargen Versammlungszimmer der uniformierten Polizei im Erdgeschoß statt. Außer einer Delegation der ‹Celleschen Zeitung› und dem Herausgeber eines regionalen Anzeigenblattes waren auch ein paar Journalisten aus Hannover angereist, besonders solche der Boulevardpresse, insgesamt war die Versammlung jedoch recht überschaubar. Den Pressevertretern saßen neben Polizeidirektor Sörensen die beiden LKA-Beamten und Arno gegenüber, der die vorgezogene Konferenz ganz vergessen hatte.

Als sie auf Köhlers Hof in die Scheune zu Gerd Stockmann gegangen waren, hatte Heiner angerufen und gefragt, wo sie eigentlich blieben. Waffen hatte die Spurensicherung bisher noch nicht finden können, was Benneke und Volkerts nicht überraschte, denn sie wußten aus Erfahrung, daß die extremistischen Gruppierungen aus Vorsicht ihre Waffendepots häufig in abgelegenen Waldgebieten anlegten. Man müßte das im weiteren Verlauf untersuchen. Während Stockmann mit seinem Team in Eichendorf geblieben war, waren die Ermittler dann eiligst nach Celle zurückgefahren, wo die Presse bereits wartete.

Trotzdem zogen sie sich erst zu einer kurzen Besprechung zurück und klärten die weiteren Ermittlungsschritte ab. Man war sich einig, daß nun jedes Mitglied der Gruppe um Köhler überprüft, erneut aufgesucht und im Verdachtsfall zur Fingerabdrucknahme in die Polizeiinspektion vorgeladen werden mußte. Schließlich leitete Sörensen die Konferenz ein, die dann fast ausschließlich von Benneke und Volkerts bestritten wurde. Ausführlich erzählten sie von ihren Untersuchungen, neuesten Entdeckungen und Erkenntnissen und beantworteten jede Frage. Man hätte annehmen können, sie hätten die gesamte Ermittlung allein durchgeführt.

In Eichendorf, so referierte Benneke, seien diffus rechts orientierte Jugendliche von älteren Neonazis wie Eckart Köhler ideologisch gehärtet worden. Das Ziel lautete: Eine Elite politischer Soldaten führt einen Volksaufstand, der die Demokratie zertrümmert. So irre solche Parolen auch klingen mögen, fuhr er fort, die Sicherheitsbehörden beobachteten mit Sorge, daß der Wahn populärer wird. Die Statistiken sprächen eine deutliche Sprache: Allein im Vorjahr hatten die Behörden bundesweit fast siebentausend politisch rechts motivierte Straftaten registriert, wobei die Dunkelziffer vermutlich um zwanzig Prozent höher liege. Man müsse mittlerweile unterscheiden zwischen gewaltbereiten, aber eher unpolitischen Rechtsextremisten und ideologisch gefestigten Neonazis. Das bedeute: Die rechtsextreme Gefahr werde vielschichtiger und, wie dieser Fall gezeigt habe, internationaler und unberechenbarer. Wer aus der Reihe schere, werde kaltblütig liquidiert, und mit einer solchen Liquidierung habe man es im Mordfall Knut Harms zu tun. Der ausführende Täter sei noch nicht gefunden, die Verantwortlichen seien jedoch gefaßt und die Lösung des Falles stehe kurz bevor. Es sei nur eine Frage der Zeit, bis der Widerstand gebrochen würde, jetzt, wo der Kopf der Gruppe verhaftet und das Zentrum zerstört sei.

Indessen wurde Arno nur einmal ganz zu Anfang von dem jungen Journalisten, der ihm schon vor dem Krankenhaus aufgelauert hatte, gefragt, woher er seine Verletzung habe, worauf er abwesend und vielleicht deshalb wahrheitsgemäß geantwortet hatte, sonst ging die Pressekonferenz ziemlich an ihm vorbei. Aber es war ihm egal, abgesehen davon, daß ihm solche

Veranstaltungen immer zuwider waren, verspürte er jetzt kein Bedürfnis sich zu äußern, weil er mit den Gedanken woanders war. Während Bennekes Ausführungen gingen ihm ein paar irritierende Dinge durch den müden Kopf.

Volker Bredeberg hatte laut Müller am Freitag Sarah nach Hause gebracht. Kurz danach hatte er Arnos Wagen wieder flottgemacht. Schon damals hatte er sich gefragt, warum Volker nicht direkt von seinem Hof zur ‹Schönen Aussicht› gekommen war, wo er ihn telefonisch erreicht hatte, sondern aus der entgegengesetzten Richtung, von dort, wo auch das Haus der Familie Harms stand. Er hatte zu tun gehabt, hatte er gesagt. Als er ihn angerufen hatte, hatte Arno geglaubt, eine Kinderstimme gehört zu haben. Bredeberg hatte keine Kinder. Sarah hatte ihm erzählt, daß sie ein neugeborenes Lamm gesehen hatte. Wo, wollte sie nicht erzählen. Es war ein Geheimnis, hatte sie gesagt. Volker war der einzige im Dorf, der noch Schafe hielt, wie er Arno selbst gesagt hatte. Und Heike hatte behauptet, daß Sarah bei ihren Eltern war.

Dann wieder fragte er sich, woher seine Irritation eigentlich kam. Was sollte das alles? Wahrscheinlich steckte nichts dahinter. Er war einfach übermüdet. Heikes Eltern waren mit Sarah zu Volker gegangen. Na und? Sie kennen sich, sie wußten, daß die Schafe lammen, und wollten Sarah einen schönen Tag bereiten. Heike und Volker kannten sich schon als Kinder, sie waren zusammen zur Schule gegangen, das Dorf ist klein. Aber warum durfte Sarah nicht sagen, wo sie gewesen war? Aber liebten es Kinder nicht, ihre Geheimnisse zu haben? Er hatte zwar keine Kinder, aber er war ja schließlich selbst einmal Kind gewesen. Auch er und Volker hatten früher ihre Geheimnisse gehabt. Und warum hatte Volker so schroff erklärt, mit Knut Harms nichts zu tun zu haben? Arno konnte sich nicht mehr daran erinnern, wie das Verhältnis zwischen Knut und Volker früher gewesen war. Wahrscheinlich hatte es keines gegeben. Er hatte ja selbst mit Knut nichts zu tun gehabt, außer daß sie in eine Klasse gegangen waren. Aber irgendeine Verbindung bestand zwischen den beiden Familien. Warum verschwieg man sie? War er nur deshalb irritiert, weil ihm alle ausweichend begegneten, Heike, seine frühere Nachbarin und Schulfreundin, und Volker, sein Kumpel aus Kindheitstagen? Was erwartete er? Er hatte sie seit fast dreißig Jahren nicht mehr gesehen, und nun kehrte er als Polizist zurück und mischte sich in ihr Leben ein …

«Hauptkommissar Hennings?»

Arno schreckte auf. Alle sahen ihn an.

«Hauptkommissar Hennings, Sie haben doch die Ermittlungen vor Ort geleitet.» Es war wieder der aufdringliche junge Journalist der ‹Celleschen Zeitung›. «Wie wollen Sie nun weiter vorgehen?»

Arno fuhr durch sein kurzes Haar und räusperte sich. «Sie haben ja die Ausführungen der Kollegen vom LKA gehört», sagte er. «Konkrete ermittlungstechnische Schritte kann ich hier nicht zum besten geben, wie Sie sicherlich verstehen werden.» Er schaute sich zu Benneke und Volkerts um, die ihm wie eineiige Zwillinge aufmunternd zunickten. «Letztlich ist der Erfolg der Polizei auch immer von einer gewissen Geheimhaltung abhängig.»

«Haben wir mit weiteren Mordfällen im Landkreis zu rechnen?»

Arno seufzte auf. «Leider liegt es in der Natur des Menschen, andere Menschen umzubringen. Das ist auf dem Land nicht anders als in der Stadt. Mein Job ist es, diese Morde aufzuklären, nicht sie zu verhindern oder Prognosen zu stellen.»

Ein unzufriedenes Raunen und Rascheln ging durch die Reihe der Pressevertreter.

«Was Hauptkommissar Hennings sagen will», schaltete sich schnell Polizeidirektor Sörensen ein, «ist, daß es immer Unwägbarkeiten gibt. Aber es gibt überhaupt keinen Grund zur Panik. Wie die Kollegen vom LKA erklärt haben, steht der Fall kurz vor der Lösung.» Er hielt einen Moment inne und schaute in die Runde. «Wenn es dann keine Fragen mehr gibt, danken wir Ihnen und verabschieden uns.»

Es gab keine Fragen mehr, die Journalisten rafften ihre Papiere zusammen, erhoben sich und verließen nacheinander den Raum.

«Was ist los, Herr Hennings?» fragte Sörensen, nachdem auch Benneke und Volkerts hinausgegangen waren.

«Tut mir leid», entschuldigte sich Arno. «Aber diese Pressekonferenzen …»

«Wenn Sie sauer sind, weil die LKA-Leute sich so in den Vordergrund gespielt haben, dann kann ich Sie verstehen», meinte Sörensen und putzte seine Brille. «Aber daran müssen Sie sich jetzt gewöhnen. Willkommen in der Provinz.»

Arno lächelte. «Nein, die beiden haben das doch gut gemacht.»

«Ja, das können sie. Aber Sie haben den beiden die Ermittlungsergebnisse ja praktisch auf einem Silbertablett serviert. Sie mußten nur noch zugreifen.»

Arno mußte gähnen. «Entschuldigen Sie, aber …»

«Schlafen Sie sich erst einmal aus», sagte Sörensen und setzte seine Brille wieder auf. «Morgen werden wir erneut Köhler in die Mangel nehmen und alle Mitglieder dieser Gruppe überprüfen. Wir haben ein Motiv, und wir haben mittlerweile eine Menge Indizien. Im Abgleich mit den konkreten Beweisen werden wir zum Erfolg kommen. Ich glaube, die Kollegen vom LKA haben recht. Lange hält der Widerstand nicht mehr, jetzt, wo wir den Kopf verhaftet haben.

Irgendwo in diesem rechten Kuddelmuddel liegt die Lösung. Was meinen Sie?»

«Ja», sagte Arno, «irgendwo in diesem Kuddelmuddel.»

33

Weil seine geprellten Rippen schmerzten, konnte Arno nicht in seiner Lieblingsposition zusammengerollt auf der rechten Seite liegen, doch er war so müde gewesen, daß er auch auf dem Rücken ausgestreckt sofort eingeschlafen war. Seine Bettwäsche war zwar zerwühlt und schweißgetränkt, aber als er am Montag morgen aufwachte, konnte er sich an keinen Traum erinnern und fühlte sich ausgeruht und frisch.

Mit seinem Gipsverband durfte er nicht duschen und mußte sich notgedrungen umständlich am Waschbecken waschen. Nach dieser Anstrengung ließ er die Rasur gleich ausfallen. Am schlimmsten war es, sich mit nur einer Hand und noch dazu mit der rechten anzuziehen. Beim Versuch, die Schnürsenkel zu binden, verzweifelte er völlig und stopfte sie am Ende wie ein jugendlicher Rapper nur unter den Rand seiner Turnschuhe.

Die Luft war etwas kühler geworden, es war nicht mehr so drückend heiß wie am Wochenende, trotzdem schwitzte er wie nach einem Dauerlauf, als er vor das Haus trat und sich in den Volvo setzte. Arno mochte keine Autos mit Automatikgetriebe, jetzt hätte er jedoch gerne eines gehabt. Gestern abend hatte ihn Müller nach Hause gefahren. Nun fand er es schwer, mit der rechten Hand lenken und gleichzeitig zu schalten. Wahrscheinlich hätte ihn eine Streife bei einer Kontrolle sofort aus dem Verkehr gezogen. Zum ersten Mal war er dankbar für den schleichenden Berufsverkehr durch Celle, der es ihm ermöglichte, sich langsam an das einhändige Fahren zu gewöhnen.

Erst nach fast zwanzig Minuten erreichte er die Polizeiinspektion, und als er in das Foyer kam und Kommissar Witte grüßte, winkte der ihn heran. «Herr Hennings», rief er, «einen Moment.»

Arno ging an die Anmeldung und sah Witte fragend an.

«Wie geht's Ihrem Arm?»

«Geht so», antwortete Arno. Als hätte er mit seiner Verletzung die notwendigen Initiationsriten durchlaufen und bestanden, waren plötzlich alle vorher noch so miesepetrigen Kollegen ausgesucht freundlich zu ihm. «Was gibt's?»

«Ich habe was für Sie», sagte Witte mit strahlenden Augen und hob die Klappe des Tresens. «Gucken Sie mal.»

Arno schaute um den Tresen herum und sah das Rennrad seines Vaters an dem Tisch lehnen. Daran hatte er in diesem Augenblick gar nicht mehr gedacht. «Es geschehen also doch noch Zeichen und Wunder», sagte er und begutachtete das Rad. Auf den ersten Blick schien es unbeschädigt zu sein. «Vielen Dank, Herr Witte. Wo haben Sie es gefunden?»

«Nicht weit von hier», sagte Witte. «Am Schwimmbad.»

«Am Schwimmbad? Wie ist es denn da hingekommen?»

Witte zuckte mit den Achseln. «Kann ich mir auch nicht erklären», sagte er. «Vom Hof ist bisher noch nie was weggekommen. Aber irgend jemand muß wohl so dreist gewesen sein, das Rad zu klauen, als gerade keiner in Sichtweite war. Bestimmt ein paar Kinder. Es war nicht abgeschlossen, oder?»

«Nein», meinte Arno. «Ich hatte das Schloß vergessen. Aber wer rechnet denn mit so was?»

«Tja. Wir müssen in Zukunft besser aufpassen. Nichts ist mehr sicher. Selbst bei der Polizei nicht.»

Kommissar Witte schien ja ein richtiger Moralist zu sein, dachte Arno. «Hauptsache, es ist wieder da. Kann ich es erst mal hierlassen?» Er hob seinen eingegipsten Arm. «Im Moment bin ich ein bißchen gehandicapt.»

«Kein Problem, Herr Hennings. Ich schließe es hier unten ein.»

«Sehr gut. Und noch mal vielen Dank, Herr Witte.»

«Dafür nicht.»

Arno ging durch das Foyer zum Fahrstuhl, dessen Tür gerade offenstand, und fuhr hinauf in den sechsten Stock. Das Rennrad seines Vaters war wieder da, besser konnte die neue Woche doch nicht beginnen, dachte er, als er mit dem Lift nach oben rauschte. Auf dem Gang des Fachkommissariats I kam ihm Heiner Pries entgegen und wedelte schon von weitem mit einer Zeitung. «Hier», sagte er und reichte Arno das Blatt. «Hübsches Bild von dir.»

Der Mord an Knut Harms und die Verhaftung von Eckart Köhler waren der Aufmacher der ‹Celleschen Zeitung›. Auf der Titelseite war Arno mit Köhler beim Verlassen der ‹Schönen Aussicht› zu sehen. Während Köhler unverschämt lächelnd sein Victory-Zeichen machte, machte Arno ein Gesicht, als wäre er der Verhaftete. EICHENDORFER ORTSRAT VON DER POLIZEI ABGEFÜHRT lautete die fettgedruckte Schlagzeile. «Kann ich sie mitnehmen?» fragte Arno.

Pries nickte. «Die Kollegen vom LKA wollen auch gleich dasein», sagte er. «Wahrscheinlich stehen sie auf der Hannoverschen Straße im Stau.»

«Gut möglich. Ich bin so lange in meinem Büro», sagte Arno und ging den Flur hinab. Dort angekommen, öffnete er als erstes das Fenster. Unten auf dem Hof des Landgestüts wurden gerade ein paar Hengste mit glänzenden Scheuklappen und Kummeten vor die Kutschen gespannt. Wenn sich Arno nicht täuschte, waren es die gleichen, die gestern gewaschen worden waren. Eine Runde über den staubigen Platz, dachte er, und man könnte sie gleich wieder putzen. Arno hatte eine tiefe Abneigung gegen solche Sisyphusarbeiten und war froh, daß es in seiner Arbeit immer einen Anfang und ein Ende gab, welches in diesem Fall nach Lage der Dinge kurz bevorzustehen schien. Manche empfanden die Polizeiarbeit, da ständig neue Verbrechen passierten, als ähnlich sinnlose Anstrengung, er aber hatte es sich angewöhnt, immer nur von Fall zu Fall zu denken. Er setzte sich an seinen Schreibtisch und breitete die Zeitung vor sich aus.

Mord auf dem Truppenübungsplatz ein Nazi-Racheakt? Im Zusammenhang mit dem Mord an Knut H. auf dem Truppenübungsplatz Bergen unweit des Falkenberges stürmte Samstagnacht die Polizei unter Leitung des ermittelnden Hauptkommissars Arno Hennings die Dorfwirschaft in Eichendorf und löste ein Treffen des Heimatvereins DIE FALKEN auf. Der Vorstand des Vereins und Inhaber der Gastwirtschaft, der Eichendorfer Ortsrat Eckart Köhler, wurde abgeführt, zeigte sich aber siegessicher. Am Sonntag durchsuchte die Polizei Köhlers Hof in Eichendorf und fand dort ein ganzes Arsenal an Militärfahrzeugen. Anscheinend waren sowohl das Mordopfer als auch Köhler in rechtsextreme Machenschaften verwickelt, ebenso soll der Täter aus diesen Kreisen kommen. Weiter auf Seite 3.

Als Arno die Zeitung aufschlug, fiel ihm ein Bild seines Namenspatrons ins Auge. Arno Schmidt stand mit einem grauen Anzug, dessen Jacke viel zu lang war und dessen Hosenbund beinahe unter den Achseln saß, mit einer Hand an einen Drahtzaun gestützt vor einer Erdölpumpe und schaute mürrisch in die Kamera. Vielleicht blendete ihn auch nur die Sonne. Morgen, am Dienstag, jährte sich der Todestag des Schriftstellers zum vierundzwanzigsten Mal, und aus diesem Anlaß fand in der Stadtbibliothek eine Gedenkveranstaltung statt. Zudem erfuhr Arno aus dem Artikel, daß der kleine unscheinbare Platz vor der Bibliothek erst vor kurzem in Arno-Schmidt-Platz umbenannt worden war. Das hätte meiner Mutter gefallen, dachte er und überlegte, ob er nicht diese Veranstaltung nutzen sollte, um sich etwas vertrauter mit seinem Namensgeber zu machen. Vielleicht hatte er ja morgen abend ein wenig Zeit übrig.

An seiner Tür klopfte es, der junge Kollege Ulf Mertens kam herein.

«Die Beamten des Landeskriminalamtes sind jetzt da, Herr Hennings», meldete er.

«Gut, dann komme ich gleich mit», sagte Arno und faltete die Zeitung zusammen.

«Soll ich auch mitkommen, oder soll ich weiter im Archiv recherchieren?» wollte Mertens wissen. «Gestern habe ich leider nicht mehr viel herausbekommen. Von den Angestellten des Kreisarchivs war am Sonntag keiner zu erreichen. Ich habe nur noch einmal alle Unterlagen durchgearbeitet, die ich schon bekommen hatte. Es gab da noch einen zweiten Anschlag, der für Aufsehen gesorgt hat. Wenige Monate nach dem Anschlag auf die Hitlereiche wurde auch der Hitler-Stein beschädigt.»

«Hitlereiche, Hitler-Stein? Was wurde denn noch alles nach ihm benannt?»

Mertens hob die Augenbrauen. «Eine Menge, denke ich. Wußten Sie, daß der Thaerplatz vor der ‹Congress-Union› im Dritten Reich Adolf-Hitler-Platz hieß?»

«Nein, wußte ich nicht», entgegnete Arno, war aber angesichts der Geschichte Celles wenig überrascht. Man sollte Straßen und Plätze besser nicht nach Personen benennen, dachte er. Dann mußte man sie nicht nach jeder Ära umbenennen. Im Fall von Arno Schmidt war es anders. Für den unangepaßten, großen Schriftsteller war der nach ihm benannte Bibliotheksvorplatz mit seinen Blumenkübeln und Metallbänken entschieden zu mickrig. «Was war mit dem Stein?»

«Er lag gleich hinter der Eiche. In der Nähe der Sieben Steinhäuser. Ein Findling, in den Hitlers Name eingemeißelt war. Er war durch Steinwürfe so beschädigt worden, daß nach dem Anschlag die Inschrift kaum mehr entziffert werden konnte.»

«Und? Wer war es gewesen?»

Mertens zuckte mit den Achseln. «Keine Ahnung. Laut Archivmaterial ist es nie rausgekommen. Die Bevölkerung hat den Täter nicht verraten. Die Ermittlungen der Gestapo blieben erfolglos.»

«Aber der Attentäter auf die Eiche wurde verraten.»

«Ja», sagte Mertens. «Komisch.»

«Ja», stimmte Arno zu, «das ist wirklich merkwürdig.»

«Soll ich nun weiterrecherchieren?»

«Kommen Sie erst einmal mit», entschied Arno. «Wenn wir alle Leute aufsuchen wollen, die am Samstag abend in der ‹Schönen Aussicht› waren, brauchen wir jeden Mann.»

Als sie gerade gemeinsam das Büro verlassen und zu den Kollegen ins Konferenzzimmer gehen wollten, klingelte Arnos Telefon, und er schickte Mertens vor.

«Hier ist Kommissar Witte. Ich habe da einen Anruf aus dem Krankenhaus für Sie. Soll ich durchstellen?»

Sofort zuckte ein furchtbarer Schrecken durch Arnos Glieder. Sein erster Gedanke war, daß etwas mit Aglaja war. Sollte sie nicht heute erneut operiert werden? «Krankenhaus?»

«Ja, eine Krankenschwester aus dem Allgemeinen.»

Arno fiel ein Stein vom Herzen. Aber was wollte eine Schwester aus dem Celler Krankenhaus von ihm? «Gut, stellen Sie durch.»

Nach wenigen Sekunden meldete sich eine resolute Frauenstimme. «Spreche ich mit Hauptkommissar Hennings?»

«Ja, am Apparat.»

«Unser Patient Wilhelm Harms hat mich gebeten, Sie anzurufen. Er würde gerne mit Ihnen sprechen.»

«Wilhelm Harms?»

«Ja, er ist der Vater von Knut Harms, der ermordet worden ist. Er hat gerade den Artikel in der ‹Celleschen Zeitung› gelesen.»

34

In den Zügen von Wilhelm Harms erkannte man seinen Sohn wieder, und genau wie bei diesem war auch von der Massigkeit des alten Mannes nicht mehr viel übriggeblieben. Der Kopf auf dem Krankenbett verlor sich beinahe im Kissen, er war kahl, die Augen lagen in tiefen Höhlen, die Wangen waren eingefallen, und an den ehemals kräftigen Armen hing die Haut faltig hinab, eine trockene Haut von einer eigentümlich gelben Farbe. Es ist merkwürdig, dachte Arno vor dem Krankenbett, aber alle Mitglieder der Familie Harms waren ausgemergelt und abgezehrt. Heike vor Bitterkeit, Sarah durch eine zufällige Genveränderung, Knut durch seinen gewaltsamen Tod und sein Vater vom schleichenden Sterben. Allein Knuts Mutter war eine Ausnahme, aber sie war dem Prozeß wahrscheinlich nur deshalb entgangen, weil sie sich in ihre eigene Welt geflüchtet hatte.

Im Grunde stellte sie damit keine große Ausnahme dar. Aus Selbstschutz schrieben die meisten Menschen im Alter ihre Geschichte um. Da es offenbar zu schmerzhaft war, hart mit sich ins Gericht zu gehen, beurteilten sie die Vergangenheit milder, vor allem aber die eigenen Taten. Und deshalb war er nun neugierig, was Wilhelm Harms ihm zu erzählen hatte.

Erst einmal aber mußte er wieder hinausgehen und auf dem Flur der Station warten, denn nachdem er den alten Mann begrüßt hatte, war eine Schwester mit der Bettpfanne ins Zimmer gekommen. Außerdem benötigte er eine zusätzliche Dosis Schmerzmittel, den Saft, der meinen Tod hinauszögert, wie Harms höhnisch gesagt hatte, und ohne den er nicht mit ihm reden könne. Und so stand Arno erneut unruhig auf einem kalten Krankenhausflur, wich den geschäftig umhereilenden Schwestern aus und fragte sich, wie es war, wenn das Leben hier endete. Er mußte sich eingestehen, daß er Knuts Vater, nach allem, was er gehört hatte, schon nicht mehr zu den Lebenden gezählt hatte. Magenkrebs im Endstadium lautete die Diagnose, die ihn davon abgehalten hatte, Wilhelm Harms sofort aufzusuchen. Und nun dieser überraschende Anruf.

Danach hatte er seine Kollegen benachrichtigt, die im Konferenzzimmer auf ihn warteten. Gemeinsam hatten sie sich darauf geeinigt, daß sowohl Benneke und Volkerts als auch Müller und Mertens mit der Befragung der Männer beginnen sollten, deren Personalien am Samstag abend aufgenommen worden waren, und er später dazustoßen sollte. Gerade als er mit dem Gedanken spielte, hinauszugehen und eine Zigarette zu rauchen, um den Krankenhausgeruch zu überdecken, der sich wie ein Schleier auf ihn legte, kam die Schwester mit der vollen Bettpfanne aus dem Zimmer und nickte ihm zu.

In dem Zimmer befand sich noch ein zweites Krankenbett, neben dem einige empfindlich aussehende medizinische Geräte standen, die ab und zu einen tutenden Signalton aussendeten. Zwischen Kissen und Bett schaute nur eine Nase hervor, in der ein mit den Geräten verbundener Schlauch steckte.

«Der macht es auch nicht mehr lange», meinte Harms, als er Arnos Blick bemerkte. «Hier ist die Endstation. Nehmen Sie sich einen Stuhl, Herr Kommissar.»

Bildete Arno es sich nur ein, oder hatte die Stimme des alten Mannes nach der Spritze einen kräftigeren Klang bekommen? Während er den Stuhl neben das Bett stellte und Platz nahm, fielen ihm Harms' kurze, breite Finger auf, die über dem Bauch auf der Bettdecke gefaltet lagen und im Gegensatz zu Knuts Händen von harter Arbeit gezeichnet waren. Auf dem Nachttisch lag die zusammengefaltete Zeitung.

«Hennings», sagte Harms und musterte ihn. «Ihr Name kommt mir bekannt vor.»

«Ich bin in Eichendorf groß geworden», sagte Arno. Ein säuerlicher Geruch stand in der Luft und raubte ihm den Atem. Ein Alte-Männer-Geruch.

Harms nickte und lächelte. «Daher. Auch wenn der Körper nicht mehr will, der Kopf funktioniert noch. Aber eine eingesessene Familie ist das nicht, oder?»

«Nein», sagte Arno. «Wir waren zugezogen und sind nach ungefähr zehn Jahren wieder weggezogen.»

Harms nickte und deutete auf Arnos Gipsverband. «Ist das Samstagabend passiert?»

Arno nickte. «Halb so schlimm.»

Harms tippte auf die Zeitung. «Sie haben Köhler festgenommen, habe ich gelesen», sagte er. «Ist er es gewesen?»

Arno rutschte unruhig auf seinem Stuhl umher. «Es gibt viele Verdachtsmomente», sagte er ausweichend.

«Das kann ich mir vorstellen», meinte Harms, hielt einen Moment inne und sah dann Arno mit einem stechenden Blick direkt in die Augen. «Mein Sohn war ein Versager, Herr Kommissar.»

Arno versuchte dem Blick standzuhalten, wußte aber nicht, wie er reagieren sollte. Der alte Mann verunsicherte ihn, und das war anscheinend auch seine Absicht.

«Erschreckt Sie das? Wenn ein Vater so über seinen Sohn redet?»

«Sollte es mich erschrecken?» entgegnete Arno.

«Herr Kommissar, ich sterbe, warum soll ich noch den schönen Schein aufrechterhalten? In unserer Familie wurde viel zu lange geschwiegen und so getan, als wäre alles in Ordnung. Er war nicht nur ein Versager, er war faul und falsch. Und er hat uns den Hof genommen und ihn diesem Köhler gegeben. Können Sie sich vorstellen, wie sich ein Vater fühlt, wenn ihm klar wird, daß sein Sohn ein Versager ist? Haben Sie Kinder?»

Arno schüttelte den Kopf. Wie oft war ihm diese Frage in den letzten Tagen schon gestellt worden?

«Was habe ich falsch gemacht?» fuhr Harms fort. «Ich habe mein ganzes Leben lang hart gearbeitet. Und wofür am Ende?»

«Ihre Frau hat mir gesagt, daß sie mit dem Verkauf des Hofes einverstanden war.»

«Meine Frau!» Harms schnaubte verächtlich. «Früher hat sie an allem herumgenörgelt, und heute ist sie mit allem einverstanden. Meine Frau hat meinen Sohn verzogen.»

«Sie waren also nicht damit einverstanden?»

«Wie hätte ich das sein können? Mir ist schon einmal mein Zuhause genommen worden. Ich mußte in letzter Zeit wieder oft an den Hof denken, auf dem ich als Kind gelebt habe. Wo Knut gestorben ist. Wissen Sie was? Ich beneide ihn fast darum, daß er dort sterben durfte. Er kannte es dort nicht, er wußte nicht, wie alles mal gewesen ist, aber ich habe es hier oben drin.» Er tippte sich mit dem breiten Zeigefinger gegen den kahlen Schädel. Seine Augen wurden glasig. «Da ist alles drin. Der Weg zur Schule durch die Heide. Die Maulbeerallee im Frühling. Wie das geduftet hat. Der Berg hinter dem Hof. Die Aussicht von da oben. Bis nach Hannover konnte man gucken. Die Bilder sind alle noch da. Und die Gerüche. So etwas vergißt man nicht. Kennen Sie das? Sie sind in Eichendorf groß geworden.»

Arno mußte an das Kribbeln denken, das sich immer eingestellt hatte, wenn er nach Eichendorf gefahren war. Das Kribbeln, das ihm dieser Fall genommen hatte. «Ich kann es mir vorstellen», sagte er.

«Sie sind ja noch jung», meinte Harms. «Aber je älter man wird, desto mehr denkt man an seine Kindheit zurück.» Er hielt inne und sah hinauf zur Decke. «Irgendwie ist mir mein Sohn, jetzt, wo er tot ist, so nah wie noch nie. Er ist da gestorben, wo ich geboren wurde. Alles kehrt wieder zum Anfang zurück. Zum Falkenhof. Es kann doch kein Zufall sein, oder?» fragte Harms und schaute Arno fast flehentlich an. «Daß mein Sohn dort gestorben ist.»

«Das denke ich auch.»

«Ich war nie wieder dort», sagte Harms. «Man konnte ja nicht mehr dorthin. Ich habe keine zehn Kilometer vom Ort meiner Kindheit gelebt, aber ich konnte ihn nie wieder besuchen.»

«Erinnern Sie sich noch an die Zeit, als die Gegend vom Militär eingenommen wurde?» fragte Arno. Er hatte sein Notizbuch dabei und verfluchte jetzt, daß er keine Aufzeichnungen machen konnte.

«Ich erinnere mich an fast alles», sagte Harms und schaute mit glasigen Augen wieder an die Decke. «Ich war sechs Jahre alt, als die ersten Gerüchte über die bevorstehende Umsiedlung zum Falkenhof drangen. Das war im Sommer 1934. Oder Herbst, genau weiß ich es nicht mehr. Keiner wußte, woher die Gerüchte kamen, aber ich weiß noch genau, wie die Erwachsenen sofort unruhig wurden. Gereizt. Wo man früher nur ausgeschimpft wurde, kriegte man jetzt gleich eine Backpfeife. So war das.»

«Man hat den Bewohnern nichts gesagt?»

Harms schüttelte den Kopf. «Nein. Erst mal nicht. Als die Gerüchte lauter wurden, sind ein paar Gemeindevertreter nach Celle zum Landrat gefahren, aber der wußte von nichts. Selbst die Bezirkregierung in Lüneburg war ahnungslos. Und gleichzeitig zog die Gestapo schon Erkundigungen ein, wer das Geheimnis verraten hatte. Manche sagten, ein örtlicher Rechtsanwalt war durch einen Freund im Reichswehrministerium informiert worden. Namen wurden natürlich nicht genannt. Wahrscheinlich stammten die Gerüchte aber aus dem Militärkasino in Celle, wo schon seit langem ganz offen über die Angelegenheit gesprochen wurde, wie man hinterher gehört hat. Die Militärs wußten längst von den Plänen, aber die betroffene Bevölkerung hatte keine Ahnung. Die haben da Billard gespielt und gesoffen und schon darüber palavert, als gäbe es die Bauern gar nicht mehr. Egal, jeder Versuch, bei den Behörden etwas zu erfahren, schlug jedenfalls fehl. Wenn man nach Berlin schrieb, bekam man keine Antwort. Schließlich schaltete sich der Bezirksbauernführer ein, und der Reichsbauernführer selbst wollte sich um die Sache kümmern. Aber es geschah nichts.» Während er erzählte, preßte Wilhelm Harms seine Hände immer kräftiger auf seinen Bauch, als wollte er den Schmerz eindämmen, der seinen Magen zerfraß.

«Und dann?» Das Tuten der Geräte, das Arno erst nervös gemacht hatte, bewirkte allmählich das Gegenteil. Es war zu einer Art Taktgeber geworden, und er befürchtete nun, daß mit einem plötzlichen Stillstand des Tones auch Harms aufhörte zu sprechen.

«Die Leute waren niedergeschlagen und verloren jeden Lebensmut», fuhr Harms fort. «Man wartete auf eine Entscheidung, die nicht kam. Als Kind spürt man das. In dem Sommer herrschte eine komische Stimmung. Ich glaube, es war schon Herbst, denn alle Blätter blieben liegen, keiner kehrte sie auf wie sonst. Daran kann ich mich genau erinnern. Wir Kinder fanden es erst lustig und sind durch das Blättermeer gesegelt. Sonst war der Hof immer picobello sauber. Da hat der Herr von Mackenroth drauf geachtet. Plötzlich hatte aber keiner mehr Lust zum Arbeiten. Alles blieb liegen, jeder ließ die Sachen schleifen. Die Ernte wurde nur lustlos eingebracht. Aufträge für Renovierungen wurden wieder zurückgezogen. Es wurde nur noch gemacht, was unbedingt sein mußte. Die Handwerker haben es als erste gemerkt und hatten keine Arbeit mehr. Die Ziegelei hatte zum Jahresende noch ihren vollen Bestand auf Lager. Sie standen vor dem Ruin. Ich kannte den Sohn, der hat es mir erzählt. Im Winter dann begannen einige Bauern, ohne Erlaubnis ihre Forstbestände zu schlagen und das Holz zu Schleuderpreisen zu verkaufen. Sie hatten Angst, nicht ausreichend entschädigt zu werden. Wo früher noch Wälder standen, war jetzt Kahlschlag. In diesem Winter sind auch die ganzen Seidenraupen auf dem Falkenhof eingegangen.»

Harms schaute Arno an. «Der Seidenbau war ja eine Arbeit der Frauen und des Gesindes, und es bedurfte dazu vor allem der größten Disziplin und Hygiene. Die von Mackenroths waren stolz auf ihre kleine Seidenproduktion gewesen. Es war nur ein Nebenerwerb, aber die Aufzucht der Seidenraupen war etwas Besonderes. In dem Winter hat sich niemand mehr darum gekümmert, die Zimmer des Seidenhauses, die eigentlich täglich gelüftet werden mußten, waren wochenlang verschlossen, und zum Schluß sind die Raupen an Gelbsucht eingegangen. Wie Gefangene, die lange in dunklen Zellen sitzen und keine frische Luft kriegen und zuwenig Sonne. Und das Weihnachtsfest war das trostloseste, an das ich mich erinnern kann.»

Er hielt inne, und Arno befürchtete schon, daß er den Faden verloren hatte. Als der Alte von den Seidenraupen gesprochen hatte, hatte Arno den Eindruck gehabt, er würde von sich selbst reden. Laut Dr. Papenburg besaßen die Seidenraupen ja elf Gehirne, fiel ihm ein, aber die hatten ihnen anscheinend auch nicht viel genützt. Im Hintergrund tuteten die Geräte.

Draußen auf dem Fensterbrett hatte sich eine Amsel niedergelassen und putzte ihr Gefieder. Harms holte tief Luft und nahm seine Geschichte wieder auf.

«Manche Leute versuchten, an das Wohlwollen prominenter Leute zu appellieren, vor allem das von Politikern. Viele Bauern dachten, Hitler wüßte nichts von diesen Plänen und würde sofort einschreiten, wenn er nur davon erführe. Als wenn damals irgend etwas passiert wäre ohne sein Wissen! Aber er hat den Bauern ja immer erzählt, sie wären das Rückgrat des Landes und seiner ganzen Idee. Die Nazis haben doch sogar ein Gesetz erlassen, Reichserbhofgesetz hieß das ganz hochtrabend. In dem Gesetz ging es um die Sicherung bestehender Höfe und die Eindämmung der Landflucht; das Bauerntum wurde als erdverwachsen und bodenständig gepriesen. Blut und Boden und so weiter. Oder die Sieben Steinhäuser, da sind sie auch immer wieder drauf rumgeritten. Unsere germanische Herkunft, wurde uns in der Schule erzählt. Ein Beweis, daß in der Heide schon seit Menschengedenken Germanen gelebt haben. Und wir wären die Nachkommen. Die meisten Heidjer standen der Regierung ja ausgesprochen wohlwollend gegenüber. Gegen einen Übungsplatz an sich hatte niemand was. Einige Bewohner hatten Berlin vorgeschlagen, statt unserer Region die Gegend um den Wilseder Berg als Übungsplatz zu nehmen. Da lebte kaum jemand, aber der Wilseder Berg war erst wenige Jahre zuvor zum Nationalpark erklärt worden, und den Oberen war es wohl zu peinlich, den jetzt zu opfern. Das muß man sich mal vorstellen, ein völlig wertloses Gelände wurde geschont, nur weil es Nationalpark war, und eine Region, in der seit Jahrhunderten Bauern lebten, sollte geräumt werden. Nationalpark, was bedeutet das schon? Im Grunde haben die Nazis damit ihre gesamte Ideologie über den Haufen geworfen.

Ein paar Bauern haben sich sogar zusammengetan und der Regierung Geld angeboten, um in einer anderen Gegend einen geeigneten Platz zu suchen. Mehrere hunderttausend Reichsmark, die sie ihr Leben lang hätten abstottern müssen. Aber das brachte auch nichts.

Schließlich ist der Herr von Mackenroth eigenhändig nach Berlin gefahren, um herauszubekommen, wie der Stand der Dinge ist. Er ist auch fast bis zum Reichswehrminister durchgekommen, von Blomberg hieß der. Bis zu seinem Adjutanten ist er gekommen, glaube ich. Der war dann ganz erstaunt, daß die Bevölkerung noch nichts wußte. Das muß man sich mal vorstellen. Nur die Gerüchte gab es da schon ein Jahr lang. Von Mackenroth hat einen Plan des zukünftigen Platzes mitgekriegt und sollte damit nach Hause fahren und ihn den Betroffenen verklickern.»

Harms machte wieder eine kurze Pause, und plötzlich hustete der Mann im Nachbarbett auf. Arno zuckte erschrocken zusammen, die Amsel auf dem Fensterbrett flog davon.

«Da kann man Angst kriegen, was?» meinte Harms lächelnd. «Aber keine Sorge. Das geht gleich wieder vorbei. Passiert alle paar Stunden.» Nach einem Augenblick ebbte der Hustenanfall tatsächlich ab, alles war wieder still, nur die Geräte arbeiteten weiter. Harms knüpfte sofort wieder an seine Erzählung an. «Jetzt wußten es also alle. Und von da an war es völlig aus. Das heißt, die meisten haben den Kopf in den Sand gesteckt. Manche haben seidenen Trauerflor aus den Fenstern gehängt. Die Polizei hat sie wieder runtergerissen. Andere aber haben jetzt begonnen zu protestieren. Eine Gruppe ist noch einmal nach Berlin gefahren, aber der Reichsbauernführer ließ sich verleugnen.» Harms lachte kurz auf. «Der Pförtner sagte, daß er im Hause ist, aber daß zwei SS-Wachen bei ihm sind. Der hatte sich vor lauter Angst in seinem Büro verschanzt.

Irgendein hohes Tier hat dann nur mitteilen lassen, daß der Beschluß unabänderlich gefallen wäre. Die Bauern sind mit hängenden Köpfen wieder nach Hause gefahren.

Plötzlich tauchten auf den Höfen Wissenschaftler auf, Völkerkundler und Archäologen und was weiß ich. Die wollten die alten Bauernhäuser untersuchen und die geschichtlichen Denkmäler und so weiter. Manche kamen von Museen und wollten ganze Höfe abtragen und in ihrem Museum wiederaufbauen. Wie im Ausverkauf. Es sollten sogar rassenkundliche Aufnahmen von Charakterköpfen gemacht werden. Die wollten uns studieren. Wir wurden zu Zootieren, eine zum Aussterben verurteilte Art, die jeder kurz vor dem Untergang noch mal anschauen wollte. Es war unverschämt. Kein Wunder, daß die Stimmung brodelte. Und kurze Zeit später ereignete sich der Anschlag auf die Hitlereiche.»

«Owerhaide.»

«Genau.» Harms sah Arno an. «Haben Sie sich schon informiert?»

«Ja, aber ich habe nichts über Owerhaide herausgefunden.»

Harms lachte bitter auf. «Ludger Owerhaide war wie mein Vater Knecht bei von Mackenroth. Früher haben wir alle einträchtig miteinander gelebt. Dachte ich damals jedenfalls. Als Kind wird einem nur Theater vorgespielt. Owerhaides hatten eine Tochter, Gertrud, die war ungefähr so alt wie ich. Wir und die Mackenroth-Kinder sind zusammen auf die Schule in Bleckmar gegangen. Daß es schon lange kochte zwischen meinem Vater und Owerhaide, habe ich erst später mitgekriegt.»

«Was war passiert?»

«Die alte Geschichte. Warum zerstreiten sich zwei Männer, die mal Freunde waren? Wegen einer Frau. Wegen Frauen wurden bekanntlich schon Kriege geführt und ganze Völker ausgerottet. Mein Vater war als junger Mann in die gleiche Frau verliebt wie Owerhaide. Tante Sophie. Aber mein Vater hat den kürzeren gezogen. Sie hat Owerhaide geheiratet. Und obwohl mein Vater später meine Mutter gefunden hat, blieb böses Blut.»

«Und dann?»

«Owerhaide hat an diesen Aktionen mitgemacht. Mein Vater blieb zu Hause. Aber er wußte natürlich davon. Es war Owerhaide, der im April 36 die Rinde von der Hitlereiche geschlagen hat. Er war ein Hüne, ein riesiger, kräftiger Kerl. Eigentlich ein ruhiger Typ, er hat selten was gesagt, aber wenn er wütend war, mußte man ihm aus dem Weg gehen. Alle wußten, daß es Owerhaide war, aber keiner hätte ihn verraten. Doch vorher waren schon die Ruges wegen der Entschädigung gekommen.»

«Die Ruges?»

«Reichsumsiedlungsgesellschaft. Die gingen von Hof zu Hof und machten Ankaufsgebote. Der Staat hat damals dann doch ordentlich Geld lockergemacht, um die Leute von ihren Höfen zu vertreiben. Damit haben sie die Bauern ruhiggestellt. Wer sich quergestellt hat, dem wurde mit Enteignung gedroht. Aber soviel ich weiß, hat so gut wie jeder verkauft.» Ein Zucken fuhr durch Harms' Gesicht, er preßte seine Hände stärker auf den Bauch.

Ob die Wirkung des Schmerzmittels schon nachläßt? fragte sich Arno. Aber er hatte jetzt keine Geduld mehr. «Und?»

«Mein Vater war nur ein Knecht», sagte Harms langsam und mit leiser gewordener Stimme. «Er konnte nichts verkaufen. Die Knechte und die Handwerker waren die eigentlich Leidtragenden bei der ganzen Sache. Alle, die keinen Grund und Boden besaßen. Aber mein Vater hat seine Chance gesehen und genutzt. Mein Vater hat Owerhaide verraten, und dafür haben sie ihm einen eigenen, schönen Hof in Eichendorf gegeben.» Harms schaute Arno an. Seine Augen waren feucht. «Jetzt ist es raus.»

«Und Owerhaide?» fragte Arno und hoffte, daß der alte Mann noch einen Moment durchhielt.

Harms starrte wieder an die Decke. Seine Stimme war brüchig geworden. «Der wurde noch am Morgen nach dem Anschlag von der Gestapo abtransportiert. Vier Männer brauchten sie dazu. Er wollte seine Familie nicht allein lassen. Keiner wußte, wohin sie ihn verschleppten. Er kam nie wieder zurück. Ich weiß nur noch, daß Tante Sophie, seine Frau, kein Dreivierteljahr später eine Rechnung zugeschickt bekommen hat. Hinrichtungs- und Beerdigungskosten. Mein Vater hat die Rechnung bezahlt.» Harms rieb sich die Augen.

«Was ist aus der Frau geworden?»

«Sie kam mit ihrer Tochter auf einem kleinen Hof am Rande von Eichendorf unter.»

«In Eichendorf?»

«Ja», sagte Harms und nickte sachte. «Sie lebt sogar noch. Gertrud ist schon tot, aber die Tante Sophie lebt noch. Obwohl ich sie nie wiedergesehen habe seit damals. Ich habe es nur gehört. Sie muß fast hundert sein jetzt. Wir lebten alle in Eichendorf, Tante Sophie, Gertrud, meine Familie, fast wie früher. Nur haben wir uns nicht mehr gesehen. Und wenn ich Gertrud mal getroffen habe, dann ist sie auf die andere Straßenseite gegangen.» Er neigte seinen Kopf und wandte sich an Arno. «Wirklich wahr. Und wissen Sie was? Zu keinem Geburtstag der Tante Sophie kam der Pastor oder der Bürgermeister mit einem Strauß Blumen vorbei. Zu mir kamen die schon, als ich mit meiner Frau Silberhochzeit hatte. Wilhelm Harms, der ehrenwerte Bürger unserer Gemeinde.» Er lachte höhnisch auf. «Aber die Tante Sophie muß fast hundert sein, da stehen normalerweise die ganze Gemeinde und die Zeitung vor der Tür. Man tut heute immer noch so, als würde es sie nicht geben. Die Leute sind nicht besser als früher. Owerhaide ist als Vaterlandsverräter gestorben, und seine Frau wird heute immer noch so behandelt. Und ich liege jetzt hier und habe auch nichts dagegen getan.» Er schaute Arno an. «Ich hätte es nie geglaubt, Herr Kommissar, aber im Alter wird man auch religiös. Kurz vor dem Tod fängt man an, an Gott zu glauben. Meine Familie hat Schuld auf sich geladen. Wahrscheinlich ist es nur gerecht, daß uns der Hof in Eichendorf wieder weggenommen wurde. Wir hatten ihn nur durch Verrat bekommen.» Er schüttelte den Kopf. «Wir hatten ihn nicht verdient.»

«Auf welchem Hof sind die Owerhaides untergekommen?» fragte Arno und beugte sich vor. «Den Namen habe ich früher nie gehört. Und niemand, den ich jetzt gefragt habe, konnte ihn einordnen.»

«Sage ich doch. Typisch. Es ist der Hof von Bredeberg.»

«Bredeberg?»

«Ja», meinte Harms und schien zu überlegen. «Die Gertrud hat den Bredeberg geheiratet, obwohl er viel älter war als sie. Das war ein komischer Kauz, der da am Waldrand gelebt hat. Er hat Sophie und die kleine Gertrud bei sich aufgenommen. Bredeberg und Gertrud sind beide schon tot. Aber sie haben zwei Kinder. Ein Mädchen, das weggezogen ist, kaum daß sie erwachsen war, und einen Sohn.»

Für einen Augenblick war es totenstill im Zimmer. Arno nahm nicht einmal mehr das Tuten der Geräte wahr. «Volker», sagte er wie zu sich selbst.

«Genau», sagte Wilhelm Harms. «Volker Bredeberg. Er ging damals mit Knut in eine Klasse. Und es war genau so wie früher. Als wenn die Zeit zurückgekurbelt worden wäre.»

«Was war wie früher?»

Harms sah ihn an. «Ich wurde nach meinem Vater genannt, ich heiße Wilhelm wie er. Das war so üblich. Ich wollte diese Tradition nicht fortführen. Ich weiß nicht, vielleicht dachte ich, damit eine Vorbestimmung durchbrechen zu können. Aber es hat nichts gebracht.» Er hielt inne und sah zum Fenster. «Die beiden Jungs konnten sich nicht leiden. Volker Bredeberg war ein stiller, sehr fleißiger Junge. Er hat Knut beim Holzhacken den kleinen Finger abgeschlagen. Da waren die fünf, sechs Jahre alt. Bestimmt war Knut nicht unschuldig daran. Ich kenne ihn ja. Aber der Volker konnte manchmal fuchsteufelswild werden. Wie sein Großvater.»

35

Ein leeres Bild begann sich zu füllen. Abstrakte Linien fügten sich plötzlich zu einem konkreten Ganzen, und was Arno sah, mißfiel ihm nicht nur, es bestürzte ihn. Gefühle, die er sich als Polizist kaum erlauben konnte. Das Bild bestürzte ihn nicht nur deshalb, weil es ihm naheging, sondern vor allem, weil er es erst jetzt sah. Auf diesem Bild erkannte er nun auch sich selbst wieder, den kleinen Jungen, der stolz mit seinem neuen Bonanzafahrrad durch das Dorf fährt, um seinen Freund zu besuchen. Das Leben verläuft für ihn noch in begrenzten Bahnen, die nicht einengen, sondern Sicherheit schenken.

Vielleicht hatte er es im Fernsehen gesehen, vielleicht hatte er ein Bild in einem Buch entdeckt, doch als er auf den Hof fährt, auf dem sein Freund wohnt, draußen, am Rand des Dorfes, da weiß er nicht, was er tut: Da probiert er eine Geste, die er sich irgendwo abgeschaut hat, Worte, die ihm neu und fremd sind und wie alles Fremde einen ungeheuren Reiz haben. Vom weitem schon sieht er den Freund vor der Scheune stehen, holzhackend wie schon so oft, wahrscheinlich hat er wieder keine Zeit zum Spielen, und der Junge auf dem Fahrrad hebt den Arm und schreit: Heil Hitler. Der Freund hält inne, dreht sich zu ihm um und schmettert dann die Axt in den Scheit, daß das Holz nach allen Seiten springt. Doch als der Junge bei ihm steht, hat er sich gefaßt, er schnalzt mit der Zunge und schüttelt tadelnd den Kopf. Obwohl im selben Alter, gleicht er nun einem Erwachsenen und flößt Angst ein. Sag das nie wieder, sagt der Freund, nie wieder, hast du verstanden?

Während man sich an bestimmte Dinge sein ganzes Leben erinnert, lernt man andere schnell zu verdrängen. Die peinlichen Erlebnisse, die unangenehmen, diejenigen, bei denen man eine beschämende Figur abgegeben hat. Man vergißt sie nicht, denn man vergißt nichts, da hatte Wilhelm Harms völlig recht, es ist alles da. Doch meistens erinnert man sich nur an die Dinge, an die man sich erinnern will.

«Wenn man vom Teufel spricht.»

Der Fahrstuhl war im Foyer des Allgemeinen Krankenhauses angelangt, und nachdem die Tür aufgegangen war, stand Dr. Papenburg vor Arno und lächelte ihn mit seinem braungebrannten, kantigen Gesicht an.

«Ganz allein heute?» meinte der Pathologe. «Wo haben Sie denn Ihre bezaubernde britische Kollegin gelassen?»

«Weggezaubert.»

Papenburg lachte. «Ich habe eben noch über Sie gesprochen», sagte er und deutete auf den Gips. «Haben Sie sich verletzt?»

«Ja», sagte Arno, «am Samstag schon.»

«In der Kantine habe ich gerade Dr. Ahrens getroffen und mit ihm zu Mittag gegessen», sagte Papenburg. «Das ist unser Kinderarzt.»

«Und?»

«Sie hatten mich doch nach Progerie gefragt. Hutchinson-Gilford-Syndrom, erinnern Sie sich?»

«Ich erinnere mich», sagte Arno. Ich erinnere mich an alles, dachte er.

«Wir halten ja hier den ganzen Verkehr auf», meinte Papenburg, zog ihn zur Seite und ließ die Leute durch, die den Lift besteigen wollten. «Ist alles in Ordnung mit Ihnen?» fragte er und musterte Arno.

«Jaja.»

«Ich wollte nur sagen, daß Dr. Ahrens einen Fall hier im Landkreis kennt. Die Krankheit ist ja äußerst selten.»

«Sarah Harms.»

«Stimmt. Die Tochter des Mordopfers. Ist doch ein komischer Zufall, oder?»

«Ich weiß. War das alles?»

«Tut mir leid, wenn ich Sie aufhalte», entgegnete Dr. Papenburg beleidigt und wandte sich ab. «Wahrscheinlich ist es nicht so wichtig.»

Arno hielt ihn zurück. «Was denn?»

Papenburg schaute ihn skeptisch an. «Der Kollege Ahrens hat mir erzählt, daß vor zwei, drei Wochen jemand zu ihm gekommen ist und sich über Progerie erkundigt hat. Weshalb, wollte der Mann nicht sagen.»

«Ist das ungewöhnlich?»

«Wie gesagt, die Krankheit ist selten. Einen zweiten Fall gibt es im Landkreis nicht. Laut Dr. Ahrens in ganz Niedersachsen nicht.»

«Wo ist dieser Dr. Ahrens jetzt?»

«Der sitzt noch in der Kantine.»

Papenburg führte Arno durch das Foyer in die Kantine, in der es nach Kohl und Braten roch und so hell war, daß es ihn blendete. Dazu, wohin man sah, die weißen, gestärkten Kittel, die weißen Hosen, die weißen Hemden. Arnos Abscheu vor Krankenhäusern wuchs.

Dr. Ahrens war ein erstaunlich junger Mediziner mit vollem, dunklem Haar, ein großer, athletischer Mann, der den Eindruck machte, regelmäßig ein Fitneßstudio zu besuchen. Er war gerade aufgestanden und wollte sein leeres Essenstablett zum Geschirrwagen tragen.

«Das ist der Polizist, von dem ich gerade gesprochen habe», stellte Dr. Papenburg Arno vor. «Hauptkommissar Hennings. Komischer Zufall, daß ich ihn gerade hier getroffen habe.»

Dr. Ahrens gab Arno die Hand, sein Händedruck war

genauso sanft wie seine Stimme. «Schön, Sie kennenzulernen.»

Sie setzten sich an den Tisch, und Dr. Ahrens begann zu erzählen. «Also, mir ist der Fall Sarah Harms bekannt, aber ich behandele sie nicht. Dafür haben wir hier nicht die Kapazitäten. Sie wird an der Medizinischen Hochschule in Hannover behandelt. Wenn Sie das Mädchen kennen, dann können Sie sich ja vorstellen, wie schlimm diese Krankheit ist.»

Arno nickte. «Was ist mit diesem Mann, der sich nach Progerie erkundigt hat?»

«Das war eine komische Sache», sagte Ahrens. «Wie ich schon Dr. Papenburg gesagt habe, er kam so vor zwei, drei Wochen hierher. Stand plötzlich in meinem Büro und wollte alles über Progerie wissen.»

«Kommt das häufiger vor, daß Leute unangemeldet zu Ihnen ins Krankenhaus kommen und sich nach einer Krankheit erkundigen?»

«Eigentlich nie», meinte Ahrens. «Die Leute sprechen meistens mit ihrem Hausarzt. Und von Progerie weiß die Allgemeinheit ja so gut wie nichts. Es sei denn, man ist persönlich mit solch einem Fall konfrontiert. Das ist ja immer so. Man interessiert sich erst, wenn man persönlich betroffen ist.»

«Und war das so bei dem Mann?»

«Das habe ich ihn sofort gefragt. Mein erster Gedanke war natürlich, daß er ein Kind hat, welches plötzlich Symptome zeigt, die auf Progerie schließen lassen. Das hat er aber verneint.» Dr. Ahrens schaute auf seine gepflegten Hände. «Obwohl ich glaube, daß er jemand Bestimmtes vor Augen hatte. Er machte einen unruhigen Eindruck.»

«Gut», sagte Arno. «Können Sie mir den Mann beschreiben?»

«Ein großer Mann mit einem zotteligen Vollbart. Er trug

einen Anzug, aber darin fühlte er sich sichtlich unwohl. Ich würde sagen, es war ein Bauer aus dem Landkreis.»

«Danke», sagte Arno und stand auf. «Das genügt. Danke, für Ihre Hilfe.» Während die beiden Mediziner sich verdutzt ansahen und ihm dann hinterherschauten, eilte er aus der Kantine, durchquerte das Foyer und lief zu seinem Wagen.

Nachdem er am Steuer des Volvo saß, hielt er inne und schloß die Augen. Seine linke Hand pochte und juckte unter dem Gipsverband, als würden Maden am Fleisch nagen. Die Rippen ziepten, er bekam nur schwer Luft. Schweiß tropfte von seinen Augenbrauen hinab. Er schwitzte am ganzen Körper. Gereizt stieg er noch einmal aus dem Wagen, zog sein Jakkett aus und warf es auf den Beifahrersitz. Handy, Notizbuch und Zigaretten fielen auf den Boden. Er setzte sich wieder, nahm die Zigarettenschachtel und steckte sich eine an. Sein Mund war völlig ausgetrocknet, er hatte furchtbaren Durst. Der Tag hatte so gut angefangen. Und jetzt?

Lauter komische Zufälle, dachte er und schüttelte den Kopf. Er hatte keine Lust mehr auf komische Zufälle. Ihm kam ein Satz in den Sinn, der in dem bei Private Grafton gefundenen Brief gestanden hatte. Gott, es schien ewig herzusein, daß er bei Emma im Büro gesessen und diesen englischen Brief gelesen hatte. Kannst du dir vorstellen, hatte Graftons Mutter in etwa geschrieben, daß zwanzig Jahre lang die Wut in einem gärt und sich dann plötzlich entlädt? Gefühle verjähren nicht, dachte Arno, je intensiver, desto haltbarer sind sie. Und er mußte sich an ein Wort erinnern: *A maniac.* Nur ein Verrückter wagt sich in die Sperrzone. Er kurbelte das Fenster herunter und warf, angeekelt von dem pelzigen Geschmack auf seiner Zunge, die Zigarette auf den heißen Asphalt. Sein Telefon klingelte, er bückte sich stöhnend und hob es vom Boden auf.

«Ja?»

«Hier ist Müller. Störe ich oder …»

«Fragen Sie mich bitte nie wieder, ob Sie stören.»

«Sorry. Ich wollte nur fragen, ob Sie fertig sind im Krankenhaus?»

«Ja.»

«Gut, wir sind jetzt hier irgendwo in Wietzenbruch. Bei einem Robin Grabow. Der Kerl kommt mir verdächtig vor. Schon Samstagabend ist er mir aufgefallen. Hat sich in tausend Widersprüche verwickelt. Soll ich Ihnen die Adresse geben?»

«Nein. Tun Sie mir einen Gefallen, und kommen Sie nach Eichendorf, wenn Sie mit diesem Kerl fertig sind, zu Harms.»

«Was ist denn los?»

«Erkläre ich Ihnen später», sagte Arno. «Und tut mir leid, wenn ich Sie eben angeschnauzt habe.»

«Schon gut.»

«Bis später.»

Er schaltete das Handy aus und warf es wieder auf den Boden neben das Notizbuch, das er nicht mehr benutzen konnte. Bei dem Gedanken stutzte er. Dann startete er den Wagen. Der Motor sprang zwar sofort an, aber er krachte explosionsartig, und im Rückspiegel sah Arno eine dunkle Abgaswolke aufsteigen. Ruckelnd fuhr der Volvo an. Was ist denn nun schon wieder los? dachte Arno und lenkte den Wagen in Richtung Allerbrücke. Während der ganzen Fahrt durch die Stadt verfolgte ihn die Abgaswolke, und ein seltsam verbrannter Geruch drang in den Wagen. Am Thaerplatz mußte er vor der roten Ampel warten, der Fahrer im Wagen neben ihm hielt sich die Nase zu und schaute ihn strafend an. Mach jetzt nicht schlapp, flehte Arno, laß mich jetzt nicht im Stich. Nur noch ein paar Kilometer, nur noch einmal die vertraute Strecke.

Aber bevor er nach Eichendorf fuhr, machte er kurz halt an der Polizeiinspektion. Hoffentlich war Gerd Stockmann im Labor, er mußte schnell eine Untersuchung für ihn durchführen, und Arno wußte in diesem Augenblick nicht, welches Ergebnis er sich wünschte.

36

Das Rattern der Maschinengewehre klang an diesem frühen Nachmittag so nah, daß man meinen konnte, eine Einheit rückte nach Eichendorf vor. An der Tür des Hauses der Harms hing nun ein seidener, schwarzer Trauerflor, der in der warmen Brise flatterte, die über das kahle Feld wehte. Der Twingo stand unter dem Holzdach, doch als Arno an der Tür klingelte, öffnete niemand. Er klingelte ein zweites Mal und wartete, und als immer noch niemand kam und alles still blieb, ging er an dem Baugerüst vorbei um das Haus herum. Schon von weitem sah er Heike hinter der Terrasse an einer schief in den sandigen und mit Bauschutt übersäten Boden gesteckten Wäschespinne stehen, an der sie die kleinen Hosen und Pullover von Sarah aufhängte. Sie war barfuß und trug dasselbe blaßblaue Sommerkleid, das sie bei seinem ersten Besuch angehabt hatte. Als er zu ihr kam, schien sie ihm unendlich weit entfernt. Das Kleid bauschte sich im Wind auf, mit einer Wäscheklammer zwischen den Zähnen drehte sie sich zu ihm um und schaute mit leeren Augen durch ihn hindurch. Dann nahm sie die Klammer aus dem Mund und hob die Mundwinkel, es sollte ein Lächeln werden, aber Arno dachte, daß so auch ein Weinen beginnen konnte. Das kleine T-Shirt, das sie eben über die Leine gelegt hatte, rutschte herunter, und er fing es auf und reichte es ihr.

«Ich bin leider ein völlig unpraktischer Mensch», sagte sie wie zur Entschuldigung und strich sich eine Strähne aus dem Gesicht, das noch ausgemergelter erschien.

«Da bist du nicht die einzige», meinte Arno und mußte an den Volvo denken, der auf der Fahrt hierher immer mehr gequalmt hatte und beängstigend nach Öl roch.

«Vielleicht bin ich nur eine Träumerin», sagte Heike. «Aber ich stehe hier und bin eigentlich ganz woanders.» Sie nahm ein weiteres Wäschestück aus dem Korb. «Manchmal kommt mir das Leben wie ein unbegreiflicher Irrtum vor. Das war nicht immer so. Kannst du das verstehen?»

Arno war überrumpelt von ihren Worten und nickte nur.

«Was ist mit deiner Hand?» fragte sie.

«Ein kleiner Unfall.»

Geistesabwesend fuhr sie fort, die Wäsche aufzuhängen. «Das Leben ist eine einzige Folge von kleinen Unfällen», sagte sie, als führte sie Selbstgespräche. «Immer wieder kriegen wir einen Schlag versetzt. Das Leben ist ungerecht.»

«Vielleicht», entgegnete Arno. Er hatte das Gefühl, daß sie Sätze aus einem Roman zitierte, in dem sie sich wiedergefunden hatte. «Aber für unsere Fehler sind wir meistens selbst verantwortlich.»

Sie schaute ihn einen Augenblick an und wandte sich dann wieder ab. «Entschuldige», sagte sie kalt, «ich dachte, mit dir könnte man wenigstens reden.»

«Bisher hast du es nicht versucht.»

«Und jetzt bist du beleidigt, oder was?» Sie klemmte den Wäschekorb unter den Arm und ging durch die offene Terrassentür ins Haus.

Arno folgte ihr durch das Wohnzimmer in die Küche. «Ob ich beleidigt bin oder nicht, spielt keine Rolle. Ich muß einen Mörder finden», sagte er. «Und das Bild, das ich immer mehr gewinne, gefällt mir nicht.»

Heike stellte den Korb auf die Waschmaschine, nahm vom Küchentisch eine Zigarette aus der Schachtel und steckte sie sich an. «Ein ziemlich sinnloser Job, findest du nicht?» sagte sie und lehnte sich an die Waschmaschine. «Du kommst erst dann, wenn alles zu spät ist.»

Arno ignorierte ihre Bemerkung. Das Schlimme war, daß ihm im Moment keine Entgegnung einfiel. «Hast du Sarah nun von Knuts Tod erzählt?»

«Ja, ich habe ihr gesagt, daß er nicht wiederkommen wird», sagte sie und atmete den Rauch aus. «Was ist eigentlich mit der Beerdigung?»

Daran hatte er noch gar nicht gedacht. Mit diesem Thema wurde er bei einer Ermittlung selten konfrontiert. «Die Obduktion ist abgeschlossen», sagte er. «Ich denke, du kannst alles in die Wege leiten.»

«Alles in die Wege leiten», wiederholte sie. «Alles geht seinen Gang, nicht wahr? Für alles gibt es die passenden Handgriffe und Formulare. Alles ist fein säuberlich geregelt. Die beschissene Geburt, der Tod. Nur was man dazwischen macht, damit muß jeder selbst klarkommen.»

«Heike, ich kann nichts dafür», sagte Arno und zündete sich auch eine Zigarette an. «Ich weiß, daß es schwer ist für dich. Aber du hast mich gefragt.»

«Entschuldige», sagte sie und atmete schwer aus. «Natürlich kannst du nichts dafür. Aber ich komme mit dem ganzen Scheiß nicht mehr zurecht. Es wächst mir über den Kopf. Mir wird alles zuviel. Manchmal möchte ich alles hinschmeißen.»

«Um was zu tun?»

«Wenn ich das wüßte.»

«Wo ist übrigens Sarah?»

«Bei meinen Eltern», sagte Heike und schloß die Augen. «Wenn ich die nicht hätte, wüßte ich nicht mehr weiter.»

«Ist sie wirklich bei deinen Eltern?»

«Was soll die Frage?» Sie riß die Augen auf und sah ihn von der Seite an. Als sie an der Zigarette zog, war ihr Blick fest, aber die Brüste, die durch den dünnen Stoff ihres Kleides schimmerten, zitterten.

«Heike, hör auf, mir etwas vorzuspielen», sagte Arno. «Ich habe die Nase voll davon. Am Freitag war sie angeblich auch bei deinen Eltern.»

«War sie auch», entgegnete Heike und wich seinem Blick aus.

Die Zigarette schmeckte Arno nicht, sie verursachte ihm fast Brechreiz. Er ging zum Küchentisch und drückte sie in dem überfüllten Aschenbecher aus. «Warum wurde sie dann von Volker Bredeberg zurückgebracht?»

«Vielleicht waren sie bei ihm. Er hat einen Hof, und Sarah ist gerne bei den Tieren. Was soll das?»

«Ist es normal, daß ein Fremder deine kranke Tochter beaufsichtigt?»

«Er ist kein Fremder. Du kennst ihn doch auch noch von früher.»

«Ja, aber warum macht jeder so ein Geheimnis daraus?» sagte Arno und sah sie an. «Warum wollte Sarah nicht sagen, wo sie wirklich war? Warum fährt Volker nach Celle ins Krankenhaus, um sich über Progerie zu informieren?»

«Hat er das getan?» Sie fuhr mit der Hand an die Stirn, die so hell war wie ihr Haar. «Es interessiert ihn halt. Er macht sich Sorgen.»

«Ist sie häufiger bei ihm?

«Ab und zu.»

«Wie ist dein Verhältnis zu Volker?»

«Gut», sagte Heike und zog an ihrer Zigarette. «Er ist der einzige im Dorf, der anders ist.»

Auf dem Truppenübungsplatz hatte offenbar eine Granate ihr Ziel getroffen, denn der Nachhall der Detonation ließ für ein paar Augenblicke das kleine Haus beben und im Küchenschrank das Geschirr klappern.

«Anders als wer?»

«Als alle. Als Knut.»

«Ist Sarah Knuts Kind?» Arnos stand ihr gegenüber, seine Stimme wurde lauter.

«Ja, verdammt», entgegnete sie ärgerlich und trat unruhig von einem Fuß auf den anderen. Ihre Konzentration schweifte schon wieder ab.

«Heike, ich bitte dich. Mach nicht alles noch schlimmer. Erzähl mir die Wahrheit.»

«Die Wahrheit, die Wahrheit.» Heike ging an ihm vorbei zum Küchentisch, drückte ihre Zigarette im Aschenbecher aus und setzte sich hin. «Was ist das: die Wahrheit? Volker und ich hatten, kurz bevor ich Knut heiratete, eine kleine Affäre. Eigentlich keine richtige Affäre. Mein Gott, das ist über zehn Jahre her. Wir waren jung. Er wollte schon lange was von mir. Da ist es halt passiert. Ich weiß nicht, was das jetzt soll.»

«Ich glaube, du weißt es ganz genau. Aber du bist dir sicher, daß Sarah von Knut ist?»

Sie nickte kraftlos und rieb sich dann das Gesicht.

«Und was denkt Volker? Was ist in der letzten Zeit passiert?»

«Passiert!» Sie schüttelte den Kopf. «Es ist nichts passiert. In der letzten Zeit habe ich wieder mehr mit Volker zu tun, das ist alles.»

Arno räumte die Wäsche vom anderen Stuhl und setzte sich Heike gegenüber. «Was heißt das: Du hast wieder mehr mit ihm zu tun?»

«Nicht das, was du denkst», sagte sie, verschränkte die Arme auf dem Tisch und sah ihn mit müden grünen Augen herausfordernd an. «Er ist nicht mein Typ, wenn du es genau wissen willst. Aber er ist eben da, wenn man ihn braucht. Und er kann sehr gut mit Sarah umgehen. Und das konnte man von Knut nicht sagen.»

«Ist er verliebt in dich?»

«Verliebt? Gott, gibt es so was noch? Liebe?» Sie zuckte mit den Achseln. «Ich weiß nicht. Vielleicht. Wir kennen uns schon so lange.»

«Wußte Knut, daß du wieder mehr mit Volker zu tun hast?»

Sie wich zurück. «Worauf willst du hinaus?»

«Laß mich jetzt die Fragen stellen. Wußte Knut davon?»

«Knut, Knut. Es war ihm scheißegal. Er war doch sowieso kaum hier und hat sich um nichts gekümmert. Glaubst du, es macht mir Spaß, allein in diesem Kaff zu versauern? Es ist vielleicht schön, ab und zu mal zurückzukommen. Aber wenn du hier dein ganzes Leben verbringst … Ich habe mir auch mal etwas anderes vorgestellt.» Sie hielt einen Augenblick inne und schüttelte dann höhnisch lachend den Kopf. «Im Grunde habe ich nur einmal das große Los gezogen. Als meine Tochter die seltenste Krankheit bekam, die es gibt. Das war der große Wurf von Knut und mir. Die kriegt nur einer von Millionen. Nicht mal ein gesundes Kind konnten wir auf die Welt bringen.»

Arno ging nicht darauf ein, für solch derben Galgenhumor hatte er keinen Sinn. «Du hast mir erzählt, daß du dich von Knut trennen wolltest und er dagegen war. Du sagst, er wußte, daß du wieder mit Volker zu tun hast. Hat er da nicht seine Schlüsse gezogen? Hat er Volker nicht als Gefahr gesehen?»

Sie lachte wieder auf. «Knut hat in Volker keinen ernsthaften Konkurrenten gesehen. Er hat ihn nicht für voll genommen. Er hat niemanden für voll genommen.»

«Und wenn sein Kind bei Volker war, dann hat ihn das nicht gestört?»

«Das hat er doch nicht mal bemerkt», rief sie fast.

«Vielleicht hat es ihm jemand erzählt», meinte Arno und

lehnte sich zurück. In dem Moment klingelte sein Handy, und obwohl er auf einen Anruf gewartet hatte, zuckte er bei dem Ton zusammen, der in letzter Zeit nur schlechte Nachrichten signalisiert hatte. «Entschuldige», sagte er zu Heike, zog das Handy aus der Jackentasche und wandte sich ab. «Ja?»

«Stockmann hier.»

«Und?»

«Auf dem Deckel Ihres Notizbuches gibt es einen Abdruck, der identisch ist mit dem Daktylogramm auf dem Splitter der Tatwaffe.»

«Hundertprozentig?»

«Sonst würde ich nicht identisch sagen. Rein interessenmäßig, darf ich fragen, wie er auf Ihr Notizbuch gelangt ist?»

«Nein. Aber vielen Dank, Herr Stockmann.» Er schaltete das Handy aus und steckte es zurück in die Tasche.

«Was ist?» fragte Heike und griff erneut zur Zigarettenschachtel. Sie nahm aber keine Zigarette heraus, sondern spielte nur fahrig mit der Schachtel.

«Nichts», sagte er und sah sie an. «Heike, was hast du Volker gesagt?»

«Was ich Volker gesagt habe?»

«Hast du ihm gesagt, daß Sarah eigentlich von ihm ist?»

Heike senkte den Kopf. «Ich weiß nicht, was ich ihm gesagt habe. Ich meine, wir hatten etwas, bevor ich Knut geheiratet habe. Es wäre immerhin möglich gewesen, oder?» Als sie ihn wieder ansah, hatte sie Tränen in den Augen. «Volker kümmert sich rührend um Sarah. Er ist liebevoll. Er hat im Gegensatz zu Knut etwas wirklich Väterliches. Was bedeutet schon ein biologischer Vater, wenn der nichts mit dem Kind anfangen kann? Solche Sachen spielen doch gar keine Rolle.»

«Für Volker vielleicht schon.»

Sie wischte sich die Tränen aus den Augen.

«Ich glaube, du wußtest ganz genau, was du gesagt und getan hast», fuhr Arno fort. «Du wußtest, daß Knut und Volker schon immer Feinde waren. Du kanntest die Geschichte ihrer Familien. Und du hast sie gegeneinander ausgespielt.»

«Ausgespielt? Willst du jetzt mir die Schuld in die Schuhe schieben?»

«Wofür? Sag es mir!»

«Ach, du verstehst überhaupt nichts.»

«Ich verstehe das, was ich sehe», sagte Arno und stand auf. «Und es gefällt mir nicht.»

«Arno.» Zum ersten Mal sagte sie seinen Namen. Mit geröteten Augen sah sie hoch zu ihm. «Warum sagst du das? Ich kann mich noch erinnern, daß du früher mal anders warst. Weißt du das noch?» Ihre Stimme hatte einen flehenden Ton angenommen. «Wir haben uns mal gut verstanden. Wir waren zwar noch Kinder, aber wer weiß, was geworden wäre, wenn du hiergeblieben wärst. Oder? Doch jetzt erkenne ich dich gar nicht mehr wieder. Du bist nicht mehr so wie früher. Dein Blick macht mir angst. Du bist hart geworden.»

Ja, dachte Arno, vielleicht war er hart geworden, Heike war nicht die erste, die ihm das sagte. Aber er war nicht mehr das Kind, dessen Weichheit vor allem seiner Unsicherheit und Ahnungslosigkeit entsprang. Und er war nicht der einzige, der hart geworden war. Vielleicht war seine professionelle Härte auch weniger brutal als die, hinter der sich nichts anderes als Selbstmitleid versteckte. «Ja», sagte Arno. «Aber die Zeiten ändern sich.» Dann ging er hinaus und ließ sie allein.

37

Vor dem Haus wartete bereits Müller, er lehnte rauchend an der Kühlerhaube des Volvo.

«Ihr Wagen verliert Öl», sagte er.

Arno nickte. «Woran kann das liegen?»

«Der Ölfilter ist durchgerostet. Ich habe nachgeschaut. Im Auto hatte ich noch eine alte Spachtelschüssel rumliegen, die habe ich druntergestellt.»

«Danke.» Arno mußte daran denken, daß Benzin und Öl von Knuts Wagen abgelassen worden waren, bevor er im Moor versenkt wurde. Sogar die Batterie war ausgebaut worden. Ein Naturschützer, hatte Stockmann gesagt. Jemand, dem an der Gegend liegt. Jemand aus der Gegend. Es gab nichts mehr hinauszuzögern.

«Was ist los?» fragte Müller.

«Kommen Sie, nehmen wir Ihren Wagen», sagte Arno. «Ich erzähle es Ihnen unterwegs.»

Müller machte Arno die kaputte Beifahrertür des Kadett auf, dann fuhren sie davon. Auf dem Weg durch das Dorf erzählte Arno seinem Kollegen knapp, was er an diesem Tag erfahren hatte. Müller hörte nur schweigend zu und machte keine Bemerkungen. Sie überquerten die kleine Brücke, und hinter der ‹Schönen Aussicht› bogen sie nach links ab. Je näher sie der Grenze der Sperrzone kamen, desto lauter wurde das Getöse des Manövers. Aus den Silos der Hühnerfarm strömte der beißende Gestank in den Wagen. Aber nicht deswegen zog sich Arnos Magen zusammen.

Sie gelangten in den dichten Mischwald und passierten die scharfe Kurve, wo es geradeaus ins Eichendorfer Moor ging. Der Wald lichtete sich, und Arno sah Bredebergs Hof vor sich liegen. Der Trecker stand vor der Scheune, der R4 parkte vor dem Wohnhaus. Als sie auf den Hof bogen, kam der Mischling kläffend hinter dem dampfenden Misthaufen hervorgelaufen.

Arno schöpfte Atem. Seine Nase juckte. «Ich gehe erst mal allein rein», sagte er.

Müller nickte nur.

Arno stieg aus und schaute sich um. Der Mischling tänzelte kläffend um ihn herum. Einen Augenblick später erschien Volker in der Tür des Wohnhauses.

«Ach, du», sagte er. «Komm rein.» Dann drehte er sich um und verschwand im Haus.

Der Mischling folgte Arno und blieb vor der Fußmatte sitzen. Links ging es in den Stall, rechts führte die Tür direkt in die Küche, sie war offen und nur mit ausgeblichenen Plastikstreifen verhängt, die leise raschelten, als Arno eintrat. Volker saß allein am Küchentisch, vor ihm stand ein Suppenteller.

«Ist dein Wagen wieder stehengeblieben?»

Arno nickte.

«Willst du auch einen Teller?» fragte Volker, nahm dann einen Löffel und begann zu essen.

«Nein danke.» Früher hatte Volker Arno auch immer zu den Mahlzeiten eingeladen, wenn er gerade hier war. Und obwohl er sich am Anfang insgeheim ein bißchen geekelt hatte, an diesem Tisch zu sitzen und die fremd aussehenden Gerichte zu essen, die Volkers Oma gekocht hatte, hatte er oft mit der Familie Bredeberg gegessen, und meistens hatte es ihm ausgesprochen gut geschmeckt, besser sogar als zu Hause.

Die Küche sah noch genauso aus, wie Arno sie in Erinnerung hatte. Der alte Schrank schien noch derselbe zu sein, auch die Sitzecke vor dem Fenster und die Stühle, selbst das Geschirr in der Spüle sah aus, als würde es seit Jahren dort lagern und auf den Abwasch warten. Wie früher wirkte alles etwas schmuddelig und unaufgeräumt. Auf dem mit Flecken übersäten Herd stand ein großer Topf, daneben ein Eimer voll Kartoffeln, an der Wand hing der vergilbte Kalender einer Landmaschinenfirma. Von der Decke über dem Tisch baumelte ein Fliegenfänger herab, an dem unzählige Insekten klebten, auf der Plastiktischdecke lag eine Fliegenklatsche, und dennoch schwirrte unendlich viel Ungeziefer durch die muffige Luft. Und dort, auf dem Holzschemel in der Ecke neben dem grünen Kachelofen, hatte immer die Großmutter gesessen, Tante Sophie, wie Arno nun wußte, die schon damals uralt gewesen war, die aber immer noch lebte.

«Wo ist deine Oma?»

«Hat sich hingelegt. Sie schläft die meiste Zeit.» Volker aß weiter. «Aber kochen kann sie noch.»

Arno nickte und überlegte, wie er beginnen sollte.

«Der Tierarzt hat vorhin angerufen», sagte Volker mit vollem Mund. «Der Hund ist übern Berg, sagt er.»

«Das ist gut», sagte Arno und beobachtete Volker, der den Löffel in der linken Faust hielt und sich den Eintopf hungrig hineinschaufelte.

«Was ist?» fragte Volker und hielt mit dem Essen inne.

«Du bist Linkshänder.»

«Ja. Du auch, oder?» Volker füllte den Löffel und führte ihn zum Mund. «Nur hat mir der Heine damals das Schreiben mit rechts beigebogen. Du warst der einzige, der weiter mit links schreiben durfte. Aber dafür hat er dich auch ständig auf dem Kieker gehabt.»

«Stimmt.»

«Was geschieht jetzt mit dem Hund?»

«Wenn ich das wüßte», sagte Arno und kratzte seinen Kopf. Dann setzte er sich Volker gegenüber auf die Bank. «Mich interessiert im Moment auch eher, was mit dir passiert, Volker.»

Volker musterte ihn über den Löffel hinweg und aß dann scheinbar ungerührt weiter. Einen Augenblick saßen sie sich schweigend gegenüber, man hörte nur das Surren der Fliegen und Volkers Schmatzen. Nachdem er aufgegessen hatte, wischte er sich den Mund mit dem Hemdsärmel ab. «Willst du nicht deinen Kollegen reinholen?» fragte er.

«Ich will wissen, warum, Volker.»

Volker fuhr sich durch das Haar und schüttelte den Kopf. Seine Augen sahen müde aus. «Es gibt nichts zu sagen.»

«Alles wegen der alten Geschichten?»

Volker sagte nichts, senkte den Kopf und klopfte mit dem Löffel auf den Tisch.

«Hast du ihn deshalb zum Falkenhof gebracht?»

Volker schwieg.

«Aus Haß gegen diese Familie, die deinen Großvater auf dem Gewissen hat?» Arno konnte nicht einschätzen, was in Volker vorging. Woran dachte er in diesem Moment? «Ich habe so einen Fall selten erlebt», sagte Arno. «Woher dieser grenzenlose Haß?»

Volker hob den Kopf und sah ihn an. Aber wie vorhin Heike, schien auch er durch Arno hindurchzusehen. «Ich wollte, daß er leidet. Ich wollte, daß dieser gefräßige Mensch leidet. Er sollte das zurückkriegen, was er anderen angetan hatte.»

«Nackte Rache?»

«Es ist mir egal, was du darüber denkst.»

«Es spielt auch keine Rolle, was ich darüber denke. Aber es ist Mord. Du weißt, was das bedeutet.»

«Ich konnte nicht anders.»

«Und der englische Soldat?»

Volker ließ den Löffel fallen. «Das habe ich nicht gewollt. Er hatte nichts damit zu tun.»

«Stimmt, er hatte nichts damit zu tun.»

«Aber er stand mir im Weg. Ich wollte ihn nur … Ich wollte ihn nicht töten.» Volker stand mit einem Satz auf, nahm den Teller und stellte ihn in die überfüllte Spüle.

«War es das wert?»

«Was glaubst du, wie oft ich in der letzten Zeit darüber nachgedacht habe?» sagte Volker, ohne ihn anzusehen. «War es das wert? Am Ende war es das vielleicht wert. Aber du würdest es doch nicht verstehen, auch wenn ich es dir erkläre.»

«Versuch es mir zu erklären», bat Arno.

Volker schüttelte den Kopf. «Es hat keinen Zweck.»

Arno seufzte. «Erzähl mir von dem Donnerstagabend vor einer Woche. Knut Harms kam bei dir vorbei, richtig?»

Volker nickte.

«Hat er dir gedroht?»

«Gedroht? Nein», sagte Volker erstaunt und drehte sich um. «Er war einfach so arrogant wie immer.»

«Was wollte er?»

«Geld, was sonst? Aber er hat eher gebettelt. Er hatte am Nachmittag angerufen. Da wußte ich schon, was ich mache.»

«Er wollte Geld? Warum?»

«Er hat gesagt, daß er die ganzen Jahre für Sarah gesorgt hätte. Und nun wollte er etwas davon zurückhaben.»

«Was?»

«Du kennst Knut nicht», sagte Volker. «Du mußt ihn nun auch nicht mehr kennenlernen. Er war ein fieses Arschloch. Für diesen Krüppel hab ich die ganze Zeit gezahlt, hat er gesagt. Hast du die kleine Sarah gesehen?»

Arno nickte.

«Dafür wollte er jetzt eine Entschädigung. Für dieses arme Kind.»

«Warum?»

«Weil sie meine Tochter ist.»

«Hat dir Heike das tatsächlich erzählt? Daß sie eigentlich deine Tochter ist?»

Volker nickte.

«Und deshalb bist du ins Krankenhaus gefahren?»

Volker reagierte nicht erstaunt auf diese Information. «Ich wollte alles tun, was möglich ist. Wenn ich es nur schon früher gewußt hätte.»

«Und Heike hat auch Knut erzählt, daß Sarah deine Tochter wäre?» Es war schlimmer, als Arno gedacht hatte.

«Wir waren damals zusammen», sagte Volker. «Heike und ich. Aber dann hat sie Knut geheiratet. Er hat ihr sonstwas versprochen. Heike hat sich davon einfangen lassen. Aber sie ist anders geworden.»

Diese Worte versetzten Arno einen Stich. Er betrachtete Volker, er tat ihm leid. «Sie verarscht dich», sagte er leise, und im gleichen Augenblick bereute er es.

«Halt dich da raus, Arno», herrschte Volker ihn an. «Du kennst uns alle nicht mehr. Ich wollte Knut schon damals umbringen. Und ich hätte es auch tun sollen.»

«Volker, Sarah ist nicht deine Tochter.»

«Was redest du da? Sie ist meine Tochter.» Er atmete tief ein. «Deswegen war es doch letztlich auch alles etwas wert.»

Arno stand auf und ging auf Volker zu. «Ich war gerade bei Heike», sagte er und legte eine Hand auf Volkers Schulter. «Es stimmt nicht. Knut war der Vater. Sarah ist Knuts Kind.»

Volker starrte ihn an fassungslos an, sein Blick glich nun selbst dem eines Kindes, dachte Arno. Scheinbar regungslos stand er da, doch seine Halsschlagader pochte und seine Nasenflügel bebten. Instinktiv nahm Arno die Hand wieder weg. In Volkers traurigen Augen begann es zu flackern.

«Volker», sagte er ruhig, «Heike hat ...»

Weiter kam er nicht. In dem Moment explodierte Volker. Es klang wie ein aus der Tiefe kommender, schwerer Seufzer, mit dem er ausholte, und um ein Haar wäre Arno von seiner Linken am Kinn getroffen worden. Doch irgendwie hatte Arno damit gerechnet. Im letzten Augenblick wich er zur Seite, und während die wuchtige Faust ins Leere schlug, stieß er Volker nach hinten auf die Spüle. Volker wankte zurück, das Geschirr klirrte, aber er war sofort wieder auf den Beinen, und noch ehe Arno nach Müller rufen konnte, hatte Volker ihn am Kragen gepackt und warf ihn rückwärts auf den Küchentisch. Arno rollte sich zur Seite, riß den Stuhl um und krachte mit einem lauten Knall auf den Boden, wo er benommen liegenblieb. Volker zögerte nicht lange und stürzte nach draußen. Den Mischling, der noch immer vor der Tür saß, schubste er mit einem Tritt zur Seite und rannte zu seinem Wagen.

Müller saß in seinem Kadett und glaubte seinen Augen nicht zu trauen. Schnell schmiß er die Zigarette aus dem Fenster, stieß die Tür auf und sprang hinaus. Mittlerweile hatte Volker den R4 gestartet und wendete auf dem Hof. Müller stellte sich ihm mit erhobenen Armen in den Weg und konnte sich dann nur durch einen Hechtsprung zur Seite retten. Mit quietschenden Reifen raste Volker von seinem Hof. Auf dem staubigen Boden liegend, schaute Müller ihm hinterher. Der Mischling hüpfte kläffend vor der Tür herum.

Drinnen hatte sich Arno wieder aufgerappelt, der Kopf dröhnte, seine geprellten Rippen schmerzten. Aber zum Glück war er nicht auf die gebrochene Hand gefallen. Er schüttelte sich, und dann durchzuckte ihn eine furchtbare Ahnung. Als er nach draußen rannte, wäre er fast über den bellenden Hund gestürzt, der sich gar nicht mehr einkriegen wollte. Taumelnd lief er weiter, Müller hielt ihm schon die Tür auf.

«Wo ist er?» rief Arno.

«Mit seinem Wagen abgehauen.»

«Ins Dorf?»

Müller zuckte mit den Achseln. «Der Weg geht doch nur zurück ins Dorf», meinte er.

«Los, hinterher.»

Kaum war Arno eingestiegen, lenkte Müller den Kadett rückwärts vom Hof. In der Tür des Hauses sah Arno plötzlich eine gebeugte Gestalt stehen, die auf den Hund einredete, der jetzt jaulend seinen Kopf senkte und mit den Vorderläufen im Boden scharrte. Dann schaute die alte Frau zu ihm herüber, für einen Augenblick trafen sich ihre Blicke. Arno erstarrte. Fragend schaute ihn das greise Gesicht an. Er mußte an Sarah denken, aber es war Tante Sophie. Der Lärm hatte Volkers Oma wohl aufgeweckt. Nach wenigen Sekunden verschwand sie aus seinem Blickfeld, Müller hatte den Vorwärtsgang eingelegt und preschte davon.

Arno schüttelte das Bild ab und versuchte, einen klaren Gedanken zu fassen. Müller hatte recht, der Weg führte nur zurück ins Dorf, in die andere Richtung endete er wenige Meter vor dem Übungsplatz. Sie rasten in den dunklen Wald, vor der scharfen Kurve mußte Müller abbremsen, die Räder rutschten auf den Seitenstreifen und wühlten die trockene Erde auf, der Kadett geriet ins Schlingern. Hinter der Kurve kam ihnen ein Wagen entgegen, Arno hielt sich mit der rechten Hand am Griff über der Tür fest, Müller blieb auf dem schmalen Seitenstreifen und versuchte den Kadett mit beiden Händen am Lenkrad geradezuhalten. Als er an dem Wagen vorbei war, trat er aufs Gaspedal. Der Weg verlief jetzt schnurgerade, ein paar hundert Meter vor ihnen konnten sie die Rücklichter von Volkers R4 sehen. Er mußte anhalten und auf einen Trecker warten, der den Weg kreuzte. Sie kamen näher. An der Hauptstraße bog er nicht nach rechts ins Dorf, sondern nach links ab. Arno atmete auf. Volker fuhr nicht zu Heike. Aber wo wollte er hin? Links ging es doch nur auf die Panzerringstraße! Bald hatten auch sie die Abzweigung erreicht, und als der Wagen abrupt zum Stillstand kam, wäre Arno fast gegen die Windschutzscheibe geprallt. Müller drückte ihn wieder in den Sitz, schaute am ihm vorbei nach rechts und gab dann Gas. Volker war auf dem Weg in die Sperrzone.

«Schneller», rief Arno.

«Mehr geht nicht», entgegnete Müller. «Sollten wir nicht Verstärkung rufen?»

«Um was zu tun?» entgegnete Arno. «Bis jemand hier ist, kann er schon sonstwo sein.»

Volker hatte bereits die Grenze des Truppenübungsplatzes erreicht. Der R4 bog ohne langsamer zu werden nach links, Richtung Ostenholz, ein. Sie folgten ihm durch den dichten Wald über die breite Straße, auf der zum Glück kein Verkehr war. Arno hatte den Eindruck, daß sie aufholten. Aber was sollten sie machen? Sie mußten es schaffen, ihn zu überholen und zum Anhalten zu zwingen. In Arnos Kopf überschlugen sich die Gedanken. Was hatte Volker vor? Folgte er jetzt seinem Weg? Einem vorherbestimmten Weg? Wo führte der ihn hin?

Auch Müller schien sich darüber den Kopf zu zerbrechen. «Wo will der hin, verdammte Scheiße?» schrie er und stützte sich mit seinem ganzen Gewicht auf das Gaspedal.

Der Abstand verringerte sich nicht. Der alte R4 stieß dunkle Abgaswolken aus, jagte aber mit unverminderter Geschwindigkeit über die breite und gerade Straße. Zu beiden Seiten dichter Nadelwald. Dahinter der Übungsplatz. Wenige Kilometer vor Ostenholz wurde Volker plötzlich langsamer, doch anstatt anzuhalten, bog er nach rechts in die Sperrzone ab. *Tank Fire Range*, stand auf dem großen Schild. *No Through Road! Keep Out!* Müller bremste ab und sah Arno an.

«Hinterher!» rief Arno.

Müller folgte dem R4 auf den breiten Betonweg, sie hatten jetzt ein paar Meter verloren. Nach kurzer Strecke endete die Betondecke, der Wald lichtete sich, und sie näherten sich auf einer ausgefahrenen Sandpiste dem Schießstand. Schon von weitem sah man über den Baumwipfeln das auf Stelzen stehende Holzhaus. Dann erkannte Arno rechts vor ihnen einige schwere Panzer, ein paar britische Soldaten lehnten rauchend an den Ketten. Als sie die Autos kommen hörten, schreckten sie auf. Volker fuhr unbeirrt weiter, immer weiter geradeaus auf den Schießstand zu. Die Soldaten warfen ihre Zigaretten weg, begannen hektisch zu gestikulieren und zu rufen. Sie nahmen ihre Gewehre von der Schulter, entsicherten sie und legten an. Geradeaus sah Arno eine hüfthohe Betonbarriere, dahinter erstreckte sich bis zum Zentrum der Sperrzone die weitläufige Panzerschießbahn. In der Ferne sah man den Falkenberg, der sich gestochen scharf im Zwielicht der einsetzenden Dämmerung abzeichnete. Es sah so aus, als würde Volker direkt darauf zuhalten.

Kurz vor den Panzern hielt Müller den Wagen an, und Arno sprang hinaus.

«Do not shoot», schrie er und rannte los. *«Do not shoot!»*

Die Soldaten schienen ihn nicht zu hören, sie richteten die Waffen auf den R4, der jetzt parallel zu ihnen fuhr.

Arno lief weiter. *«Do not shoot!»* schrie er wieder.

Ein Soldat drehte sich zu Arno um, ein junger Kerl mit geröteter Gesichtshaut. *«Stop!»* rief er und kam mit seinem Gewehr im Anschlag und erhobenen Arm auf ihn zu.

Noch während Arno versuchte, im Laufen seinen Dienstausweis aus der Jacke zu ziehen, krachte der R4 mit einem ungeheuren Schlag gegen die Betonbarriere. Der junge Soldat fuhr herum. Arno blieb stehen, als wäre er selbst gegen eine

Wand gerannt. Einen kurzen Augenblick lang war es totenstill. Dann explodierte der Wagen, ein gellender Knall dröhnte über den Platz, und schließlich schoß ein greller Feuerball in den dunkelblauen Himmel.

Die britischen Soldaten reagierten schnell. Sie liefen zu den Panzern, aus der Schützenluke reichte schon jemand einen Feuerlöscher hinunter. Arno klappte zusammen. Er sank erschöpft auf den weichen Sandboden und sah die Flammen aus der alten Karosserie züngeln. Mit einem hohlen Knall platzten die Scheiben. Er spürte eine Hand auf seiner Schulter und schaute hoch. Neben ihm stand Müller, dann wandte er sich an den Soldaten, der versucht hatte, Arno zu stoppen, und nun wie gebannt seine Kameraden beobachtete, die sich bemühten, das Feuer einzudämmen. Als Müller ihn ansprach, zuckte er zusammen.

«*What the hell ...?*» murmelte der Junge.

«*German police*», sagte Müller und zeigte seinen Dienstausweis. Der Soldat betrachtete ihn mit offenem Mund und nickte abwesend.

Arno rang nach Luft, eine schwere Kraft schien ihn nach unten auf den sandigen Boden zu drücken, am liebsten hätte er sich hier auf der Stelle ausgestreckt und wäre eingeschlafen. Nur mit Mühe richtete er sich auf und näherte sich dann mit zitternden Beinen dem R4. Es roch nach verbranntem Gummi und dem beißenden Schaum, mit dem die Briten das Feuer erstickt hatten. Sie beachteten ihn nicht, sie stemmten die verbeulte Tür auf, aber der Fahrersitz war leer. Überall lagen Splitter der Windschutzscheibe herum.

Einige Meter hinter der Betonmauer sah Arno Volker mit verrenkten Gliedern zwischen blühenden Heidebüscheln und Felsbrocken im Sand liegen. Er stieg über die Barriere und ging langsam näher heran. Aus Volkers dichtem Haar rann dunkles Blut in sein Gesicht, das merkwürdig unversehrt wirkte und nach oben schaute. Blut floß auch zwischen seinen schmerzlich zusammengepreßten Lippen hervor. Die Augen aber waren geöffnet, als betrachteten sie den Himmel, und man konnte den Eindruck bekommen, daß sie durch das, was sie sahen, entsetzlich betrübt waren. Arno sank neben dem Mann in die Heide, den er einmal als Kind gekannt hatte und den er nach langer Zeit wiedergetroffen hatte und der selbst jetzt, im Tod, so unendlich traurig aussah.

EPILOG

Bisher war der Juni genauso herrlich gewesen wie der Mai, und wer glaubte, der Sommer hätte sich bereits vor seinem eigentlichen Beginn verschwendet, der sah sich getäuscht. Auch am längsten Tag des Jahres, dem kalendarischen Sommeranfang, strahlte die Sonne von einem azurblauen Himmel und ließ die flache norddeutsche Landschaft erstrahlen, die es eigentlich gewohnt war, von tiefliegenden Wolken verhangen zu sein. Doch was des einen Freud war, bedeutete des anderen Leid: Die Landwirte in Norddeutschland prophezeiten schon jetzt eine kärgliche Ernte und erhebliche Einnahmeverluste, wenn nicht bald ergiebige Regenfälle einsetzten. Und die Wälder waren so ausgetrocknet, daß die Feuerwehren ständig vor der enormen Brandgefahr warnten; eine achtlos weggeworfene Zigarette könnte eine ähnliche Katastrophe auslösen wie die Feuersbrunst 1975, an die sich Arno noch gut erinnern konnte. Damals lebte er mit seiner Familie noch in Eichendorf, riesige Waldgebiete der Südheide standen in Flammen, und er hatte als Kind jeden Tag ängstlich auf den Wald hinter dem Grundstück geschaut und befürchtet, daß das Feuer auch bis zu ihnen vordringen könnte.

Aber bei Arno erzeugte das Wetter an diesem Tag gute Laune. Er hatte ein paar Tage Urlaub, sein Heuschnupfen war fast völlig abgeklungen, die Blüte der Gräser und Getreidesorten, gegen die er allergisch war, war vorüber. Vor zwei Tagen war ihm auch endlich der Gipsverband abgenommen worden, die linke Hand war zwar noch etwas schwach, aber er fühlte sich nun wieder wie ein ganzer Mensch. Zudem saß er am Steuer seines Volvo, fuhr gemächlich über die Autobahn und hörte Roy Buchanan. Gegen Mittag war er aus

Celle aufgebrochen und hatte den größten Teil der Strecke bereits hinter sich gebracht. Nur noch wenige Kilometer, dann hatte er das Autobahndreieck Werder erreicht und bald wäre er in Berlin. Er hatte den Wagen vollständig überholen lassen, eine Reparatur, die ihn fast genausoviel gekostet hatte wie der Wagen selbst. Dafür hatte die Werkstatt in Winsen, nachdem endlich ein Termin frei geworden war, den Volvo für ihn aus Eichendorf abgeschleppt, so daß er nicht wieder vor dem Haus der Harms erscheinen mußte. Dort wäre er möglicherweise Heike über den Weg gelaufen oder hätte sogar Sarah gesehen; eine Konfrontation, die er unter allen Umständen vermeiden wollte.

Zum letzten Mal hatte er Heike anläßlich Volkers Beerdigung getroffen, ohne dort jedoch ein Wort mit ihr zu wechseln, was ein echtes Kunststück gewesen war. Denn es war eine traurige Veranstaltung gewesen, die da vier Tage nach Volkers Tod auf dem kleinen Eichendorfer Friedhof stattgefunden hatte. Außer ihm, Heike und dem Pastor, der nicht verbergen konnte, daß er einem Mörder und Selbstmörder nur sehr ungern das letzte Geleit gab, waren lediglich zwei ältere Damen zugegen gewesen, deren Anwesenheit sich Arno nicht erklären konnte. Nicht einmal Volkers Schwester, die nach Bayern gezogen war, wie er herausgefunden hatte, war gekommen, und seine Großmutter war damals schon zu schwach gewesen, um der Beerdigung beizuwohnen. Am Ende der Zeremonie hatte Heike am Tor des Friedhofes gestanden, eine dunkle Sonnenbrille verdeckte ihre Augen. Arno war froh gewesen, daß er ihren Blick nicht sah, als er wortlos an ihr vorbeiging und sich in den Wagen setzte, in dem sein Kollege Müller auf ihn wartete. Wenige Tage später starb auch Volkers Großmutter, die am Jahresanfang neunundneunzig Jahre alt geworden war, und nach ihrer Beerdigung, bei der Arno mit den beiden alten

Damen ganz allein war, hatte er erst einmal genug von Friedhöfen und von Eichendorf gehabt.

Arno mußte in den letzten Wochen immer wieder an den Satz denken, den er auf dem Kartentisch in Eckart Köhlers Büro gelesen hatte: Es ist nicht Soldatenart, lange einer vergangenen Sache nachzugrübeln. Wenn er es nicht bereits gewußt hätte, dann wäre er sich spätestens jetzt absolut sicher gewesen, nicht zum Soldaten geeignet zu sein. Sein erster Fall in der alten Heimat hatte ihn derartig aufgewühlt, daß er in der Folge aus dem Grübeln gar nicht mehr herauskam.

Vor allem hatte er sich immer wieder gefragt, ob er an Volkers Selbstmord eine Mitschuld trug. Hätte er ihn in dem Glauben lassen sollen, daß Sarah sein Kind war? Hätte er vorsichtiger mit seinen Worten sein sollen? Hatte er allein zu ihm gehen dürfen? Hätte er nicht den Kollegen Müller mitnehmen sollen? Dort, an dem Panzerschießstand auf dem Truppenübungsplatz neben Volkers Leiche hatte er das Gefühl gehabt, kläglich versagt zu haben und nichts mehr zu wissen, gar nichts.

Nach einer halben Stunde war Emma mit zwei Beamten der britischen Militärpolizei gekommen, später seine Kollegen aus Celle. Niemand hatte ihm einen Vorwurf gemacht, jeder hatte ihn getröstet, und besonders Heiner Pries hatte ihn dafür gelobt, den Fall gelöst zu haben, letztlich sogar innerhalb relativ kurzer Zeit. Der Täter konnte zwar nicht mehr zur Rechenschaft gezogen werden, die Ermittlung endete, womit sie begonnen hatte: mit dem Tod. Aber er hatte konkrete Ergebnisse geliefert.

Nachdem Arno den Kollegen seine Erkenntnisse mitgeteilt hatte, waren nicht wenige der Meinung, daß Volker Bredeberg, wenn er tatsächlich verhaftet worden wäre, nichts unversucht gelassen hätte, sich umzubringen. Ein Mann wie er, der jahrelang zurückgezogen gelebt und dann plötzlich einen solch grausamen Mord verübt hatte, ausgelöst durch derart tiefsitzende, aufgestaute Gefühle, hätte sich wahrscheinlich niemals in eine langjährige Gefängnisstrafe ergeben. Es wäre keineswegs ausgeschlossen gewesen, daß sie ihn eines Tages tot in seiner Zelle gefunden hätten.

Bei dieser Vorstellung mußte Arno wieder an Roy Buchanan denken und daran, daß er schon bei ihrem ersten zufälligen Wiedersehen nach fast dreißig Jahren eine Ähnlichkeit gesehen hatte zwischen dem scheuen Gitarristen und dem einsamen Landwirt, der einmal sein Freund gewesen war. Je länger er darüber nachdachte, desto mehr glaubte auch er, daß Volker weder den Prozeß noch die Haft ertragen hätte und daß seine Enttäuschung viel zu tief saß, um sie jemals überwinden oder mit ihr leben zu können. All das milderte ein wenig Arnos Schuldgefühle, die vielen Fragen beantwortete es nicht.

Er hatte schon häufig erlebt, wie jemand plötzlich den Boden unter den Füßen verlor, wie jemand in eine Situation geriet, in die er nie hatte geraten wollen. Er wußte, wie man in dieser Welt zum Verbrecher wurde, aber fast alles, was Volker anbelangte, war ihm, soviel er auch erfahren hatte, ein undurchschaubares Rätsel geblieben. Einerseits hatten seine Gefühle blankgelegen, andererseits war er erschreckend emotionslos vorgegangen. Als Bredebergs Hof durchsucht wurde, fanden sie sogar die Batterie von Knut Harms' Mercedes, Volker hatte sie für eine seltsame Konstruktion benutzt, die Gerd Stockmann als mobile Schermaschine für die Schafe identifiziert hatte. Wie paßte das alles zusammen? Eine Verkettung von Umständen? Die Kälte in uns allen? Die Hilflosigkeit? Der über Generationen aufgestaute Haß? Sie hatten keine Ähnlichkeit, dachte Arno, sie waren immer verschieden gewesen, aber Volkers Tod, das wußte er, würde sie nun für immer miteinander verbinden. Dieser traurige Fall bliebe eine Sache, die ihm noch lange zu schaffen machen würde.

Eine Menge Zeit zum Nachgrübeln hatte jetzt auch Eckart Köhler. Ob und wie er sie nutzen würde, war natürlich eine andere Frage. Trotz aller Bemühungen seines Anwaltes war er nach den Ermittlungen nicht wieder auf freien Fuß gekommen, die Beweise gegen ihn reichten aus, um unter anderem Anklage wegen Bildung einer kriminellen Vereinigung, Verbreitung von Propagandamitteln verfassungswidriger Organisationen, Waffenschmuggel und Strafvereitelung zu erheben. Nun hatte die Staatsanwaltschaft mit ihm zu tun, der Prozeß stand noch aus, und Arno erwartete ihn schon mit Spannung. Tomek Lewandowski war angesichts der schwerwiegenderen Anklagen in seiner Heimat nach Polen ausgeliefert worden, seine Aussagen würden aber auch gegen Köhler Verwendung finden. Was würde aus diesem Jungen werden, fragte sich Arno, der noch nicht einmal erwachsen und durch seine Herkunft zwischen zwei Ländern hin und her gerissen war und vielen Jahren Gefängnis entgegensah? Die Wege sind vorherbestimmt, hatte Volker gesagt, der schließlich sein Schicksal auf die drastischste Weise selbst in die Hand genommen und seinen Lebensweg abgeschnitten hatte.

Arno befand sich nun kurz vor dem Potsdamer Dreieck. Die Kassette endete mit Buchanans sehnsuchtsvollem *I still think about Ida Mae*, er nahm sie aus dem Radio und schaute in den Rückspiegel. War es etwa auch Vorhersehung gewesen, daß er sich, in Celle angekommen, einen Kombi gekauft hatte? Im Spiegel schauten ihn die dunklen Augen von Asta an, sie hatte den Kopf auf die Lehne der Rückbank gelegt, ihre Zunge hing ihr seitlich aus dem Maul, und er hatte das Gefühl, daß sie Roy Buchanan ergriffen zugehört hatte.

An dem Tag, als die Reparatur des Wagens abgeschlossen

war, war er bei dem Tierarzt in Winsen vorbeigefahren, um zu schauen, wie es ihr nach der Vergiftung erging. Er hatte nur gewußt, daß sie über den Berg war. Als er sie dann besuchte, stellte er fest, daß sie mittlerweile wieder völlig bei Kräften war und sich in der Notunterkunft des Arztes schon zu langweilen begann. Arno freute sich, daß sie ihn wiedererkannte, und es stand außer Zweifel, daß sie die Aufmerksamkeit, die er ihr widmete, förmlich aufsog. Es gab niemanden mehr, der sich hätte um sie kümmern können, der Tierarzt hätte die schöne Hündin, die noch recht jung und gut erzogen war, wie er meinte, zwar gerne behalten, doch er besaß schon zwei Hunde.

Köhler hat sie erzogen, dachte Arno, und obwohl ihm das nicht geheuer war, hatte er sich schließlich entschlossen, sie zu sich zu nehmen. Er war mit einem Hund aufgewachsen, und obwohl er in der letzten Zeit nie daran gedacht hatte, fand er nun an der Vorstellung, wieder ein Tier um sich zu haben, sofort Gefallen. Und bisher dankte es ihm Asta mit grenzenloser Treue. Was ihn störte, war allein der Name der schwarzen Schäferhündin, den ihr Köhler gegeben hatte und an den sie leider gewöhnt war. Seit Tagen schon spielte er mit dem Gedanken, sie umzutaufen, ihm fiel nur kein Name ein, der, damit sie darauf hörte, vom Klang her dem ihren glich.

Deshalb blieb sie vorerst Asta, und so merkwürdig es auch klingen mochte, sie war zum Teil mit dafür verantwortlich, daß er den Plan, das Elternhaus zu verkaufen, erst einmal aufgegeben hatte. Mit dem Hund hatte er das Gefühl, heimisch werden zu können. Statt weiter zu versuchen, einen Termin mit dem Makler einzuhalten, hatte er einige Sachen der Eltern zusammengepackt und seine Sachen aus der Garage geholt, vor allem aber hatte er seinen Plattenspieler aufgestellt und seine Platten aus den Kartons genommen.

Das einzige Problem war, daß die Mäuse anscheinend

schon wieder Junge hatten. Unter dem Herd hatte erneut das Fiepen begonnen, das nun nicht nur Arno, sondern auch Asta wahnsinnig machte. Er mußte etwas unternehmen, und als am letzten Wochenende seine Schwester Simone mit ihrer Familie nach Celle zu Besuch gekommen war, wurde deutlich, welches Ausmaß das Problem hatte. Simone arbeitete in Hamburg nämlich an einem Projekt zur Krebsforschung, und was Arno ganz vergessen hatte, war, daß sie dabei Versuche mit Mäusen durchführte. Deshalb wußte Simone nicht nur sehr genau, wie man eine Maus tötete, sondern sie kannte sich auch bestens mit dem Fortpflanzungsverhalten der Nager aus. Beim gemeinsamen Abendessen im Restaurant von Hans und Jutta hatte Simone ihr Wissen auf die ihr eigene wissenschaftlich kühle Art weitergegeben. Mäuse waren ähnlich wie Ratten, hatte sie erklärt, nach zehn bis zwölf Wochen geschlechtsreif. Zweiundzwanzig bis vierundzwanzig Tage nach der Paarung kamen vier bis acht Junge zur Welt. Da das Weibchen schon einen Tag nach der Geburt wieder brünstig wurde, konnte man mit fünf bis sechs Geburten im Jahr rechnen. Eine einzige Maus konnte also im Jahr gut vierzig Junge bekommen, und wenn diese alle überlebten und selbst Junge bekamen, dann konnte ein Mäusepaar in zwei Lebensjahren bis zu eine Million Nachkommen haben.

Nach diesen Erläuterungen war Arno ein wenig der Appetit vergangen, aber Simone war noch nicht fertig gewesen. Im Labor brach man den Mäusen mit einem geübten Handgriff das Genick, aber das kam in Arnos Fall wohl eher nicht in Frage. Doch es gab ihres Wissens sogenannte Benzin-Vergasungsapparate, mit denen man Mäuse ziemlich erfolgreich vernichten konnte. Da man diese aber besser im Freien einsetzte, schlug sie zur Bekämpfung der Tiere im Haus vor, Giftköder auszulegen, die sie mit in ihren Bau nahmen, dort fraßen und dann verendeten. In dem Moment hatte es Arno gereicht, egal, ob er durch die massenhafte Vermehrung der Nager zum Wahnsinn getrieben oder das alte Gemäuer des Elternhauses in Mitleidenschaft gezogen wurde, er beschloß, daß es genug Platz gab, um nebeneinander existieren zu können, was Simone mit einem verständnislosen Achselzucken quittiert hatte.

Mittlerweile war er auf der Avus. Nach Berlin hinein wollte an diesem herrlichen Samstag kaum jemand fahren, in die Gegenrichtung aber staute sich der Verkehr. Anscheinend verließen die meisten Berliner bei dem Wetter fluchtartig ihre Stadt. Er schaute wieder in den Rückspiegel, Asta war jetzt unruhig geworden, bestimmt war es das erste Mal, daß sie vom Land in die Metropole kam.

Nachdem sie den Fall abgeschlossen hatten, war es ziemlich ruhig gewesen in der Celler Polizeiinspektion, so daß Arno wenigstens an einem Wochenende Zeit gehabt hatte, Aglaja im Krankenhaus zu besuchen. Damals war der Wagen noch nicht repariert gewesen, er hatte auch noch den Gips getragen und war mit dem Zug gefahren. Angesichts der Schwere ihrer Verletzungen waren die Ärzte mit dem Heilungsprozeß zufrieden, die Hauttransplantation war geglückt, niemand wollte jedoch eine Prognose abgeben, ob Aglaja jemals wieder normal würde gehen können. Immerhin durfte er sie schon mit einem Rollstuhl nach draußen fahren, als er bei ihr war. Vielleicht hatte er in der letzten Zeit zuviel mit Soldaten zu tun gehabt, aber als sie im Innenhof des Krankenhauses in der Sonne saßen, war es ihm vorgekommen, als wären sie zwei Versehrte in einem Lazarett, verwundet in einem Krieg, in den sie, beide an verschiedenen Fronten, hineingeraten waren, ohne es zu wollen, und der sie am Ende wieder zusammengeführt hatte.

Nun, am Tag des Sommeranfangs, konnte sie das Krankenhaus verlassen, mindestens drei Monate lang mußte sie jedoch an Krücken gehen. Schon bei seinem letzten Besuch hatte er überlegt, sie nach Celle zu holen, wo sie der Hektik der Großstadt entkommen und sich in aller Ruhe an seiner Seite erholen konnte. Erst später am Telefon hatte er sich aber getraut, es ihr vorzuschlagen. Zunächst war sie skeptisch gewesen, doch schließlich hatte sie zugesagt. Mit Hilfe von Dr. Papenburg hatte er für sie bereits eine Physiotherapeutin in Celle gefunden und einen nachbehandelnden Chirurgen. Beide freuten sich jetzt darauf und hatten gleichzeitig ein wenig Angst, wie es werden würde, zum ersten Mal zusammenzuleben.

Die Straßen der Stadt waren so leergefegt, daß es diesmal nicht lange dauerte, bis er das Krankenhaus erreicht hatte. Die Stadt war ihm fremd, mit einem gewissen Erstaunen registrierte er, daß er sich darauf freute, schon bald mit Aglaja zurück nach Celle fahren zu können. Er bog in den Innenhof und parkte den Wagen unter einem schattigen Baum direkt vor dem Eingang. Damit Asta etwas Luft bekam, ließ er das Fenster einen Spalt offen, dann ging er hinein.

Aglaja wartete bereits ungeduldig mit gepackten Taschen in ihrem Zimmer, auf ihren Krücken kam sie auf ihn zu und nahm ihn in den Arm. «Ich bin so froh, dich zu sehen und endlich hier rauszukommen», sagte sie.

«Ich habe eine Überraschung für dich.»

«Was denn?»

«Abwarten», sagte Arno, der wußte, daß Aglaja Tiere liebte.

«Ich kann nicht mehr abwarten», sagte sie.

Er nahm ihre Taschen, und dann gingen sie langsam durch die kahlen Gänge des Krankenhauses, durch die sich unzählige Menschen drängten, die an diesem herrlichen Tag ihre Freunde oder Verwandten besuchten.

Als sie endlich durch die Tür ins Freie traten, schloß Aglaja ihre Augen und sog die frische, warme Luft ein. «Weißt du, worauf ich jetzt Lust habe?» fragte sie.

«Sag.»

«Bei Patrizio essen zu gehen.»

«Das gleiche wollte ich auch vorschlagen», sagte Arno.

Am Wagen angekommen, ließ Arno die Hündin hinaus.

«Wo hast du den denn her?» fragte Aglaja erstaunt.

«Das ist eine lange Geschichte.»

«So ein schönes Tier», meinte Aglaja und beobachtete Asta, die als erstes auf das Blumenbeet sprang und pinkelte. «Wie heißt er denn?»

«Es ist eine Sie», sagte Arno.

«Ach ja, ich sehe. Und wie heißt sie?»

Asta hatte ihr Geschäft erledigt und lief schwanzwedelnd auf Aglaja zu. Die Hündin war nach der Fahrt so ausgelassen, daß sie Aglaja fast umwarf und Arno sie zurückhalten mußte. Und während sich die beiden bekannt machten, kam aus dem Krankenhaus ein uniformierter Wächter auf sie zugelaufen.

«Das ist kein Hundeklo hier», brüllte er schon von weitem. «Außerdem können Sie hier nicht parken.»

Aglaja zuckte erschrocken zusammen und verdrehte dann die Augen. Asta begann bei dem Ton der Stimme sofort drohend zu knurren. Arno erkannte das aggressive Tier in ihr wieder, das damals auf Köhlers Hof auf ihn zugeprescht war. Den Wachhund, den Köhler aus ihr machen wollte. Und während er an den zornigen, herrischen Köhler dachte, verflog seine Verärgerung.

«Halten Sie Ihren Köter fest», brüllte der Mann.

Arno packte Asta an der Halskrause, zog sie an sich heran und sagte ihr schneidend scharf ein Wort ins Ohr, mit dem sein Freund Patrizio jeden Konflikt im Keim ersticken konnte: «Basta!»

Und es funktionierte, sie gehorchte auf Anhieb, hörte auf zu knurren und sah ihn hechelnd an. Er öffnete die Klappe des Volvo, gab ihr einen Schubs, und sie sprang hinein.

«So geht es ja nicht», sagte der Mann keuchend, der jetzt vor ihm stand.

Anstatt laut zu werden, wie er es früher getan hätte, zog Arno wortlos seinen Dienstausweis hervor und hielt ihn dem schwitzenden Parkwächter unter die Nase.

«Oh, das kann man ja nicht wissen», sagte der Mann, trat einen Schritt zurück und bückte sich, als wollte er einen Diener machen. «Entschuldigen Sie», sagte er, und wie ein Tier, das im Ablauf seiner Instinkthandlung gestört worden war, nahm er dann Aglajas Taschen und reichte sie Arno. Zu guter Letzt hielt er Aglaja sogar noch die Tür auf und wollte ihr in den Wagen helfen, doch sie schüttelte seine Hand ab.

Nachdem auch Aglajas Krücken verstaut waren, gab Arno dem Mann die Hand. «Danke, vielen Dank.»

Verwirrt nahm der Parkwächter die Hand und lächelte verlegen.

Arno stieg ein und schaute Aglaja an, die verärgert den Kopf schüttelte. «Es ist lächerlich», schimpfte sie, «aber ich könnte mich immer wieder darüber aufregen. Typisch …»

Arno legte eine Hand auf ihre Lippen. «Sag es nicht», bat er.

«Was ist denn mit dir los?»

«Ich freue mich», sagte er, nahm ihr Gesicht in beide Hände und küßte sie.

«Ich mich auch», sagte Aglaja leise.

Dann lenkte Arno den Volvo vom Innenhof des Krankenhauses und bog auf die leere, sonnendurchflutete Straße. Im

Rückspiegel sah er den Parkwächter stehen, der ihnen hinterherschaute und nicht zu wissen schien, ob er ihnen winken sollte oder im Boden versinken wollte.

«Wie heißt sie denn nun?» wollte Aglaja wissen.

«Basta», sagte Arno.

Als er durch die Stadt fuhr, Aglaja neben sich, ihre Hand auf seinem Bein, den warmen Atem Bastas im Nacken, da dachte er, daß er nie alles verstehen würde, daß dieses Leben ihm immer ein Rätsel bleiben würde, aber daß es ihm im Moment egal war. Denn zum ersten Mal seit langem glaubte er zu wissen, was ihm wichtig war und daß er genau dort war, wo er sein wollte. Und das war wesentlich mehr, als die meisten von sich sagen konnten.

NACHBEMERKUNG

Auch wenn einzelne Aspekte dieser Geschichte auf Tatsachen beruhen, ist sie in ihrer Gesamtheit ein Werk der Fiktion. Ähnlichkeiten zwischen Charakteren dieses Romans und realen Personen, ob lebend oder tot, wären rein zufällig.

Zu Dank verpflichtet bin ich Kriminalhauptkommissar Eckhard Pröve, der von Anfang an ein offenes Ohr hatte und immer Zeit fand, meine Fragen zu beantworten. Ich bedanke mich außerdem bei der Polizeiinspektion Celle, wo ich freundlich empfangen und informiert worden bin, sowie bei der Molekularbiologin Julia Offe, die mir unter anderem das Fortpflanzungsverhalten von Mäusen und die Vorgänge beim Verdursten erklärt hat. Und ohne Olaf Mußmanns kenntnisreiche ‹Geschichte des Truppenübungsplatzes Bergen› hätte ich keinen so tiefen Einblick in diese abgeschlossene Welt erhalten.

Für alle Fehler aber bin ausschließlich ich selbst verantwortlich; sie wurden einzig und allein zum Wohl der erzählten Geschichte begangen.

Andree Hesse